通过科学欣赏体育
通过体育理解科学

周光召

选题策划　何　龙　何少华
执行策划　彭永东
编辑统筹　彭永东
装帧设计　胡　博
督　　印　刘春尧
责任校对　蒋　静

中国科普大奖图书典藏书系

汉英双语视频版

科技与奥运

赵致真◎著

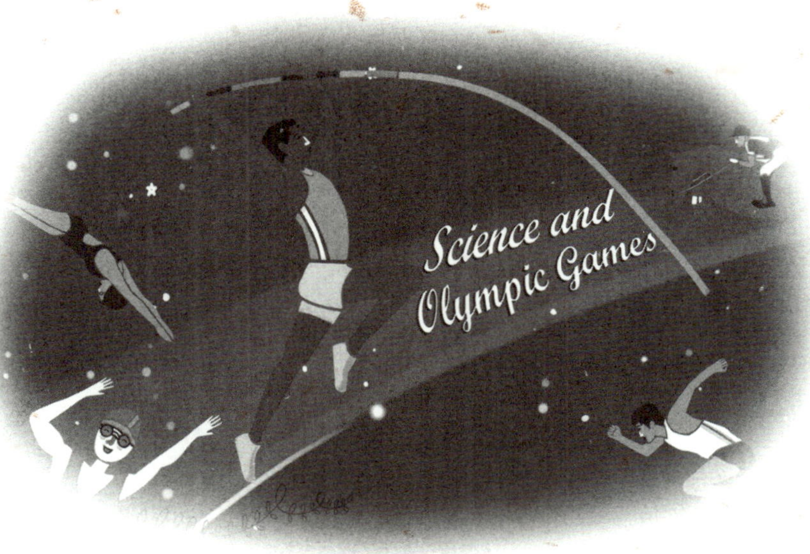

长江出版传媒 湖北科学技术出版社

图书在版编目（CIP）数据

科技与奥运 / 赵致真著. — 武汉：湖北科学技术出版社，2017.12

ISBN 978-7-5352-9973-4

Ⅰ. ①科… Ⅱ. ①赵… Ⅲ. ①奥运会－普及读物 ②科学知识－普及读物 Ⅳ. ①G811.21-49 ②Z228

中国版本图书馆CIP数据核字（2017）第317578号

科技与奥运

KE JI YU AO YUN

英文审校：陈　浪

责任编辑：彭永东　　封面设计：胡　博

出版发行：湖北科学技术出版社　　电话：027-87679468

地　　址：武汉市雄楚大街268号　　邮编：430070

（湖北出版文化城B座13-14层）

网　　址：http: //www.hbstp.com.cn

印　　刷：武汉立信邦和彩色印刷有限公司　　邮编：430026

710×1000　1/16　　21 印张　2 插页　298 千字

2018年 3月第 1 版　　2018年 3月第1次印刷

定价：48.00元

总 序

ZONGXU

我热烈祝贺"中国科普大奖图书典藏书系"的出版！"空谈误国，实干兴邦。"习近平同志在参观《复兴之路》展览时讲得多么深刻！本书系的出版，正是科普工作实干的具体体现。

科普工作是一项功在当代、利在千秋的重要事业。1953年，毛泽东同志视察中国科学院紫金山天文台时说："我们要多向群众介绍科学知识。"1988年，邓小平同志提出"科学技术是第一生产力"，而科学技术研究和科学技术普及是科学技术发展的双翼。1995年，江泽民同志提出在全国实施科教兴国战略，而科普工作是科教兴国战略的一个重要组成部分。2003年，胡锦涛同志提出的科学发展观既是科普工作的指导方针，又是科普工作的重要宣传内容；不是科学的发展，实质上就谈不上真正的可持续发展。

科普创作肩负着传播知识、激发兴趣、启迪智慧的重要责任。"科学求真，人文求善"，同时求美，优秀的科普作品不仅能带给人们真、善、美的阅读体验，还能引人深思，激发人们的求知欲、好奇心与创造力，从而提高个人乃至全民的科学文化素质。国民素质是第一国力。教育的宗旨，科普的目的，就是为了提高国民素质。只有全民的综合素质提高了，中国才有可能屹立于世界民族之林，才有可能实现习近平同志最近提出的中华民族的伟大复兴这个中国梦！

新中国成立以来，我国的科普事业经历了：1949—1965年的创立与发展阶段；1966—1976年的中断与恢复阶段；1977—

1990年的恢复与发展阶段；1990—1999年的繁荣与进步阶段；2000年至今的创新发展阶段。60多年过去了，我国的科技水平已达到"可上九天揽月，可下五洋捉鳖"的地步，而伴随着我国社会主义事业日新月异的发展，我国的科普工作也早已是一派蒸蒸日上、欣欣向荣的景象，结出了累累硕果。同时，展望明天，科普工作如同科技工作，任务更加伟大、艰巨，前景更加辉煌、喜人。

"中国科普大奖图书典藏书系"正是在这60多年间，我国高水平原创科普作品的一次集中展示。书系中一部部不同时期、不同作者、不同题材、不同风格的优秀科普作品生动地反映出新中国成立以来中国科普创作走过的光辉历程。为了保证书系的高品位和高质量，编委会制定了严格的选编标准和原则：一、获得图书大奖的科普作品、科学文艺作品（包括科幻小说、科学小品、科学童话、科学诗歌、科学传记等）；二、曾经产生很大影响、入选中小学教材的科普作家的作品；三、弘扬科学精神、普及科学知识、传播科学方法，时代精神与人文精神俱佳的优秀科普作品；四、每个作家只选编一部代表作。

在长长的书名和作者名单中，我看到了许多耳熟能详的名字，备感亲切。作者中有许多我国科技界、文化界、教育界的老前辈，其中有些已经过世；也有许多一直为科普事业辛勤耕耘的我的同事或同行；更有许多近年来在科普作品创作中取得突出成绩的后起之秀。在此，向他们致以崇高的敬意！

科普事业需要传承，需要发展，更需要开拓、创新！当今世界的科学技术在飞速发展、日新月异，人们的生活习惯和工作节奏也随着科学技术的进步在迅速变化。新的形势要求科普创作跟上时代的脚步，不断更新、创新。这就需要有更多的有志之士加入到科普创作的队伍中来，只有新的科普创作者不断涌现，新的优秀科普作品层出不穷，我国的科普事业才能继往开来，不断焕发出新的生命力，不断为推动科技发展、为提高国民素质做出更好、更多、更新的贡献。

“中国科普大奖图书典藏书系”承载着新中国成立60多年来科普创作的历史——历史是辉煌的，今天是美好的！未来是更加辉煌、更加美好的。我深信，我国社会各界有志之士一定会共同努力，把我国的科普事业推向新的高度，为全面建成小康社会和实现中华民族的伟大复兴做出我们应有的贡献！“会当凌绝顶，一览众山小”！

中国科学院院士
华中科技大学教授　杨叔子　二〇一二 九.廿八

序　一

我平时不太爱看电视。唯独看的是科普类节目。几年来浏览过许多电视上的有关科普的栏目。大多令我失望，因为它们把科普办成了“猎奇”。唯一令我感到欣慰的是，有一个《科技之光》栏目，在我的眼里，它是实实在在为公众普及科学技术知识的。于是便对这位从未谋面的《科技之光》栏目的主编升起由衷的敬意。

2007年的一个偶然的机会，一位北京大学毕业的研究生领着一位陌生人偕同夫人来到我家，说是有事请教。经介绍原来这位陌生人就是我久仰的《科技之光》的主编赵致真先生。

经过相互了解，我才知道，赵致真先生是一位资深科教影视编辑。他编的多部科教片得过奖，还写过不少好的科普书籍。如今是要组织一部结合奥运讲科普的科教片，有些问题想共同探讨。这也就是他写本书的起因。

特别令人敬佩的是得知赵先生是学文科出身的。以学文出身而对科学技术普及做出许多贡献实在是难能可贵的。

赵先生究竟能和我探讨什么问题呢？我想，我只不过是一个科学普及的业余爱好者，本行是搞力学的教学与研究的，对科普的了解不过是皮毛，对体育则更是门外汉；而赵先生是学文科出身，对力学也不会有太深入的研究。所以共同语言不会太多。

后来的接触，却大大出乎我意料。

赵致真先生对物理、天文、工程技术、生物等诸多学科都有浓厚的兴趣，而且都能够抓住这些领域中的关键问题，用通俗易懂的方式介绍给读者。特别使我惊奇的是，他不仅对力学中的基本概念和基本定律很熟悉，而且在运用它们解释体育运动中常见的力学现象方面表现得游刃有余。而他要和我讨论的问题，恰恰是那些体育和物理的专家也望而却步的，或者经常给出错误回答的问题。

例如他提出的：

为什么跳远运动员起跳以后还要在空中做迈步的动作？

单双杆体操运动员，手上擦一些镁粉（碳酸镁）的作用是什么？

运动员感觉到的网球拍上的“甜点”在力学上是怎样的点？

跳水运动员起跳时只有横向的旋转，为什么后来会有轴向旋转？

有些问题虽然困难，经过查阅文献、讨论和思索是能够给出合理解释的；而有些问题则是文献上查不到的，只能组织或委托研究单位实验来给出准确的结论。可见赵致真先生对问题的思考是多么认真和有深度的。他追求对现象背后的原理透彻的理解。所以他写的“科普”书籍不仅能使外行人开窍，而且能使内行人读了也获益不少。

赵致真先生从体育的角度查阅了大量的资料，加以他生动的文笔，使人读来趣味盎然。他把体育运动与现代科技，特别是力学紧密结合起来，道理讲得透彻而没有一个公式。

他认为科普书籍中如果用了公式，会大大降低可读性。所以他在叙述力学规律时，总是用平白易懂的语言，而少用比较难懂的专业术语。这一点，也许给一些精通力学的人读起来觉得不够味。不过这恰是这本书的一个优点，一方面，它能够为更广大的读者所接受，另一方面又给力学的内行们以发展想象力的空间。也许内行们会由于读了它，提出更为深刻的研究体育力学的课题来。

竞技体育运动的目标是更快、更高、更强，其中绝大部分都和力学有关，所以本书的主题大致上可以说是竞技体育与力学学科的关系。这本书涉及体育科技的方方面面，包括时间与距离的测量、球的旋转与球在空气中的阻力与轨迹问题、跳水运动与身体旋转问题、跳高运动员的重心问题、运动的安全性与防护问题、游泳的阻力与游泳服的改进问题、自行车赛中的空气阻力问题、撑竿跳的撑杆改进问题、运动场地和设施问题，等等。有少量问题与力学关系较少，为了比较全面地论述体育运动与科学技术题，也有一节目论及。总之，它是一本比较全面地介绍体育和现代科技的通俗读物。

我相信无论是学习力学、物理或工程技术的学生、教师、运动员或教练、广大体育运动爱好者乃至中学生，在阅读了本书后都会有收获的。是为序。

北京大学力学与工程科学系退休教授

武际可

内行看门道

序二

奥运百年梦圆，举国一片欢腾。媒体热闹非凡，书市空前活跃。且看屏幕、书店，奥运题材、体育题材的，比比皆是，层出不穷。虽说鱼龙混杂、良莠不齐，但也涌现出一批经得起时间考验的上乘之作，笔者手头的《奥运中的科技之光》就是一本值得推荐的好书。

作为中国力学学会大众力学丛书最先问世的一本书，一上市，就受到了读者的热烈欢迎。根据“中国图书出版网”2008年7月16日的报道，在北京图书大厦销售排行榜中，高等教育出版社（蓝色畅想）的《奥运中的科技之光》在科普类图书中名列第二。不久前，我们的力学科普代表团出访宝岛台湾，将大众力学丛书先出的三本书（共30本）馈赠给那里的力学同行，他们爱不释手，争相阅读，最后作为奖品，发给两岸中学生力学竞赛的优胜者，《奥运中的科技之光》在彼岸也广受欢迎。人们会问：为什么此书能在书海中脱颖而出？是什么吸引了读者有点苛刻的眼光？这里给大家细说端详。

《奥运中的科技之光》脱胎于电视节目《科技与奥运》的解说词，这档节目由中央电视台、交通银行和武汉电视台联合摄制，此书收录的35篇作品由电视片的文字稿改写而成。作者赵致真先生曾任武汉电视台台长，是一位资深的科教影视编辑、知名的科普作家。一年前他受命担任节目主编之后，夙兴夜寐，奋战两百天，“几乎天天‘三更暂眠，五更复起’，先后披览了几百册中文和英文原版书籍，下载了海量的中外网页，‘恶补’了一把体育运动知识……”（见作者的后记）。正因为有这样严谨、勤奋的精神，使他充分掌握了相关资料，并殚精竭虑地加以提炼、剪裁，写成了一篇篇有力度的佳作。

俗话说："外行看热闹，内行看门道。"就体育竞技而言，这里说的"内行"有两种。一种是体育竞技实践及其技巧的内行，如教练员和运动员，也包括一些资深体育"粉丝"，他们对一些体育项目的规律、技巧和要领了如指掌，或能运用自如，或能击节欣赏；另一种是体育科技的内行，如体育教授和经过"修炼"的体育科普作者，他们对体育项目的内在机理乃至体育设施的性能特点深有体会，因此，更能心领神会地把握体育竞技，欣赏它们的内在美。本文所说的内行指的是后一种，此书作者正是这一意义下的内行。

要掌握体育竞技的内在机理，需要掌握广博的知识，包括力学、物理学、机械工程学、人体解剖生理学、运动心理学等，其中最重要的是力学。正如武际可教授所说："竞技体育运动的目标是更快、更高、更强，其中绝大部分都和力学有关，所以本书的主题大致上可以说是体育竞技与力学学科的关系。"读完此书，读者会感受到力学的确无处不在。

此书涉及体育科技的各个方面，大体说来，可分为两大类。一类是运动技巧的力学原理，包括各类技巧的人体运动及其与运动客体的相互作用、运动客体的运行轨迹及其内在规律，例如，撑竿跳高握杆点的运行轨迹、各种跳高姿势的重心运移及其优劣分析、田径运动员的重心运动规律、投掷物（标枪、铁饼、铅球、链球等）的飞行力学、大小球（如足球、排球、乒乓球、网球等）飞行中的马格努斯效应产生的轨迹（香蕉球、飘球、弧圈球等）、游泳赛跑时所受流体阻力分析、赛艇帆船前行中的伯努利原理、跳水和体操动作中转动惯量控制、滑冰滑雪的力学机理等；另一类则涉及运动器械和设施的力学和物理原理分析，例如，测时测距测速仪表的改进和原理、现代跑道的复合材料力学设计、球拍球鞋球衣泳装设计的力学原理、球场跑道的力学设计、防护用具的力学机理等等。总而言之，本书全方位地勾画了与体育竞技有关的科学原理，真正做到了周光召院士的题词中所说的："通过科学欣赏体育，通过体育理解科学。"

此书付梓之前，笔者曾有幸通读过全稿。听说此书作者毕业于中文系，因此，更以审慎的眼光关注书稿中涉及的科学内容，特别是有关力学的叙述。令人拍案惊奇的是，从这一角度看来，全书几乎无懈可击。可见作者的科学底子不薄，也可见他长期从事科普工作的功力。全书构思缜密，叙述生动，文笔简练，行文流畅，读来引人入胜。

综上所述，本书是一本不可多得的力学科普著作，无论哪一行读者，都会开卷有益。让我们在享用奥运“大餐”的同时，也来享用一下这份“配餐”吧！而且，如果你愿意，还可以一直享用下去。

戴世强

戴世强：上海大学终身教授，中国力学研究学会数学方法专业委员会副主任，第8届中国力学会副会长。

本文原载于《力学与实践》，2008年第8期。

前　言

2008年北京奥运会，是百年梦圆、举国同欢的一大盛事。我们制作了35集电视片《科技与奥运》，在央视体育频道播出后迭获奖誉，我还被评为全国科技奥运先进个人。由此想到科普工作也需要敏锐地抓住重大机遇。古人云，“顺风而呼，声非加疾也，而闻者彰”，确是至理名言。

但随着时过境迁，大量迎接奥运的宣传品会沉埋在卷帙浩繁的信息海洋中，难以再有出头之日。我在创作《科技与奥运》时便保持高度清醒，决不能写成一部应景的“易碎品”，而应该赋予它更长久的生命力。这些年，不断有人将《科技与奥运》当作体育教学和训练的辅助材料。2010年广州亚运会期间，广州市科协曾打算请我当科学顾问，相关媒体的报道中，也不乏对《科技与奥运》的参考和引用，让我备感喜悦和欣慰。北京奥运会已成为历史，但体育运动中的基本科技原理和力学规则却永远不会过时。

最让我深感荣耀又倍觉惶恐的待遇，是《科技与奥运》列入中国力学会《大众力学丛书》，由高等教育出版社刊行。编委们都是名牌大学领衔的理工科教授。《总序》中写道“这套丛书的作者是一批颇有学术造诣的资深力学家和相关领域的专家学者”，而我连大学理工科都没有读过，怎敢在《丛书》中和名校名师们平起平坐？记得当年曾写过一首诗，“吹竽处士常汗下，观海河伯总心倾”，便是真实的心境。而《科技与奥运》能得到中国物理界“学术共同体”的接纳和认可，则是对我这个“文科出身”的科普作家最大的奖赏。

其实我一向对“文科出身”和“理科出身”心存疑虑。二十来岁年纪，读了四五年大学（在我的时代，不少人进校便遇到“文革”），怎能从此贴上一成不变的“出身成分”标签？人的学习是终身的，知识构建和事业重心也可以不断改变，这是个值得讨论的话题。美国著名科学记者和作家瓦尔特·沙利文在耶鲁大学主修英国历史，并研究音乐，但笔下的题材却覆盖了众多科学领域，获得了几乎所有的美国科学写作奖项。美国地球物理协会还专门设立了沙利文奖。可见“文科出身”的科学记者和科普作家也能大有建树。

感谢湖北科学技术出版社重新出版《科技与奥运》，并收进“中国科普大奖图书典藏书系”。北京奥运会以来，体育科学有了不少新发展，我却宁愿保持书的原貌而不做修订。但增加了扫二维码看视频，则是一个最重大的升级。《科技与奥运》当年完成后，只能视频出光碟，文稿印图书，分道扬镳，难以聚首。今天却能同时收进纸媒中，可谓一炉共冶，两全其美了。这是数码时代的恩赐。

《科技与奥运》英语版还曾在央视英语频道播出，这次也一并收入，对增加这本书的信息量和性价比，相信并非无的放矢和多余之举。

赵致真

目 录

科技伴奥运同行

在我们这个充满“不确定性”的地球上，四年一度的奥运会大体是可以“确定”的。虽然全世界的国家、民族、宗教之间存在着种种差异、矛盾和纷争，但却都把奥林匹克精神视为普世价值和共同理念，从这个意义上来说，奥运会称得上是全人类的“最大公约数”了。也许只有在高高飘扬的五环旗下同场竞技时，人类才能最直接和深刻体验到，我们属于这个行星上的同一个物种。

古希腊奥运会遗址的石碑上，漫灭的文字诉说着遥远的繁盛与辉煌。来自奥林匹亚的火种，则昭示着现代奥运会是古奥运会的“涅槃”和重生。今天世界上很少有人对奥运会无动于衷，因为它几乎容纳了人类全部的天性和所有的情感。另一方面，“公正与平等”被奥运会奉为圭臬，而制定“游戏规则”成了一切社会秩序的基石。“现代奥林匹克之父”顾拜旦当初绝对不曾料及，他的贡献会成为这个世界最珍奇的文明果实、最宏大的国际交流与最壮阔的和平运动。

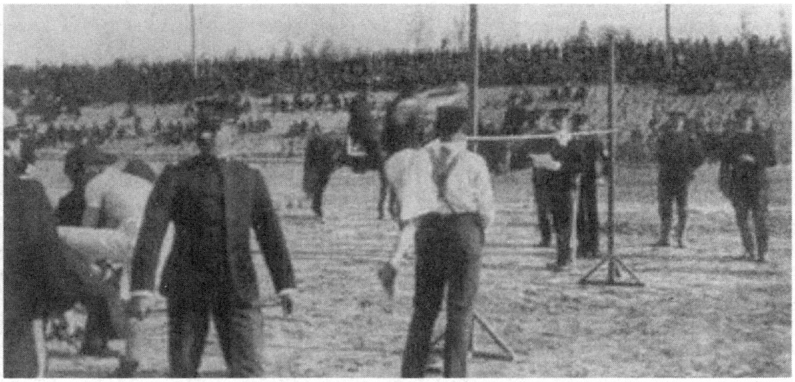

1904 年圣路易斯奥运会主体育场

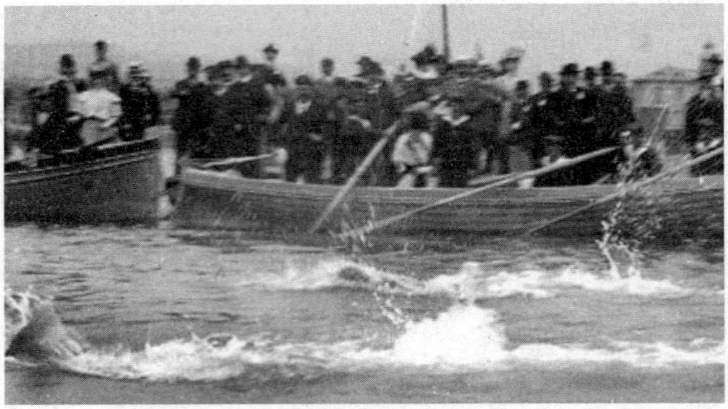

1896 年雅典奥运会游泳比赛在爱琴海举行

回望早期的奥运会，要说有“恍若隔世”之感的确毫不夸张。我们恰好从体育这个特殊的尺度上，看到一个“世纪”的距离到底有多远。而带来这一“天壤之别”的主因，便是现代科学技术的发展。意味深长的是，现代奥运会创办的初始动机，恰恰是为了摆脱工业社会技术的异化和人的主体地位缺失，呼唤人的自然属性回归。但百年奥运却走过了一条不断与科技结合，直到对科技高度依赖的道路。这究竟是逻辑的困境，还是历史的必然？

1936 年柏林奥运会，田坛巨星欧文斯在煤渣跑道上为自己的起跑精心“挖坑”而花去十多分钟时间。我们很难设想如果欧文斯跑在今天的“塔当”跑道上会创造什么成绩；当年跳高的横杆上搭一块白毛巾，那是为了让运动员在暮色苍茫中能看清横杆高度，而落地时更没有今天“海绵包”上“软着陆”的潇洒；体操运动的开拓者们没赶上在安装了弹簧和橡胶立柱的地板上腾跳；绿茵场的前辈在泥泞中鏖战时更不会奢望有活动草坪与整体移动的足球场。和

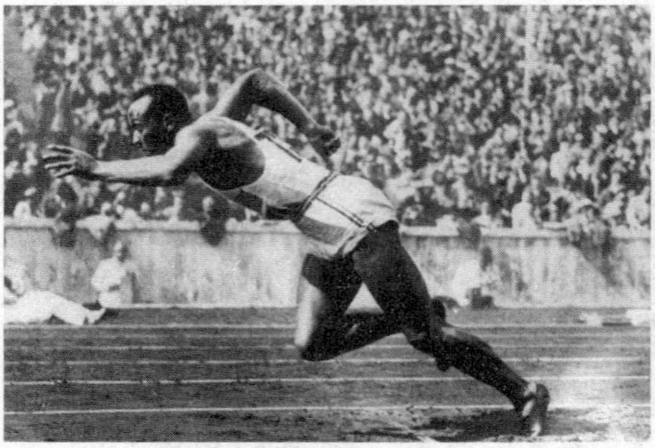

1936 年柏林奥运会欧文斯在起跑穴中起跑

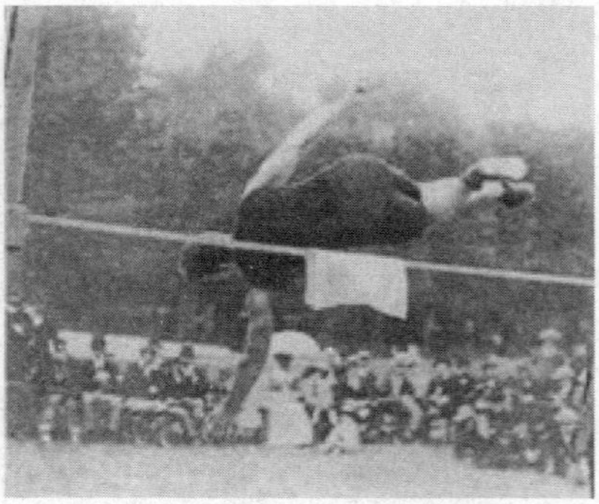

1900 年巴黎奥运会跳高比赛

昨天的金牌得主相比，今天奥运冠军们的自然体能未必有明显的增强。我们运动成绩的不断突破，很大程度上依靠运动环境和条件的改善，而一个时代科学技术搭建的舞台，最大限度调动和发挥了人体的潜能。

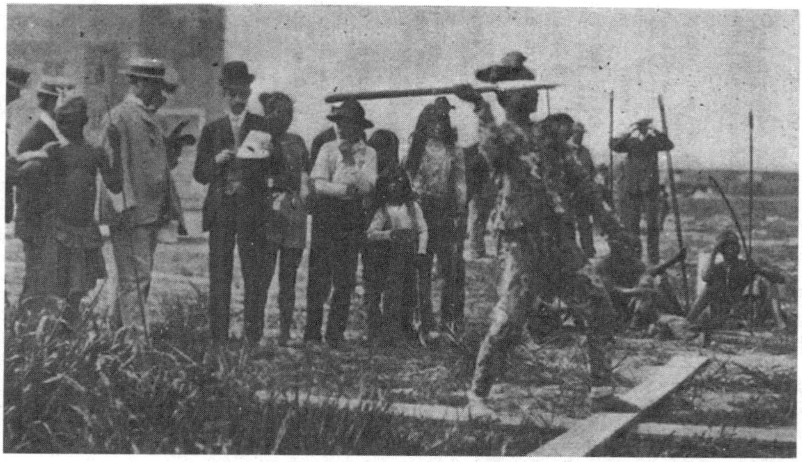

1904 年圣路易斯奥运会标枪比赛

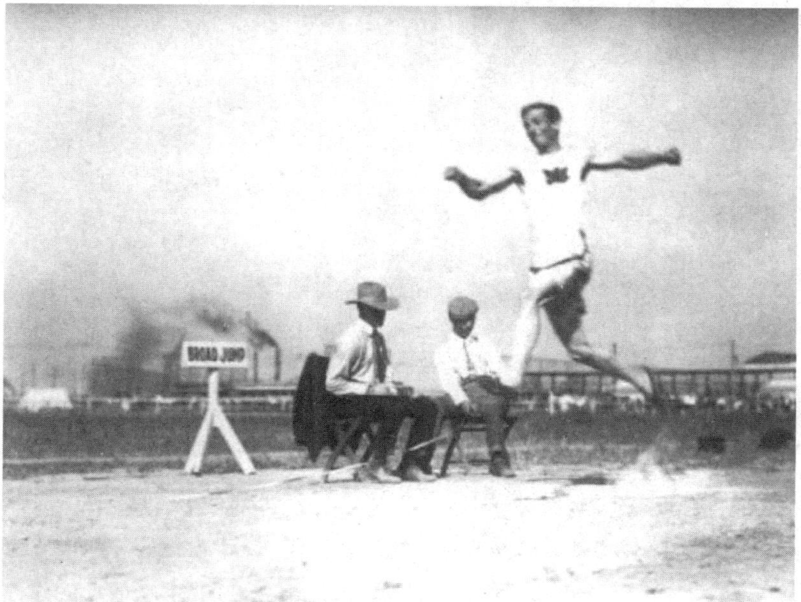

1904 年圣路易斯奥运会玛雅·普林斯顿跳远比赛

如果说体育技术有高下优劣之分的话，鉴别标准只能是符不符合科学原理。人虽然贵为“万物之灵”，但人体的一切运动却必须遵循基本的力学规律。

随着跨越式、剪式、滚式、俯卧式跳高的演进，身体重心升起同样高度却可以越过更高的横杆，到了福斯贝里发明"背越式"，运动员的重心甚至可以从横杆下钻过去，既往跳高的大部分经验从此一笔勾销。三级跳远中的"跑跳式"将有效水平速度保持到最后一跳，因此取代了"高跳型"技术；长跑运动中身体匀速直线性更好的"梅花鹿"式跑取代了大起大落的"袋鼠式"跑和快慢不均的"鸵鸟式"跑；铅球投掷中加长做功距离的背向滑步技术取代垫步技术；体操和跳水动作中对身体转动惯量的精确把握，带来了花样百出的空翻和旋转；跳台滑雪运动中两只滑雪板呈"V"字形排开能在空气中获得更好的升阻比，因此取代了滑雪板的平行姿势。体育器械的运动更是力学定律最直观的演示，标枪滑翔性的提高带来成绩的不断刷新，但霍恩把手中的"飞行器"投掷到104米开外而威胁到赛场安全时，科学又能"略施小计"将标枪重心前移4厘米而"勒住"投掷的"缰绳"；旋转中的马格努斯力创造了神奇的香蕉球、弧圈球。体育技术的每一项进步，无不伴随着对运动力学更深刻的理解和应用，从而改变着体育竞赛的形态和面貌。

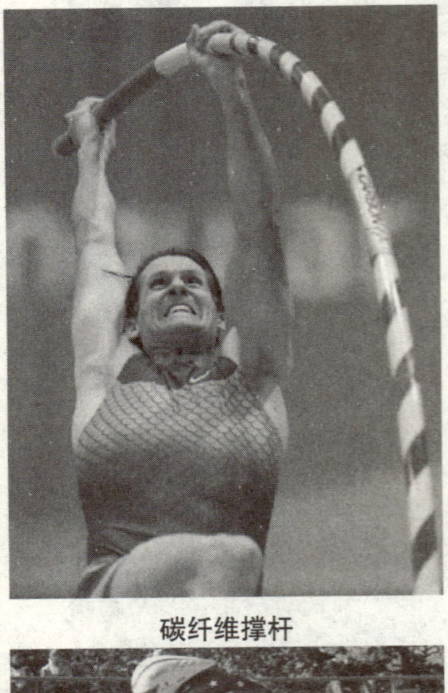

碳纤维撑杆

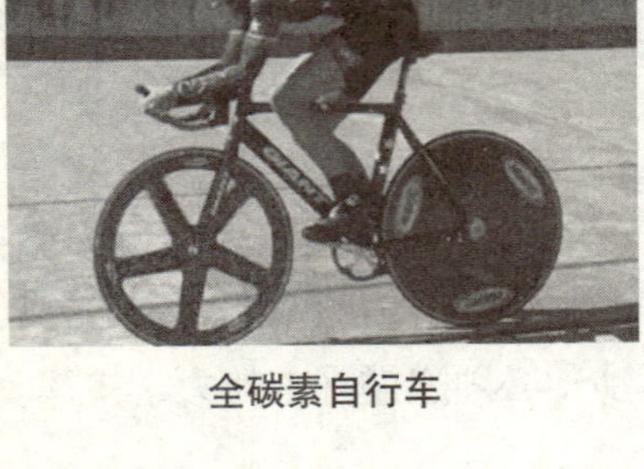

全碳素自行车

人类文明因劳动使用的材料而划分为石器时代、青铜器时代和铁器时代，奥运百年间体育器械材料的变革同样具有划时代意义。一个经典的例证是撑竿跳高中撑杆的变迁。当竹竿、金属杆取代坚硬沉重、没有弹性的木杆，撑竿跳高的成绩曾节节攀升。待到轻巧而富有弹性的玻璃纤维、碳纤维杆问世后，由于助跑速度的增加和动能、势能转换效率的大幅度提高，带来了撑竿跳高成绩戏剧性的突破，乌克兰选手布勒卡把人类体育运动的高度上限标定到6.14米；铝合金、钛金属取代钢铁，特别是更轻、更强的碳纤维广泛使用后，自行车几乎发生脱胎换骨的变化，赛艇、雪橇、滑雪板等运动器械也为之面目一新。碳纤维制成的网球拍、羽毛球拍不但强度增加、重量减轻，并且“甜点”扩大；海绵拍的登场对乒乓球运动的意义更不待言。“工欲善其事，必先利其器”，新材料、新工艺给体育运动带来了翻天覆地的变化。

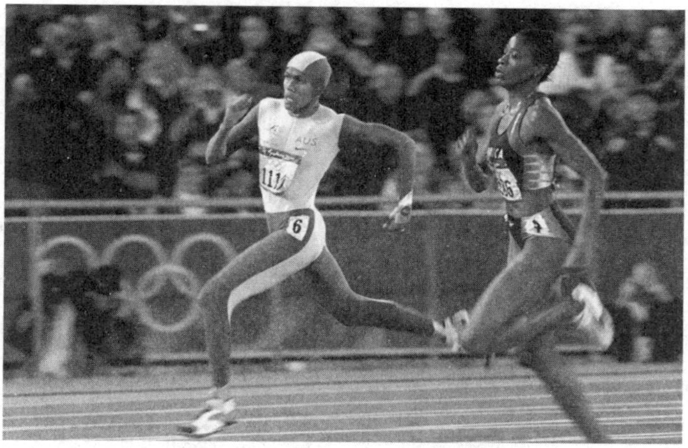
2000 年悉尼奥运会女子 400 米比赛

运动员的“行头装束”更有着鲜明的时代印记。奥运会初创的年代，选手们在赛场上都穿着日常生活的便装，男子宽衣大袖，女子长裙及地。经过百年嬗变，运动服已经成为服装行业中的“独立王国”，2000 年悉尼奥运会上，澳大利亚选手弗里曼穿着被称为“第二层皮肤”的连体运动衣夺得 400 米比赛金牌，她体验到了一种“切入空气”的欣快。号称“鱼雷”的泳坛名将索普身穿仿生技术的“鲨鱼皮”游泳衣在 400 米自由泳中一路领先，泳装表面微型棘齿产生的细小涡流能有效减少前进中的“压差阻力”。至于篮球明星乔丹脚下的“气垫鞋”，短跑名将约翰逊的“金缕鞋”，琼斯的“水晶鞋”，刘翔的“红色魔鞋”，都为公众津津乐道和耳熟能详。现代体育防护用具则从头到脚，一直“武装到了牙齿”。高科技新型材料和人体工程学、运动力学的结合，共同打造了体育健儿的披挂、战靴和征衣。

对时间和距离的准确计量是体育运动“可比性”的基础。1896 年第一届雅典奥运会上使用的手动马表，百米赛的计时误差达 0.2 ~ 0.5 秒，这相当于

2～5米的距离。今天终点线上的摄像仪能通过每秒2000次的缝隙扫描，将计时精度提高到千分之一秒。起跑线上抢跑百分之一秒就会被“捉拿归案”，游泳池终点触摸屏则“一触即发”并精确到毫秒。测量投掷、跳远距离的皮尺、钢卷尺早已送进了历史博物馆，激光测距仪能够瞬时判读出比赛成绩；灵敏的超声风速仪早已取代了机械风速仪；在网球、羽毛球赛场上，雷达测速仪当场显示运动员击球的速度；而明察秋毫的“鹰眼”则能随时回放网球、足球在三维空间的运动轨迹和准确落点。各种新颖别致的光电仪器在赛场上层出迭见，使运动数据的粗放式测量变得日益快捷、精准和可靠。

人类的体育运动本质上是将体内的化学能转变为机械能。随着对有氧运动和无氧运动的深入了解，不同运动的供能机制日益明确清晰，“高原训练”有效增加了运动员最大摄氧量和血液对氧的携带能力。不同种族和个体的肌肉结构中，快速的“白肌”和耐久的“红肌”天生有一定比例，适合不同类型的运动。遗传的追寻、骨龄的辨析、皮纹的解读，选材就是对“运动苗子”的发现和预测。诚然“没有谁脖子上戴着金牌降生，但更多人却生下来就注定得不了金牌”。现代医学已经为各类运动员的科学选材提供了一整套量化的依据。

计算机作为一切高科技的基本工具，对体育运动的影响已经无孔不入。竞赛场上常常“知彼难，知己更难”。1982年，美国队就将中国女排历次比赛的影像资料输入计算机并分析出“战术弱点”，使中国姑娘在遭到“暗算”后一度受挫。而运动员对自己的技术动作往往“当局者迷”，教练员也很难用肉眼辨别清楚，“计算机诊断”却能定量分析出一招一式的缺陷。计算机远程监控可以根据赛场采集的数据在万里之外“运筹帷幄”；新动作的设计往往先在计算机上构思和演算，充分论证可行性和必要条件。至于科学制定训练负荷，查阅世界优秀选手和经典赛事的档案资料，更是计算机的“家常便饭”。美国20世纪70年代奥运会上输给苏联后，狠下决心在科罗拉多等地建立3个奥林匹克训练中心，配备最先进的科研、训练设施，调集大批优秀教练员和科学家，每年集训15000名拔尖运动员，成了美国“奥运金牌的摇篮”。这种“大而全”的高科技密集体育训练基地已经被德国、法国、澳大利亚、日本、韩国争相效法。

奥运会之所以成为全人类普天同庆的"盛大节日"，首先要归功于电视的发明。而卫星转播则是早期奥运和现代奥运的分水岭。当一声喝彩从五洲四海同时发出，几十亿人的目光聚焦到一个赛场，奥运会获得了前所未有的关注度。体育馆里最好的"座位"也比不上这么多独特、刁钻的"机位"，全景、特写、回放、慢放、跟踪、叠画、空中、水下、虚拟，千万里外坐在家里沙发上的观众比亲临现场者更能"大饱眼福"。转播权的竞标还使奥运会从"捉襟见肘"摇身变成"财大气粗"。今天奥运会无论竞赛规则的修改，竞赛时间的安排，几乎都以电视"马首是瞻"，收视率的高低甚至影响一个体育项目在奥运会的生存。不要苛责奥运会对电视的"屈从"和"讨好"，这恰恰是奥运会懂得了应该走出体育界的圈子，成为一种广泛的人类活动。

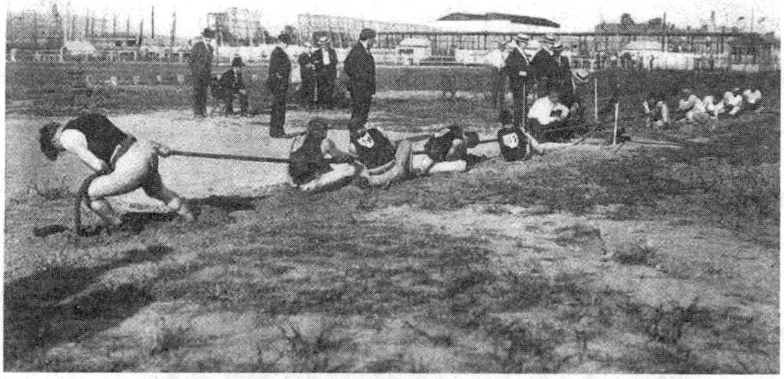

1904 年圣路易斯奥运会拔河比赛

1896 年第一届雅典奥运会仅有参赛国 14 个，运动员 241 人，其规模和今天一个普通中学的校运会相当。早期奥运会组织工作的粗疏与混乱更令人难以置信。1900 年巴黎奥运会究竟设置了多少项目和决出了多少奖牌，至今还是一笔糊涂账。历次奥运会排错赛程、报错成绩、发错奖牌、用错国旗国歌的事屡有发生。今天的奥运会已经日益向超大规模化发展，200 多个代表队，1 万多名参赛运动员，2 万多名媒体记者，5 万名服务人员，数十万观众。这种突如其来的"百万人的拥抱"却必须有条不紊、秩序井然地进行。奥运会的竞赛管理和信息发布是世界上规模最浩大、技术最复杂的信息系统工程，数千台电脑终端成为连接每个竞赛点、记分台、显示屏、数据库的神经末梢，互联网系统必须在大容量、高密度的用户访问中"游刃有余"。2000年悉尼奥运会被誉为最"e"化的奥运会，如今每届奥运会都要像移交五环旗一样，把本届的大型信息服务成果移交给下一届组委会。这里没有商业秘密可言，如果失去信息系统总体架构的完整性和延续性，奥运会将无法顺利进行。

不过100年来，始终有人怀着深深的忧虑和戒惧，试图阻止科技从体育舞台的边缘向中心挺进，并主张拆散体育和科技的"联姻"，恢复奥运赛场上真正的"原生态"。其实人和动物的最大区别在于"智慧"，也许只有加入了智慧的元素，体育运动才真正打上了"人的烙印"，使体育不只是停留在"原始的肌肉收缩"层面。科学作为人类智慧的结晶，本来是体育的一部分，更聪明的人比"四肢发达、头脑简单"的人拥有更多取得胜利的机会。何况当突飞猛进的现代科学在100年间彻底改变了人类的全部生活，怎么可能将体育划为"科学免进"的"保护区"？至于兴奋剂等奥运史上的弊端和丑闻，不过是人对科技的错误应用，解决的途径也只能靠科技发展；如何让更多的第三世界运动员同样享受现代科技的恩惠，已经成为奥运议事日程的重要课题。谁也无法"开历史的倒车"。对百年奥运的抚今追昔和"忆苦思甜"足以使人相信，没有科技，奥运会成不了今天的气候。离开科技，体育将陷入原始和瘫痪。

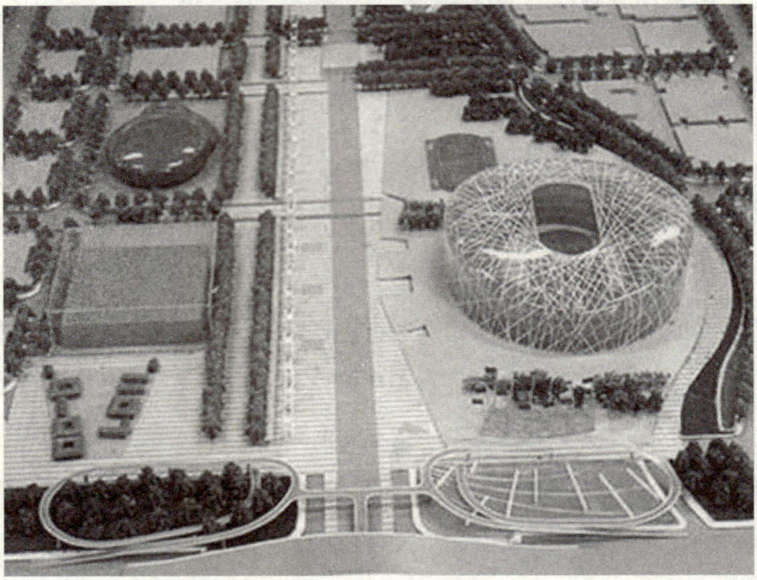

2008年北京奥运会主场馆效果图

战争年代里，人类总会最先将科技成果用于军事，并把战场当作高科技武器的试验场。体育作为“没有硝烟的战争”，无疑也会优先使用最新科技成果，而每届奥运会也真的成了先进技术和尖端装备的展示橱窗。体育竞赛的巨大需求反过来成为科学发展的重要引擎。

在体育运动成绩日益逼近人类极限的今天，从某种意义上说，体育的竞争就是高科技的竞争，“技不如人”，也许首先是“科技不如人”。而科技和体育的“共生关系”，将继续伴随奥运会走向明天。

科技伴奥运同行

扫一扫，看中文视频

撑竿跳的变迁

1994年7月31日,意大利塞斯特里尔田径场,号称“跳高沙皇”的乌克兰运动员布勃卡“揭竿而起”,把自己的身体撑向蓝天,一举越过了6.14米横杆。这是人类克服地球引力的凯歌,也是人类体育运动目前所达到的高度上限。在布勃卡时代,天下好手参加撑竿跳高比赛常常只有亚军可争了。

撑竿跳高究竟起源于何时已经很难考证。在远古的年代里,人们撑着一根木杆或长矛跨过溪流、越过短墙、腾上马背……此后渐渐发展为一项体育运动。1789年,德国人普茨跳过了1.83米,这大约是历史上第一个有案可考的撑竿跳高纪录。

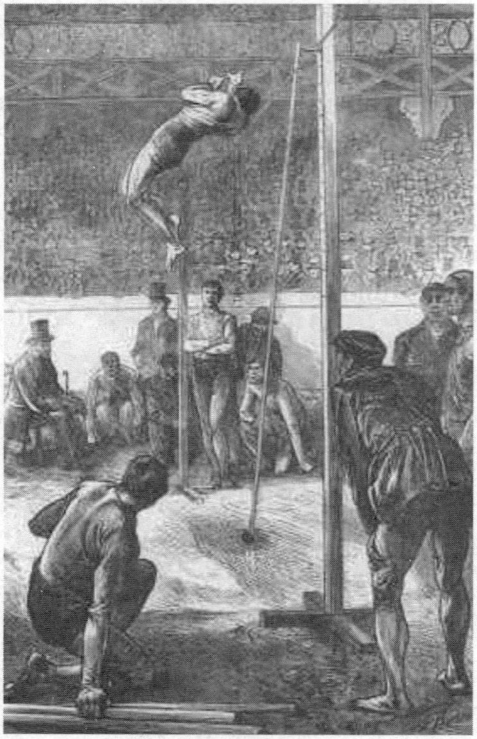
早期撑竿跳高

1896年第一届奥运会上,撑竿跳高就成为最引人入胜的正式比赛,不过属于体操项目。当时使用的撑杆大多由山胡桃木制成。美国运动员威廉·霍亚特靠着这种沉重、坚硬、粗笨的实心木杆,创造了3.3米的世界纪录。

幼年时代奥运会的滑稽故事在撑竿跳高项目中也不乏其例。

1904年在美国圣路易斯举办的第3届奥运会上，日本选手左间代富士从容不迫地把撑杆插到地上，然后以极其麻利的动作来了个“顺竿爬”，直到高过横杆时才轻松跳下。他的这种“杂技表演”不仅令观众目瞪口呆，也让裁判不知所措。此后才制定了起跳后握杆双手不能交替移动的“游戏规则”。

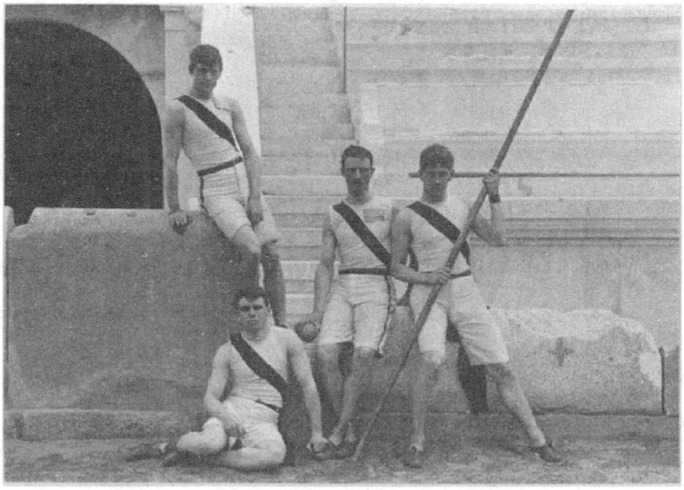

1896年雅典奥运会美国运动员泰勒（右）获撑竿跳高第二名

用竹竿取代木杆，是撑竿跳高历史上的重大进步。竹竿更富有弹性，天然的中空结构使撑杆的重量减轻有利于快速助跑。1908年伦敦奥运会上，美国耶鲁大学学生吉尔伯特第一次使用竹竿跳过3.71米获得冠军。他随后从巴黎购买了大量竹竿行销到美国各地。盛产上乘竹子的日本曾领尽风骚，1932年，洛杉矶奥运会上，日本选手西田修平仅以1厘米之差直逼霸主美国队；1936年，柏林奥运会上，两位日本运动员把奖牌切开再焊接成两块银、铜各半奖牌，这类奇迹和轶事都发生在日本撑竿跳高的“辉煌时代”。而历经5

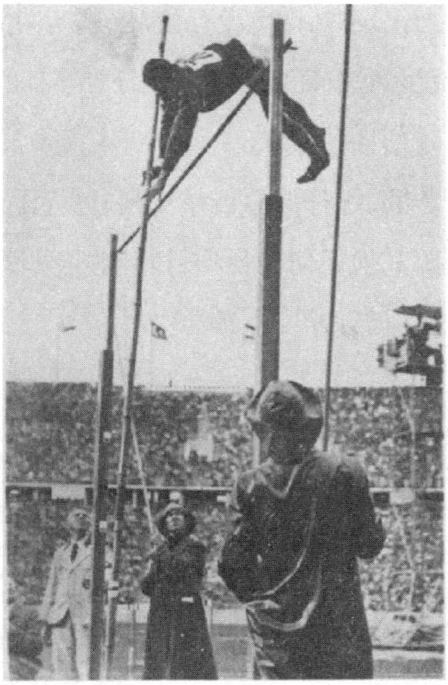

1936年柏林奥运会上美国运动员迈多斯使用竹竿创造4.35米的奥运会纪录

年时间阴干和炮制的日本撑杆工艺也首屈一指，各国好手几乎都把来自"竹乡"上野、四国的日本撑杆视为上选。"竹竿时代"的世界纪录上升到了4.77米。

第二次世界大战没有理睬古奥运会"神圣休战"的原则，第12届、13届奥运会成为历史上永远的空白。作为交战双方，欧美国家从日本进口竹竿的渠道也完全阻断。而苦难中的人类并没有因战争而丧失撑竿跳高的兴致，他们被迫另辟蹊径，早在20世纪20年代金属撑杆便开始备受青睐。

和自然生长的竹竿相比，这种用瑞典钢和铝合金制成的空心撑杆更加轻便光洁、尺寸标准、坚牢柔韧，运动员可以放心大胆地加快助跑和提高握杆点，而不用再担心"折戟沉沙"。世界撑竿跳纪录因此而提高到4.80米。

另外一项看似简单却功不可没的发明，是插杆斗的使用。早期的撑杆为了防止打滑，都在末端安上一个或者一组粗大的铁钉。1908年伦敦奥运会上，美国运动员吉尔伯特在撑杆的落地处挖了个坑，结果被视为犯规。直到1924年，木制的插杆斗才成为撑竿跳高的"标准配置"，从此运动员有了一个稳定可靠的"支点"。

1952年，当更轻、更韧、更富有弹性的玻璃纤维撑杆第一次在赫尔辛基奥运会出现时，谁也没有预料到撑竿跳高将进入一个梦幻般的新时代。1961年美国运动员戴维斯创造了玻璃纤维撑杆的第一个世界纪录4.83米。次年2月，约翰·尤尔西斯跳过4.89米。1964年弗莱德·汉森把世界纪录提高到5.28米。短短几年间，撑杆好手群雄竞起，世界纪录墨迹未干便再被刷新，直到突破6米大关。和其他任何田径项目相比，这种势如破竹的"跃进"都是绝无仅有的。

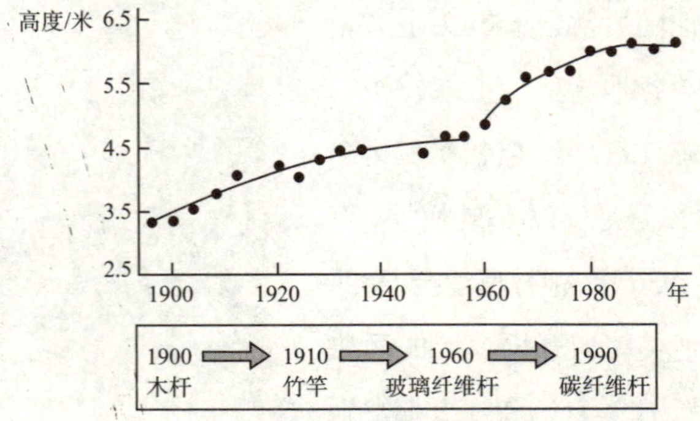

奥运撑竿跳高纪录

玻璃纤维撑杆本身显然没有能量,究竟是何种原因导致了它如此"立竿见影"的功效呢?我们如果以"刚性"的木杆和"柔性"的纤维杆进行对照来做一番简略讨论,将会看到力学中关于能量转换的最生动演示。

玻璃纤维杆由于重量大大减轻,使运动员持杆助跑的速度得以猛增,而聚集在杆上的动能是和助跑速度的平方成正比。再说"刚性"撑杆和地面的接触是"硬碰硬"的撞击,而"柔性"的纤维杆落地后则更像弹簧的压缩,两者造成的能量损失和对人体的冲击震荡显然大不相同。而当玻璃纤维杆变成一条大弧,运动员握杆点和插穴斗的直线距离则如一根弦,和"直挺挺"的不可压缩的木杆相比,人-杆转动半径明显缩短,竖杆的力矩大大减少,这意味着运动员能够轻易地提高握杆点。

如果把手中的撑杆当作一个"能量转换器"——将水平方向助跑的动能转换为一定高度的重力势能,那么玻璃纤维杆的最大魅力则来自于它对能量的有效贮存和释放。当纤维撑杆被压弯后积蓄了变形势能,然后将运动员"弹"向空中,等于运动员把水平助跑"挣来的钱""存入银行",接着及时"提取"出来支付垂直上升和跨越横杆需要付出的"费用"。

撑竿跳高中的"双钟摆"效应,指的是以穴斗为支点、以撑杆为主体的"长摆"和以肩关节为支点、以人为主体的"短摆"。木杆的"摆长"是不变的,运动员握杆点的轨迹几乎完全是一个陡起的圆弧,而玻璃纤维杆的"摆长"是变化的,运动员身体重心位移是一个平滑的曲线。这十分有利于提高"摆动"的角速度和减少能量转换中的损失。

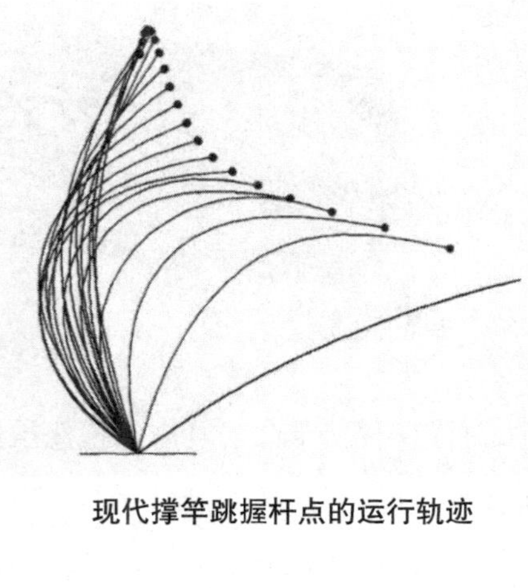

现代撑竿跳握杆点的运行轨迹

如果进行更深层次的观察和研究,就会发现撑杆材料的"革命"带来了撑竿跳高整体技术动作模式的变化,运动员起跳后不再是无所作为地等待被"抛掷",而是开始了一系列精巧、细致、复杂的"杆上动作"。悬垂摆体、后仰举腿、引体转体……最后以杆上“单手倒立”的英姿腾越过杆，这是何等令人惊叹的高难度技巧。有人把撑竿跳高比作“跳高加体操”的确不无道理。号称“女布勃卡”的俄罗斯运动员伊辛巴耶娃本来就是体操运动员出身，只因身高“不幸”长到了173厘米才被迫改行，也许多亏了体操的“童子功”，成全了她创造5.01米世界纪录的辉煌之梦。

对于撑竿跳高的极限，人们做过多种预测。根据能量守恒的公式计算出水平助跑动能最多可以转化为大约5米的垂直势能，但显然遗漏了运动员腾空后获得新的能量份额。所谓“撑竿跳”，“跳”和“撑”都是题中应有之义。算总账的时候不光要看到地面上水平助跑积蓄的初始能量，还要加上悬空后手臂一挽一推、身体翻转旋转而新“挣”来的后续能量。

今天竞技场上的撑杆经过不断更新换代，玻璃纤维和尼龙已经被更加轻便、坚韧而富有弹性的碳素纤维和多种复合材料所取代。通过精密的实验和计算，根据撑杆从上到下受力的差异和弯曲的弧度来设计不同部位最合理的强度，现代的撑杆制作工艺日臻完善和成熟，而纳米材料的应用也许会让撑竿跳高“百尺竿头，更进一步”。

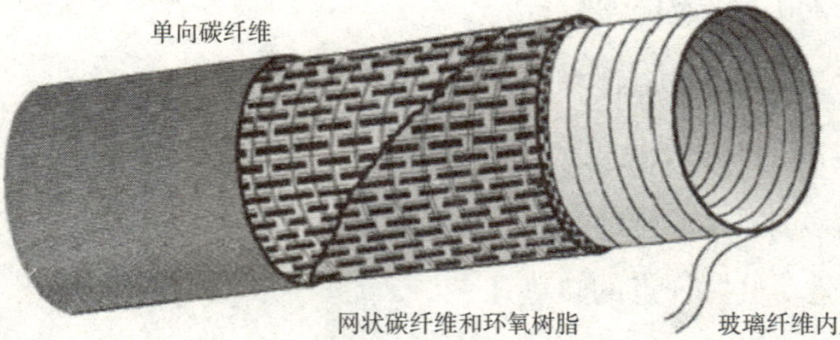

现代撑杆的结构

对撑杆材料革命的疑虑和抱怨虽然一直没有停息，但谁也不愿意再回到“擀面杖”和“竹筒子”的年代。撑竿跳高演变的历史是一个经典的例证，讲述了新兴材料如何将这项古老运动推向峰巅。

撑竿跳的变迁

扫一扫，看中文视频

直挂云帆济沧海

以风为“燃料”，以帆为“马达”，在蓝天碧海间纵横驰骋、一争高下，这便是奥运会上最赏心悦目的水上项目帆船比赛。轻盈快捷的飞行荷兰人型、芬兰人型、470型、星型、激光型、49人型；稳健厚重的暴风雨型、索林型；双体合一的托纳多型、十平方米型；小巧玲珑、介于帆船和冲浪之间的米斯特拉、RSX帆板。五彩缤纷的帆船展开了奥运会上最辽阔壮美的海上风景，也成为高悬了10多块金牌的“战略要津”。

帆船是人类驾驭自然力量最早的杰作，当万里长风鼓动了麦哲伦、哥伦布的船帆，便从根本上改变了地球文明的进程。1896年雅典奥运会上，帆船就被列为正式比赛项目，因为爱琴海天气恶劣未能举行。丹麦最杰出的帆船泰斗保罗·埃弗斯特隆曾4次蝉联奥运金牌，56岁时还和女儿特琳同船参加洛杉矶奥运会托纳多级比赛；苏联选手瓦伦汀·曼金在奥运会中夺得3个不同级别帆船比赛冠军；美国运动员哈里·美格斯独自拿下了奥运会和美洲杯2项大赛金牌；英国姑娘艾伦·麦克阿瑟2005年打破由男性保持的帆船环球航行纪录，震惊了整个世界。曾任国际奥委会主席罗格也曾经是优秀的帆船运动员，先后参加3次奥运会并获得过帆船世界杯冠军。百年之间，帆船运动风生水起，造就了许多传奇人物和传奇故事，体育界对人、船、水、风之间相互关系的理解也日益加深。

用浮标在海面围出一块多边形水域，参赛帆船绕标航行，整个赛程下来，航向常常要经历360°的变化，这便向选手们提出了“八面来风”的挑战。顺风航行的原理浅显易懂，帆对风的阻力就是风对帆的推力，古人使用的方形横帆便是只有“一路顺风”时才能“风正一帆悬”的。但帆船能够“顶风行驶”却常常令人困惑不解，其中的奥妙何在呢？

将手中的拖把垂直对着地板，拖把显然无法推进，但如果倾斜一个角度，拖把就能向前移动了；在桌面上紧贴着直尺放一块三角板，施加在斜边上的力会把三角板沿直尺方向“挤”跑。帆船在水中能逆风行驶，也必须和风的方向形成45°左右的夹角，风的压力作用在船帆上，便能产生向前推动的分力。

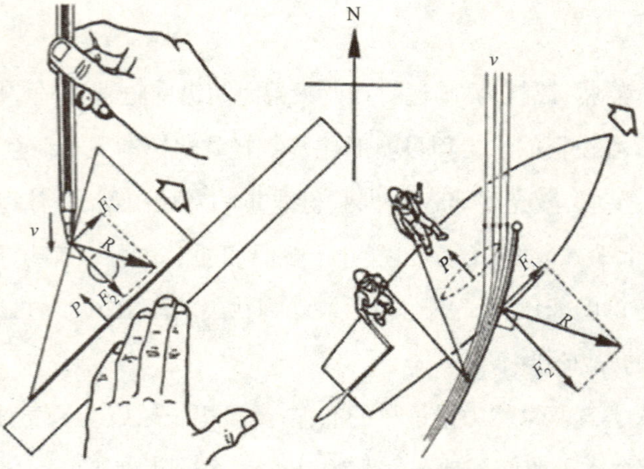

模拟帆船逆风行驶所受到风的推力

更主要的原因在于，自从9世纪阿拉伯人发明了三角帆，船帆便不再是装风的口袋，而成了飞翔的翅膀。我们不妨先看看飞机是如何升空的。当气流在机翼前缘一分为二，沿着上、下表面流到后缘会合。由于机翼的上表面凸起，下表面平直，因此上表面气流速度大，下表面气流速度小，根据“伯努利原理”，流动快的空气压强小，流动慢的空气压强大，机翼上下方的压力差便是托举飞机翱翔蓝天的升力。9世纪阿拉伯人发明三角帆后，船帆便酷似一个竖直而立的机翼，风在帆的前缘被劈开，再流到后缘去会合，由于帆的迎风面凹陷，背风面凸起，形成了一定的曲度，致使空气在背风面的流速大于迎风面的流速而形成低压区，于是“伯努利原理”便“立即生效”了。这时的船帆从海平面每平方米10吨的静止气压中获得巨大的空气动力，成为帆船前进的“引擎”。当帆船逆风行驶时，必须通过不断地转舵换舷，沿着“之”字形路线航行。船与风向的夹角越大，航速越快，不过会以航程加长为代价。逆风航行是选手最容易拉开距离的赛程。

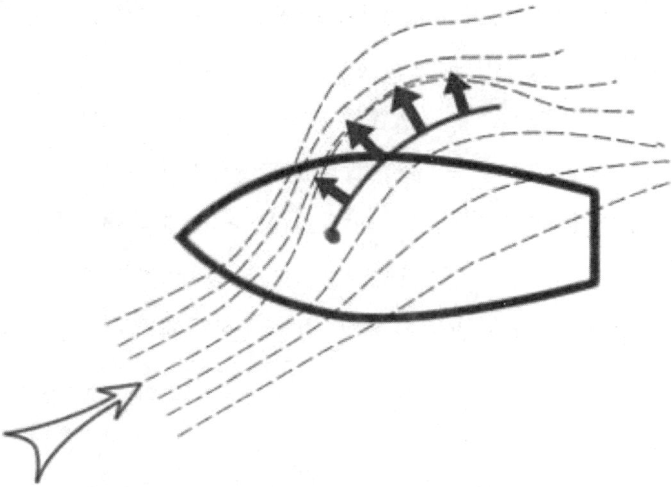

根据伯努利原理船帆在空气中受到的“拉力”

但无论来自船帆迎风面的“推力”和背风面的“吸力”都会使船发生横向漂移，这又要靠安装在船底的纵向挡水板来抵消船帆的侧向分力了。和船身连为一体的挡水板叫“龙骨”，能够随时抽起和放下的叫“稳向板”。它们在水中巨大的横向阻力确保了船体能在很小的“漂角”下直行前进。

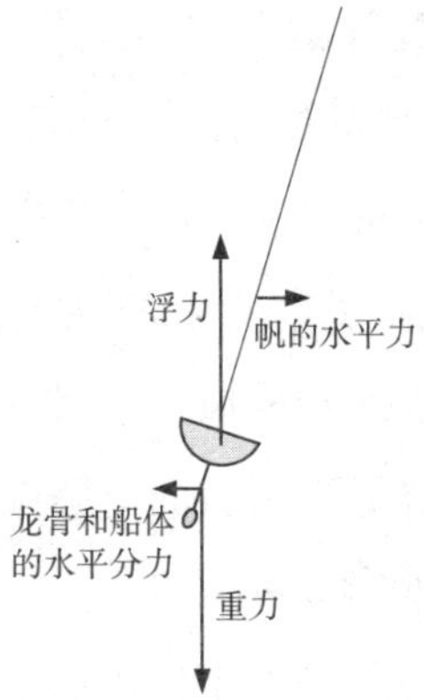

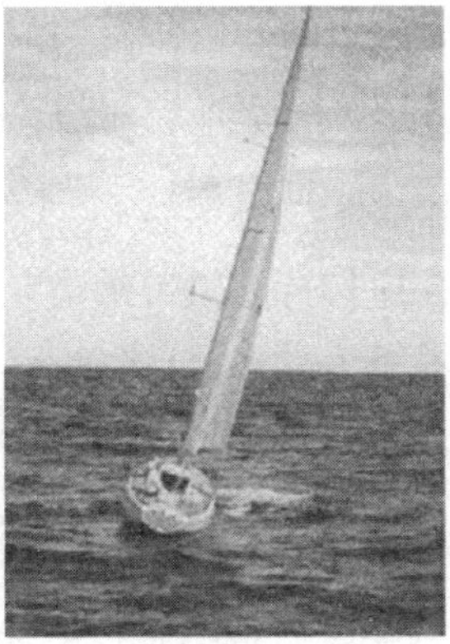

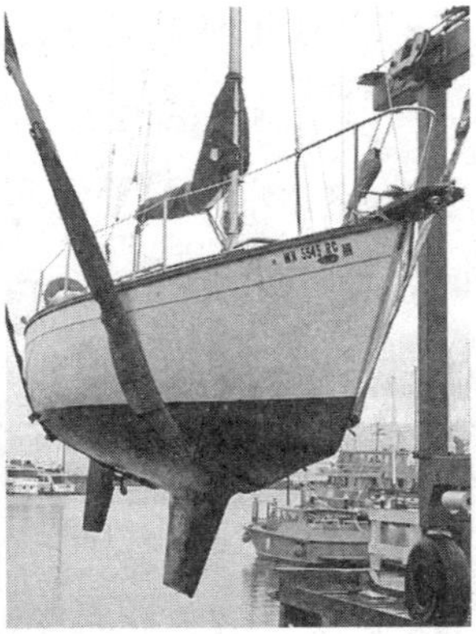

1988 年汉城奥运会上，加拿大帆船运动员勒比厄放弃夺金机会援助翻船的新加坡选手，一时传为佳话。但“水能载舟，亦能覆舟”的事却在帆船竞赛中屡见不鲜。静止状态下，船的重心和浮力中心在同一条垂线上，当船倾斜时，

一侧的部分体积离开水面，另一侧则会有同样的体积浸入水中，浮力中心也随之外移，于是浮力力矩使船体恢复平衡。这也是平底船比尖底船稳定性更好的原因。我们把浮力作用线和船体中心线的交点称为“稳心”。“稳心”越高于重心，船就越稳定。航行中船帆的横向分力与龙骨和稳向板的阻力之间会对船产生倾侧力矩，如果船的重心落在浮力中心的外侧，也就是重心高于“稳心”时，翻船的事故就会发生了。船的龙骨使用较重的材质来“压仓”和降低重心，其稳定作用颇似科技馆里带有“配重锤”的自行车能在空中钢缆上骑行，将人-车系统变成一个“不倒翁”。帆船比赛中常常看到运动员把身体远远“挂”在船外“压舷”，有时还要穿上铅质坎肩，就是为了改变船的重心位置以保持稳定平衡。

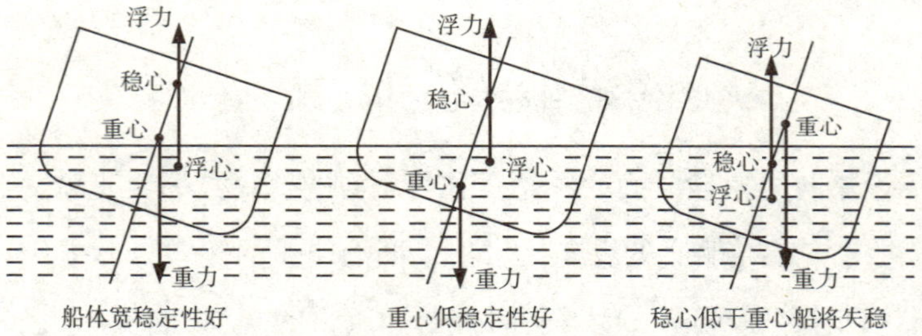

船舶稳定性示意图

2004 年雅典奥运会中，爱琴海上高手云集，群帆竞发。最后一轮比赛中，饱经风浪的悉尼奥运会米斯特拉级冠军森尼西却选择了错误航向，结果落到了 10 名以后。帆船比赛的确需要“见风使舵”的本领。海面上实际吹动的风叫做“真风”，船只运动产生的风叫“行进风”，乘员在船上感觉到的风叫做“体感风”，它是真风与行进风的合成，速度往往比真风更大。船在横风行驶时速度比顺风还快，因为船帆能获得更有效的推动力。而海面的风力、风向复杂多变，阵风、乱风随起随落，这便需要敏锐的观察、清醒的判断和果敢的决策。运动员随时要调整航向寻找最优路线，收放索具控制船帆拱度，千万别以为船帆上缀着那些飘动的小布条是为了装饰，英语管它们叫 “telltales”，意思是告密者。这些气流线随时透露着风的“情报”。当迎风面和背风面上的“小尾巴”都能同时欢快流畅地飘舞时，船帆就找到了最佳的攻角。竞赛中，处于上风的船设法挡住追赶者的风，这是十分有效的计谋和战术。

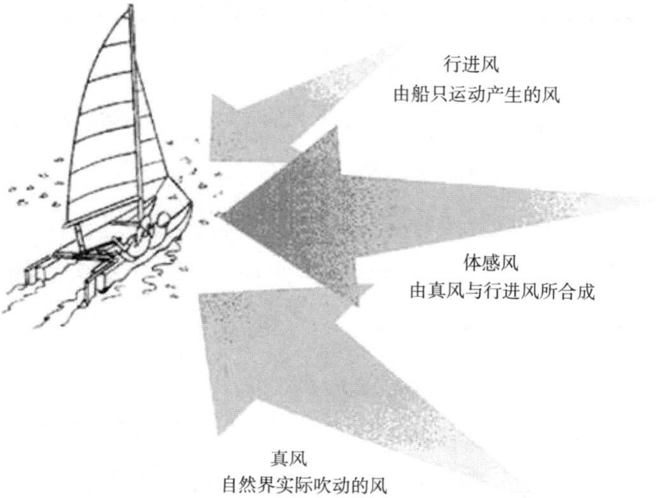

帆船比赛需要“见风使舵”

16 世纪时期，在茫茫大海上无法判断航船的速度，聪明的水手将等距离打结的长绳拖着漂浮物抛到海中，再定时收回进行计算，这便是海船速度通用计量单位“节”的来源。1 节相当于每小时 1 海里，或 1.852 公里。今天，轻盈坚固的玻璃钢、碳纤维及新型复合材料取代木材，使船和水接触的“湿面积”不断缩小，带来波浪阻力和摩擦阻力的减少。计算机对船体流体力学性能的模拟

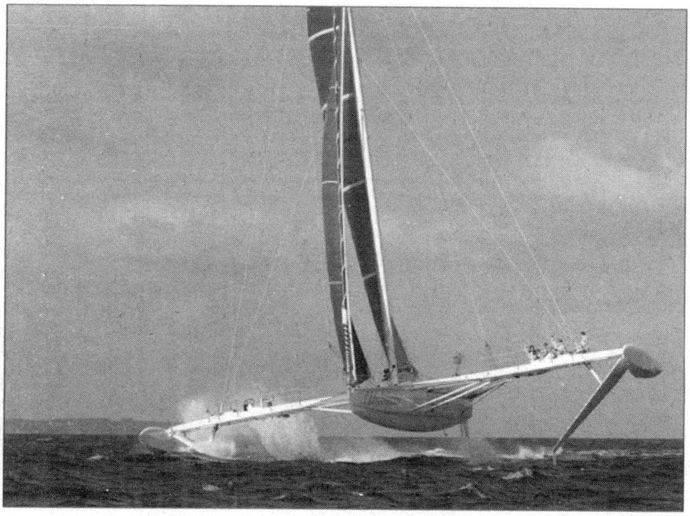

Hydroptere 帆船

设计，风洞试验对船帆材质和三维形状的优化选择，都使当代帆船在“头尖体长”的基本模式下不断改进。法国人设计的双体帆船（Hydroptere）在 2007 年创造了 47.2 节的航速，比“真风”的速度快 3 ~ 4 倍。当今帆船最高速度的世界纪录是英国人梅纳德 2005 年创造的，达到 48.7 节，已经十分接近公认的 50 节极限，简直像掠过海面的水上飞机。

我们也许都看到过另一种神奇的风帆，它们的运动机制和原理与帆船十分相似，但却是奔驰在陆地上的“旱船”。这些“沙帆”和“冰帆”的时速都能达到 70 公里，的确别有一番情致和趣味。

但毫无疑问，帆船永远是属于大海的。既会领略海的温柔又能接纳海的暴躁，这才是完整的“蓝色畅想”。历尽风云变幻，看惯波涛诡谲，能铸就帆船运动员大海般的胸襟和情怀，而只有当升起科学的风帆时，才能成为大海真正的儿女。

直挂云帆济沧海

扫一扫，看中文视频

自行车源流

自行车是人类最机智和简洁的发明，也是奥运会上唯一用轮子代替脚步的竞赛项目。百年来，这种“一个三角加两个圆圈”的坐骑凝聚了无数人的聪明才智，今天的自行车在场地赛中追风逐电，在公路赛中各展英姿，在越野赛中踏平坎坷，在小轮车竞赛中绝技百出。自行车家族实在称得上是体育运动中的泱泱大族了！

那些形貌怪异、幼稚原始的自行车“古董”也许会让人哑然失笑，但它们是现代自行车的往昔和童年。1817年，德国人德莱斯制造出既无传动也无转向装置的“木马轮”，这种号称“快脚”的玩具是自行车最早的雏形。1861年，法国米邵父子发明的“虎头蛇尾”的自行车曾风行欧洲，双脚每当踩动一小圈，巨

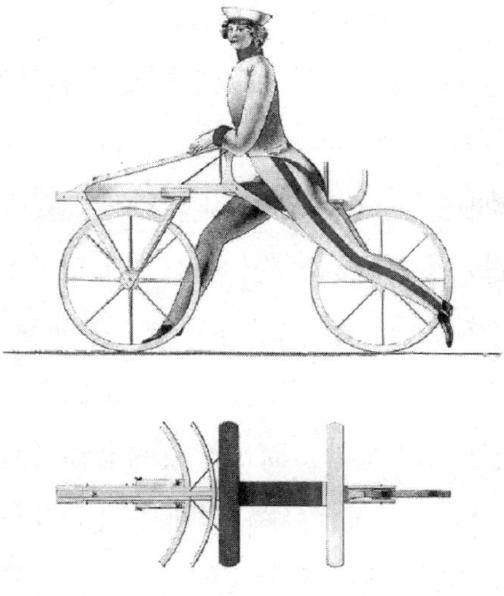

早期自行车

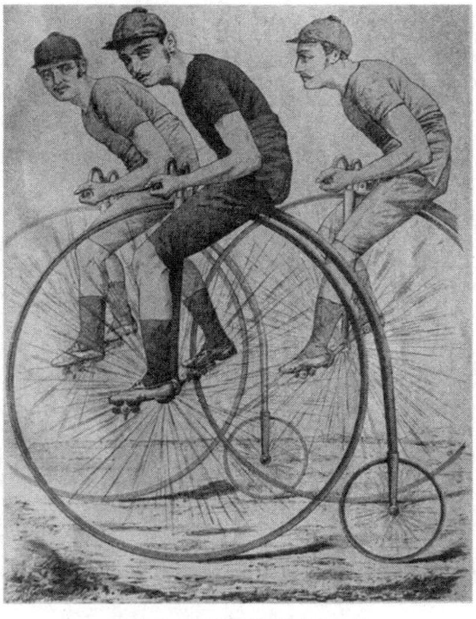

米邵父子发明的自行车

型的前轮就旋转一大圈，因此获得很高的速度。但由于重心太高安全性差而终遭淘汰。1869 年法国人发明了链条传动，使得自行车两轮匀称，重心降低，基本框架和形制渐渐确定了下来。

现代奥运会诞生的年代正是自行车的“黄金岁月”。美国早期公路改善的主要推动力是自行车的普及，莱特兄弟发明飞机显然也得益于身为自行车生产商所积累的机械知识。法国早期电影中频繁出现的自行车显示了它们的普及程度，而据说爱因斯坦正是在骑自行车时产生了“相对论”的灵感。人类社会很早就认同了“自行车文化”，第一届奥运会上自行车成为竞赛项目是顺理成章的。

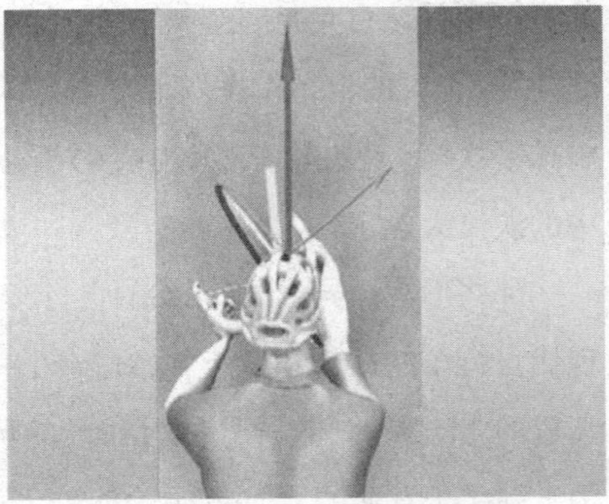
惯性力和前轮支撑点之间产生力矩将自行车“扶直”

自行车只有两个轮子却可以不倒，其中的道理曾引起人们长期的推究。这是一个可控制运动的稳定问题。当我们在车身倾斜时将车把转向同侧，而“人车重心”的惯性力却继续向前，便和前轮支撑点之间产生力矩，将自行车“扶直”。即使车速很慢时也能起到不断调整支撑面的作用，让前后轮接地点的连线始终处于自行车重心之下，动态抵消它的倾翻力矩。这很像来回挪动手掌让上面直立的扫帚保持平衡。另一方面，“陀螺效应”让一切旋转物体都倾向于保持原有旋转轴不变。伸出右手，如果四指表示转动方向，旋转轴便会在大拇指方向储存相应的角动量。有人设计过一个有趣的实验，将自行车轮子安在“弯月形”底座的支架上，结果显示只有车轮快速转动才能维持支架的稳定平衡。

自行车在空气中的阻力和速度的平方成正比。测试表明，当车速度上升到每秒 11 米时，空气阻力便占前进总阻力的 80%。而最有效的措施是减少人-车系统在前进方向上的截面积。身体蜷伏、臀部高跷、背部平直的骑行姿势能大大减少空气阻力，“羊角把”的设计便是为了成全这种姿势。至于斜躺式自行车，虽然符合空气动力学原理并创造过更好成绩，但由于几乎变成了另一种运动而没有被国际自行车联所承认。

如何在确保自行车“铁三角”稳定强固的前提下减轻重量，这是设计者们持久的课题。铝合金取代钢铁是一大进步，钛金属则是强度和重量比最好的材料。而更轻更强的碳纤维能够让设计者像一个“巧裁缝”，按照车架不同部位受力差异来调理碳纤维的分布方向。

1992 年巴塞罗那奥运会自行车比赛中，鲍德曼为英国队夺得 72 年来的第一块金牌，他座下那辆价值连城的全碳素自行车总重量还不到 9 公斤。除了重量轻，鲍德曼的坐骑最引人注目之处还包括没有辐条的碟形车轮。其实人类最初发明的轮子就是一块圆形木板，为了减轻重量才创造了辐条。但在前进中，车轮上部的速度是车速的两倍，高速旋转的每根辐条都会产生小的气流漩涡给行进带来阻力。难怪运动员抱怨说辐条简直像一个“搅蛋器”了。现代超轻型材料使辐板车轮成为可能，并能将空气阻力降低 5%。

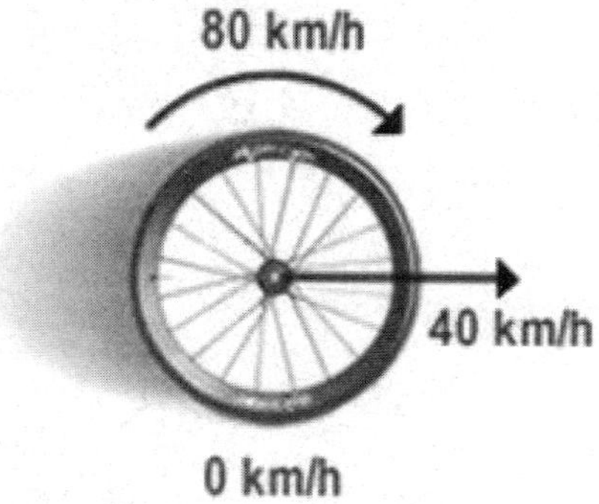

车轮上部的速度是车速的 2 倍

自行车轮胎同样大有讲究。我们知道，即使火车在铁轨上行进，车轮和轨道的接触点也要发生相应的弹性形变。自行车同样靠车胎压扁后和道路的接触面积来承担负荷。公路赛车的车胎宽度不足 2.5 厘米，打足气后行驶在坚实平坦的地面上，摩擦力和空气阻力都能减少到最低限度。但山地车为了适应不规则的粗糙地面和跨越坑洼沟坎，就必须用较宽和布满结节的轮胎实现和地面的良好接触并产生有效驱动力了。

自行车的力量传动通过一系列的“轮轴”来完成。轮轴实质上就是以轴心为支点的连续旋转杠杆。脚蹬和牙盘构成了“省力轮轴”，后轮和飞轮构成了“费力轮轴”。多组变速齿轮的

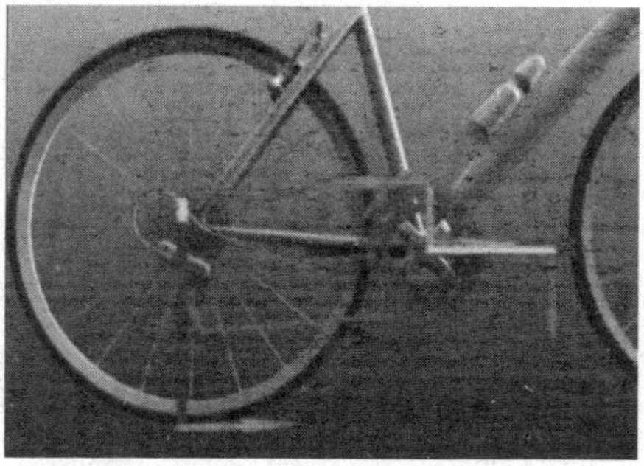
脚蹬和牙盘构成了“省力轮轴”，后轮和飞轮构成了“费力轮轴”

灵活切换能让自行车运动员在不同环境状况下选择最合适的蹬车频率。上坡时可以每蹬两圈让轮子转一圈，平地时可以每蹬一圈让轮子转两圈。要想知道省力和用力的效能，只要数一数飞轮上的齿和牙盘上的齿，就能通过除法计算出传动比了。

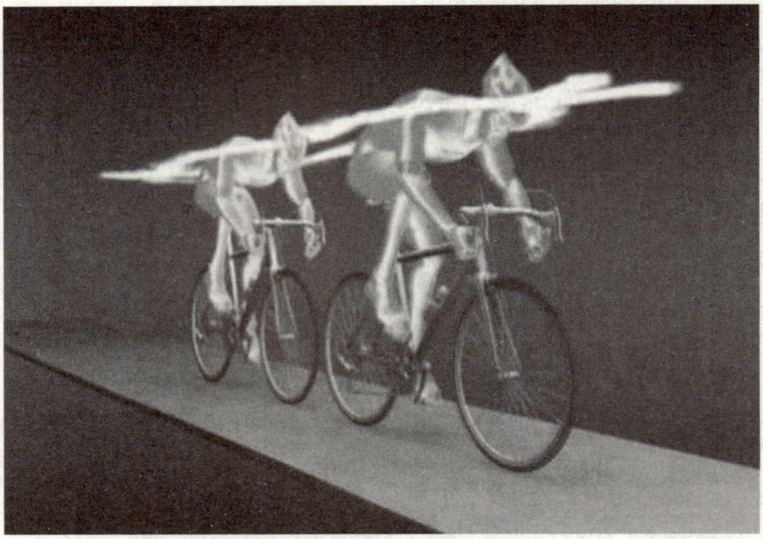

跟随的选手骑行中能减少空气阻力

当一队自行车选手不即不离、衔尾相随时，我们不由想到南飞的雁群在天空排成的“一”字和“人”字。大自然让这些聪明的鸟儿更早懂得了空气动力学并知道如何在长途迁徙中节约体能。场地赛和公路赛中，尾随的选手如果待在领骑者背后的涡流里，空气阻力就会明显减少。有趣的是，后面的选手因为削弱了涡流效应，能使得前面运动员也因此受益，减少所承受的压差阻力。这就是为什么两位选手成双成对接踵而行要比一位选手孤骑独踪的速度更快。不过尽管有“双赢效果”，先行者仍会付出更多消耗。

随着自行车竞赛的速度接近极限，人们便越来越从细枝末节处挖掘点滴效能了。用有限元分析法将自行车分解为上万个单元，通过“虚拟风洞”优选出部件；把自行车的管材截面从圆形改成椭圆或水滴形；让刹车线和变速线乃至每处螺栓、螺母都隐藏在车身内；特别由于轮圈和轮胎远离轴心，具有最大的转动惯量，因此除了尽可能减轻重量还需将胎内的压缩空气换为氦气……

任何铢积寸累都值得珍惜，计算表明，自行车在每小时50公里速度下，只要将阻力削减1%，就能每公里领先1米。这是一个足以决定夺取金牌还是名落孙山的数值！

2008年北京奥运会传来的一大喜讯，便是小轮车首次被列入正式竞赛项目。这种20世纪70年代才在美国加州年轻人中风行的“变种”自行车轮子直径约为50厘米，以简便、轻巧、灵活、抗震、耐摔而著称。独特的车把能旋转360°，前后轮两旁还可安装称为“火箭筒”的金属管，为各种花样动作提供落脚点。小轮车之所以便于操纵，因为它的尺寸大小和人的运动器官比例相匹配，十分符合人体工程学原理，高明的骑手能充分达到“人车合一”的境界，让小轮车成为器官的延伸甚至身体的一部分。生物学家曾长期困惑于大自然为什么没有进化出轮子，小轮车的问世也许可以算一种补偿。这个充满冒险犯难精神的平民化车种进入奥运殿堂，为日益贵族化的古老自行车家族增添了青春活力和时代气息。也将更多更复杂的力学关系引进了自行车运动领域。2005年1月5日，伦敦科学博物馆恭请18岁的小轮车高手华莱士表演了物理学家泽斯基精密设计的“爱因斯坦空翻”，用这个连人带车腾空翻转360°的极限动作揭开了爱因斯坦年的序幕。

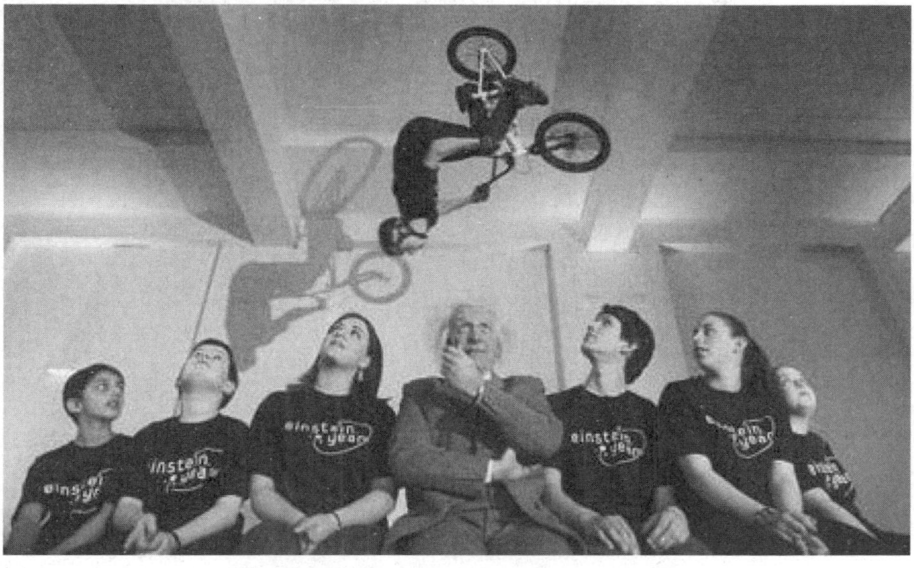

小轮车表演为英国2005爱因斯坦年拉开序幕

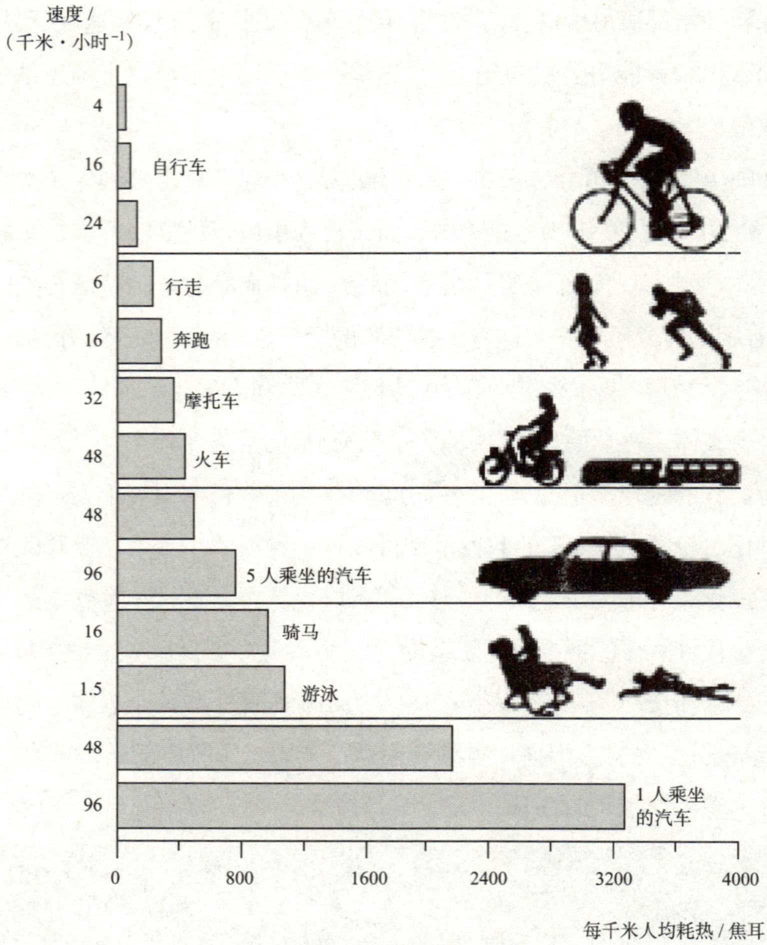

各种行进工具的速度统计图

曾经有统计显示以骑自行车为工作常态的邮递员平均寿命最长。而用科学的尺度来衡量，在任何机械和生物的运动包括人的步行中，自行车的高效和节能都是无可比拟的。健身、怡情、节能、环保，奥运会为推动自行车全球普及所发挥的特殊作用，集中体现了崇高的奥林匹克精神。

自行车源流

扫一扫，看中文视频

让重心“一路平安”

中国姑娘王军霞在1996年亚特兰大奥运会上以绝对优势夺得女子5000米冠军,历史的画卷里留下了她身披国旗绕场致意的灿烂笑容。当不止一个,而是一批籍籍无名的“马家军”新秀突然从世界田坛冒升出来,令各国好手措手不及。这阵“中国旋风”一度打乱了世界长跑格局。王军霞却由此获得了“东方神鹿”的美称。

如果不了解田径,也许会认为中长跑是最单调和枯燥的运动了。蹬伸、腾空、落地,周期性动作千百次循环往复。然而正因为是一成不变的动作的“大批量复制”,因此任何微小的缺陷都会带来巨大的积累效应。国际田径界把王军霞称为“东方神鹿”不仅具有审美意义,同时具有科学内涵,体现了对一种合理技术的简洁概括和形象描述。

我们对身体重心的概念都不陌生,处于站立姿态时,人的重心约在第三骶骨前缘,女性稍低于男性。它是身体各部分所受重力的合力作用点。体位的变化会带来重心的移动,有时能“移”出体外。奔跑也可以看成一种“波”,它的“波长”和“频率”就是步幅和步频,中长跑的距离就是身体重心沿着波浪形曲线走过的路程。两点之间直线最短,显而易见,重心起伏和波动越小,人体实际走过的距离越短,所做的功也越少。早期的中长跑由于蹬地角度过大,垂直分力过多,带来重心上升过高,造成体能不必要的消耗和浪费。有人形象地把这种“跳跃”动作称为“袋鼠式”跑;而另一种“阔步迈进”的姿势被称为“鸵鸟式”跑,也容易因为着地角小、制动反作用力大带来身体重心的速度不匀;而积极增加步频,适当控制步幅,行进稳健放松,则被称为“梅花鹿式”跑。当今大部分非洲黑人选手都采用这种姿势。王军霞之所以被誉为“东方神鹿”，正因为她将步频和步长进行最佳搭配，达到了“梅花鹿”姿势的完美境界。此外，头部保持稳定不东张西望，身体力求平直不左右摇晃，髋部与肩的摆动协调自然，都是确保身体重心轨迹直线性和匀速性的“基本功”。应该力求身体各个环节重心的速度与身体总重心速度方向接近一致。中长跑的任何多余的动作都将会“计入成本”。

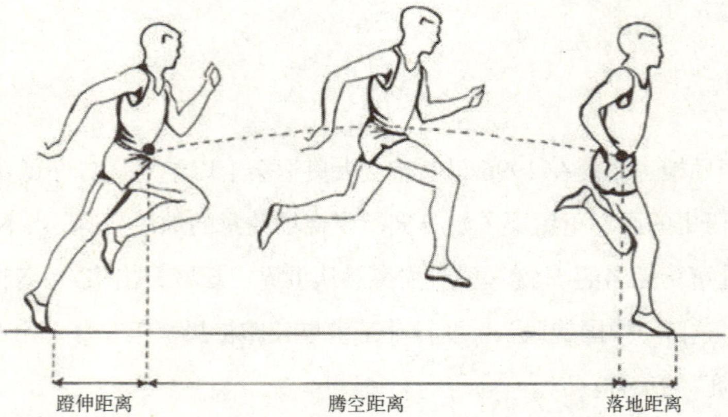

跑步中的腾空

竞走是单脚支撑和双脚支撑互相交替的运动，它和跑的区别在于不能出现“可见的腾空”，支撑腿从着地到垂直必须伸直膝关节。竞走独特的“扭秧歌”姿势如同“水上漂”一样轻盈优美，很大程度上也是为了保持身体重心的直

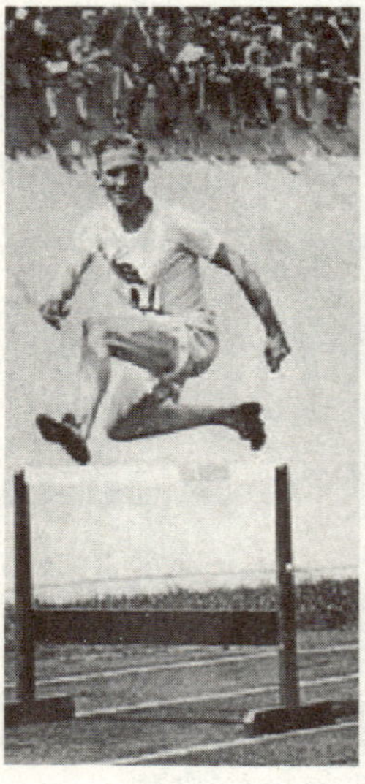

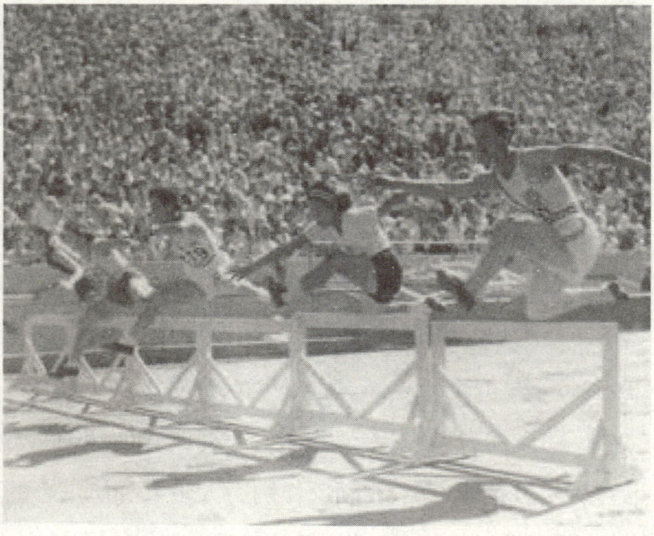

早期奥运会跨栏动作

线性。优秀的选手步态平稳，从脚后跟到脚趾尖进行全脚掌滚动，落地的足迹趋于一条直线。除了充分摆臂，自然扭腰，竞走的一大特点是骨盆沿身体纵轴大幅度转动以增加步长并平稳重心。在每个复步中，一侧髋关节的轨迹是一个下降的曲线，另一侧髋关节是一个上升的曲线，髋关节活动范围在5.5~6.5厘米之间，因此髋部窄小的运动员更加灵活。优秀选手在比赛中身体总重心起伏在3~6厘米之间，速度越快重心越容易平稳。

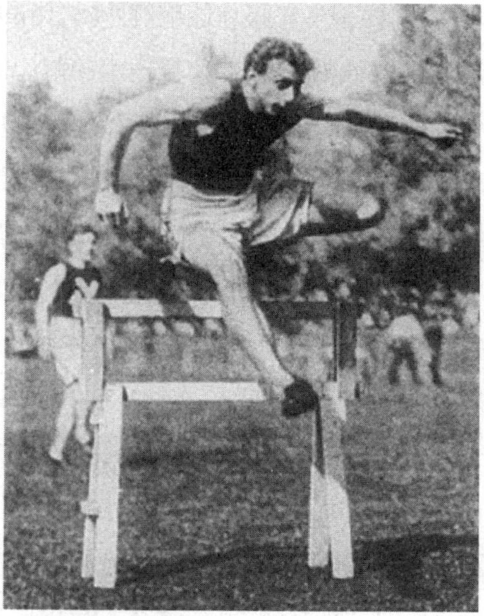

1900年巴黎奥运会上美国田径运动员、现代跨栏之父阿尔文·克伦茨莱因获得60米、110米、200米栏冠军

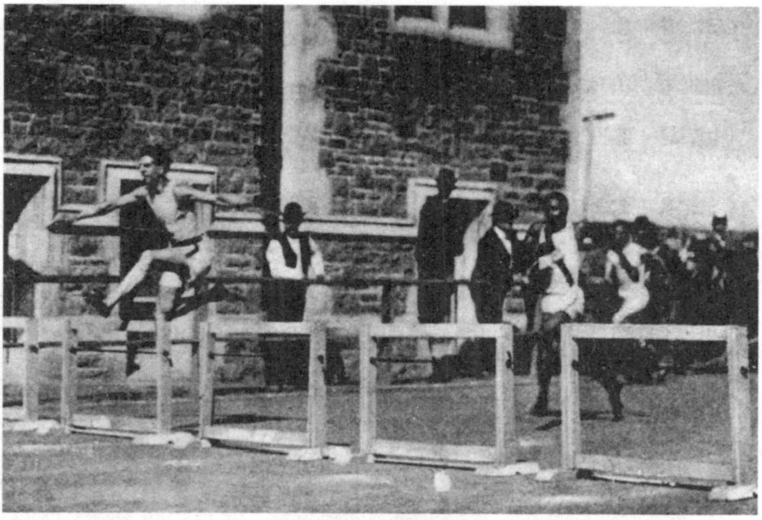

美国运动员亨利·希尔姆1904年圣路易斯奥运会上进行男子200米跨栏

保持身体重心的直线性同样是跨栏的"黄金法则"。早期奥运会上的跨栏基本都是自由式"跳栏"，颇有当年牧羊人越过栅栏追逐豺狼的遗风。这种上体挺直，屈腿过栏的动作不但身体重心起伏大，体能浪费多，而且两脚几乎同

时落地,要稍事停顿才能继续跑动。1896年首届奥运会男子110米栏的成绩仅为17.6秒,不过当时跨栏技术的落后很大程度要归咎于栏架的原始和危险。那些笨重的木架一个接一个深深埋在跑道上,选手鼓勇而来,为了不致被绊倒后"人仰马翻"并取消成绩,只敢在离栏很近的距离起跳并留下足够的高度余量。与其说选手们是跨越跑道上的障碍,毋宁说是跨越心理上的障碍。

不让栏架在跑道上"落地生根",是跨栏技术的一大解放。将活动栏架的底座从倒T形改进为L形,跨栏便从此不再是危险动作。今天跑道上的栏架遇到3公斤的力便会一触即倒。竞赛规则的改变允许碰倒栏架而不影响成绩,更激发了运动员的创造精神,推动了跨栏技术的突飞猛进。

1936年柏林奥运会上,美国运动员汤斯以14.2秒获110米栏冠军,与平跑速度相差仅2秒。1959年,联邦德国运动员劳尔创造了13.2秒的110米栏世界纪录并保持了20年之久。美国田坛名将摩西1983年登上"400米跨栏王"宝座后,所创造的47.02秒纪录整整10年无人挑战,跨栏动作也日渐定型和成熟。当运动员打开双腿"擦栏而过"时,上体加大前倾的"折刀"动作有效"平抑"了重心上升,两臂大幅度摆动抵消身体旋转和维持平衡,两腿快速"剪绞"则使落地动作自然连贯。优秀选手过栏时,身体重心运动轨迹不会高过栏架30～40厘米,很好保持着"低、平、直"的特点。

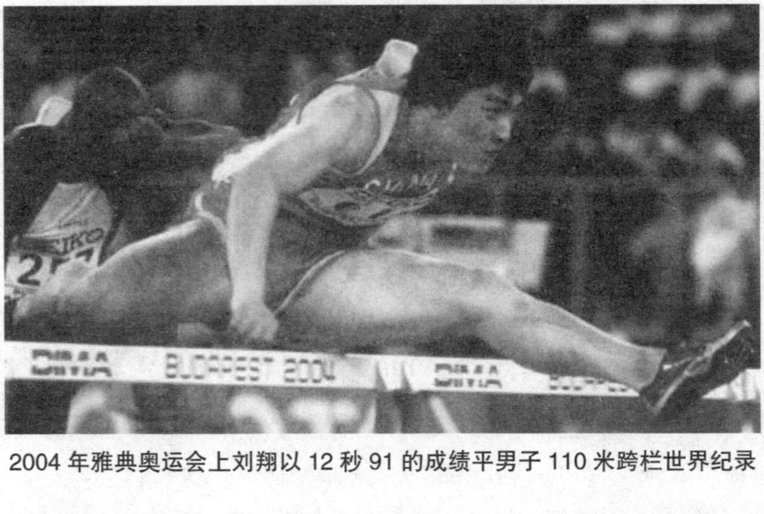

2004年雅典奥运会上刘翔以12秒91的成绩平男子110米跨栏世界纪录

今天的跨栏概念已经全面向"跑栏"转变,运动员不再为"跨栏"而跑,只是将栏架视为短跑中的障碍，跨栏不过是"跑一大步"罢了。"塔当"跑道的问世，使过栏跑和栏间跑的速度更加接近，身材日益修长的运动员进一步减少了栏上栏下的重心落差。远起跨、快过栏、近落地，这些要领都是为了最大限度保持身体重心的直线性和匀速性，"中国飞人"刘翔的跨栏技术堪称当代典范。有个小秘诀可以一试，要看跨栏运动员是否优秀，不妨看他在跨栏过程中头部的高度能否始终保持不变。

三级跳远是人类速度和力量相结合的极致。运动员如百米冲刺般踏上跳板腾身而起，单脚砸向坚实的地面后承受着 20 倍于体重的负荷并在 0.2 秒内再次弹起，紧接着是第三次刹那间的"硬着陆"和急跳跃。身体经过三次水平抛射，落在三条连续抛物线的另一端。三级跳远技术的演进同样和身体重心有着密切关系。

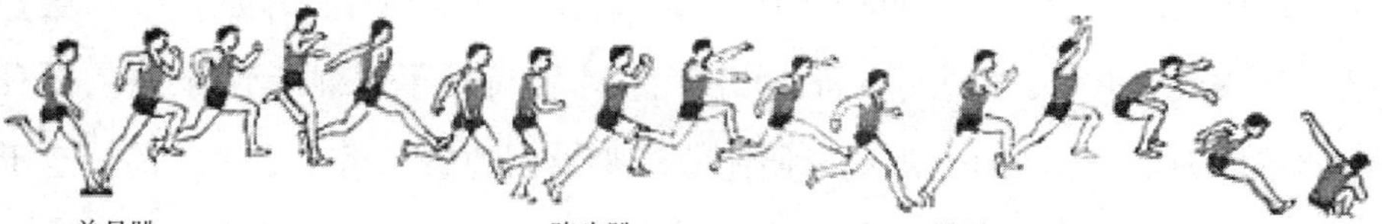

三级跳远的基本技术

20 世纪 50 年代，以苏联运动员为代表的"高跳型"也称"力量型"技术充分发扬第一跳的优势，将头一个抛物线起得又高又远。多次打破世界纪录的谢尔巴耶夫、萨涅耶夫就是"高跳型"的杰出人物。波兰选手施密特曾以 17.03 米的成绩刷新世界纪录，他所代表的技术流派是"平跳型"，前两跳的抛物线低而平，但第三跳却后劲十足而"扭亏为盈"。两种技术的优劣得失曾经引起旷日持久的争论。1995 年，号称"跨世纪飞鸟"的英国选手爱德华兹在"平跳型"基础上发展出"跑跳型"技术，主要靠第三跳得分，创下了 18.29 米的世界纪录。爱德华兹起跳前的速度达每秒 11.9 米，比卡尔 · 刘易斯创百米世界纪录时还快。美国学者詹姆斯的理论认为，在总成绩的百分比中，如果第一跳比第三跳的距离高 2 个百分点以上，则可定义为"单足型"；第一跳和第三跳距离之差在 2 个百分点以内，则为"平衡型"；第三跳比第一跳距离高 2 个百分点以上便是"跳跃型"。尽管技术风格可以因人而异，但国际田径界主流对不同跳法的利弊已经形成了高度共识。

“单足型”技术之所以被基本淘汰，除了因为第一跳对身体的高远抛射给下肢带来“不能承受之重”的冲击力，还因为重心的大幅度起落严重损失了助跑的水平速度，使最后一跳成了“强弩之末”。而“平衡型”和“跳跃型”技术则最大程度减少了身体重心轨迹的波动，能将足够的水平速度保持到最后一跳，提高了对助跑的利用率。

20世纪20年代后，跳远选手创造了“空中走步”动作。这种离开地面的四肢运动并不能改变身体重心的轨迹，但却有利于保持身体平衡。跳远运动员的助跑速度越快，腾起角就会越小，最佳值一般在20°左右。落地时的重心要低于起跳时的重心，以延长空中停留时间。由于起跳时的“刹车”作用，往往会形成身体在空中以重心为轴向前旋转的力矩，不仅使人在沙坑里踉跄摔倒，还会造成双脚落点比重心近而降低成绩。运动员起跳后在空中的走步与摆臂是一种“补偿动作”，如同人在高处倾倒时会本能旋转手臂维持平衡一样，对身体的扭转力矩进行纠正，落地时便能使双脚恰当地置于重心投影之前。至于美国著名教练尼尔森20世纪70年代首创的“空翻式”跳远，能提高身体重心的抛起角，但由于疑似危险动作而被国际田联禁止。

人的身体虽然活力喷薄、变幻多姿，但却和任何物体一样，有一个看不见摸不着而确实存在的重心，并且在许多运动项目里都需要尽量保持重心的匀速直线性。运动员只有关照好自己的重心，才能在竞赛中“平步青云”。

让重心“一路平安”

扫一扫，看中文视频

乒乓球的前世今生(上)

作为奥运会正式比赛项目,乒乓球直到1988年才姗姗来迟。但它的人气之旺、魅力之大却在奥运赛场一路攀升。2000年悉尼奥运会上,乒乓球是第四个将所有门票售罄的竞赛项目。鲜为人知的是,国际乒联早在1937年便通过了参加奥运会的决议,但谨慎的蒙塔古主席由于担心乒乓球水准不高会遭到拒绝而未能付诸实施,谁知这一拖延就是50年。

中国人把乒乓球认作"国球"是历史的缘分。这不仅因为"中国打世界,世界打中国"的乒坛格局维持了几十年,还因为中国拥有最多的"乒乓人口",积淀了特殊的"乒乓文化"。中华民族有史以来的第一个体育世界冠军,便是容国团1959年在第25届世界乒乓球锦标赛上夺取的。1971年"小球转动大球"的"乒乓外交"竟然改变了整个世界形势,这更是任何体育运动所不曾成就的历史奇勋。

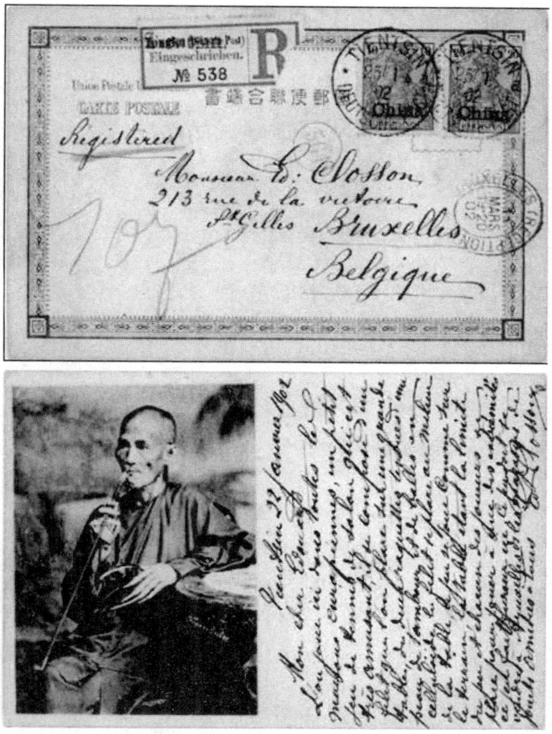

1902年从天津寄回比利时布鲁塞尔的明信片

瑞士洛桑乒乓球博物馆馆长洽克·霍伊先生 2007 年得到一张珍贵的明信片，这是一位欧洲人 1902 年 1 月 22 日从中国天津写回比利时首都布鲁塞尔的，寥寥十几行字述说了乒乓球已经在天津十分普及的情景。它确凿可靠地证明，乒乓球至少在 1901 年已经传入了中国。另一幅当年的《百美图》更生动描绘了中国人和乒乓球最初的结缘并“有诗为证”：“席上春风为汝招，丝网中隔意非遥，自裁杨木轻于扇，戏摇流星旋旋飘。”怀着景仰之情为“国球”寻根问祖，早期乒乓球运动开拓者的身影遥远而亲切，他们当年的天才创造让后人享用至今。

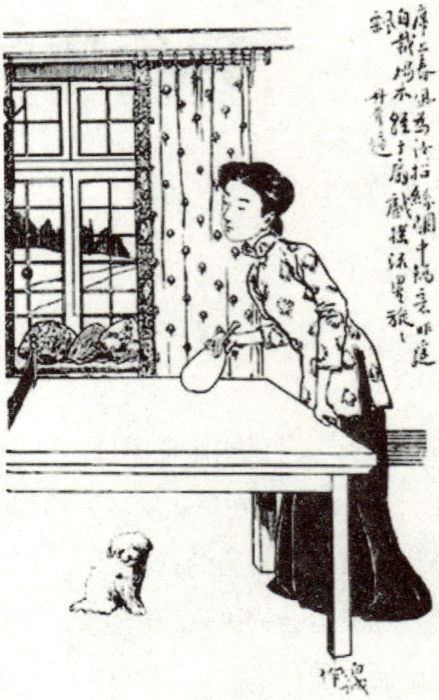

清末民初《百美图》上的画幅

乒乓球真正从草地网球的“袖珍版”变成独立的体育运动是以赛璐珞球问世为分水岭的。过去用香槟酒瓶塞刻成的软木球过于“木讷”而难以弹起，实心的橡胶球又过于“生猛”而无法招架。19 世纪中期，美国富商悬红一万美元，寻找制造台球的新材料替代象牙。美国人海亚特在“重赏之下”发明了赛璐珞，这种硝基纤维成了现代塑料的鼻祖。英国人吉布 1900 年在美国的儿童玩具店发现赛璐珞球后如获至宝，这种质量轻、外壳薄、弹性好的

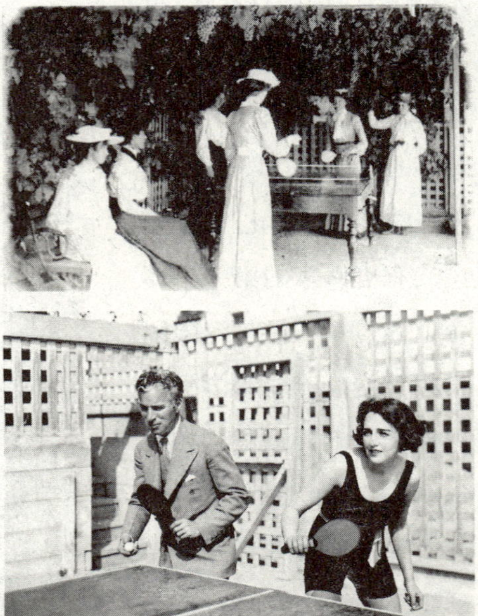

早期的乒乓球运动

乒乓球迅速风靡英国。在1931年人类首次往返大西洋的飞行中，驾驶员迈瑞尔将41000个乒乓球塞满飞机的机身和机翼，确保万一迫降海面时能够安全漂浮。这也是乒乓球为航空事业做出的独特贡献。

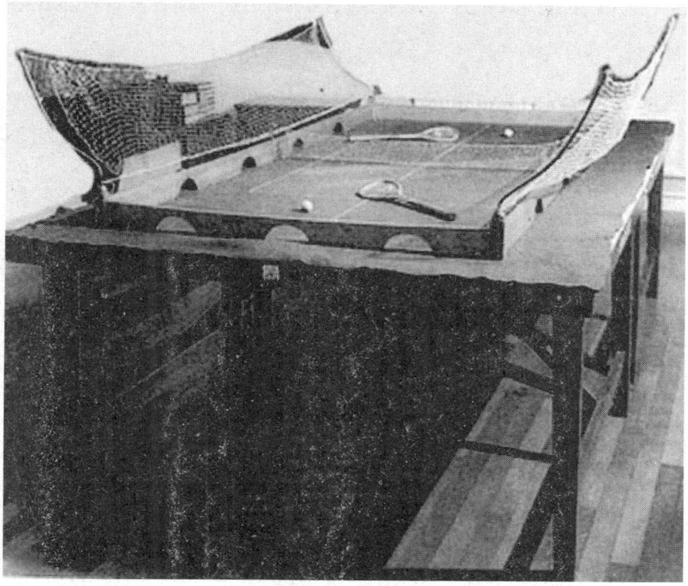

最早的乒乓球设施

最初的长柄乒乓球拍完全是“小一号”的网球拍。后来用羊皮取代拍弦，直到短柄的木板球拍出现并贴上软木和砂纸，乒乓球仍然停留在茶余饭后娱乐消遣的层次上。带颗粒的胶皮拍问世后，乒乓球运动才开始逐渐达到竞技体育级别。1926年伦敦首届世界乒乓球锦标赛上，匈牙利选手雅可比赢得了第一个世界冠军，此后“欧洲风格”的削球成为乒坛主流，杰出的匈牙利男女运动员巴纳和玛丽娅便是这个时代的旗帜性人物。

1952年孟买第19届世乒赛上，日本选手佐藤博治首次亮出了7毫米厚的海绵拍，凌厉无前的正手长抽突破欧洲削球的强固防守，获得第一个亚洲乒乓球男子单打冠军。海绵拍的发明为现代乒乓球运动注入了真正的技术含量，荻村、庄则栋、徐寅生等亚洲选手则把海绵拍的威力发扬到极致。海绵上覆盖的正胶、反胶、长胶、防弧胶、双面胶造就了众多的特色明星，一代国手张燮林、梁戈亮、葛新爱的传奇故事都和球拍息息相关。

一记大板扣杀之下，乒乓球的飞行速度可达每秒47米，球拍和球的撞击时间仅为千分之一秒。在这短暂的瞬间，橡胶和海绵依次受到球的挤压而凹陷变形，同时吸收碰撞的动能，当形变达到极限值，海绵和橡胶层开始形变恢复，释放储存的能量使球“脱板”后高速弹出。这一过程中，球拍底板和球的变形是微乎其微的。

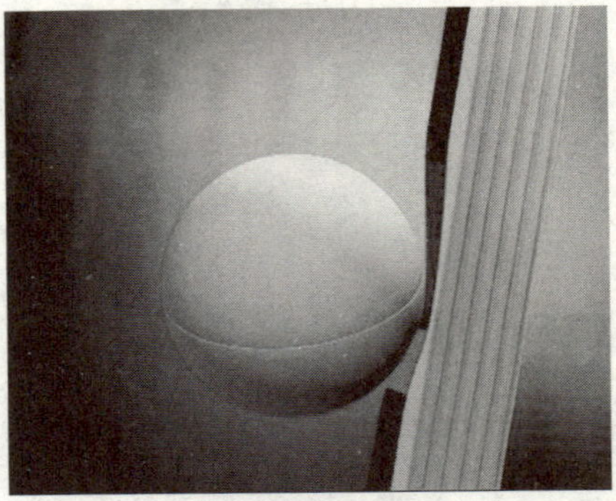
切向挥拍速度引起海绵层形变不对称使力的作用线不通过球心导致球的旋转

没有一种球像乒乓球那样，将花样百出的旋转作为常规技术形态和基本“杀伤”手段。急旋的乒乓球转速可达每秒150转。乒乓球旋转的根本原因是受力作用线没有通过球的重心，法向的碰撞力使球平动，切向的摩擦力使球转动，球拍传递给球的力是撞击力与摩擦力的合力。如果球拍和乒乓球之间没有摩擦力存在，旋转就不可能发生了，这也是“光板”球拍时代打不出像样旋转球的原因。当运动员击球时，切向挥拍速度的静摩擦力引起海绵层形变不对称，于是力的作用点发生偏移而不再指向球心，导致球沿着横轴、竖轴或纵轴旋转。击球时挥拍越快，球拍与球之间的摩擦系数越大，摩擦面越“薄”，乒乓球的旋转就越强烈。“黏性”极大的反贴胶，正胶颗粒顶端的细小花纹，都是为了增强球拍的“拧球”和“咬球”能力。

20世纪50年代末，日本队用反贴胶拉出急速上旋的“弧圈球”曾一举横扫欧洲，并叫世界乒坛“谈弧色变”；1981年第36届世乒赛上，中国选手蔡振华在决胜局15平的紧要关头以不同旋转的发球连得5分战胜盖尔盖伊。旋转的威力和“吃球”的原因究竟何在呢？

当上旋球落台后，绕横轴的旋转力沿水平方向朝后作用于台面，摩擦力带来的反作用力使球获得向前的加速度，所以上旋球弹起时冲力猛，反射角大于入射角。下旋球则相反，落台后的旋转力使球获得向后的加速度，因此下旋球弹起时冲力弱，反射角小于入射角。在球的前进速度不大而下旋极强时，还会出现落台后“回跳”的情景。而当球拍和上旋球接触时，摩擦力会使球沿着拍面

“上爬”而增大反弹角度。下旋球则沿着拍面“下钻”而减小反弹角度。难怪抵挡上旋球时经常“远走高飞”，应付下旋球时容易“自投罗网”了。

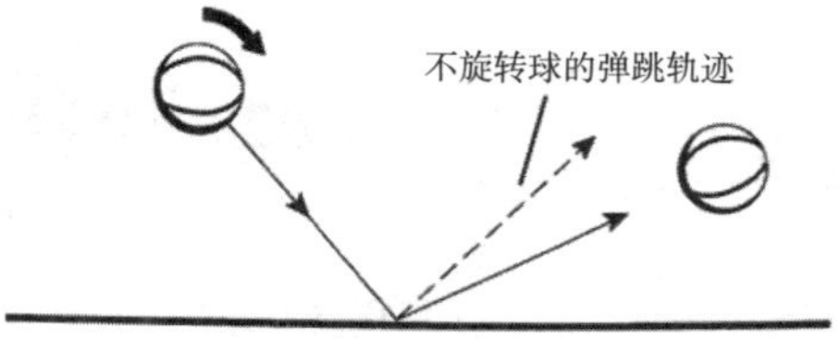

上旋球的弹跳轨迹

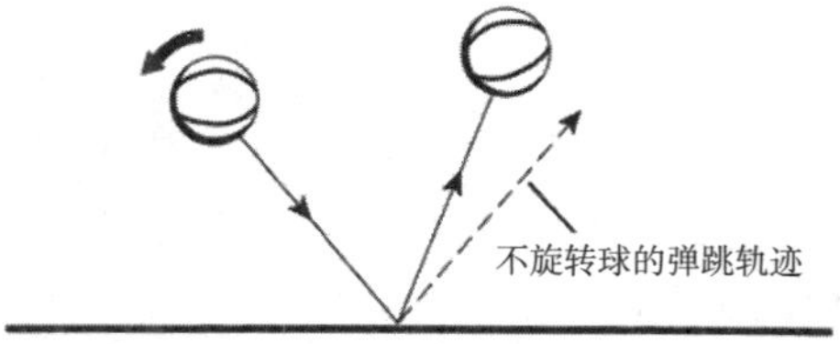

下旋球的弹跳轨迹

球拍上的不少发明创造都是为了更好地控制旋转球，皮厚粒短、表面光滑的防弧圈胶皮有利于消除弧圈球的急速上旋；柔软纤细的长胶在击球瞬间胶粒倒伏而用胶杆竖直面“刷球”，回球旋转方向不变，让对手“自食其果”。但长胶的“剑走偏锋”具有太大反常性和难以预测性，不利于提高技术和增进观赏，国际乒联于 1999 年做出了胶粒高度与直径之比不得大于 1.1 的规定。

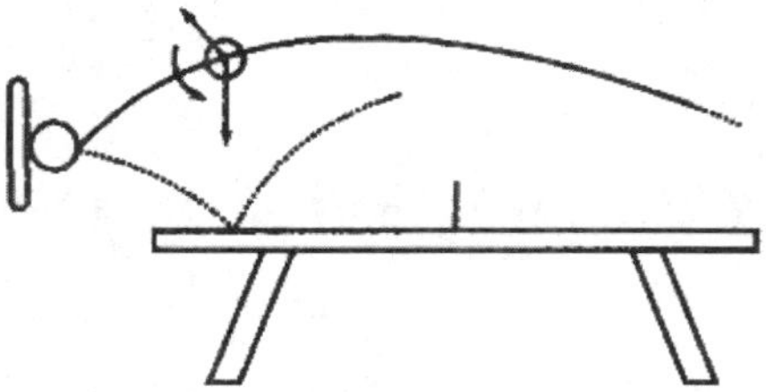
上旋球的回球

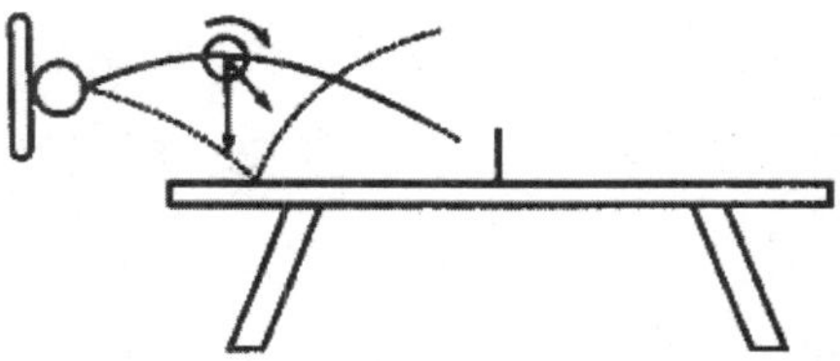
下旋球的回球

旋转的乒乓球不仅落台和触拍后会找到“发力”的支点，在空中也会改变飞行弧线。上旋球顶部的空气环流与迎面的空气阻力方向相反，底部空气环流则和空气阻力方向相同，造成球的上沿气流速度小，下沿气流速度大。根据伯努利原理，球的顶部和底部之间会产生方向朝下的压力差，使球的飞行弧线变低。反之，下旋球的飞行弧线会升高，而侧旋球则朝左右方向飘飞。旋转的乒乓球在空中偏拐和足球中的“香蕉球”同属马格纳斯力的作用。

如果说“感觉到的东西不能很好地理解它，理解了的东西才能很好地感觉它”。那么我们熟悉了这些力学常识，就能更加得心应手和“旋转球”周旋。

乒乓球的前世今生（上）
扫一扫，看中文视频

乒乓球的前世今生(下)

在1979年平壤第35届世乒赛上，匈牙利队夺回了阔别27年的男子团体冠军奖杯，他们出奇制胜的一大法宝便是使用了“快速胶水”。据说是克兰帕尔在一次比赛中偶然发现重新粘贴的海绵具有魔术般的效果，击球时速度和旋转都明显增强，这一“秘密武器”很快便被各国运动员所知和掌握，并成为乒乓球厂商的一大生意。“快速胶水”的玄机在于，其中的有机溶剂快速挥发时能渗透到球拍的海绵层，使细小的微孔结构充气和鼓胀起来，海绵层因此增厚3%~10%，“贮能模量”提高30%，“损耗模量”明显降低，击球时更富有弹性和容易“透板”。至于发出的声音格外清脆响亮，其原理可以追溯到“气穴”现象和“水锤效应”。不过这种“灌胶”的威力只能持续一两个小时，以致运动员在比赛中不得不多次反复刷胶。乒乓赛场从此也像备有“吸烟室”一样专门开设了“刷胶室”，供参赛者冒着刺鼻的气味“临阵磨枪”。

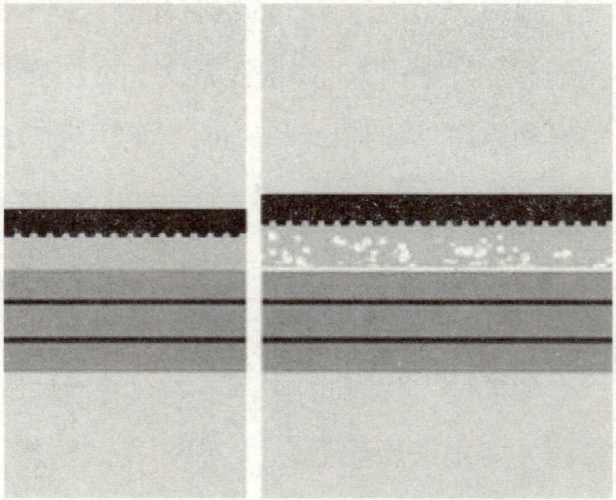
有机胶水挥发导致球拍海绵层膨胀

“快速胶水”对健康的危害和对环境的污染很快引起社会高度关注，国际乒联1995年初宣布禁止使用含有卤化物、苯环、己烷的有机黏合剂。同一年在中国天津举办的第43届世乒赛上，韩国“弧圈王”金泽洙因球拍被查出使用违禁胶水而取消了参赛资格，成为历史上第一个因“球拍吃了兴奋剂”而遭受处罚的运动员。随着近年来不断出现“快速胶水”危害运动员健康的个案，曾经歧见纷纭的乒乓球界逐渐统一了认识，所有挥发性有机胶水从2008年10月彻底禁绝。

1936年在布拉格举行的第10届世乒赛中，奥地利队与罗马尼亚队争夺男子团体冠军之战进行了31个小时，因时间过长只能分三个晚上进行；波兰选手欧立克和罗马尼亚选手巴奈斯1分球打了1小时20分钟；罗马尼亚和法国选手苦斗6个半小时未见分晓，只好抽签决定胜负。为改变这种冗长乏味的乒乓“马拉松”，国际乒联采取了限制比赛时间的措施。1937年第11届世乒赛中，美国选手阿隆斯和奥地利选手普里斯在决赛中超过了1小时45分钟的时限而被判犯规，致使当年女单冠军空缺，直到2001年才给二人“平反”并追认她们并列冠军。不过，64年后的世界乒坛局面恰好颠倒了过来。在大板劈杀、高速爆冲、刁钻发球、弧圈快攻所主宰的竞技平台上，对阵双方往往交手二三回合就“速战速决”，观众来不及看个明白便胜负已定，使比赛同样变得索然无味。1999年国际乒联在哥本哈根专题研究“如何使乒乓球更有魅力”。过去曾经唯恐乒乓球“太慢”，如今迫切需要解决乒乓球“太快”的问题了。

新世纪伊始，国际乒联大刀阔斧推出一系列改革措施。38毫米球换成40毫米球，开启了乒乓球的“大球时代”。这一改革的目的是把乒乓球令人生畏的飞行速度和旋转速度都降下来，增强比赛的对抗性和观赏性。有人曾提出“加大球台”“加高球网”等办法，相比之下“小球换大球”更智慧和有效。40毫米“大球”的体积增加了16.6%，表面积增加了10.8%，使球在空气中的阻力增大，飞行速度下降了13%；“大球”的直径增加了2毫米，重量从2.5克变为2.72克，使得转动惯量增大，将旋转性减弱了21%。由于乒乓球的质量都集中在远离重心、厚度仅为0.4毫米的薄壳上，所以球的尺寸改变对旋转的影响特别敏感。此外，由于重量增幅小于体积增幅，使“大球”比以前“变软”而弹性降低。2001年在大阪举行的第46届世乒赛上首次启用“大球”，运动员的“接球率”与“回合数”明显增多，银白色的飞行弧线无论在比赛现场和电视机里都更加清晰可见。

2003年巴黎举行的第47届世乒赛曾经让体育界一片哗然。奥地利选手施拉格在赛前曾对记者说:“中国队能像吹蜡烛那样灭掉一个个对手,现在轮到我挨打了。”然而中国队压根没有进入决赛,而是施拉格获得了男子单打冠军。一代乒坛明星瓦尔德内尔、佩尔森、盖亭、庄智渊等全都纷纷落马。这一戏剧性的结果和首次施行11分制不无关系。2001年,国际乒联大胆废除了沿袭百年的21分制,改为现行的11分制,这一重大决策显然出自“老谋深算”的数学头脑。

如果随意投掷一枚硬币来统计正反面朝上的频率,就会发现投掷的次数越多,结果越接近真实的概率,这便是“大数定律”所揭示的法则。乒乓球比赛中,高水准选手获胜的概率显然更高,比赛分数越多越能“兑现”这一概率。和21分制相比,11分制意味着更多的“偶然性”,包括擦边球、擦网球、裁判失误对比赛结果影响的“比重”。德国国家队教练舍普的统计表明,21分制中打到20平的概率为7.1%。施行11分制后,打到10平的概率为16%。尽管规则改为7局4胜能起一定平衡作用,但44分的“样本”是不能和63分相比的。国际乒联的良苦用心在于,降低顶级选手“稳操胜券”的把握性,增强比赛的悬念性,从而调动更多选手冲击冠军的积极性。乒乓球运动的生命力毕竟来自各国的激烈竞争和全世界的热情参与。

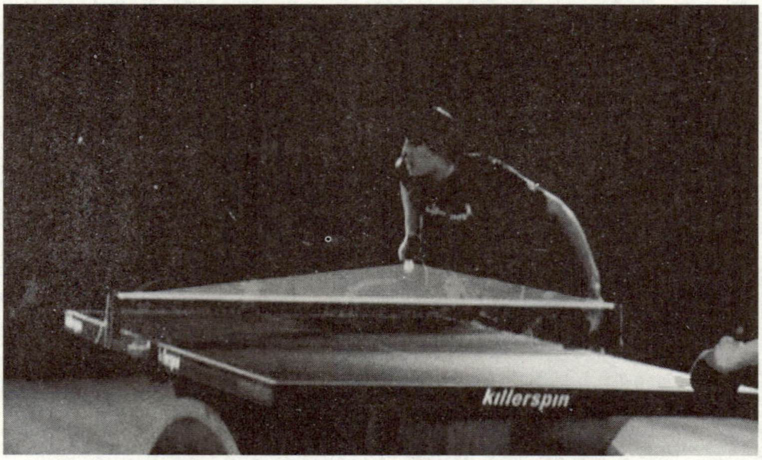

无遮挡发球示意图

至于“无遮挡”发球规则,应该算是和“大球”、11分制“成龙配套”的改革措施,这也是1984年关于球拍两面必须分清“红与黑”的规则延续。“只准明枪，不许暗箭”，“球与两个网柱所构成的虚拟三角形之内不得有任何阻挡物”，这一规定同样为了扭转“比赛等于比发球”的扫兴局面和“三板斧”定胜败的乏味表演。

生产一个小小的乒乓球需要30多个工序，重量、体积、圆度、硬度、弹性都要经过科学检测，达到严格标准。仅中国一年就生产乒乓球3亿多个。球拍的海绵层是不同规格性能的发泡橡胶，厚度不能超过0.4毫米，外面贴着“攻守有别”的正反胶皮。底板材料的85%仍是天然木材，制成5夹板或7夹板。玻璃纤维、芳纶纤维和碳纤维的精心编织与巧妙使用不断提高球拍的强度、弹性和“底劲”并扩大“甜点”。带滚轮的整体折叠乒乓球台无论弹性均匀度、表面摩擦力、色泽光洁性都形成了系列标准，台上安装的微型麦克风将击球和弹跳的声音清晰传送到赛场每个角落；拟人化的四轮驱动发球机则像一个“陪练”的乒坛高手，能按电脑设定的程序接受遥控器指令，每分钟发出近百个不同速度、旋转、落点和弧线的球进行辅助训练。现代科技为乒乓球设备增添的新景观每年都层出不穷。

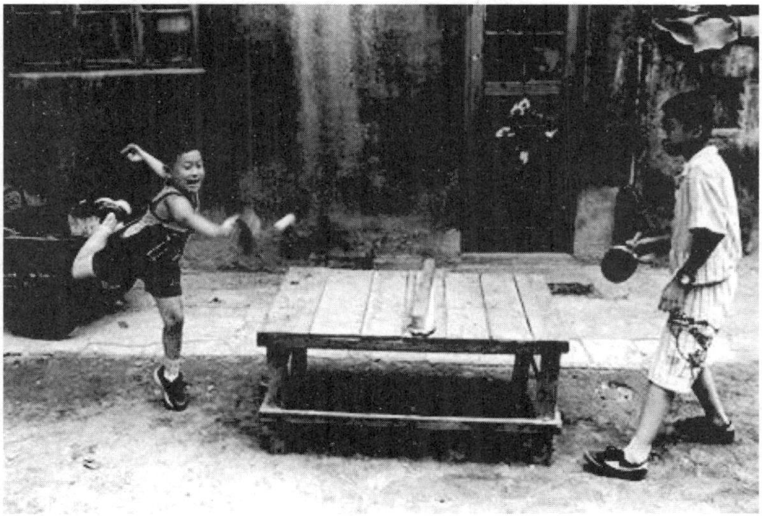

小巷里孩子的乒乓球比赛

在我们居住的“大球”上，4000多万人在打一种发出乒乓之声的“小球”，这是一个美妙的奇迹。当今已有170多个国家在国际乒联正式注册。设施简单经济，运动可急可缓，男女老幼咸宜，乒乓球能成为风靡世界的体育项目和中国第一大运动，自有它成功的原因。从乡村学校孩子们用砖头水泥砌成的乒乓台到无限风光的奥运会领奖台，金字塔有了坚实的基座，才能有辉煌的顶尖。

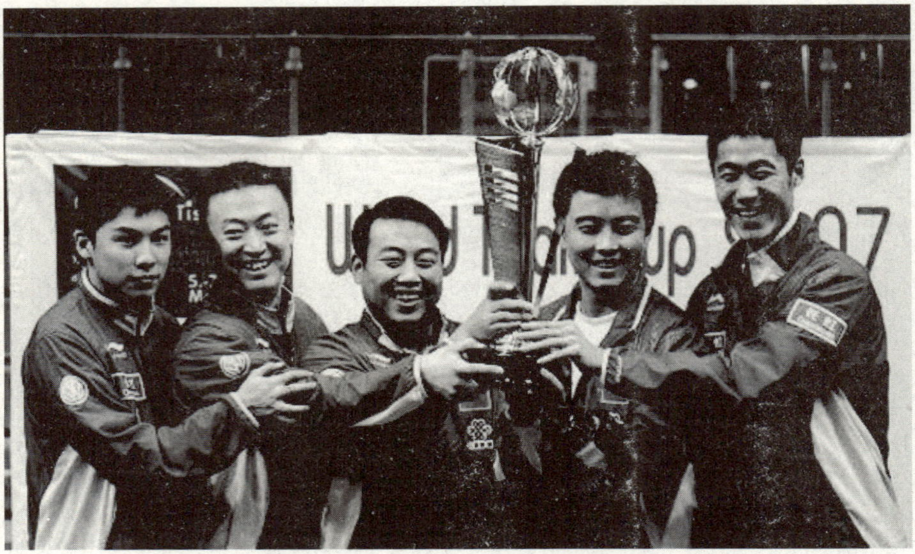

中国乒乓球队获 2007 年世界杯男团冠军

乒乓球的前世今生（下）

扫一扫，看中文视频

力量的飞翔

投掷是人类最基本的运动形式之一，标枪、铁饼、铅球、链球都是奥运会最资深的“招牌项目”。如果有人问，在所有体育竞赛里，哪种运动和投掷最相近？我们的回答是：跳跃！无论从运动形态还是力学机制上看，投掷和跳跃一样，都是斜抛物运动，都需要经历助跑、“起跳”、腾空、落地四个环节。不同之处仅仅在于，投掷中“跳跃”的是器械而不是人，而跳跃运动中，“投掷”出去的是人而不是器械。

与人体高度相若的标枪原本是冷兵器中的老大。早期奥运会上的标枪成绩从 70 米提高到 80 米用了 25 年，“标枪之国”的芬兰选手叶尔维宁和尼卡宁是这一时期的领尽风骚的田坛明星。1953 年，美国运动员赫尔德一举突破了 80 米大关。他成功的关键在于改造了标枪的空气动力学性能。

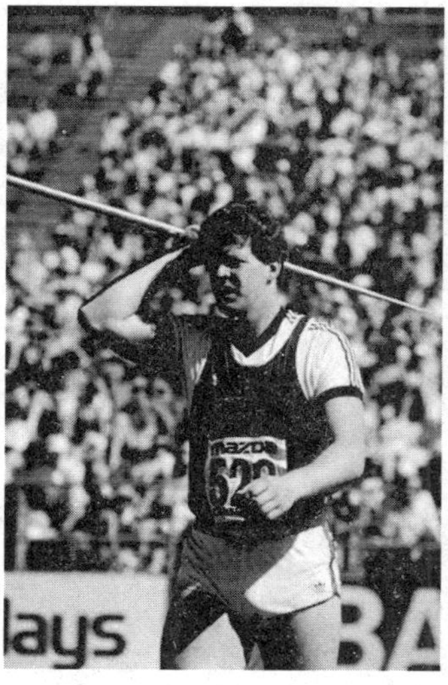

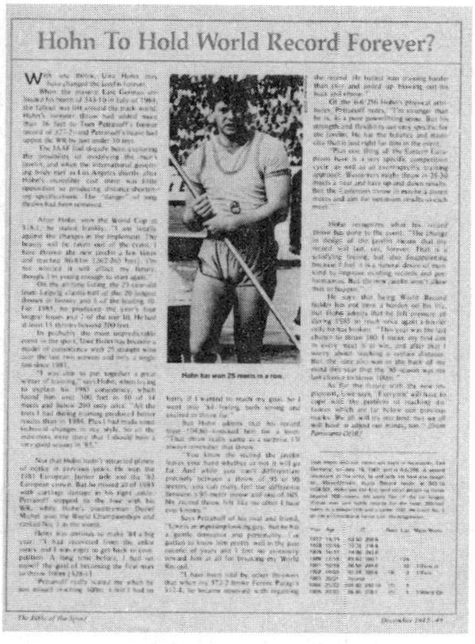

Hohn To Hold World Record Forever?

1984 年民主德国选手霍恩创标枪投掷 104.80 米纪录

一张平展光滑的纸能在空中“飘扬”，揉成一团的纸却会迅速坠落，说明了空气阻力和物体表面积及其展布程度的关系。赫尔德标枪的秘密在于把传统的实心标枪做成空心，对于同样按800克规定重量制成的标枪，表面积随之增大，由此带来了标枪在空气中“滑翔”能力的增强。

我们把标枪出手后质心的运动方向和地面的夹角称为投掷角，标枪纵轴和地面的夹角称为仰角，标枪纵轴和气流阻力方向的夹角就是攻角，而空气阻力合力的作用点就是标枪的压力中心。当攻角为正值时，空气在枪杆后侧出现涡流，压差阻力的垂直分量托举标枪上升，从而获得更多在空中飞行的时间。此后出现的金属材质又减少了标枪的震颤。1984年7月20日在柏林举行的一次比赛中，民主德国选手霍恩投出的标枪在飞过90米距离行将下落时又冉冉升起，最后以104.80米的惊人成绩创造了全新的世界纪录，以至于田径场记分牌无法显示。国际田联官员们的忧虑远远大于喜悦，因为这样的“突破”也同时突破了看台上观众的安全底线，全世界的体育场不可能因此而扩建。加上滑翔标枪大多为水平落地，成绩不易确定，被田径界戏称为“放飞鸡鸭”。1986年，国际田联决定将男子标枪的重心前移4厘米，1999年又将女子标枪重心前移3厘米，和标枪的压力中心拉开距离，从而确保对标枪施加“头朝下”的力矩。这一举措不仅削弱了标枪的滑翔性能，使它的飞行轨迹更接近于抛物线，还确保了枪尖着地的优美姿态。而霍恩创造的世界纪录也从此成为空前绝后的顶峰。不过近年来随着标枪投掷技术的提高，新的世界纪录已经再次向百米逼近，1996年5月，捷克运动员泽勒兹尼投出了98.48米的成绩。不知标枪的设计会不会考虑新的对策。

标枪的投掷距离取决于出手速度、投掷角度和初始攻角，其中以出手速度最为重要，它和投掷距离成平方关系。从单跳步、后交叉到前交叉，特别是塑胶跑道的出现，都让标枪在人体助跑中获得越来越大的“预先速度”，叠加到标枪的飞行中。

“鞭打效应”是一种神奇的物理现象。赶车人抖动鞭子，能让鞭梢达到“超音速”而发出劈啪的“鞭花”声。这是由于质量较大的手臂和鞭杆突然煞住，把动量矩传递到质量较小的鞭梢，而动量矩必须保持守恒，结果带来了鞭梢巨大的速度。标枪运动员“超越器械动作”的发力瞬间身体宛如“满弓”，动能从质量较大的臀部和躯干传递到上臂、前臂和手腕，各个环节由近及远依次加速和制动，如同“鞭杆”将动量矩传到“鞭梢”，能使处于“末端环节”的手获得极大的速度。这时标枪便“该出手时就出手”了。“拨枪”带来的纵轴旋转能确保标枪飞行的稳定。

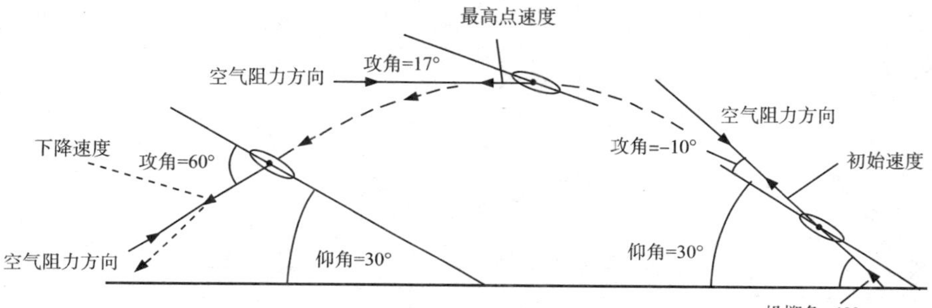

铁饼飞行示意图

古希腊雕塑家米隆的杰作“掷铁饼者”不仅凝聚了永恒的力和美，还让18岁的美国青年加勒特当成示范动作进行模仿，并一举夺得了1896年首届奥运会铁饼冠军，不过他当时的成绩仅为29.15米。1986年，民主德国选手舒尔特已经能投出74.08米，可见铁饼技术发展变化之大。铁饼和标枪一样，都对空气动力非常敏感，铁饼甚至更像一个“飞碟”。当铁饼的攻角为正值时，会在空气中受到升力而延长飞行时间。所以微弱的逆风反而有利于铁饼成绩的提高。但攻角大于30°时则可能引起翻转。从俯视角度看，右手投出的铁饼顺时针旋转，以保持飞行的稳定性。铁饼的金属边框使转动惯量分布远离中心，有利于同等角速度下获得最大角动量而更好保持“陀螺效应”。

从侧向“华尔兹”式投掷到背向连贯旋转技术，铁饼的“跳远”成绩飞跃得益于“助跑”水平提高。2.5米直径的投掷圈这时变成了一个“回旋加速器”，运动员靠着旋转将用力的工作距离大大加长。由于人体不断超越铁饼充分“扭紧”，旋转角速度持续加快，带来铁饼在大半径弧线上高速运行，直至最后爆发力完成“鞭打效应”，让铁饼沿切线飞往投掷方向。

比起标枪和铁饼，铅球由于质量大、体积小，空气的阻力基本可以忽略不计，相对而言抛掷角度的最佳选择就更为重要。斜抛物体轨迹方程告诉我们，抛射角 45°时水平射程最远，但这是对落点和起抛点在同一水平面的描述。而体育运动中许多抛体运动的起、落点都是“高下互见”的。足球中的球门球、田径中的跨栏，抛点和落点等高；投篮和跳马落点高于抛点；而跳水、排球发球则抛点高于落点。铅球也属于“高抛低落”，出手点和落地点之间有一个地顶角。因此投掷角一般都在 37°左右。人们常常陷入的误区是，在假设出手速度恒定的条件下探究最佳投掷角度，却往往忽略了对于特定的运动员，什么投掷角度才有利于发挥最大出手速度。

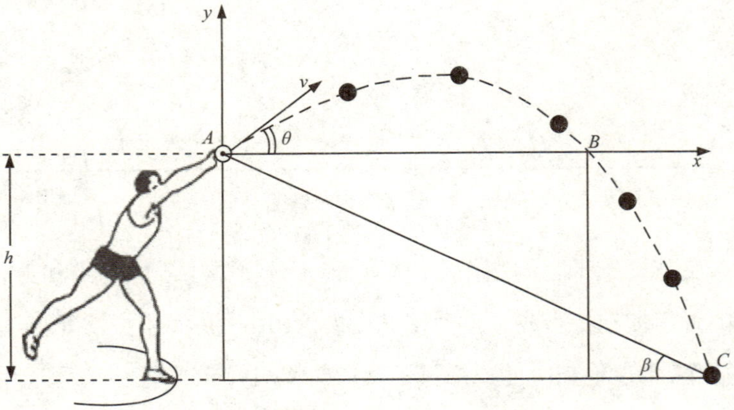

铅球投掷角 θ 应小于 45°，β 为地顶角

推铅球无疑是绝对力量的比试，也是技术水准的较量。早期简单的“垫步式”之后，半背向滑步技术风行了整整 30 年，美国运动员弗克斯堪称这一阶段的代表人物，他在 1950 年创造了 17.95 米的世界纪录。背向滑步技术的出现开创了铅球运动的新时期，美国运动员马特森将世界纪录推进到 21.78 米。1972 年慕尼黑奥运会上出现了旋转式推铅球技术，著名美国选手巴恩斯“弃旧图新”，改学旋转式后成绩陡增，以 23.12 米的成绩创造的世界纪录保持至今。其实铅球技术的一切改进都“万变不离其宗”，那就是加大出手前的做功距离，提高最后发力时的移动速度。

今天的链球已经找不到它“抡大锤”的原始形态了，但力量和速度的激荡依然八面威风。链球和铅球的重量同为 7.257 公斤，苏联运动员塞迪克把它投到 86.74 米之遥，比铅球世界纪录远三倍半还多。链球的旋转半径越大线速度越快，所以手臂长的大个子更占优势。还应该了解的一个数据是，链球和人之间的最大张力可超过 600 公斤，因此身体必须要有一定的倾斜角度才能在旋转中保持平衡，我们与其说链球围绕着人体转，毋宁说链球和人体一起围绕着共同的重心转，就像月亮和地球都围绕“地月中心”运行一样。而链球出手前的速度可达到每小时 100 公里，这是靠手臂和重力共同作用，通过 4 周旋转的积累，才使链球的速度一圈更比一圈快。人类登月的飞船首先通过围绕地球旋转多圈进行加速，其原理和投掷链球并无二致。

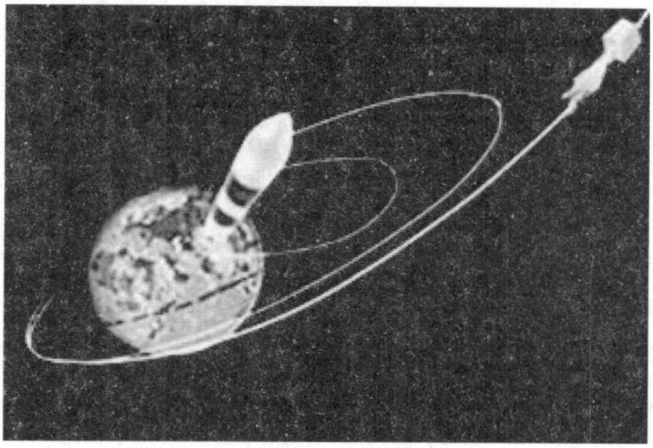

嫦娥工程火箭发射示意图

人人都知道“抛物线”，而最名副其实的“抛物”运动就是投掷。无论标枪、铁饼、铅球、链球，牛顿力学始终主宰着赛场上的一切。而生龙活虎的投掷运动正是了解力学知识的生动课堂。

力量的飞翔
扫一扫，看中文视频

运动场上的"时间简史"

1996年亚特兰大奥运会上,英国"飞人"克里斯蒂和加拿大"黑豹"贝利的男子百米冠军之争让场内外千万人屏住了呼吸。然而戏剧性的场面出现了,克里斯蒂连续两次抢跑,比规定的起跑时间提前了约百分之一秒。裁判们经过冗长的合议,宣布取消克里斯蒂的比赛资格。于是奥运历史上留下了克里斯蒂在极度失态中愤然退场的一幕。

还是这位"背运"的克里斯蒂,在1995年国际田联组织的"黄金四站"大赛中已经连续取得苏黎世、布鲁塞尔和奥斯陆三站的冠军,却最后在柏林功亏一篑,仅以千分之一秒的微小差距败给贝利,失掉了即将到手的4公斤黄金的大奖。"时间就是金钱,时间就是生命",这句古老的箴言在现代运动场上体现得淋漓尽致。

我们的一切运动都在三维空间中进行,但还必须加进第四维——时间。计时是竞赛运动的基石,是一切速度型运动成绩的量化形态,让快和慢的比较成为可能。奥运百年间,运动计时手段的变化不啻霄壤,精准、可靠、快捷和直观是人们始终不懈的追求目标。

1896年第一届奥运会上,秒表刚刚问世不久。当计时员从黑色衬布上看到发令枪烟升起而按动拇指时,受生理反应速度所限,计时误差可达0.2~0.5秒。这对于百米赛来说相当于2~5米的距离。

1912年斯德哥尔摩奥运会上,秒表首次以电动代替手动,并设置了实验性的终点照相仪。到了1932年洛杉矶奥运会,瑞士欧米伽公司提供30块电动秒表,以十分之一秒的精度记录了17项世界纪录。当时已经使用了终点摄影胶片，不过要花费几天时间才能冲洗出来，只能成为马表的“马后炮”了。

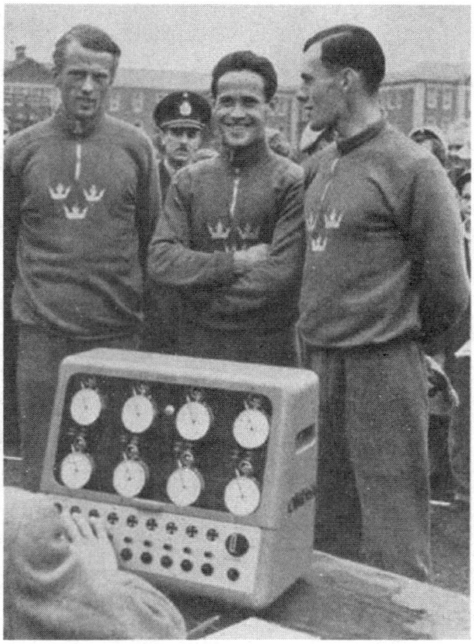

1948 年伦敦奥运会计时设备

随着运动竞技水平的提高，顶级选手的成绩日益接近。跑道上每每出现并驾齐驱、比肩到达、集体冲线的情景。人们也对计时系统提出越来越高的要求。光电管取代肉眼，起跑发令枪和计时器联动，石英技术问世，终点快速打印机使用，都为计时系统的升级换代注入活力。1968 年墨西哥奥运会上正式被官方确认的缝隙扫描终点摄影技术更成为一个重要的里程碑，从此之后，在百米终点线楼梯上“排排坐”和“叠罗汉”的 24 名计时员永远退役了。

如果把普通照相机的曝光比作一次“开门”，那么终点摄像仪的曝光则是通过一条极为狭窄的“门缝”，在高速的 CCD 摄像机中，这个“门缝”每秒钟连续开启 2000 次，相当于把一秒钟时间切成 2000 片，再将摄下来的 2000 条竖直栅格依次沿横向排列。于是这些“白驹过隙”后在时间轴上留下的“线”便“织”成了计算机屏幕上精确的“冲线图”。当然，“门缝里看人”难免把人“看扁”。如果运动员影像移动的速度快于照相机栅格移动的速度，人的影像就会变窄，反之影像就会变宽。难怪那些珍贵的历史性记录一幅幅看上去都有些像“哈哈镜”了。

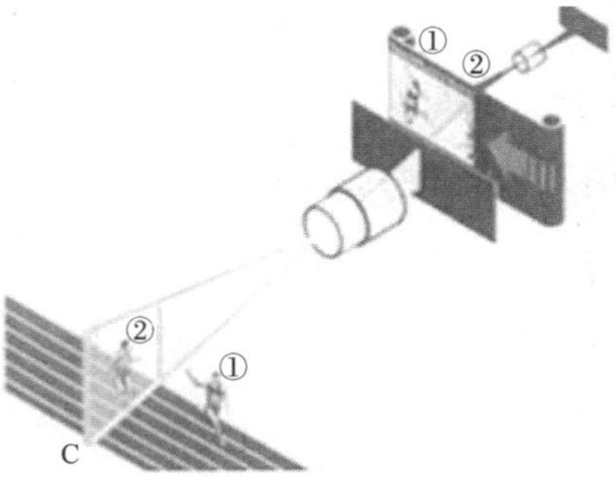

缝隙扫描终点摄影示意图

尽管有了这样的“火眼金睛”，也仍然不能完全避免歧见和纷争。有时两

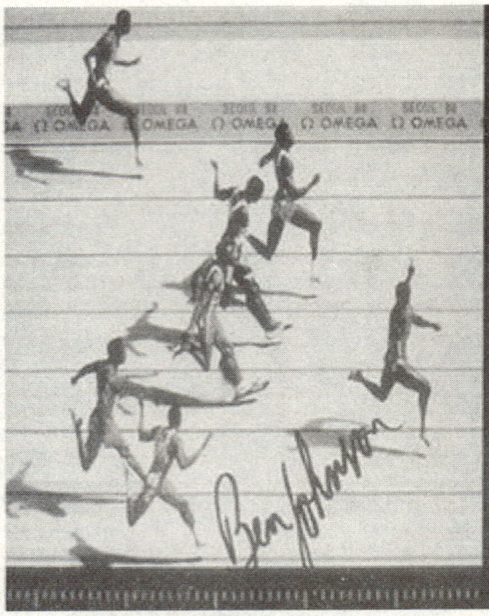

1988 年汉城奥运会约翰逊获男子百米冠军后的终点摄影签名照片

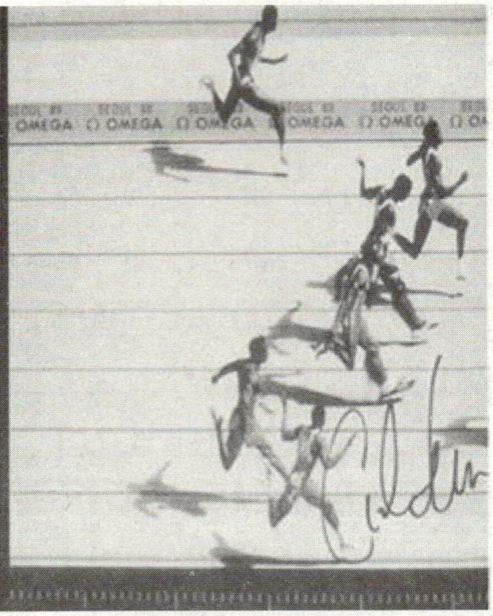

约翰逊被查服用兴奋剂取消资格后刘易斯获男子百米冠军的签名照片

个运动员到达终点的先后几乎间不容发，难分难解，对终点摄影识别和判读的学问甚至不亚于医生面对复杂的 CT 与核磁共振照片。1984 年洛杉矶奥运会上，法国选手查多尼尔已经站到女子百米跨栏第三名的领奖台上向公众招手致意了，却又在刹那间被迫流着眼泪走下领奖台，裁判最后认定她的季军位置应该由美国选手吉姆·特纳取代。尽管专业计时员坚持认定查多尼尔领先并再三解释终点摄影仪的工作原理却无济于事。直到几个月后，这段公案在萨马兰奇的直接干预下才得以解决，法国姑娘领到了补发的铜牌。

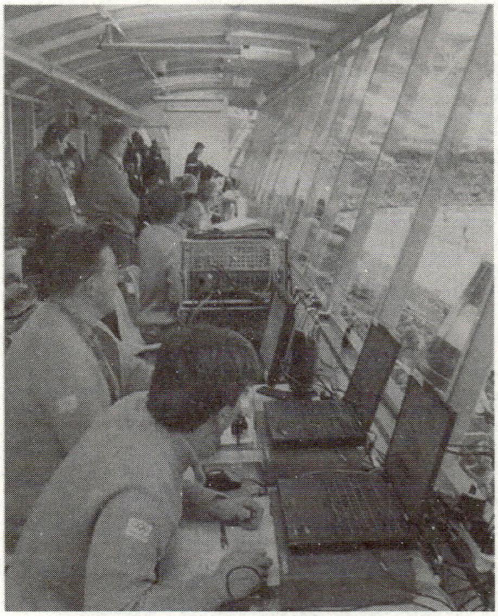

1992 年阿尔贝维尔冬奥会计时系统

为确保万无一失，两台终点摄影仪常常安放在跑道两侧相向拍照。此外还辅助设立另一套红外线激光计时系统，当运动员跨过终点线阻挡了红外信号，计时器便中断运行，并将成绩直接显示在体育场的屏幕上。

终点计时的精确只解决了"一头"的问题，另一头起跑线上计时的重要性丝毫不亚于冲线。1960 年第 17 届奥运会上，百米金牌得主哈里以 10 秒的成绩打破世界纪录，但却被裁判认定为抢跑。哈里向法院提出控告后被要求重跑，多亏他经受了考验并保住了金牌。这类纠纷在田径比赛中不胜枚举。今天的起跑线上，抢跑犯规监测系统同样达到了千分之一秒的精确度。

从我们被一根针刺中到发出疼痛的喊叫，中间会有一个时间差。因为神经传递速度有限。据医学测定，人类对刺激的反应约为 0.1 秒。运动员从耳朵听到枪声到大脑对肌肉发出指令同样有诸多生理环节。因此哪怕起跑确实在枪响以后，但只要时间少于 0.1 秒便可认定为抢跑。谁也别想再靠着"蒙"和"猜"投机取巧了。

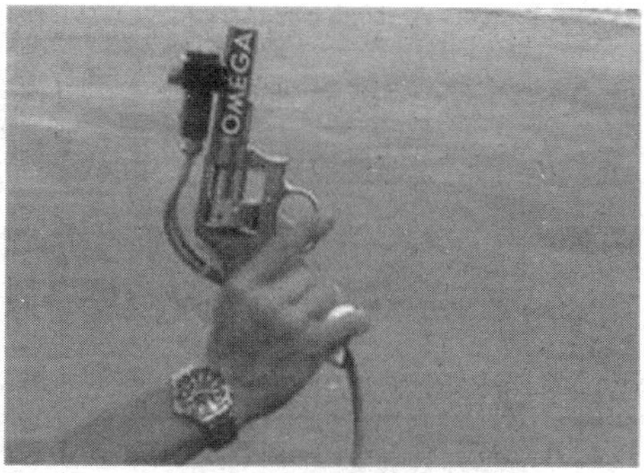

和起跑器联动的发令枪

这是一个安装在起跑器上和发令枪联动的传感装置，当压力达到男子 29 公斤，女子 27 公斤时便会被触发，并显示出运动员起跑反应的时间。抢跑违例者将会被自动召回。1988 年汉城奥运会上，德国十项全能选手海格森虽然贵为前世界

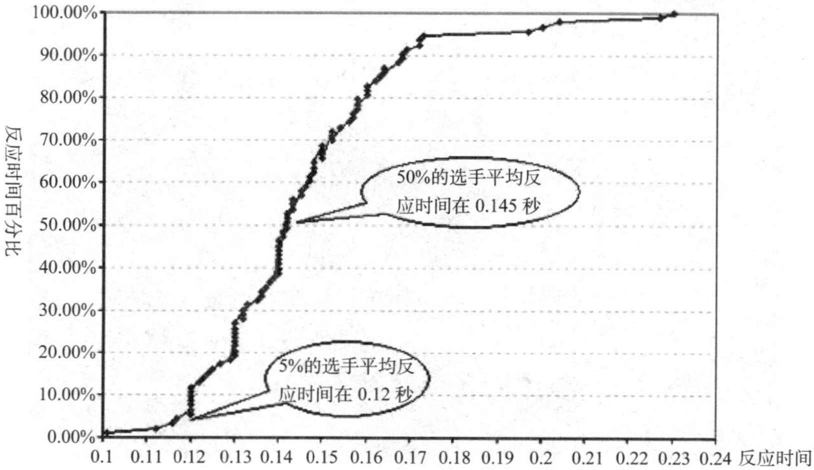

优秀运动员起跑反应时间分布概况

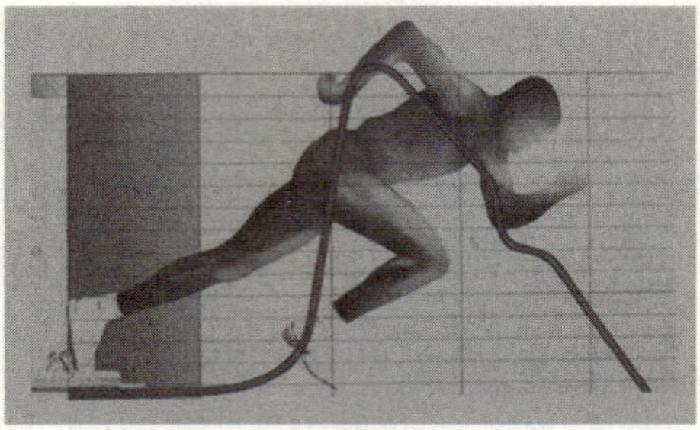
起跑器承受压力示意图

纪录保持者，但因为连续三次抢跑千分之一秒被取消资格。中国运动员刘翔在2004年雅典奥运会上以12秒91的成绩平110米跨栏世界纪录，还要归功于他0.13秒的完美起跑时间。不过话说回来，如果那次刘翔的反应再快百分之一秒，新的世界纪录就会诞生了。

游泳池里的冠军和第八名之差也常常取决于零点几秒。1968年墨西哥奥运会上，终点电子触摸屏首次登场亮相。这是一块90厘米高，2.4米宽的平板，2/3浸没在水中。能够灵敏感受运动员手指轻微的触摸却对波浪的拍击不作反应，计时精度达到千分之一秒。“鱼雷”索普是5块奥运金牌获得者，他最难忘的记忆是15岁那年在英联邦运动会上，触摸屏显示以百分之一秒之差，使他失去了第一次打破200米自由泳世界纪录的机会。1988年，加勒比海小国苏里南全国放假一天，庆祝该国运动员内斯蒂在汉城奥运会上获得男子100

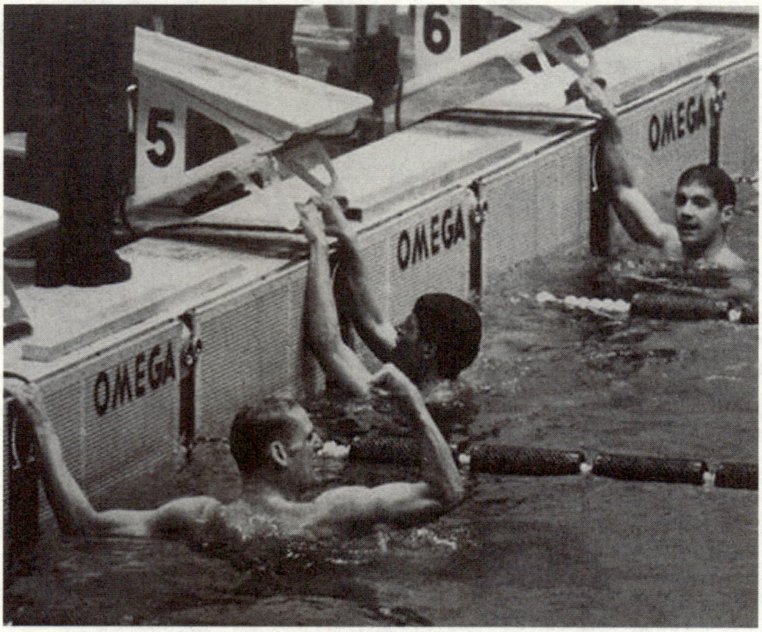

1968年墨西哥奥运会游泳电子计时设备

米蝶泳金牌，这位“浪里黑条”仅以 0.01 秒的优势战胜了美国名将比昂迪。

游泳池的出发台和田径赛的起跑器一样装有压力传感器，防止运动员提前入水犯规。1991 年澳大利亚世界游泳锦标赛上，计时系统无情显示美国女子接力运动员抢先百分之一秒跳入水中，使得正在拥抱欢呼夺得冠军的姑娘们转而失声痛哭。这样的悲喜剧在人工计时的年代是不可想象的。

体育运动中的计时是无处不在的。在自行车、赛艇、马术、冰雪运动等项目中，计时精度都达到了千分之一秒。篮球场上的 3 秒违例、24 秒投球、终场倒计时往往决定比赛的胜负。帆船竞赛中的计时则已经装备了 GPS 全球卫星定位系统。

从一块秒表长成一个根须四布、叶茂花繁的计时系统，奥运会用了 100 多年，我们定格和保藏了奥运会历史上许多最伟大的时刻，并继续在运动场上牢牢掌握着时间。

运动场上的“时间简史”
扫一扫，看中文视频

劈波斩浪走蛟龙

游泳是奥运会上最气韵流畅又喧腾激扬的竞赛项目。蛟龙出水般的爬泳,浪翅翻飞的蝶泳,枕涛卧波的仰泳,“能屈能伸”的蛙泳,在8条蔚蓝色的泳道各展风姿,金牌银牌同样决胜于百分之一秒间。2008年3月在荷兰埃因霍温举行的欧洲游泳锦标赛上,法国选手阿兰·伯纳德以47秒50的成绩刷新100米自由泳世界纪录;接着在悉尼举行的奥运选拔赛中,澳大利亚选手苏利文以21秒28的成绩创造50米自由泳世界纪录。2009年3月在意大利罗马举行的世界游泳锦标赛上,巴西选手西埃罗·费罗连创50米自由泳世界纪录(20秒91)和100米自由泳世界纪录(46秒91)。这是人类靠自身力量在水中达到的最高速度。

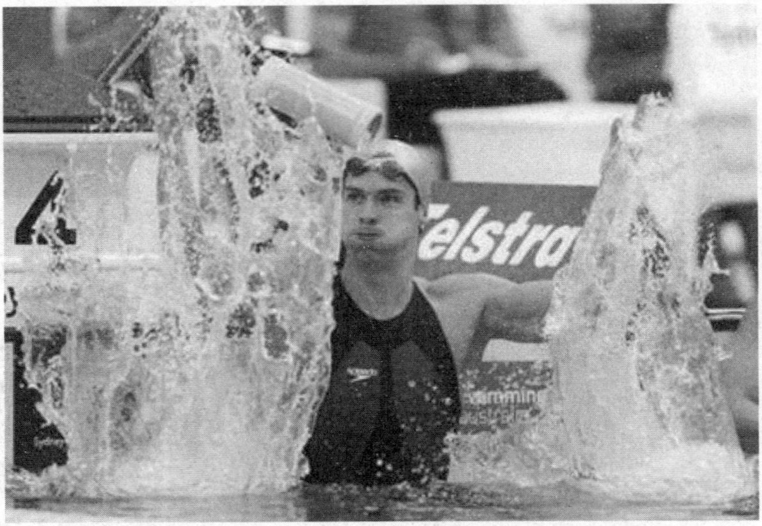

澳大利亚选手苏利文创50米自由泳世界纪录

虽然游泳竞赛项目和奥运会同龄，但前三届设置过的 20 个单项已有 85% 被淘汰，可见百年间游泳的变迁之大。早期的自由泳是指“八仙过海”的任意姿势，但由于爬泳速度最快，于是运动员便无一例外地选择爬泳，以至于自由泳成了爬泳的代名词。20 世纪早期，出身于澳大利亚游泳世家的卡维尔对民间朴素的“狗爬式”进行了系统改造。1924 年巴黎奥运会上，后来成为好莱坞明星和“人猿泰山”扮演者的美国选手维斯穆勒首次在百米赛中突破 1 分钟大关，并创造了两臂轮流划水一次、两腿打水六次的标准爬泳动作。蛙泳则经历了更多的嬗变，1956 年墨尔本奥运会以后，随着国际泳联新规则的出台，潜水蛙泳最后的繁盛随波而逝，新生的蝶泳则正式从蛙泳的支脉中“破茧而出”，自立门户，从此形成了泳坛“四大家族”的稳定格局。

人在水中为什么能够不下沉？其实人体 70%的成分是水，和水相比，平均密度在 0.96~1.05 之间。男人和女人，老人和孩子，胖子和瘦子，呼气和吸气的人体密度都略有不同。一个标准身材的成年人受浮力作用，头露出水面时的体重大约 3 公斤。不过身体浮力的合力点即“浮心”由身体浸入水中各部分的几何中心决定，和人体重心并不重合，上体因比重小而趋于上浮，下肢因比重大而趋于下沉，会产生扭转力矩。如果将手臂平伸过头就会使浮心和重心更加靠近了。

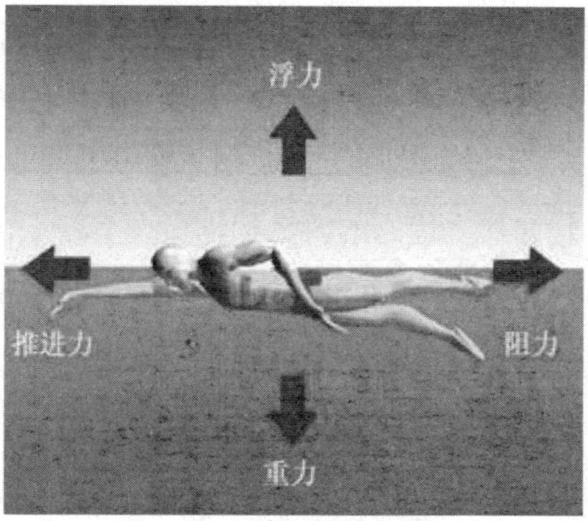

游泳在水中所受的力

为什么百米短跑比百米游泳快得多？因为地上和水里的运动机制完全不同。田径运动员靠脚蹬地面产生反作用力奔跑，地球同时被脚掌“蹬开”的距离可以忽略不计。而人在水中游泳却没有固定的支撑，只能靠推动一定质量的水向身后做加速度运动，使自己借助反作用力前进。挥动的双臂和踢打的两腿如同“螺旋桨”，是产生推力和升力的引擎。加大“马力”的基本原则是划水和蹬夹水的速度要尽量快，用力方向的肢体投影面积要尽量大。两届奥运会上五夺金牌的澳大利亚游泳名将索普天生一双蒲扇般大手和 47 码的大脚，使他相当于戴了一副小号的手板和脚蹼。2004 年雅典奥运会上获得 6 枚金牌的美国泳坛领军人物菲尔普斯也因为生就一副“大手大脚”在水中占尽了便宜。而要提高用力的效率，减少体能的浪费，还要有正确合理的姿势、手形、迎水角度和划水路线。

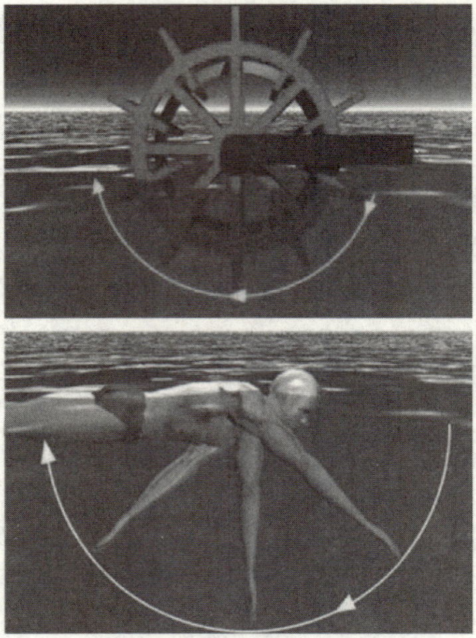

运动员通过划水获得推进力

游泳运动员获得推进力后，必须在水中冲破“三大阻力”。其中首屈一指的便是“压差阻力”。水的密度是空气的 773 倍，黏滞性是空气的 55 倍。运动员把不可压缩的水“挤”开后从中间穿越，水便绕着人体流向身后并产生漩涡，形成前后的压力差。身体纵轴越长，越接近流线型，迎水截面积越小，压差阻力就越小。这就是为什么优秀的游泳运动员都有修长的体型，前进中尽量保持身体与水面平行，自由泳和仰泳要滚动身体防止侧摆，蛙泳要减少还原动作的幅度。有经验的教练员说：“要想象自己是游在一根管子中。”

因为人既不像鱼类那样游在水下，又不能像鸭子一样浮在水上。我们游动在水和空气的界面，于是便不得不耗掉一部分体能去激起重重波浪。运动

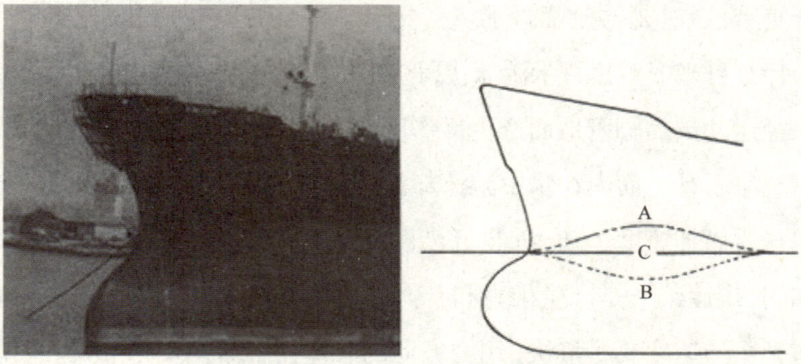

反向波浪 A 和 B 互相抵消

员在这种弓形波浪中游泳，如同“举着”一定重量的水前进，这便是位居第二的“波浪阻力”。留心观察一下轮船头部，吃水线以下做成球状便是为了产生反相波浪，和船身激起的波浪相抵消，从而减少波浪阻力。游泳池里分隔泳道的小转轮也是为了消除相邻选手间的波浪干扰。潜水式蛙泳之所以速度更快就是因为一个“猛子”扎在水底躲过了波浪阻力，所以才被认为有违公平并不利于观赏而遭取消。不过今天奥运会的蛙泳比赛仍允许出发和转身时潜水蹬划一次，成了潜水蛙泳仅存的遗迹和运动员绝不会错过的加速时机。

“摩擦阻力”是游泳运动的第三个束缚。由于水具有黏滞性，游泳时附着在身体表面的水分子便会依次带动相邻层面的水分子前进，这个“边界层”中水分子的内摩擦产生“摩擦阻力”。游泳运动员中盛行的“刮体毛”就是因为摩擦阻力和身体表面积及粗糙度成正相关。

不同身体姿势的阻力值

身体姿势	牵引速度（米·秒$^{-1}$）	阻力值（千克）
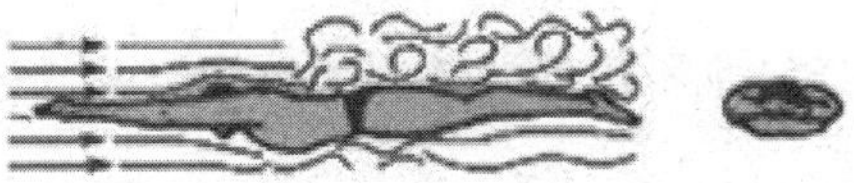 与水面成0°夹角	2	12.8
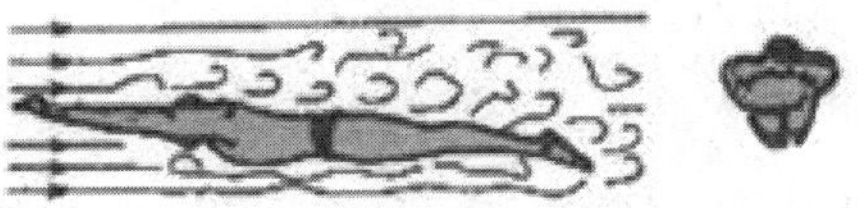 与水面成5°夹角	2	13.4
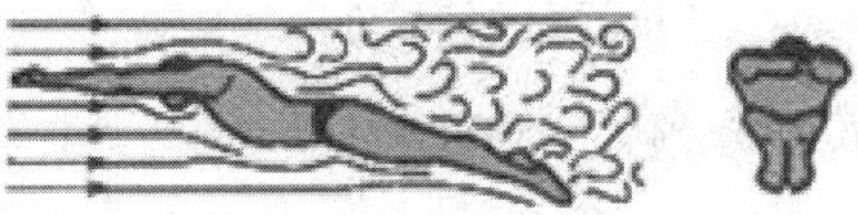 与水面成18°夹角	2	19.2
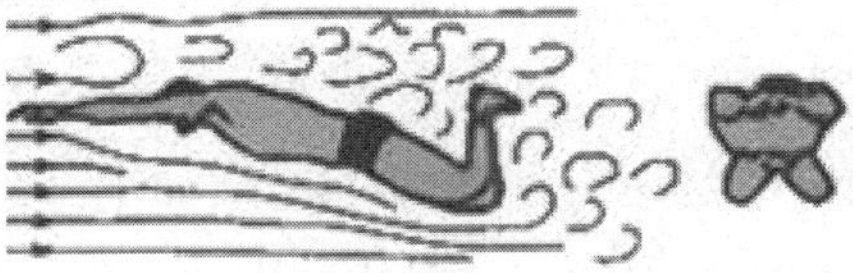 蛙泳收腿结束姿势	2	24.0

游泳时的三大阻力并非一成不变，随着速度增加，摩擦阻力按线性增加、压差阻力按平方增加、波浪阻力按立方增加，但由于主导部分始终是压差阻

力，因此总阻力基本和速度的平方成正比。不过千万别以为水的阻力越小越好，如果抱水、抓水、划水、蹬水、打水的时候没有阻力就会让两手扑空、两腿打滑而失去一切动力。简单的诀窍是，凡推进身体向前的“有效动作”都要充分利用阻力，凡阻碍身体向前的“无效动作”都要尽量消除阻力。自由泳之所以最快，就是因为身体平直、速度均匀、S 型划水、空中移臂等优势，而蛙泳之所以最慢则由于体态相对倾斜、速度忽快忽慢、收腿伸臂等还原动作必须在水中完成。不过蛙泳却从来是最普及和最具实用性的游泳姿势。

让时间回到奥运会之初，用棉织平纹布和罗纹布制成的游泳衣松懈又兜水，带来很大的阻力。羊毛和丝绸的面料渐渐使游泳装更加紧凑和贴身。而荒唐陈腐的道德观念曾一度将游泳服视为异端。第 7 届安特卫普奥运会上夺得 3 项游泳冠军的美国“女飞鱼”布莱特雷因在海滨穿短裤游泳而遭逮捕，“道学家”给她安的罪名是“有伤风化”。1975 年，荷兰学者在船槽中把穿与不穿游泳服进行对照试验，发现穿游泳服比裸泳的阻力减少 7%。原因是人作为四肢动物，经过这种“包裹”和覆盖，能够使全身曲线更加平滑和接近流线型，自此游泳服的“穿脱之争”告一段落。1988 年汉城奥运会上，美国队的“大力士”游泳服备受瞩目，聚氨酯纤维和超细尼龙纤维不仅使游泳服的重量再度减轻，双向伸缩性和整体平滑度都达到一时无两的完美。到了 20 世纪 90 年代，无论从质地材料到设计制作理念，游泳服都进入了全新的快速发展时期。

2000 年悉尼奥运会成了鲨鱼皮游泳服的“大秀台”。澳大利亚泳星索普和他的队友身披一袭黑色的连体紧身泳装，英姿勃发，形貌奇特，宛如碧波中勇猛的鲨鱼。这种游泳服按照激光测量的运动员身体数据进行三维设计，用不亲水的特氟纶纤维精制而成，将运动员从脖颈到手腕、脚踝包个严实。它的核心精华是，仿照鲨鱼皮肤真实的结构，在游泳服表面排列了百万个细小的棘齿。当水分子沿着这些棘齿流过时，会产生无数微型的涡流，使得“边界层”的分离点推后，从而延迟和弱化尾涡的形成。这是一笔合算的交易，增加小额的摩擦力，减少大额的压差阻力。表面光滑的高尔夫球一杆只能打出几十米，而布满 500 来个圆形或六边形小坑的“麻脸”高尔夫球却可以打到 200 米开外。鲨鱼皮游泳服上小棘齿正是起着“麻子”的作用。

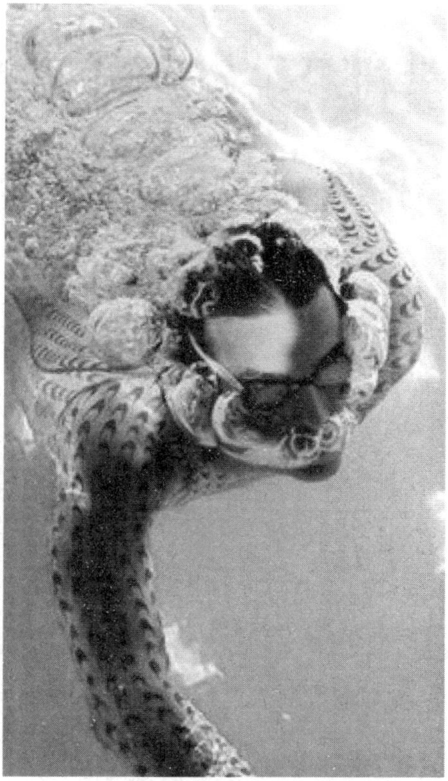

仿鲨鱼皮游泳衣

尽管对鲨鱼皮、青蛙皮等仿生学游泳服的质疑和争论远未平息，全世界一流的商家却都在倾注大量财富和心血，为开发新一代游泳服暗中角力和较劲。其实竞争的目标也许就是把游泳成绩再提高十分之一秒，但这对于决定运动员究竟是载誉而归或是无功而返，可能已经足够了。

劈波斩浪走蛟龙
扫一扫，看中文视频

横杆下“钻”过去的跳高

跳高历来被称为“失败者”的运动，每次都以运动员碰掉横杆而告终。但曾经打破世界纪录的跳高健儿却又都是无限风光的“成功者”，他们的矫健身姿和巅峰成绩永载跳高运动的史册。

今天的男子世界跳高纪录已经达到 2.45 米，而 1896 年第一届奥运会时，跳高成绩仅为 1.81 米。带来这一变化的原因与其说是人类弹跳能力的增强，毋宁说是充分掌握力学原理，不断改进跳高技术的结果。

最初的跳高都是“自由式”，运动员沿垂直方向跑近横杆，用随意的动作腾空跨越。1839 年加拿大运动员沃夫兰跳过了 1.69 米，这是公认的最早世界纪录。

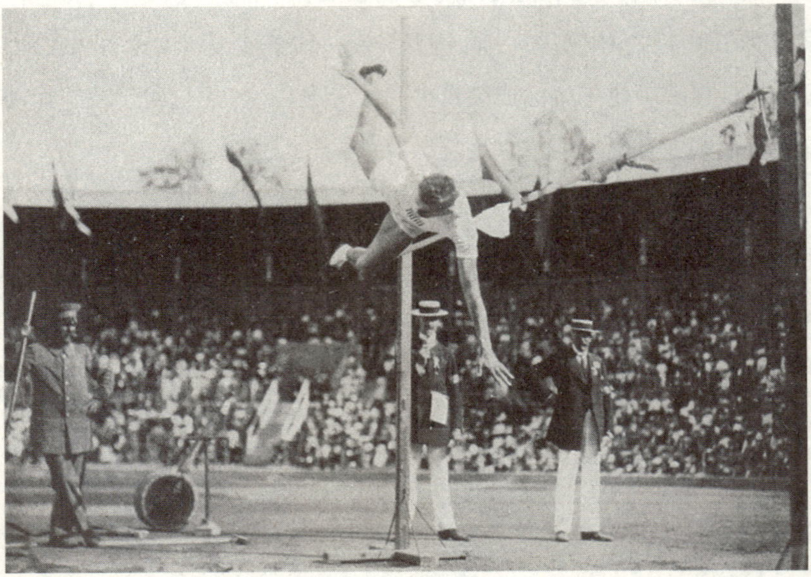

1912 年斯德哥尔摩奥运会上滚式跳高技术发明者、美国运动员乔治·霍拉茵突破 2 米大关刷新世界纪录

1864 年英国选手罗伯特·柯奇创造了侧面助跑，两条腿交替过杆的跨越式技术，突破了 1.70 米大关，标志着古老原始跳高的终结。1895 年，美国选手斯韦尼在杆上急速转体，起跳腿和摆动腿做剪绞动作，称为剪式，跳出了 1.97 米世界纪录并保持 17 年之久。直到 1912 年美国大学生霍拉茵首创滚式跳高突破 2 米大关，这一姿势也独领风骚近 20 年。

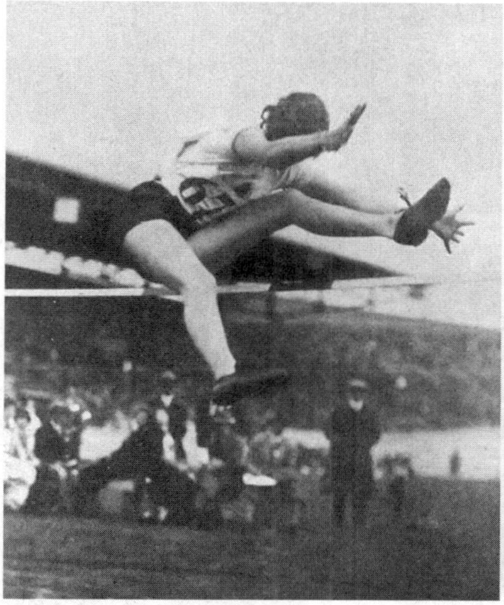

1928 年阿姆斯特丹奥运会上加拿大女选手埃塞尔·卡瑟伍德用剪式跳高越过 1.59 米横杆获得金牌

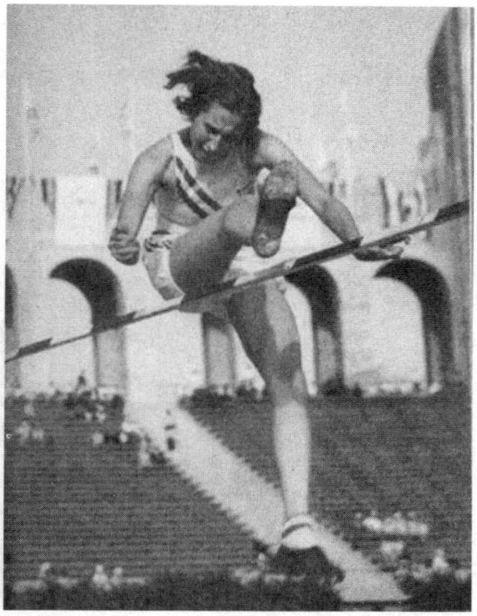

1932 年洛杉矶奥运会美国运动员琼·希莉跳过 1.657 米获冠军

1936 年柏林奥运会上，美国选手阿尔布里顿用“肚皮朝下、骑跨横杆”的俯卧式技术飞掠 2 米而获得银牌，美国选手司蒂斯又在 1941 年以同样姿势跳出 2.11 米成绩，确立了俯卧式跳高在体坛上的统治地位。号称“黑色火箭”的美国选手托马斯，六破世界纪录、被誉为“宇

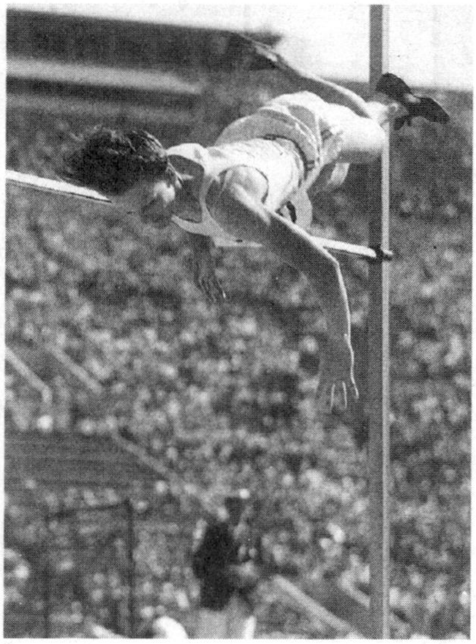

1932 年洛杉矶奥运会上美国女选手蓓比·札哈里亚斯以同样成绩跨过 1.657 米，但她采用的滚式技术当年被判违规

宙飞行员”的苏联运动员布鲁梅尔,以“喀尔巴阡山的女飞鹰”闻名的约兰达·巴拉斯都是俯卧式的明星人物。而中国运动员倪志钦1970年创造了2.29米的世界新纪录,民主德国运动员阿克曼1976年奥运会上获得女子冠军并在1977年首次突破2米大关,则是俯卧式跳高最后的辉煌与谢幕。

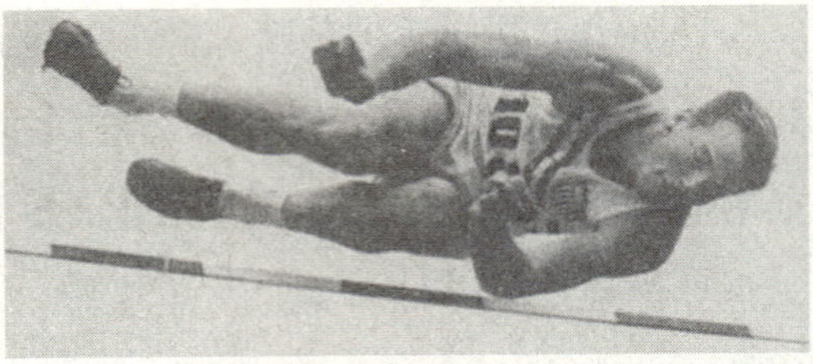

1952年赫尔辛基奥运会上十项全能冠军马赛俄斯以滚式跳高越过横杆

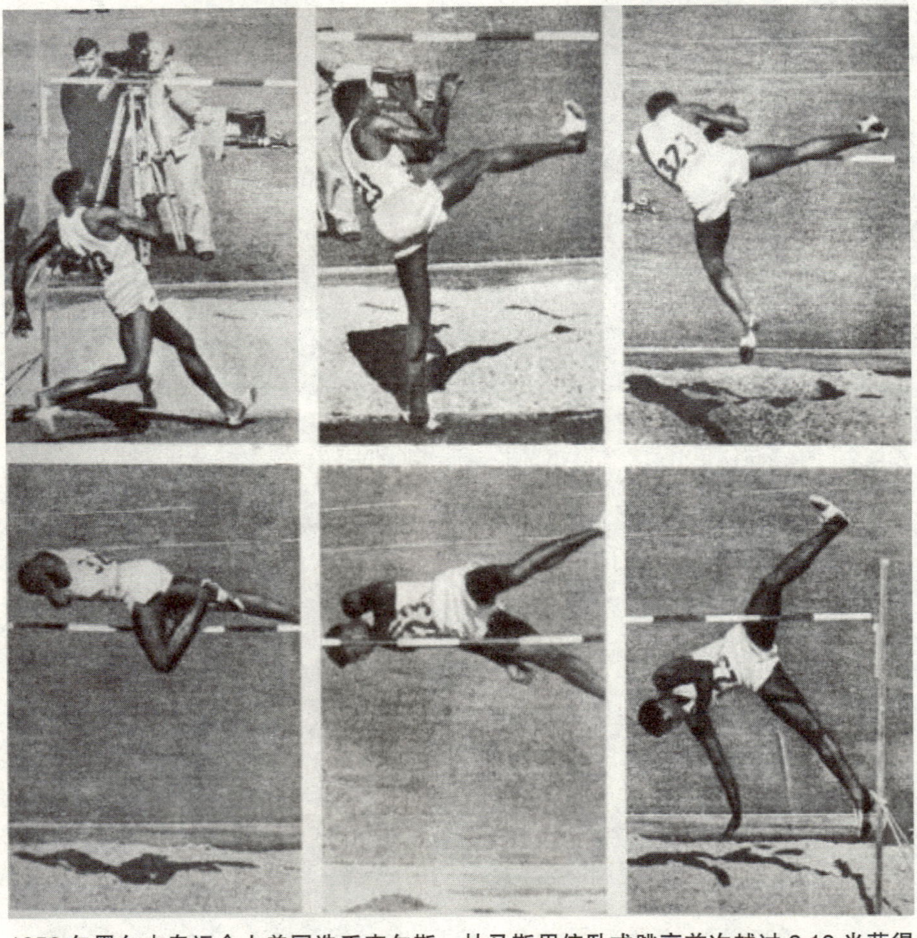

1956年墨尔本奥运会上美国选手查尔斯·杜马斯用俯卧式跳高首次越过2.13米获得金牌

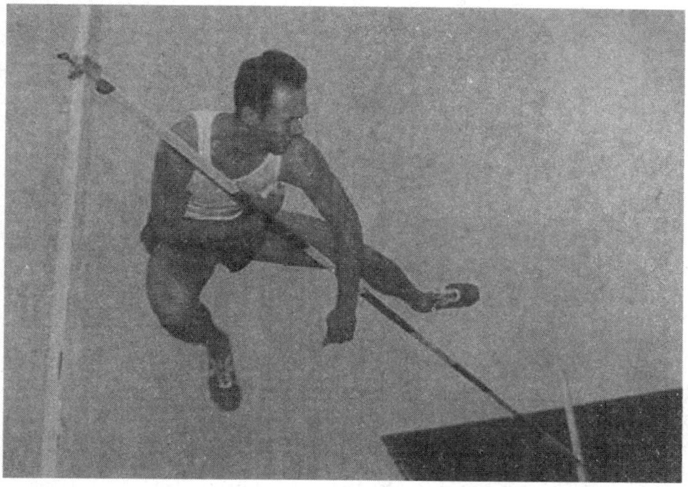

1964 年东京奥运会上苏联运动员布鲁梅以俯卧式跃过 2.28 米获男子跳高金牌

福斯贝里是美国俄勒冈大学的学生。在 1968 年墨西哥奥运会上，他用一种前所未见的“背越式”跳过 2.24 米，摘取了奥运金牌。这种“背朝横杆面朝天”的怪异姿势引起了满场哗然和轰动，“他竟然能倒着跳？简直不可思议。”谁也没有料到福斯贝里的背越式竟带来了跳高的一场革命。

此后，如日中天的俯卧式和初露头角的背越式并驾齐驱了一段时间，人们对两者的优劣得失各执一端，争论不休。1972 年慕尼黑奥运会上，16 岁的联邦德国女选手梅法特以背越式跳出 1.92 米成绩平世界纪录获得冠军。1980 年莫斯科奥运会上，默默无闻的民主德国选手韦西克以背越式一举跳过 2.36 米获得金牌，并打破了苏联选手雅什琴科用俯卧式创造的世界纪录，此后国际

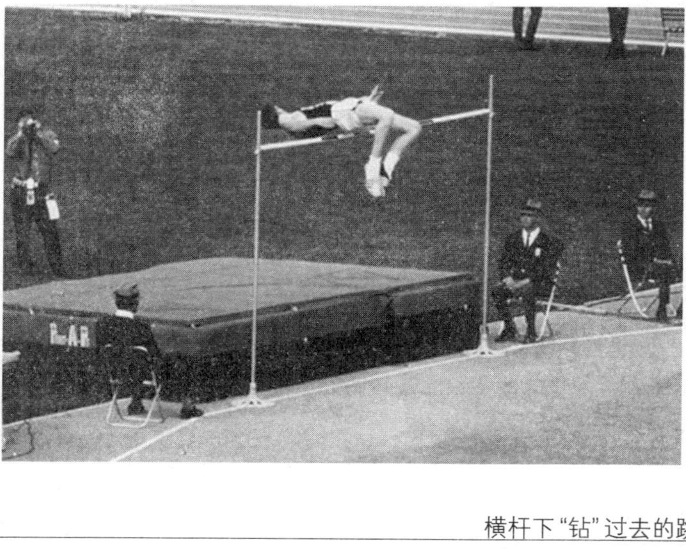

1968 年墨西哥奥运会上美国选手福斯贝里首创背越式跳高

正式比赛上已经很难看到俯卧式的身影了。体育场上物竞天择、优胜劣汰的法则和自然界一样严酷无情。可以说背越式技术从根本上再造了跳高。直到今天,全世界运动员仍然沿用着福斯贝里当年在高中田径场上发明的姿势。

为什么跳高动作从跨越式、滚式、俯卧式到背越式越来越先进,越来越合理,越来越适合发挥人的潜能呢?我们不妨做一点简略的分析。

在研究人体运动时,为了抓住要领,常常进行抽象和简化处理,近似地将人体看成具有质量,但可以忽略大小、形状和内部结构的质点。跳高运动员所能跳过横杆的高度和三个距离有关,那就是起跳离地一瞬间身体重心的高度,跳跃后人体重心上升的高度,以及人体重心腾起的最高点至横杆间的距离。

起跳瞬间人体重心高度主要取决于运动员体型,因此跳高名将几乎无一例外的身材高挑,下肢修长。起跳姿势和摆臂、摆腿动作也能提高身体重心的位置。而从跨越式到滚式、俯卧式的跳高技术演进中,人体由臀部过杆变为腹部过杆,重心越来越低,离杆越来越近。这就意味着更经济的利用已获得的腾空高度,减少弹跳能量的浪费。

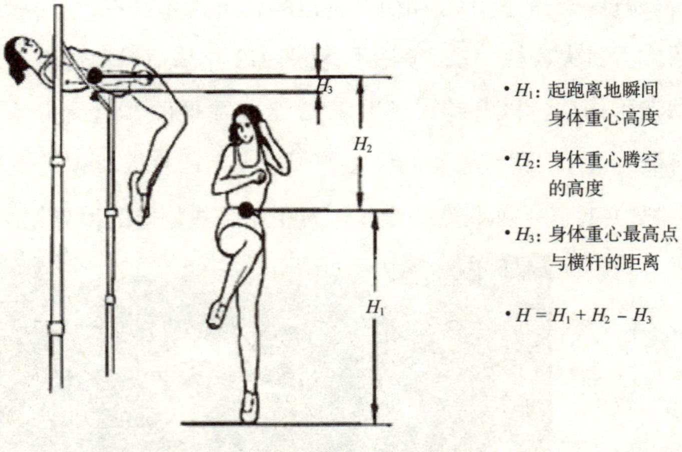

跳高中的重心变化

跳高选手一旦离开地面处于无支撑状态,身体重心的运动轨迹将不可改变。而背越式的革命性意义在于运动员的身体形成“反弓”和“背桥”,头、肩、背、腰、臀、腿部“分期分批,化整为零”依次滑过横杆,完全不同于其他跳高形式中身体必须在瞬间“一揽子”过杆。此时运动员身体一部分处在杆上,其他部分却可以垂在杆下，使总重心的位置移出体外并始终低于横杆。难怪有人形容背越式跳高是从横杆下“钻”过去的跳高了。

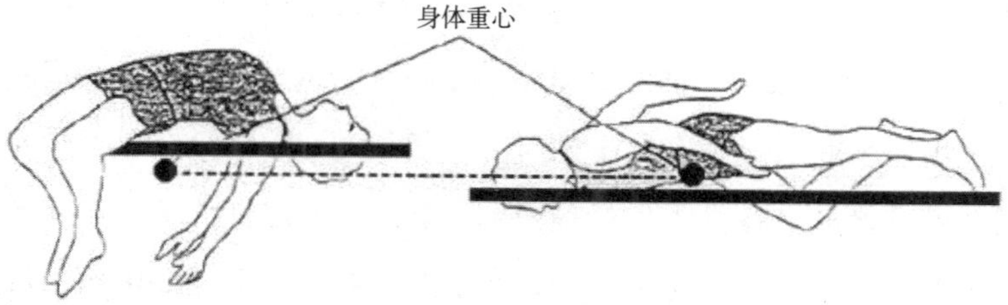

背越式跳高　　　　俯卧式跳高

助跑对跳高的作用不言而喻。从 1900—1912 年奥运会的竞赛项目都曾设过双脚起跳的立定跳高，号称“橡皮人”的美国运动员尤里包揽了 3 届冠军，创造了 1.65 米的世界纪录，瑞典运动员阿尔曼此后的成绩曾达 1.90 米，但立定跳高在起跳时还必须向水平方向用力，以实现身体的“斜抛运动”。而助跑则提供了过杆需要的水平位移。起跳点和腾起角的掌握同样重要，如果重心最高点落在横杆前方将造成身体下落阶段碰杆，重心最高点落在横杆后方会使身体上升阶段碰杆。

背越式跳高另外一大优势是“J 型”的弧线助跑。随着最后三四步的曲率半径越来越小，人体起跳时便在惯性作用下沿切线飞出，获得转向横杆的角动量并自然成为水平姿势。

助跑的弧线半径越短，速度越快，身体的内倾角就越大，人的重心就能够降得越低。有研究表明：身体内倾 30°，重心将降低 13 厘米。起跳的做功距离因此而增大，有利于提高身体重心上升的幅度和加速度。

特别有趣和值得一提的是，背越式跳高在起跳腿蹬伸之前，身体重心便在摆动腿的最后支撑中开始提升。因此，起跳腿的工作并非“从零开始”，而是接过摆动腿产生的垂直初速度进行积累和叠加。因此，不少研究者把背越式跳高助跑最后一步摆动腿的支撑蹬伸当做起跳开始，称为第一动力源；起跳腿的支撑蹬伸则是起跳的继续和结束，为第二动力源。这种“双动力起跳”是任何其他跳高技术都无法比拟的。

百年之间，跳高设施的变化同样有许多可圈可点处。1924 年巴黎奥运会上，美国选手奥斯本"施展绝技"，用手指捏住横杆使它不朝里边滑落。为了防止这种"小动作"，此后的横杆才设计成能从两边掉下。最居功厥伟的改进要算海绵垫问世了。80厘米厚的发泡橡胶新材料能确保运动员肩背朝下"软着陆"。没有它来取代沙坑，福斯贝里不可能产生异想天开的灵感，背越式跳高选手也一定会跌断头颈和脊梁了。

如今跳高运动已经进入相对稳定期，1993年由古巴选手索托马约尔刷新的2.45米男子世界纪录无人挑战，1987年保加利亚选手科斯塔迪诺娃创造的2.09米女子世界纪录保持至今。明天会不会有新的跳高技术问世还很难逆料。1996年亚特兰大残奥会上，中国运动员侯滨以一个京剧武生的折体飞越动作，创造了1.92米的世界纪录。许多田径专家和运动生物力学家都大声呼好，认为这才是人类跳高的最佳模式。结论究竟如何，我们只能把答案留给历史了。

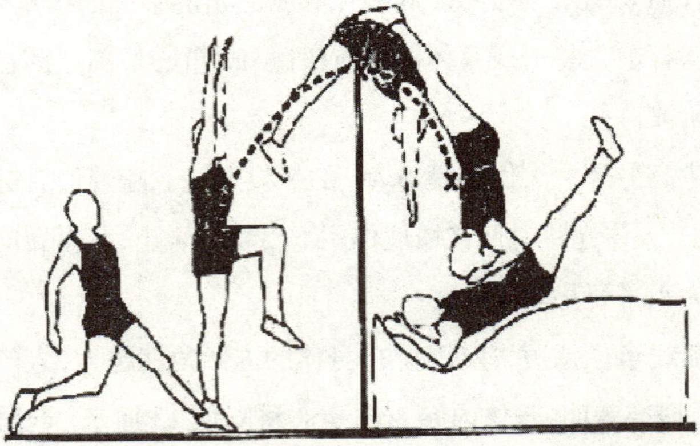

嵌入式跳高示意图

横杆下"钻"过去的跳高

扫一扫，看中文视频

“软硬兼施”的护身术

体育运动的魅力之一便是勇猛拼搏和激烈对抗。竞技场上到处都有速度的飞翔，力量的击打，身体的冲撞。如何确保运动员“血肉之躯”的安全，从来是体育比赛头等重要的课题。瞧瞧冰球选手们顶盔贯甲、全副武装的那身打扮，简直不亚于太空中的宇航员。当170克重的硬橡胶冰球以每小时160多公里的速度在场上往复弹射，平均体重80多公斤的对手在高速滑行中互相“合理冲撞”时，即使有这些头盔、护胸、护肘、护腿、护裆的全方位保护，赛场上的人身事故仍时有发生。今日的体育运动如果离开了护具，许多项目将根本无法开展。

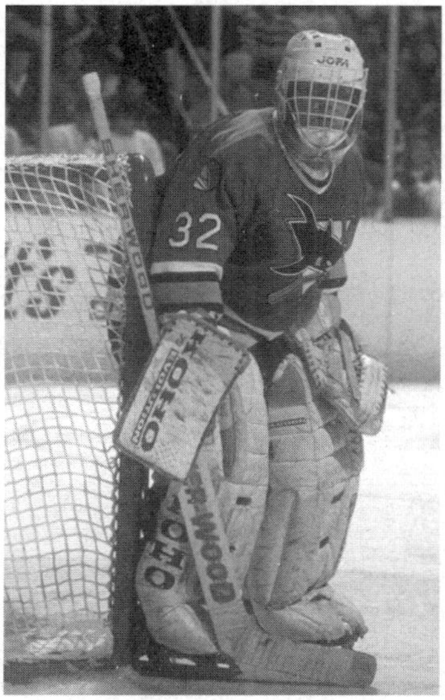

全副武装的冰球运动员

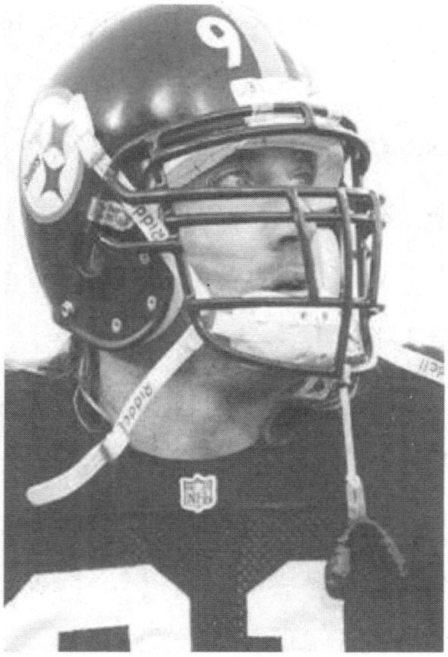

棒球运动员头盔

运动员的第一个关照对象自然是脑袋。人的颅骨和脊液虽然对大脑有良好的保护作用，但运动中猛烈的冲击力很容易造成颅骨骨折、脑震荡、脑挫伤、硬膜下出血等后果。2005 年美国职业棒球联赛中，波士顿红袜队著名投手马特·克莱门特头部中球当场倒地，被抬出场外急救；2007 年接替布莱尔担任英国首相的戈登·布朗曾在高中时代一次橄榄球比赛中头部严重受伤，导致视网膜脱落而几乎完全失明；捷克足球国家队“门神”彼得·切赫被对方前锋踢中太阳穴引起颅骨断裂险些丧命。粗略统计，美国每年约 160 万人次的头部创伤和体育运动有关。

拳击比赛中密集而沉重的打击主要是对准脑袋，2008 年伊始，韩国“拳坛不倒翁”崔尧三成功卫冕之后魂断拳台的消息令人唏嘘。拳击运动员头部长期承受打击还会带来慢性脑损伤和颅压及脑血流改变。有人认为，拳王阿里的诸多神经症状不能不归咎于头部多年来被“零敲碎打”的“积累效应”。

我们所熟悉的台球和“钢珠碰球”这类弹性碰撞中，无论“正碰”或者“斜碰”，小球的动能和速度都会发生传递和交换，但总动量保持不变。对于运动员的头部来说，器械和肢体的碰撞大都属于非弹性的“斜碰”，不仅会带来颅骨与脑的线性运动和绕颈部的切向运动，还会带来头部的结构性改变。由于动量等于质量和速度的乘积，因此撞击物的质量越大、速度越大、“制动”时间越短，冲击力就越大。在球场上和自行车、滑冰等高速运动中，保护头部的“硬”措施是佩戴头盔，让玻璃钢和碳纤维外壳通过形变吸收部分动能，同时，和头部曲率半径相近的海绵衬垫层与悬挂结构将碰撞中“尖锐”的“点接触”变成“平缓”的“面接触”，从而减小压强并延长碰撞作用时间，起到“摊薄”冲击力的“缓冲作用”。

早期职业拳击赛不戴手套，1853 年美国拳坛双雄沙利文和莫利西的疯狂对决被法庭判为野蛮斗殴而锒铛入狱。奥运拳击赛和职业拳击赛最大的不同在于确保了竞赛的安全性，但奥运拳击头盔须用“软”材料制成，以便同时保护对手的拳头。奥运拳击的另一“软”措施是使用大而厚的拳击手套来“软化”运动员的“铁拳”。和职业拳击小而薄的 226 克手套相比，奥运拳击 284 克的手套打中对方时接触面积更大，拳套柔软层被压缩的距离更长，从而延缓了拳头制动的时间，使得运动员瞬间承受的冲击力更小。

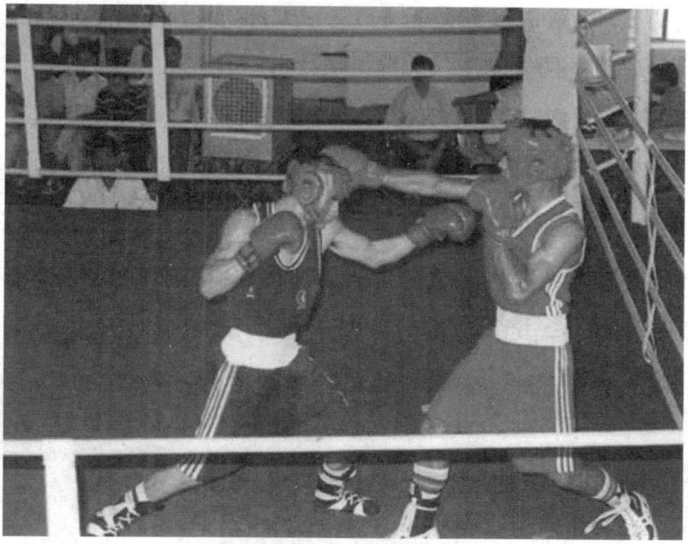

拳击的头盔和手套

看到拳击选手和橄榄球运动员在休息时吐出嘴里的牙套，人们常常不明白这个小玩意为何物。惊人的数字显示，美国每年在运动场上被打掉的牙齿约500万颗。牙套的英文名字可直译为“护嘴”，在各种冲击性运动中使用牙套，可以大大减少“满地找牙”的受伤者。人的牙齿本来十分坚固并具有惊人的力量，杂技演员能靠牙齿的咬合将身体悬在空中。但这是靠着咬肌的整体力量，单个牙齿往往是不堪一击的。弹性塑胶制成的牙套能使彼此孤立的牙齿“联合起来”，特别咬紧牙关后，牙齿的“砖块”筑成了牙齿的“长城”。当“众志成城”的上下牙列共同承担冲击时，就不会被“各个击破”了。牙套还能改变外力作用时嘴唇和牙齿的“硬接触”，起到良好的缓冲作用，并减轻对颈椎的震荡。如今市场上批量生产的成品牙套不能做到适合每个人的口型，有一种经热水烫过后变得可塑，在口中咬合并冷却后能固定形状的牙套效果更好，而理想的牙套应该如安装义齿一样，请专业的牙医取模定做，才能确保适当的厚度和紧密的接触。

绿茵场上激烈的拼抢最容易引起运动员腿部和脚部骨折，许多世界一流球队都曾在重大比赛前“伤兵满营”而实力大减。人体骨组织承受的力可分为压缩、拉伸、弯曲、剪切、扭转等。在适当负荷作用下，骨头能产生弹性形变，应力消除后恢复原状。如果骨组织承受的负荷超过了弹性范围而达到“屈服点”，带来的形变在外力消除后不能复原，这种因结构被破坏而导致的“塑性形变”就是骨折了。骨骼的抗压强度最好，抗拉次之，却容易在弯曲张力和剪切力作用下受到损害。足球运动中的踢、蹬、铲等动作往往将极大的切向力作用在球员的腿上。因此护腿板已经成为足球比赛最重要的“分段保护”措施。护腿板用轻质而具有刚性的复合材料制成，如同给运动员的小腿平添了一层“甲壳”。受到冲击时，护腿板不仅能扩大胫骨受力面积而降低压强，还能总体改变腿的受力角度，减小在骨骼内产生的弯曲力矩和剪切效应，防止骨折发生。

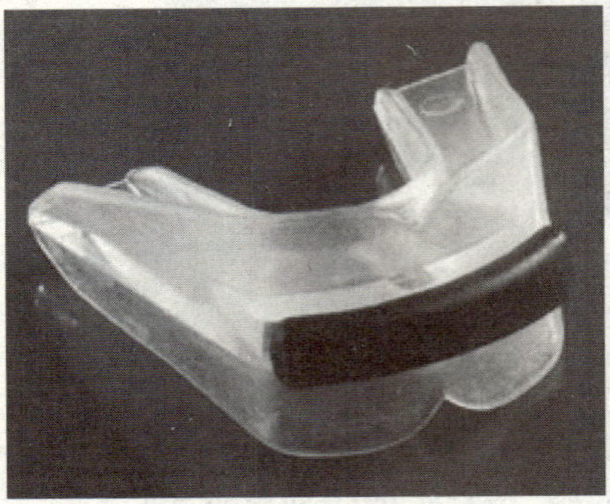
护齿

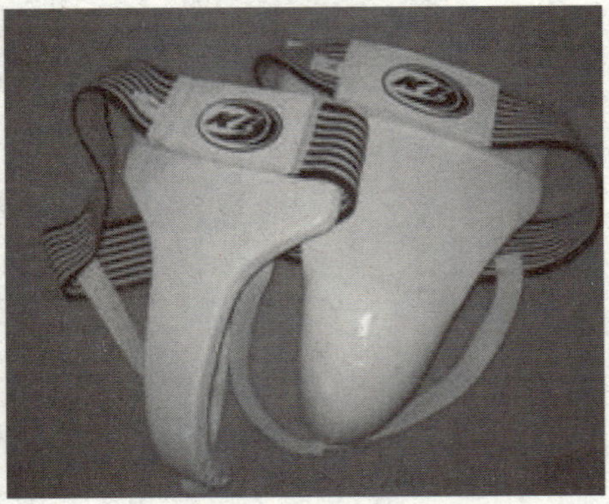
护裆

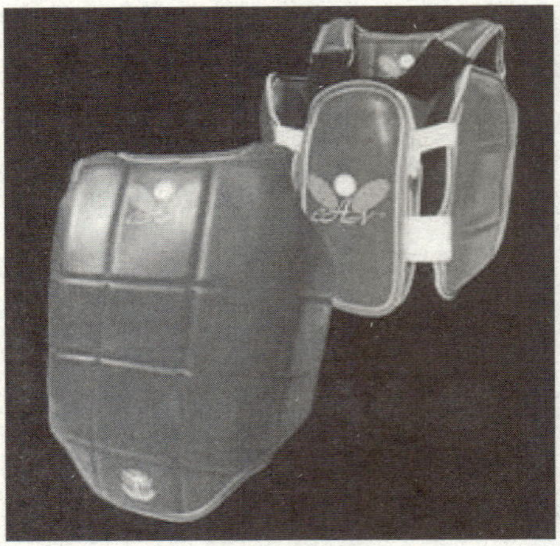
护胸

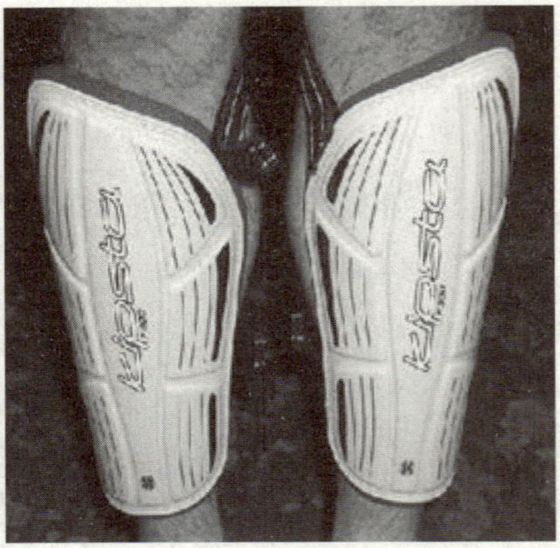
护腿

人类从四肢行走到直立行走后带来的一大弊端，便是身体的“软肋”和“软腹部”暴露无遗而更容易受到攻击。在许多对抗性激烈的竞赛中，女运动员使用特制的护胸，男选手穿上合身的护裆，其作用不仅在于将冲击力量分散减弱，还能使受力点向四周转移，让邻近更加“抗打耐压”的部位代替“娇嫩脆弱”的部位来承受攻击。

举重腰带的保护功能则另有名堂。一项试验表明，当沉重的杠铃高举过头时，运动员的骨组织和椎间盘软组织受到压缩，身体可被压矮 3.59 毫米，如果系上宽阔的腰带，不仅能保护肌肉和软组织免受伤害，还能凭借腹腔内容物的支撑作用帮助脊椎骨承担部分负荷，使身体被压矮的程度减少到 2.87 毫米。

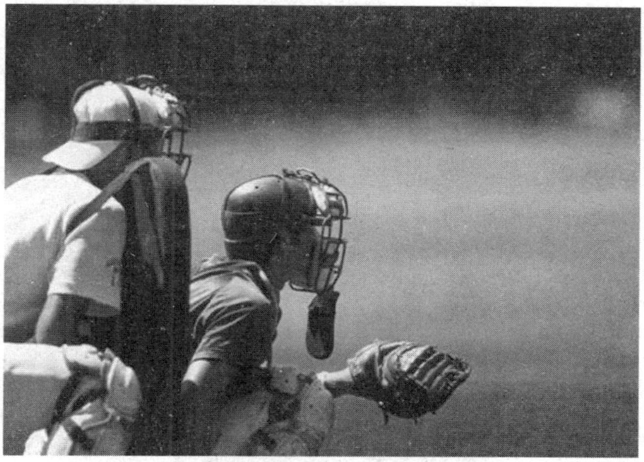

带着特制手套的棒球运动员

当美国选手莱恩把棒球投到每小时 164.1 公里的纪录时，我们便不难理解棒球“捕手”所带的手套为何如此肥硕了。这种手套的海绵内衬比其他手套厚得多，其功能在于缓冲来球巨大的冲击力。我们由此自然而然想到了运动场上的海绵包和海绵坑。

随着人类的跳高成绩节节攀升，便应了一句古话“跳得越高，摔得越重”。今日的撑竿跳世界纪录为 6.14 米，“自由落体”从这一高度着地时，速度可达每秒 10 米，如果没有缓冲手段，运动员等于经历一次“跳楼”。最初的跳高从草地上起跳并在草地上“着陆”，剪式、滚式跳高出现后开始使用和跳远相同的沙坑，后来的跳高沙坑不再是“坑”了，沙面也不再和地面平齐，而成了沙层增厚并高出地面 20 ~ 30 厘米的“沙台”，有时还在沙中添加锯末以增加酥松程度。早期的海绵坑曾让运动员在一大堆杂碎海绵中“陷于灭顶”，直到现代海绵包的出现，才带来了跳高运动的真正安全并让背越式跳高成为可能。使物体动量改变的原因是冲量，它是力和作用时间的乘积。“跳楼”状态下的身体落在硬地上，全部动量在大约百分之一秒间变化为零，因此承受极大的冲击力。厚厚的沙层延长了身体动量改变的时间，所以减少了冲击力。从运动员落到海绵包表面受到弹性阻力到海绵包被压缩到最大距离，约经历1秒钟，是硬地制动时间的近百倍，因此承受的冲击力也减小近百倍。加上身体陷在海绵包中的大面积接触带来压强减小，海绵包高于地面约80厘米使重力的作用时间和作用距离减少，都确保了跳高运动员安全舒适的“软着陆”。这和汽车发生碰撞事故时释放气囊的作用又殊途同归了。

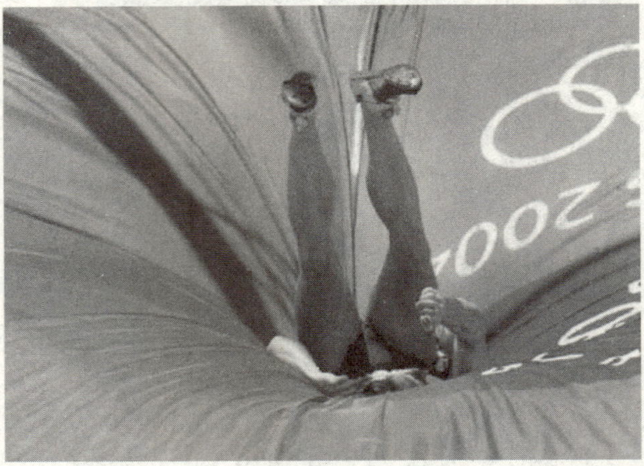
跳高选手落在海绵垫上

射箭运动员在持弓的手臂上佩戴一块护臂，这是为了防止高速运动的弓弦回弹时擦伤皮肤；皮革制成的护掌为体操运动员手上“长”了最结实的“老茧”，能防止在单杠大回环等动作中磨出水泡和揭去手皮，并能够有效提高握力；护膝、护腕、护指、护踝、护肩、护肘，它们有的能防止直接伤害，有的能让肢体更有效工作，众多的护具可以列出一副长长的清单。

体育的终极意义在于强健体魄和增进健康，运动中人的安全越来越成为现代文明重要的价值取向。科技对体育的作用不仅在于提高成绩，同时也用“软硬兼备”的手段佑护着运动员“出入平安”。反过来，赛场上的安全感是提高成绩的根本保证。

“软硬兼施”的护身术
扫一扫，看中文视频

美丽的溅落

虽然跳水划归奥运会的水上项目并且属于国际泳联管辖，但游泳和跳水其实只能算“远亲”，体操才是跳水的“近亲”。只不过体操的空中动作落到地上，跳水的空中动作落在水中而已。1900年巴黎奥运会上，瑞典选手就从塞纳河畔木材搭成的高台上凌空飞起，向公众展示了跳水的英姿。1904年圣路易斯奥运会上，10米跳台跳水成为正式比赛项目，可惜当时还没有多少套路，只能比赛谁跳得更远，美国人谢尔登赢得了奥运历史上第一块跳水金牌。从早期的瑞典、德国平分秋色到美国一枝独秀，从俄罗斯崭露头角到中国后来居上，尽管“百年风水轮流转”，但跳水从来都是奥运会的“核心项目”。

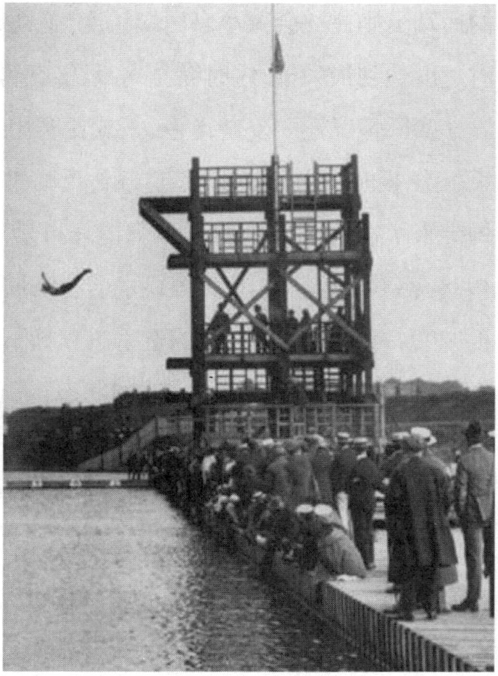

1920年安特卫普奥运会跳水

身姿曼妙、仪态万方的跳水完全是动态的人体艺术。它需要灵巧柔韧的身体素质，精确细腻的平衡能力，清醒敏锐的空间知觉。一个完美的跳水动作包括优雅的起跳、潇洒的腾空和轻捷的入水，这三个环节对于裁判来说具有同等的价值和分量。

若问跳板和跳台的最大区

别是什么,恐怕就在于跳板是“软”的。作为挠度很大的弹性体,跳板下压时能把运动员踩板的动能变成弹性势能储存起来,然后在起跳时释放,将运动员“弹”向空中。铝合金跳板取代木制跳板后弹性大大增加,使人留在空中的时间延长,一米跳板也来得及做点像样的动作了。然而得心应手地驾驭跳板却并非简单的事。

我们知道,以平衡位置为原点,在弹性回复力作用下产生的来回振动叫简谐振动。跳板在运动员脚下的起伏低昂便是典型的简谐振动,因此走板动作必须与跳板的固有频率合拍,要按照跳板“忽悠”的节奏走,也就是让步频和跳板的基频共振,达到“合板”状态,从而获得动能的叠加和积累。如果步伐的快慢和跳板的升沉发生频率错位,就会带来相互力量的冲撞抵消,出现“踩死板”的现象。还必须把人和板看成一个系统,体重不同的运动员在完全相同的板上行走,也会使系统有不同的振动周期。这就需要转动支点齿轮来调整跳板自由端的长度,从而校正系统的固有频率。一般而言,体重较轻、腿部力量较弱的运动员可适当增大自由端长度,使跳板“软”些。体重较重、腿部力量较强的运动员则往往会减小自由端长度,让跳板“硬”些。当跳板回弹到平衡位置时速度达到最大值,这时纵身离板,能获得最大腾起高度。

实际情况还要复杂得多,正式比赛用的跳板只有一端固定,属于“单边约束”,压板时与中间的支撑点接触,反弹时却与支撑点分离。这种非线性的结构带来跳板状态的不确定性,只能靠科学知识加实践经验来小心把握和拿捏。1988 年汉城奥运会上,美国跳水名将洛加尼斯在反身翻腾两周时头部撞上跳板,2004 年雅典奥运会中国选手王克楠不慎失足,许多教训都值得记取。

任何抛射物一旦进入无支撑状态,重心的抛物线轨迹将无可更改,它的转动甚至包括爆炸都不会带来抛物线的变化。跳水运动员也是一样,不管从 3 米跳板一跃而起,还是从 10 米跳台腾飞而下,能够停留在空中的时间只有 1 秒多钟,所有呕心沥血、惊险离奇的“绝招”只不过是让身体各部分围绕质心做相对运动罢了。一个让科学家长期困惑不解的问题,便是离开跳板时只做前后翻滚的运动员却能在此后“凭空创造”出围绕身体纵轴的旋转,这看上去明显违背了角动量守恒的常识。在没有外部力矩作用的情况下,身体的旋转角动量从何而来呢？1979年，美国的59位资深物理学家接受问卷调查，其中竟然有56%都做出了错误的回答，认为这种旋转不可能发生。面对体育运动的“常青之树”，理论又一次显示了无奈的“灰色”。

有人联想到猫四脚朝天从空中坠落时总能正常着地，认为跳水的旋转动作和猫的转身属于同样机制。这些研究对人类在宇宙空间的无支撑运动也许颇有意义，但解释跳水中的人体旋转却不得要领。

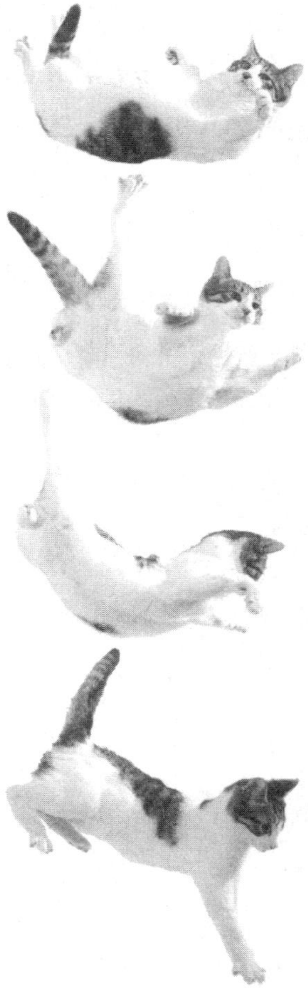

猫从空中的坠落过程

我们知道，体操运动员腾空前通过脚与地面的相互作用能产生旋转力矩，由此带来身体在空中的旋转称为“早旋”。跳水规则将“早旋”视为犯规，运动员腾起时只有绕横轴的翻转，“升空”后才通过手臂动作引起的身体纵向旋转称为“晚旋”。其中的全部奥妙在于，随着运动员在空中将一条手臂突然“抛掷”过头，另一条手臂迅速挥摆到髋部，身体形态和质量分布的骤然变化和不对称带来旋转轴的倾斜。为了满足角动量守恒，身体必须将总角动量中多出的一部分转化为纵轴旋转。所以，跳水中“晚旋”的角动量是从离开跳板时身体绕横轴的角动量中“挪用”过来的，此时身体绕两个轴旋转的角动量之和等于初始的总角动量。

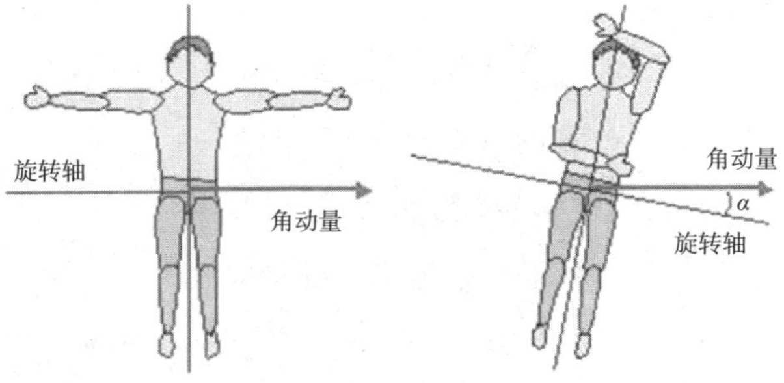

身体形态和质量分布变化和不对称带来旋转轴倾斜

运动员的入水是一种美丽的"溅落",在这种固体流体碰撞中,如何让溅起的水花减少到最低限度,其中的学问至今仍扑朔迷离。入水前最重要的动作是把握时机打开身体增加转动惯量,以"刹"住旋转并确保垂直入水。"压水花"技术更几乎是各国跳水好手的秘密武器,不过基本原则已经众所周知。起初人们先验的认为将双手合拢,呈流线型入水会阻力最小,溅起的水花也最小。据说有人在"冰棍"式跳水中无意发现不绷直脚尖而用脚掌对水效果更好,于是带来了平掌撞水的压水花技术。实验表明,楔形物体坠入池中时,由于水的不可压缩性,便沿着阻力最小的方向寻找出路,楔形物的斜面便是这个方向。而和方形物体碰撞的水主要横向运动,因受到四周水的压力无法冲腾而起,这便是掌心向下水花小的原因。

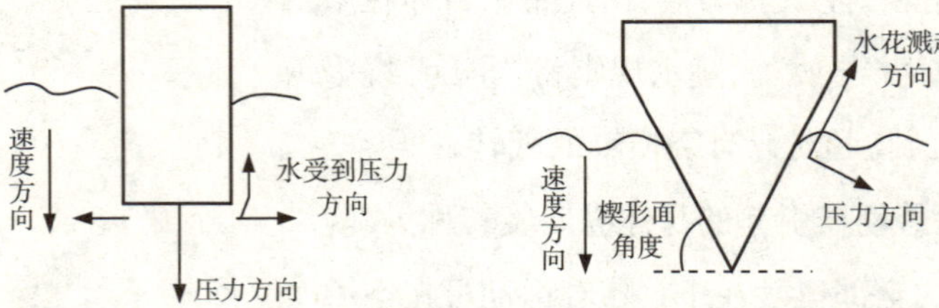

平掌撞水的压水花技术原理

从 10 米跳台入水时,瞬间速度达每秒 15 米,手部承受相当的压力,运动员在实践中创造了不同的手型组合适应不同情况。由于入水时身体在空中的旋转很难完全停止,手掌就需要正对速度的方向而不能只是平行于水面,这就是精巧微妙、"细节决定成败"的"揉水"技术。

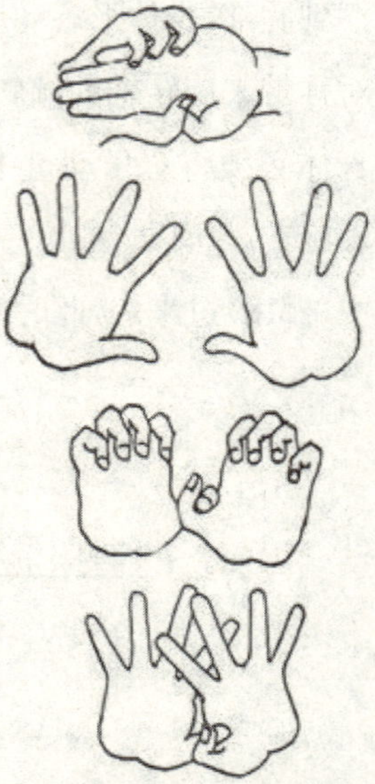
跳水压水花的不同手形

最赏心悦目和令人叫绝的跳水,要数 2000 年悉尼奥运会才正式进入比赛的双人项目了。两个选手起跳的高度和姿态、空中的弧度和进程、旋转的相位和节律、落水的区域和时间,都必须完全同步、高度协调、互为镜像、如影随形。单人的完美并不等于共同的完美。初始条件的微小差别都将带来巨大的积累误差。而不同选手只要满足同样条件，彼此的动作便能够互相复制，他们最形象地证明了力学中确定的因果关系。

看到跳水运动员在弹网和蹦床上进行训练，便再次想到它的“两栖”属性和体操出身。至于那些妙趣横生的滑稽跳水，惊险刺激的悬崖跳水都逃不出基本的力学规则。今天跳水的“动作代码本”和“难度系数表”已经空前增厚，许多人惊呼跳水运动已经到了顶峰和极限。不过别忘了，20 年前就有人做过这种断言。

美丽的溅落

扫一扫，看中文视频

从"香蕉球"说开去

绿茵场上经典的任意球常常成为电视台反复播放的精彩瞬间。随着一记劲射,足球在绕过"人墙"眼看要飞出场外时却又魔幻般拐过弯来直扑球门,这就是神秘莫测、防不胜防的"香蕉球"。

打从贝利 1966 年在伦敦世界杯赛中踢出了第一个"美丽的弧线"后,"香蕉球"便成为越来越多大牌球星们的基本功底和拿手好戏。被誉为"万人迷"和"英格兰圆月弯刀"的贝克汉姆一次次用最优雅的"贝氏弧线"博得世界的喝彩,"金左脚"卡洛斯的"炮打双灯"为足球史留下了一段佳话,而"绿茵拿破仑"普拉蒂尼踢出的"香蕉球"横向飘移量竟达 5 米之多,使他成了至今无人挑战的"任意球之王"。

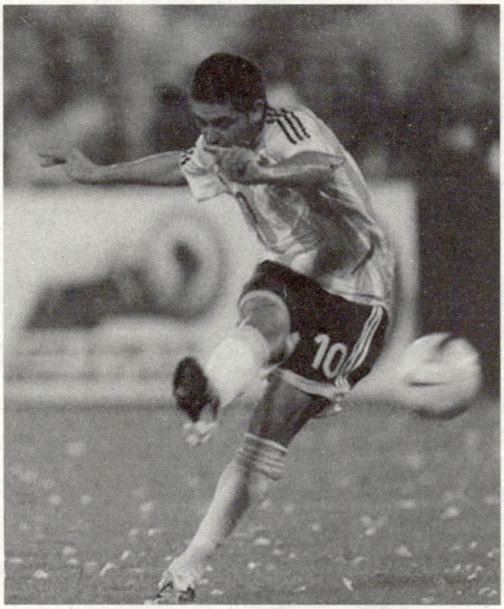
阿根廷队里克尔梅任意球射门

医学研究表明,人的大脑在接受和处理视觉信号时有一个延迟系数。我们很大程度上依靠从小就习惯的抛物线轨道来预测物体的飞行方向,而在空中自动拐弯的"香蕉球"足以让最老练的守门员判断失误。按照谢菲尔德大学研究者的话:"等看到球越过人墙时,也许就已经进网了。"

"香蕉球"为什么会在飞行中拐弯?这里不妨先从流体的黏滞

性说起。当我们把手伸进水中再拿出来，手的表面会粘上一层水。同样，球的表面也附着一层薄薄的空气，当“香蕉球”一边飞行一边自转时，会带动表面的空气一起旋转，其中一侧转动的线速度和球的前进速度相加，使得迎面气流受到较大阻力，另一侧情况则恰恰相反，自转的线速度和前进速度相减。于是带来了球的两侧气流速度不同。根据伯努利原理“流速越快，压力越小”。“香蕉球”便受到一个侧向的力，也称“马格纳斯力”，导致了飞行轨迹的弯曲。伸出右手，用食指表示球的飞行方向，蜷曲的三指表示球的旋转方向，与食指水平垂直的拇指则表示“马格纳斯力”的方向。

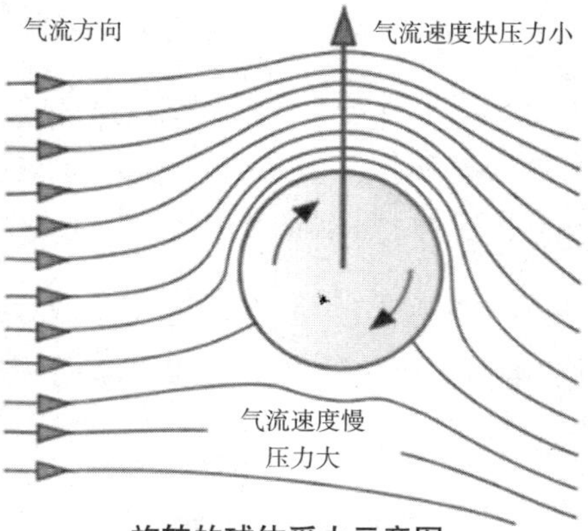

旋转的球体受力示意图

古斯塔夫·马格纳斯是德国物理学家，他曾在1852年研究过旋转的炮弹和子弹所受到的侧向力。此后，物理学大师汤姆森做过一个著名的实验：让空气流过以不同速度旋转的球体时，将U型玻璃管两端贴近球面的两侧，通过观察U型玻璃管内两边液面的变化来测定球体两侧压力的差异。

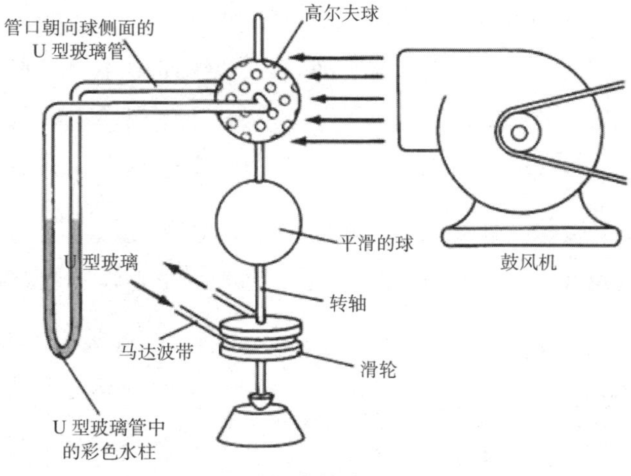

汤姆森的试验

其实早在1954年世界杯赛中，巴西足球前辈迪迪就已经踢出了弧线球，不过那是叫“干树叶”。英国谢菲尔德大学甚至研究了为什么是南美人而不是欧洲人发明了香蕉球。他们确信，过去的足球用皮革制成，极易吸收水分而增加重量，使得旋转后的弧线效果大打折扣。南美气候比起欧洲干燥，因此“香蕉球”的弧线效应更加明显和易于被人发现。事实也证明，随着布满微型气泡的防潮防水合成材料取代了天然皮革，随着热黏合技术制造的 14 拼块足球取代了手工缝合的 26 块或 32 块六边形拼成的传统足球，踢出“香蕉球”的难度大大降低了，弧线效应也越来越显著和强化，新款足球“飞火流星”“团队之星”问世时，都曾被称作守门员的“杀手”和“噩梦”。

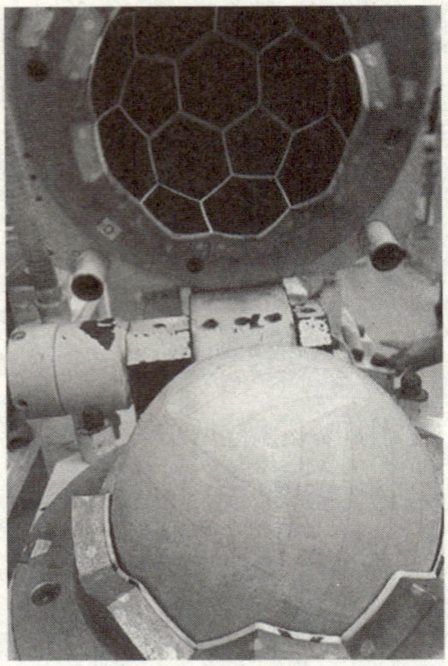
足球制造

现在让我们把视线从绿茵场转到乒乓球桌上，这里大展雄风的“弧圈球”其实是另一种弯曲度向下的“香蕉球”。当对方来球下降时，让手中的挥拍速度达到最大值。击球瞬间通过“用手腕拧球”，尽量将球“吸”在胶皮上，使摩擦力大于撞击力。这样打出的急剧上旋球便会产生马格纳斯效应，球的飞行路径即“第一弧线”向下拐弯，弹起后的“第二弧线”则低沉平直，并急剧前冲和迅速下坠，令人难以招架。

弧圈型上旋球是日本人中西义治从拉攻技术中分离出来的。20 世纪 50 年代，欧洲削球曾经雄霸世界乒坛，别尔切克、西多等名将的“加转球”号称“只有起重机才能拉得起来”。而日本运动员发明的弧圈型上旋球却在 20 世纪 60 年代大破欧洲削球高手组成的联队。经过多年嬗变和演进，今天的弧圈球已经成为世界乒坛最富攻击力的主流技术。

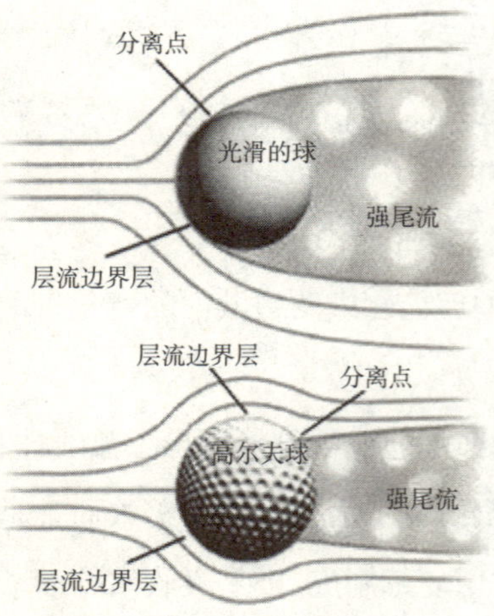

飞行中高尔夫球与光滑球体比较

马格纳斯力的影响还突出表现在棒球、网球和高尔夫球比赛中。球的旋转必然带来飞行轨迹的弯曲，旋转和曲线共存，这大约可以视为球类运动的一个通则。但高尔夫球宁可不要光洁的“面孔”，却选择一张“麻子脸”，让浑身布满 500 来个小坑，其中还有更多的奥妙。原来高尔夫球在飞行过程中，附着于表面的空气"边界层"会在球的尾部脱离并产生漩涡，形成"低压区"。球的前沿和后沿之间的"压差阻力"严重阻碍球的前进。而相对粗糙的表面能使"边界层"空气更好附着和延迟分离，从而减少压差阻力。此外，以下旋为主的高尔夫球还能因马格纳斯力而带来升力，增加停留在空中的时间。难怪"麻脸"高尔夫球一杆能打出 200 米开外，而光滑的高尔夫球却只能打出几十米了。

但排球却给了我们另一种扑朔迷离的体验，那便是 20 世纪 60 年代，著名日本教练大松博文首创的飘球技术，他率领的"东方魔女"曾靠着这一法宝荣登世界冠军宝座。

和急速旋转的香蕉球、弧圈球恰恰相反，飘球的特点是完全不旋转。这就需要击球时直线挥臂、骤打突停、让作用力通过球的重心。飘球的飞行轨迹飘晃不定、十分诡异，可偏离正常抛物线轨道达 0.5 米，并且具有随机性，因此极易造成接球的困难和失误。

谈到飘球的机制和原理，我们不妨讲一点别的故事，也许有助于打开思路。高耸的钢制烟囱在大风中会剧烈摆动；圆形截面的输电线会发出尖锐呼啸；发电厂热交换器排管在高速气流中会轰鸣震荡；潜水艇细长的潜望镜筒在波浪中前进时会扭动弯曲而影响观察；圆形桥墩在激流中则会受到严重破坏。著名的美籍匈牙利裔物理学家冯·卡门教授曾经深入研究过这一现象，发现流体绕过柱状物体时，尾流两侧会交替产生成对排列的、旋转方向相反的涡旋，对物体产生交变的横向作用力。这便是著名的"卡门涡街"所揭示的原理。

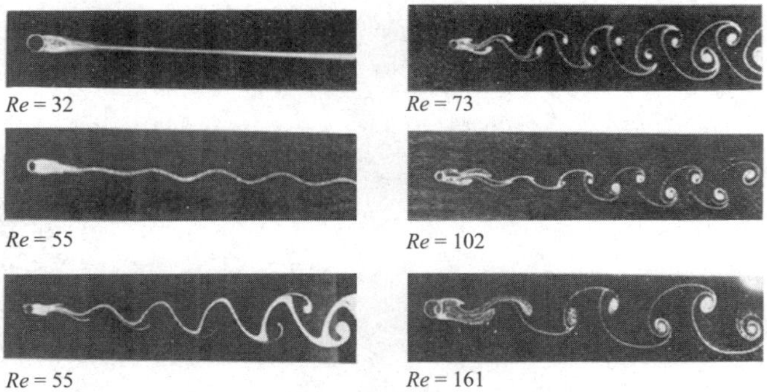

不同雷诺数下的卡门涡街

三维的排球虽然不同于二维的圆柱体，但尾部形成的“脱体涡流”同样会引起“流固耦合振动”，飘球发生飘晃的原因盖出于此。从另一个角度看，当飘球的速度减小到一个临界值，阻力的突变性增大也会带来球的骤然失速而急剧下坠。

香蕉球、弧圈球、“麻脸”高尔夫和飘球都不过是空气动力学这个神奇的万花筒中展现的一个小小景观。时刻记住我们不是在虚无的真空中，而是在大气的怀抱中运动，就会加深对体育的认识和理解。

从“香蕉球”说开去

扫一扫，看中文视频

明察秋毫谈测距

1968 年墨西哥奥运会的头号英雄，要数美国运动员鲍勃·比蒙了。他“不朽的一跳”创造了“神话般的奇迹”，以 8.90 米的成绩超越世界纪录 55 厘米。由于几乎跳到沙坑尽头，落在当时光学测距设备的计量范围之外，以至于裁判们不得不临时找来钢卷尺反复测量与核实。这个惊人的结果在记分牌上显示出来时，由于比蒙对米制量度缺乏概念竟一时回不过神来，当人们告诉他 8.90 米等于 29.25 英尺，比蒙才顿时激动得长跪不起，热烈拥抱和亲吻大地。这一纪录直到 23 年后才被鲍威尔在东京以 8.95 米的成绩所打破。

墨西哥奥运会上为比蒙跳远测距的光学仪器竟然会无能为力，世界大牌明星比蒙竟会只知道英尺不知道米，这无疑都涉及运动场上的测距问题。

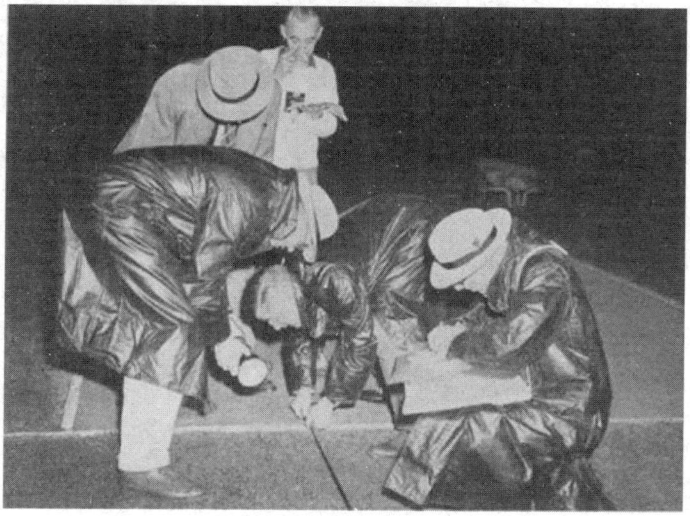

1948 年伦敦奥运会用手电筒和卷尺测距

测距和计时一样，是体育竞赛的生命线。一切运动都离不开在三维空间中的精确定位，许多项目的成绩都是以路程和位移的量化为最终结果的。而“差之毫厘，失之千里”的古谚语应该是对运动测距的最好描绘了。

早期运动场上测量工具是皮尺，由于具有伸缩性并容易在风中飘动和扭结，测量的精确性大打折扣。自从发明了钢卷尺，测量更加可靠了。但操作不便、气候影响、距离限制等因素仍长期困扰着运动场上的裁判。人们曾想出各种办法改进测距手段。1948 年伦敦奥运会上出现了“机械测距”，把标尺固定在跳远沙坑旁，上面垂直安装一根既能滑动又能转动的横杆，可以在运动员完成动作后立即放下来和沙坑里的落点“对齐”并读出成绩。1968 年墨西哥奥运会上使用了早期的光学测距，这是一个长长的如同滑轨的钢尺，平行放置在沙坑旁的半空中，一只望远镜般的光学仪器就像磅秤上的砝码可在钢尺上移动，当它垂直对准沙坑里的落点时，钢尺上的刻度便显示出跳远的成绩。比蒙就是因为跳过了钢尺滑轨的尽头，才导致这种光学测距仪“望尘莫及”的。

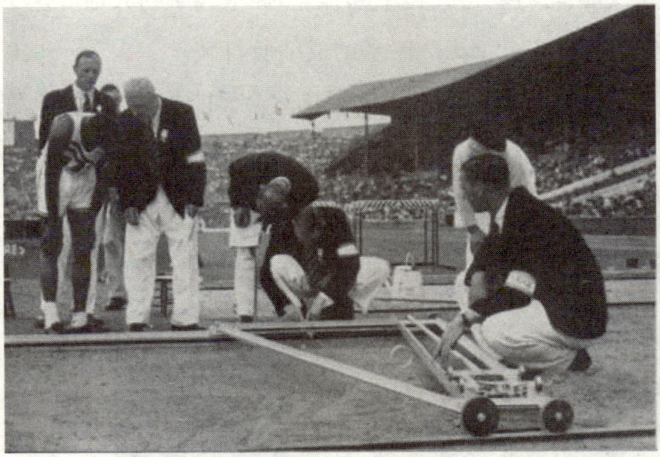

1948 年伦敦奥运会机械测距仪

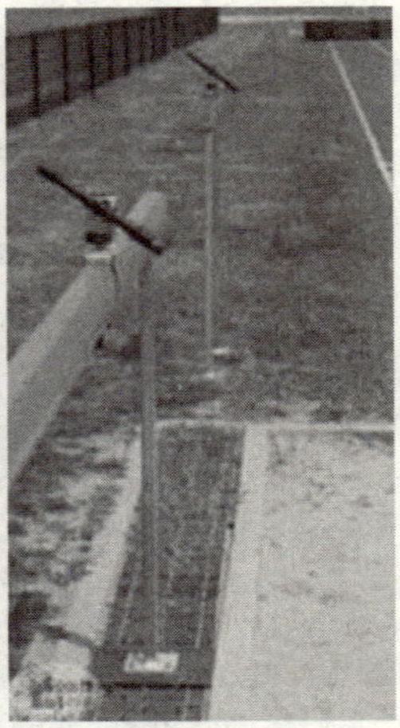

20 世纪 60 年代的光学跳远测距仪

奥运会上“统一度量衡”无疑是重要的里程碑，如果你用英尺，我用市尺，他用米，测距就会成为“鸡对鸭讲”。1908 年伦敦奥运会的一大贡献便是确定了米制为通用标准，从此大家便都用量度单位的共同语言与国际接轨了。但直到 1968 年，饱经沙场的比蒙还对米制单位如此陌生，可见习惯和文化之间的“距离”多么难以“测量”。

由于距离测量的失误带来的严重后果在体育比赛中时有发生。1932 年洛杉矶奥运会上，美国选手梅特卡夫卡的 200 米赛道多出了 2 米，致使夺冠的希望破灭；3000 米障碍赛中所有运动员都多跑了一圈，致使本来应该获银牌的美国运动员麦克斯基在额外的最后一圈被人超过而变成了第三名；1956 年墨尔本奥运会小口径步枪 60 发卧射比赛中，加拿大选手奥里蒂以完美的 600 环创造了世界纪录，但后来发现射程距离比奥运会标准短 1.5 米，纪录不能被正式承认；2000 年悉尼奥运会体操比赛中，由于跳马的安放和调整失误，比标准高度矮了 5 厘米，致使包括霍尔金娜在内的体操明星在比赛中“前仆后继”，一个个都摔得晕头转向；1965 年中国第二届全运会 10000 米竞赛由于少记一圈，致使这一项目没有成绩。

如何更快捷、准确、可靠地丈量距离，是体育运动的持久课题。现代科技发展使测距手段与日俱新。当我们看到今天的选手把标枪、铁饼投出后，便有一位裁判在落点插上标志，接着安放在远处的激光测距仪便立即报告出准确的读数了。

让光线代替人来回跑一趟，便是这种测距仪的工作原理。看不见的波长 900 纳米红外激光对人眼无害，能迅速投射到落点标志上反射回来并被接收。通过比较发出的光线和接受的光线波长相位的差异，便能准确计算出往返距离的长度。

而最新的激光测距仪则连续发出短促的激光脉冲，然后接受从测量标志上反射回来的信号。尽管光线的速度为每秒 30 万千米，但精确到纳秒的仪器却能够准确测出激光走完一个来回所花的时间，剩下的就只是简单计算了。

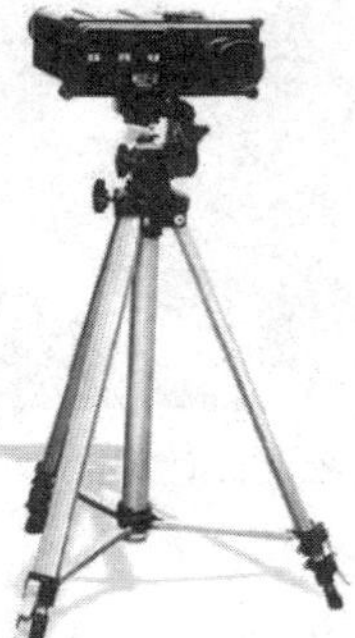

激光测距仪

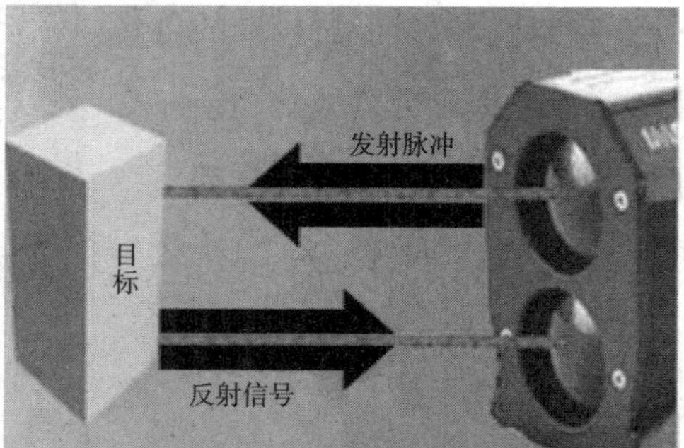

激光测距仪工作原理

每次插在落点处的“标签”也有特别的构造。它的顶端是一个复合的三棱镜，也称为回射器。光线无论从什么方向射来，它都能按照原方向反射回去。对于灵敏度极高的测距仪，接受这样“剂量”的信号已经绰绰有余。

测距仪决不会安放在运动员的正后方，因此激光跑过的路程实际是落点到仪器间的距离。测距仪自然会用余弦公式算出正确数据。

我们看到跳远选手如果起跳犯规，显示屏上就会立即发布他超过起跳线的距离，并能准确报告每个运动员起跳点的数据。这项技术是让一排平行的红外激光束沿垂直方向紧贴地面横扫过起跳板所在的区域，当某一排光束受到选手起跳脚的阻挡时，接收器便会显示出对应的位置来。

长跑运动员临赛前，都会在身上佩戴一个纽扣般的小芯片，其中输入特定的个人信息。经过跑道上的计圈器时，芯片发出的信号就会被接收和处理，并在屏幕上显示出运动员剩余的圈数。选手们都可以放心大胆地奔跑，而不必暗中默默给自己“记账”，记圈员也不再担心长跑中被运动员们“套圈”套糊涂了。

2007 年 4 月 15 日在匈牙利德布勒森举行的国际马拉松比赛中，肯尼亚选手菲利普以 2 小时 10 分 46 秒获得冠军，这是一个十分可喜的成绩。然而事后发现由于测量疏忽，整个赛程距离少算了 2200 米，为此匈牙利体育官员以公开信方式表示遗憾和道歉。马拉松和其他公路长跑的赛道勘测和丈量是一大学问、必须由国际田联颁发了 A 级或 B 级证书的测量员骑着安装了尤尼斯・欧尔斯计数器并经过校准的自行车来完成。这种计数器通常固定在自行车前轮左侧的轴上和轮辐联动。车轮每转一圈计数器便走动约 20 个数字。由于车轮圆周是一个定长，整个赛程起始点的距离就很容易确定了。

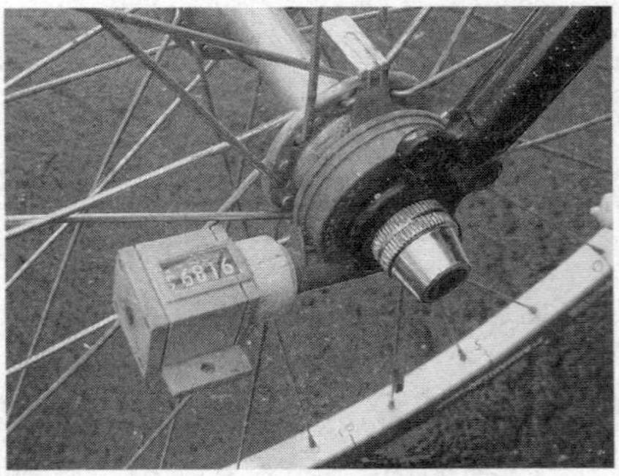

马拉松测距计数器

尽管 1924 年国际田联正式确定马拉松赛程的距离为 42.195 公里，但由于考虑到自行车测距中可能出现的微小误差，因此按每公里额外多增加 1 米来测量，计数表上的有效里程实际为42.237公里，充分体现了规则制定的“宁严勿宽”。更重要的一个共识是，由于马拉松和其他公路赛经常有弯道，而选手们完全可以充分利用道路的宽度对赛程“裁弯取直”“弃弧走弦”，尽可能寻找捷径。这就要求测距员具有高度的职业水准，能骑着自行车先行选择一条最短的路径让人无空子可钻。

从马拉松赛程之遥到跳高架刻度之微，从动态的投掷丈量到静态的场地设备校验，测距的一丝不苟和精益求精是体育运动的前提和保证。

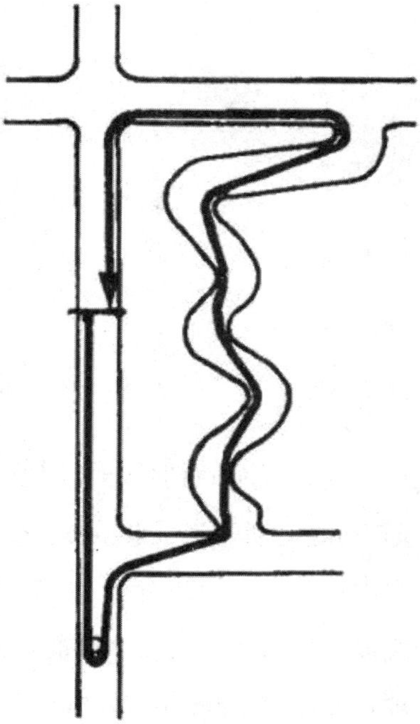
马拉松路线的“裁弯取直”

明察秋毫谈测距
扫一扫，看中文视频

中流击水看飞舟

船速似箭，船形如梭，彩色的浮标隔开6个赛道，翻飞的桨叶如手脚的延伸，赛艇运动的确很像游泳。不过这里的"游泳者"是船，这片"游泳池"的面积也大得多。从1829年开始，牛津大学和剑桥大学在泰晤士河上的校际赛艇对决成为伦敦的一大盛事。奥林匹克之父顾拜旦也是赛艇高手，他亲自将赛艇项目安排进1896年首届雅典奥运会，可惜爱琴海湾的自然水域风高浪急致使比赛无法进行。1900年巴黎奥运会上，赛艇在塞纳河首次下水，此后便一直没有中断。赛艇运动按照乘员人数、使用单桨或双桨及有无舵手划分为不同项目，欧洲人一直高踞赛艇的霸主地位。英国名将雷德格雷夫在5届奥运会上获得金牌，9次蝉联世锦赛冠军，身患糖尿病后仍在2000年悉尼奥运会上力拔头筹，使他成为彪炳于史册的赛艇巨星。

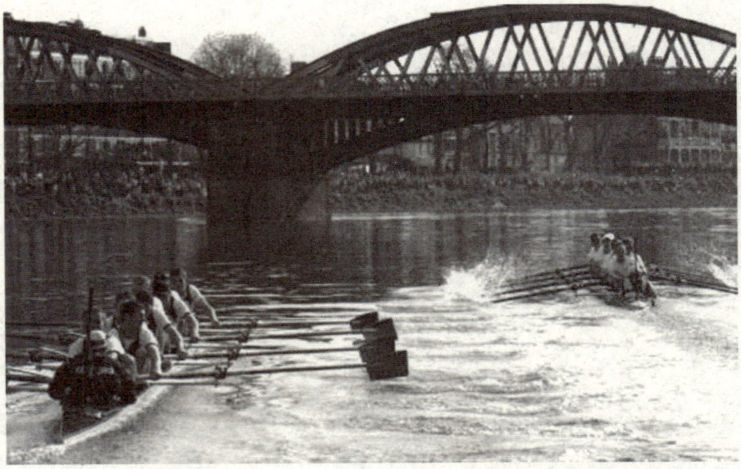

20世纪初牛津和剑桥大学在泰晤士河上传统的赛艇竞赛

1964年东京奥运会上，苏联选手伊万诺夫在同民主德国选手赫尔的激烈争夺中用力过度而在终点线前短暂休克，但惯性前进的船仍以3.73秒的优势把他送上了冠军宝座。赛艇不像帆船能在风的鼓动下获得连续的动力，每当桨叶划水时，由于驱动力大于水的阻力使赛艇速度增加，一旦桨叶离开水面，这种驱动赛艇的“正力”便立即消失，船靠惯性继续运动，并在水的阻力作用下减速。作为一个运动系统，赛艇乘员的质量占70%以上，船体的质量不足30%，桨的质量在5%以下，三者的重心随时处于相对运动中。“回桨”动作和身体在滑座上的前移都会产生“负力”影响船的前进。赛艇动力的脉冲性变化带来速度的周期性波动。

如同跑步的快慢由步频和步幅决定一样，船的速度与“桨频”和“划幅”两个变量相关。每划一桨让船艇移动的距离叫“划距”，也就是比赛全程除以划桨次数，它反映了选手划水的效率。从桨叶入水、划水到回桨，各动作环节的时间比例叫划船的节奏，这些看似简单的“基本功”都有很深学问。

一条八人赛艇有20米长，仅60厘米宽。多亏这些远远伸展到舷外的桨架，加大了桨的长度，并使船的宽度不受桨的限制。赛艇的前进靠桨推动水产生的反作用力，所获得动量的大小等于桨推开水的质量和速度的乘积。用宽阔的桨叶推动大质量的水低速运动，比用狭窄的桨推动小质量的水高速运动更有效率。从岸上观察，船桨可以视为物理学中“第二类杠杆”，即受力点在支点和施力点之间。桨叶作为相对不动的支点，将力量传到受力点桨架上推动赛艇前进。把封闭式桨拴改为活动式桨环，大大提高了划桨的幅度。

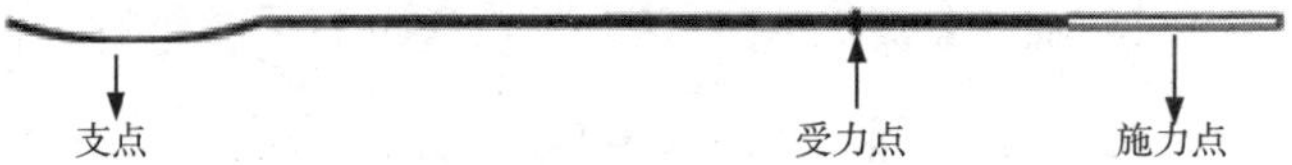

船桨可以视为第二类杠杆

在平行于赛艇纵轴的滑轨上安装带轮子的座板，划桨便不再只是胳膊的劳作，随着周期性的前俯后仰、臂拉腿蹬，运动员身体也来回滑动，使腰背和腿部力量都得到了充分发挥。而脚蹬架则提供了一个很好的“立足点”。

澳大利亚女子赛艇队员罗宾斯在2004年雅典奥运会八人艇决赛中“撂挑子”，距离终点线650米处突然“弃桨罢赛”并躺在船上，致使全队痛失获奖机会。赛艇不比足球，罚下一个运动员仍可以照赛不误，船上少一位桨手就会影响力量对称带来航向偏转。赛艇的运动员是背对着终点的，为了确保在2000米直线航道上不偏不倚行进，需要凭借着起点线之外的"叠标"随时校准方向。这是一个大尺度的"瞄准"装置，"三点一线"原理类似枪械上的"准星"。2.5米高的标志牌在前，5米高的标志牌在后，中间相距约30米。运动员在划行途中可以随时观察两块牌上醒目的黑线是否重叠来判断赛艇有无偏离航向。

有舵手的赛艇主要靠舵来控制方向。舵叶垂直浸没在水中并能绕舵轴转动，一定冲角的水流对舵叶产生压力迫使船体转向，使船具有可操纵性。赛艇的舵手是"一船之魂"，不仅手操舵柄把握方向，而且通过电动扩音器发号施令、调整战术、鼓舞士气。中国队为备战2008年北京奥运会，大张旗鼓地从平民百姓中选拔八人单桨赛艇舵手，得到国际奥委会的高度评价并引起赛艇界极大兴趣，认为这一创举不仅使"贵族气息"的赛艇运动平民化和普及化，还可能会像火炬接力一样成为"奥运文化遗产"。

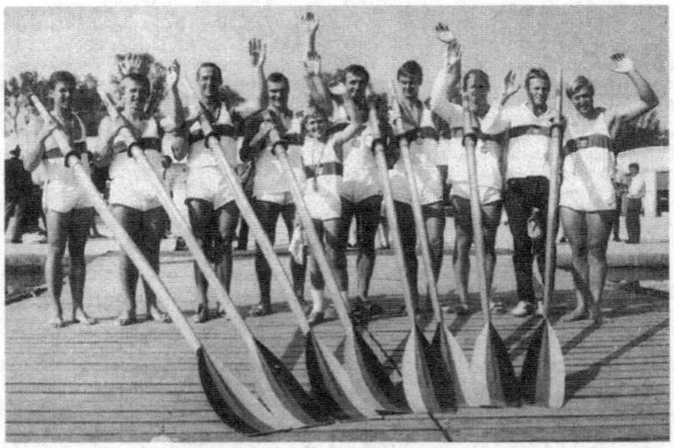
1968年墨西哥奥运会上联邦德国队获八人赛艇冠军，中间为小舵手

回顾历史，早在1879年，耶鲁大学赛艇队就是由中国留学生钟文耀"掌舵"，夺取了全美大学生赛艇冠军。1900年巴黎奥运会上，荷兰赛艇运动员白兰特和克兰就曾经"临阵易帅"，用7岁法国儿童换下了成年舵手伯劳曼，最终赢得双桨轻舟比赛金牌；1952年赫尔辛基奥运会，法国运动员塞利斯和迈希尔获得冠军时聘用了14岁的舵手马利瓦奥；1960年罗马奥运会上，13岁的小舵手泽塔"指挥"德国名将纳拜尔和莱纳博格一举夺魁。相对而言，舵手不需要过人的体能和技巧，但更需要智慧的头脑和心灵。具有良好素质的"门外汉"经过一段强化培训是可以"胜任愉快"的。竞选赛艇舵手，也许是平民百姓变成"奥运英雄"的唯一机会。

孟关良和杨文军在2004年雅典奥运会上夺取男子双人划艇500米金牌，

让更多的中国人开始了解这项运动。据说划艇的源头可以追溯到印第安人的独木舟。这种菱形的一叶扁舟上“人无座，船无舵，桨无架”，人、船、桨彼此之间处于不停的相对运动中。运动员前腿弓，后腿跪，两脚和膝盖形成的钝三角形支撑面落在船的几何中心上。单人划艇的桨手只能在船的一侧划桨，来自单边的动力会和船的阻力中心产生力偶，引起船体转动。这便需要桨在划行时靠紧船舷，并且在每桨结束时用“拐弯”的J形划水动作起到“操舵”作用，以保持船的直线航行。

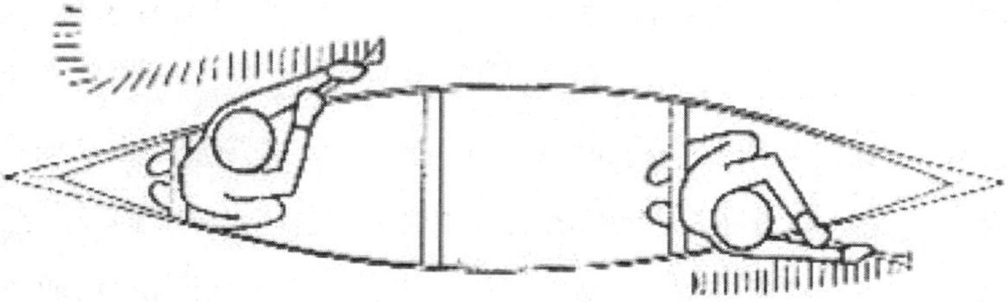

划艇的J形划水动作

人们尽可以将皮艇与划艇相提并论，统称为皮划艇，但却绝不能将二者混为一谈。划艇为船体敞露、无遮无拦的“开放式”，皮艇则为船体密封、水泼不进的“闭合式”。4000年前因纽特人的皮艇将海狮皮蒙在鲸骨、木头的架子上，再用鲸油进行防水处理，这一属性保留至今。皮艇的桨杆两头各有一面桨叶，方向互相垂直，在船的两侧此起彼落，轮流划动，远看宛如美丽的风车。运动员坐在舱中紧凑而伏贴，实现了船和身体“合二为一”，所以皮艇特别灵巧。

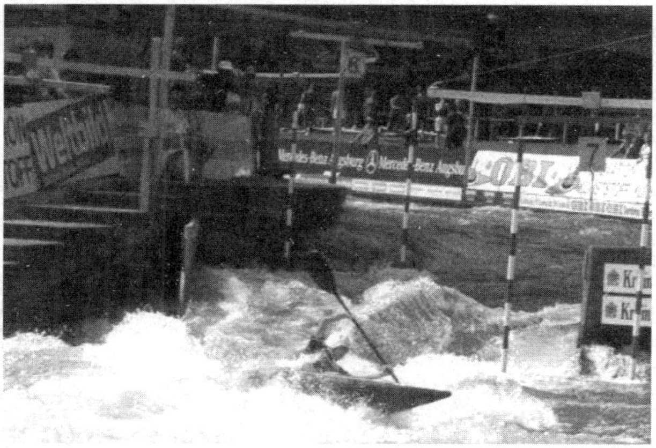

皮划艇激流回旋竞赛

激流回旋是奥运会最惊心动魄、险象环生的水上比赛了。在犬牙交错的礁丛和奔腾咆哮的漩流中跌撞摔打，这原本是自然河道上的运动项目。1972年慕尼黑奥运会首次在奥格斯堡修建了一条人工赛道，使激流回旋摆脱了自然条件限制并进入了奥运会。可惜由于造价昂贵，此后整整20年令承办国望而却步，直到1992年巴塞罗那奥运会才重新成为常规竞赛项目。激流回旋赛道的设计追求“别出心裁”，长约300米的弯环河道落差有6米，强大的泵站以每秒近20吨的流量将水抽取到“上游”后滚滚而下，崎岖盘陀的河床在许多位置设有地槽，安装可移动式障碍和礁石，造成千变万化的飞湍瀑流。皮划艇到达终点后，传送带能再次把运动员连人带船提升到起点。

世上没有任何一次完全相同的激流回旋航程，在雪浪鼎沸、水如乱云的河道上，“读水”是运动员随机判断“水情”“水性”的能力。狭窄的“咽喉”水流湍急，较宽的“肚子”水流减缓，不仅越离开岸线靠近中心水流越急，而且底部河床和水面空气的阻力都会使“中间层”流得最快。跨河索缆上悬吊的“门杆”一路排成25个水门，其中至少6个逆水门，伫候选手依次穿过。这些红色的逆水门都设置在障碍物后面，“礁石”逼水成漩，水面涡大如轮，只有巧妙利用漩涡的回流力量，才能通过“定桨”动作完成下降旋转、原地旋转和上升旋转，在“龙门阵”中进出自如。某种意义上说，激流回旋就是逆水门技术的较量。

船体在水中的阻力受多种因素影响，冬天接近零度的水“黏滞性”更强，对船体的阻力比夏天的水高出一倍。船体形状、材质和吃水的“湿面积”都是工程师殚精竭虑的课题。从天然木材、玻璃钢、尼龙到聚酯纤维、卡夫拉纤维、碳纤维，赛艇和皮划艇经过百年的“脱胎换骨”变得更轻、更韧、更坚；船体的改进使波浪阻力和摩擦阻力显著减小，桨叶形状的变化让划桨效率节节提高，计算机的应用开启了船艇最优化设计的新时代。今天五大洲的江、河、湖、海上，到处都有“挪亚方舟”的绵绵种子和人类中流击水的勃勃英姿！

中流击水看飞舟

扫一扫，看中文视频

大力士的运动

谁是世界上力气最大的人？伊朗运动员侯赛因·雷扎扎迪赫在2004年雅典奥运会上举起了263.5公斤的杠铃，这是一头奶牛的重量！人类在和地球引力的拔河中，不断尝试着突破自身的极限。

世界上每一种文明几乎都有关于举重的诸多记载和传说。要想比试出谁是“绝对”的大力士，最公平、最过硬又最简易的办法莫过于找个沉重的物件高举过头了。1896年第一届奥运会上，举重就荣列正式比赛项目，运动员不分体重级别，设有单手举和双手举。早期举重器材也简单粗陋并且重量固定。后来发明了两头安上空心金属球的横杠举重器材，可以通过增减里面的铁砂来调节重量。因起落之间会发出叮叮咣咣的摇铃之声，由此得名杠铃。而1910年法兰克福游戏展览会上首次出现的片杠铃，则成了举重史上重要的里程碑。

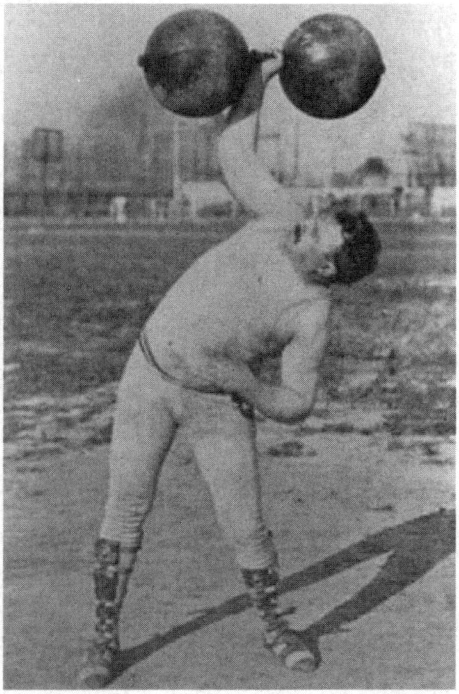
1904年美国运动员弗里德·文特期在圣路易斯奥运会全能项目举重竞赛中获第二名

1928年阿姆斯特丹奥运会将举重比赛规范为双手抓举、挺举、推举三大项并保持了45年，直到1973年第47届世界举重锦标赛取消了推举。在今天特制的举重台上，不同颜色标志、不同重量的杠铃片免除了每次称重的烦琐；美观柔韧的橡胶包层彻底消除了刺耳的金属摩擦碰撞噪声；精密的套筒、卡箍把杠铃装配成一个紧密无间的整体器械。

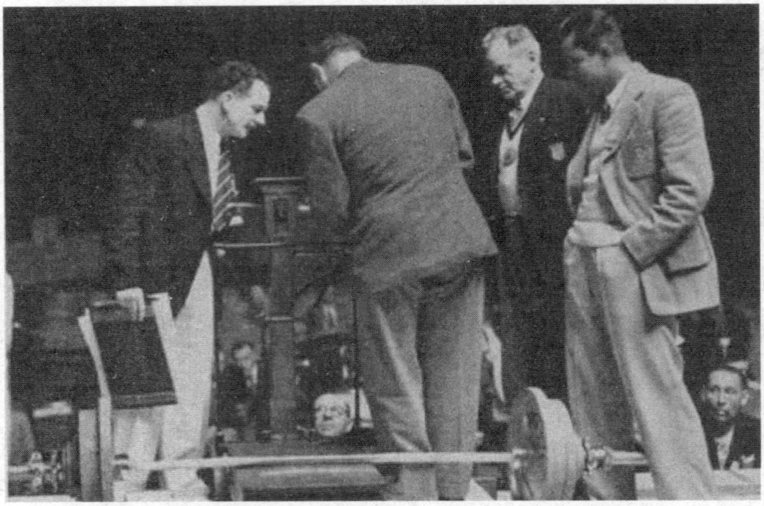

1948 年伦敦奥运会上为举重杠铃过秤

千万不要以为举重只是"一举之功"的"力气活"。这个短短几秒钟之内的"举手之劳"却包含了最丰富生动的物理学、生物学知识。

有人把举重的要诀归纳为"近、快、低"。从提铃到举起，都要求杠铃尽量贴"近"身体纵轴，否则便会因重力和惯性产生的力矩导致身体失去平衡。让杠铃的重力作用线通过或接近两脚形成的支撑面中心，有利于发力并减少无用和有害分力，并充分发挥身体的杠杆作用。杠铃重心上升的 S 形曲线应尽量靠近支撑面中心垂线，弧度越小越好。

"快"的价值在于以爆发力赋予杠铃足够的加速度和上升高度。优秀运动员提铃时，杠铃垂直上升速度约为 1.6 米/秒，出现"超重"现象。发力峰值达到人铃重量之和的 1.5 倍以上。而迟缓的"生拉硬拽"必然导致事倍功半，是举重动作的大忌。

"低"的要领在于发力后体位迅速下降。由于提铃高度不可能与肩平齐，而只能拉到腰部，这时必须赶紧"放下身段""屈尊下就"，充分利用宝贵的零点几秒时间，抢在杠铃下落之前将胸部转入横杆之下并将它稳稳接住。人体重心下降速度之所以能够超过自由落体，是因为用力向上提肘时，反作用力能够使下蹲加快。剩下的事便是靠着强大的两腿和躯干力量站立起来了。身体重心降得越低，杠铃需要提起的高度就越低。20 世纪 60 年代中国运动员首创的“下蹲式”比“箭步式”更快、更有效降低身体重心，因而能提拉起更重的杠铃，已经为各国选手争相效法。而杠铃的“下砸力”峰值相当于人铃总重量的 1.6 倍。优秀运动员都懂得应适度上抛杠铃，在确保动作完成的前提下，尽量减少回降距离。

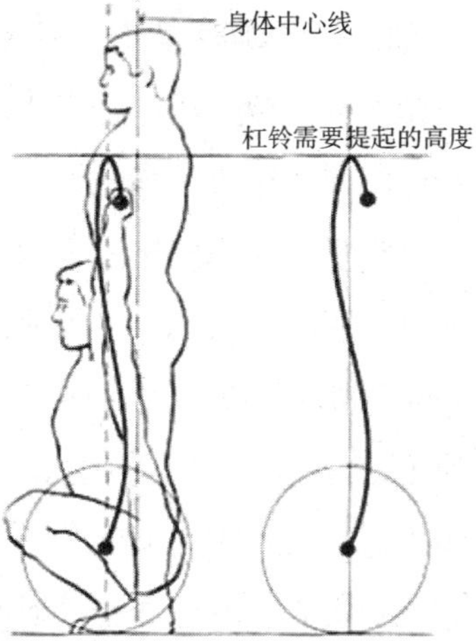

抓举中杠铃重心上升的 S 形曲线

和提铃动作不同，在完成“上挺”时杠铃重心更高，“下蹲挺”虽然动作简洁，手部撑铃点低，但深蹲后杠铃“下砸”惯性大，身体支撑面小，前后方向稳定性差，稍有偏差就可能掉铃。而“箭步挺”前后分腿形成较大的平衡角，容易通过调整力量完成起立支撑。这两种技术的选择也许应该因人而异吧。

举重选手最动人的姿态要数高高举起杠铃的瞬间了，如果说双臂形成的 V 字象征胜利，那么这种 V 形姿势确实和胜利大有关系。因为较宽的握距有利于减少需要举起的高度。这里服从的原则还是一个“低”字。

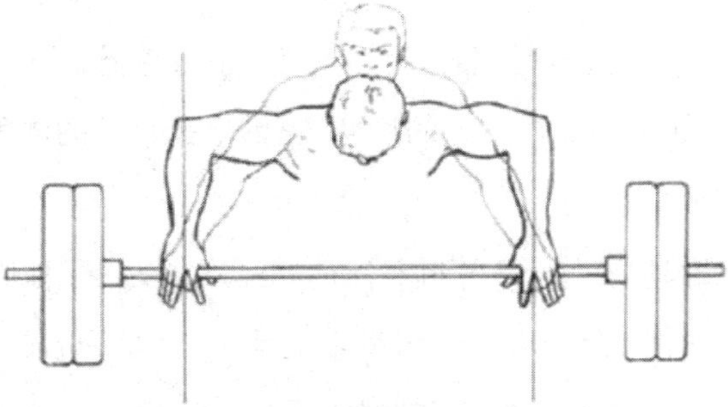
较宽握距减少需要举起的高度

为什么每个运动员的挺举成绩都毫无例外地高于抓举成绩？原因在于抓举要求不能停顿，需要一气呵成，如同将所欠的“重力债务”“一次付清”，而挺举却能分成两个步骤,相当于对“重力债务”“分期付款”,不仅减少了杠铃一次上升的必要高度,而且身体能得到休息和调整。当停顿在运动员的三角肌和锁骨处的杠铃颤颤悠悠蓄势待发时,接着几乎是一次“抛掷”和“起跳”,运动员身体的弹性也更充分地派上用场了。

举重是靠瞬间爆发力取胜的高强度无氧运动。需要调动腿、腰、背、肩、臂等全身肌群的力量。发力时运动员屏息憋气、青筋怒张、瞬时血压能蹿升到300毫米汞柱以上。一项测试和统计表明,举重运动后由于椎间盘软组织受到压缩,身体可被压矮约3.6毫米,由于推举极易使运动员脊柱受伤,所以1972年奥运会后被正式取消。

常常看到有文章说蚂蚁才是自然界的举重冠军,能够举起体重10~20倍的东西。其实人的尺寸如果降到蚂蚁那么大,举重表现将毫不逊色。当代举重运动按选手体重男子分成8个等级,女子分成7个等级,虽然“块头大”的力气也肯定大,但体重的增量和成绩的增量并不成线性关系。男子56公斤级的世界冠军穆特鲁·哈里尔能挺举168公斤,是自己体重的3倍,而当今头号大力士侯赛因·雷扎扎迪赫创造的超重量级挺举世界纪录263.5公斤,只是自己体重162.5公斤的1.62倍。人体肌肉的重量按立方关系计算,而力量大小却由肌肉截面积决定,按平方关系计算。辛克莱系数便是一个对不同级别的运动员进行统一标准评估的方法,它以每个奥林匹克年度世界顶尖运动员的动态统计数据为基础,根据不同选手体重和成绩,算出他们身体效率和素质“当量”的辛克莱点数并进行排名。体重越重,系数越低。回到自然界谁是真正大力士的问题,如果蚂蚁长到人的尺寸,恐怕早被自己的体重压得举步维艰了,哪还谈得上“举重”?

我们这里要说到另外一个名叫卡列林的体坛大力士,他曾经很轻易地将一台电冰箱扛上8楼。但他不是一名举重运动员,而是著名的俄罗斯“摔跤之神”。他最拿手的“卡列林托举”能把对手举过头顶再抛到地上。从某种意义上,摔跤确实是把对手当作一个重物来搬动和“发落”的。

世界上尽管有6大跤种,临场上的战术千变万化,但却都离不开一条最基本的力学原则,那就是保持自己的平衡和破坏对手的平衡。

奥运赛场上的古典式摔跤是“大搂大抱”的力量型角逐,但双方抢夺有利把位,施展推、拉、拿、压、扭等动作发起进攻,都是为了用足够的力矩让对方重心超越支撑面边缘而翻转倒下。同时以灵活的步伐不断调整支撑面、扩大支撑角来保持重心稳定。站立摔跤中漂亮的“过胸摔”“过背摔”都是“费力杠杆”,以自己的身体为支点“撬动”对手健硕的身躯,将他掀翻在地。

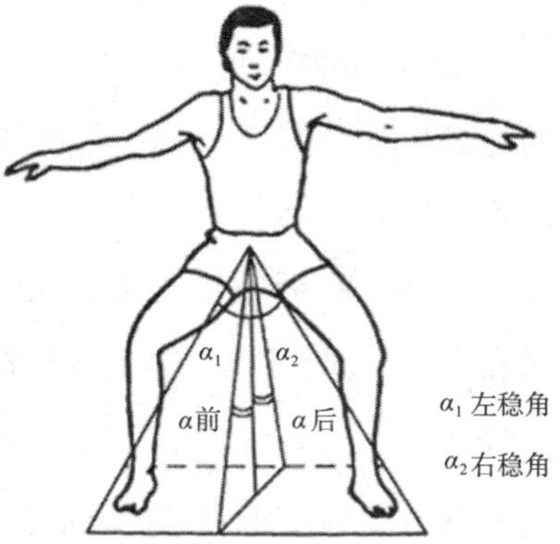

身体的稳定角

跪撑姿势中最经典的“滚桥”技术则靠自己前额和双脚拱起一座“桥”,通过身体滚动向对方施加足够的角动量,让他从“桥”上翻转。防御的选手又总是尽量“五体投地”,最大限度降低重心和增大支撑面,以确保身体平衡。跪撑摔跤中最高潮的一幕莫过于胜利者用“后抱提”“反抱提”动作将对手提离地面失去支撑,让他的身体在空中划出一个大弧度曲线而直接倒地。当卡列林 10 多年来在摔跤场上屡屡得手时,用力方式的确如同在托举和抛掷一口沉重的麻袋。

自由式摔跤的选手尽力猫腰弓背将重心“下潜”,两腿闪展腾挪改变支撑面,都是为更好保持自身稳定。“抱腿”作为主要的攻击手段,最能直截了当地破坏对方的支撑。

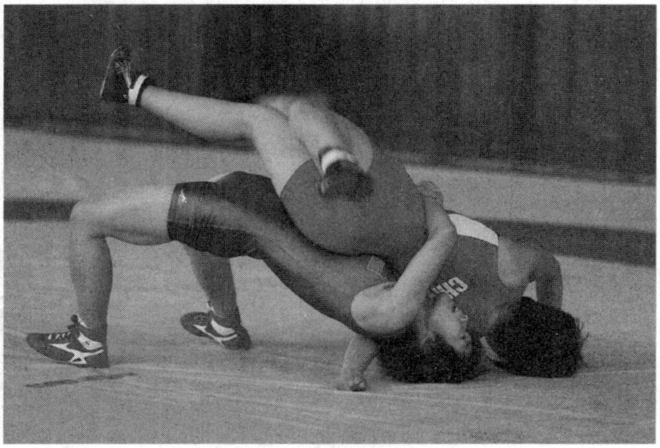

滚桥动作

中国式摔跤的特色是灵活机智干净利索，胜败输赢一目了然。不崇尚扭作一团的“蛮力”，更讲究“借力打力”的巧劲。中国跤的许多绝招都不和对方的力量“正面冲撞”，而是“避实就虚”，顺着对手力的方向加力，或沿着垂直方向施以横力，收到“顺手牵羊”“四两拨千斤”的效果。那些背、别、挑、缠、揣、踢、拧、搂、弹、掰、抱腿、跪腿、里勾腿、插闪、勾脚等动作都充满了力的加减乘除和重心的起伏跌宕，是关于杠杆、力矩、力偶、角动量等概念的最生动形象的诠释。

观看地球上最强壮的人在奥运会上徒手角斗是惊心动魄又遐想联翩的。谁能最后胜出不仅要看谁力气大，还要看他的一招一式能否遵循牛顿先生的教导。

大力士的运动

扫一扫，看中文视频

靶场风姿

荷枪实弹的运动员，枪声四起的打靶场，每届奥运会几乎都把“射击”作为先声夺人的“开篇”和“头彩”，让首块金牌在喜庆的鸣枪中诞生。中国人不会忘记，是1984年洛杉矶的一声枪响，为我们送来了第一块奥运金牌。

现代奥运会的缔造者顾拜旦曾经是枪法一流的射击运动员，1896年雅典第一届奥运会上，射击便占据了5个比赛项目。第一次世界大战让人们听到太多的枪声，对战争的厌倦和恐惧曾让射击运动退出了1928年阿姆斯特丹奥运会，待到1932年重返洛杉矶奥运会后仅设2项比赛。直至20世纪50年代，射击运动才开始逐步走向复苏。早期射击比赛使用的枪支全是战场上的军用武器，伴随着文明前进的步伐，这些“军火”与“兵器”陆续退出了运动场。当“人像靶”全部改为同心圆的环靶，10米跑鹿靶、跑猪靶也渐次隐去了动物的轮廓，五环旗下的枪口不再提倡对准任何生命，射击场真正变成了和平安详

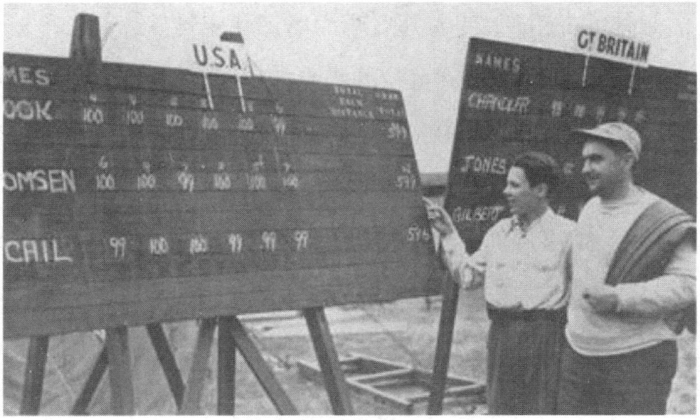

1948年伦敦奥运会射击计分牌

的体育竞技舞台。今天的射击比赛已经发展为步枪、手枪、移动靶、飞碟四大类 57 个项目,是奥运会上备受青睐的一大热门。

连续 10 多年垄断手枪速射金牌的德国运动员舒曼,被誉为射击场上的“机器人”,这一“美称”的要旨在于“机器人”具有“刚体”的稳定性。而人作为两足支撑、有血有肉的“活体”,只能在“动态”中维持平衡,因此“稳定”是相对的,不稳定是绝对的。射击运动员据枪瞄准时可以屏住呼吸,却不能“屏住”心跳和血液循环;身材越高的运动员重心越高,越要随时通过小脑来综合视觉、内耳前庭和半规管传来的信息,指挥肌肉骨骼系统确保身体的“静力平衡”。足底压力中心测试表明,运动员的重心轨迹始终处于晃动状态,不过训练有素的选手晃动面积较小。

与此同时,运动员手中的枪也会发生水平方向晃动带来的“X 偏差”和垂直方向晃动带来的“Y 偏差”。通过红外光点测试仪可以看到,射手瞄准时枪口的晃动轨迹大体呈圆形或椭圆形分布,优秀运动员的晃动振幅在 9 环之内并且光点往返通过 10 环的次数频繁。可见射击的诀窍是“动中求稳”,当最佳瞄准景象出现时扣动扳机,在“晃动中击发”。不过“轻轻弯曲一下食指”却是射击中最具功力的顶尖技术,必须让食指“单独操作”而其余手指“维持原状”,并确保用力正直向后的“纯度”,不破坏据枪的稳定,达到下意识中“自然扣响”的境界。如果像开易拉罐那样“食指大动”,就会把据枪和瞄准之功一笔勾销了。至于国际射联严格规定运动员服装不许过厚或过硬,正是为了防止由此给身体提供额外的“支撑”,使人“刚化”而增加稳定性。

“三点成一线”已经是十分普及的瞄准知识了。由于光的直线传播,当靶子、准星和称为“照门”的缺口在射手的视线中重叠时,就可以认为枪膛轴线指向了目标。然而,运动员不可能同时既看清“远景”的靶子又看清“近景”的准星。如同电视镜头拍摄近处人物的清晰特写,远处人物的影像必定“虚焦”和模糊。人的眼睛也是最高效的“摄像机”并有一定的“景深”,因此,究竟是“高瞻远瞩”看靶心,还是“明察秋毫”盯准星,二者之间必须进行选择和取舍。让准星位于缺口的中央,准星上沿与缺口上沿平齐,这一操作称为“平正准星”。由于枪口到靶子之间的射击距离远远大于照门到准星之间的瞄准基线长度,因此“平正准星”产生的误差要比“瞄准目标”产生的误差大几十倍至上百倍。比赛场上，运动员都会在看清靶心后“收回目光”，把注意力集中到准星和照门的“平正关系”上，仅用眼睛的“余光”引导枪支指向靶区，这是瞄准技术的基本原则。

2004年雅典奥运会上，美国名将埃蒙斯在男子50米步枪决赛的最后时刻，竟昏头昏脑把子弹打到别人的靶位上；15年来屡破世界纪录的保加利亚选手莱切娃却连续4届在奥运会上与金牌无缘。许多著名神枪手饮恨靶场，并非因为技术瑕疵，而是由于“心理疙瘩”。诚然任何体育比赛中的精神因素都至关重要，19次打破世界纪录的澳大利亚长跑名将克拉克从未登上奥运冠军宝座，这位“伟大失败者”临阵忐忑的精神状态被称为“克拉克现象”。但对于射击运动，心理素质更起着决定性作用。在“枪林弹雨”的射击场上，随机干扰因素很多，最宝贵的品格是气定神闲和心无旁骛。任何紧张慌乱、畏怯焦虑等应激反应都会导致体内肾上腺素和皮质醇“倾泻而出”，从而改变心跳频率、呼吸幅度和神经肌肉状态，影响身体的稳定平衡，甚至引起情绪失控和大脑“空白”。多次射击瞄准中屏住呼吸带来的“氧赤字”也会影响人的精神活动。因此体育界一致认定，射击大赛主要是“心理大赛”。其中心理、技能和体力负荷所占的份额为7∶2∶1。

二战期间带领盟军横扫欧洲的巴顿将军曾经参加过1912年斯德哥尔摩奥运会，这位26岁的西点军校学生在击剑、300米自由泳、800米马术、4公里长跑中都名列前茅，唯独25米手枪射击“脱靶”而屈居五项全能比赛第5名。巴顿却始终坚信他的子弹射进了前面选手在靶上打出的“窟窿”里。此后多年，射击场上一直用“大活人”躲在壕沟里通过肉眼观察来计环报靶，不仅危险、迟缓而且可靠性差。直到1968年墨西哥奥运会才首次使用自动报靶装置。今天先进的电子报靶系统不但能立即确定运动员的成绩并精确到十分之一环，还能将结果直观展现在电视屏幕上，让观众“一枪一枪”欣赏射手的技艺，射击运动的生存发展由此得到了更可靠的保证。这是一个电子技术和声学技术完美结合的发明，紧靠靶位背面安放了一个几厘米厚的双层密封“测声室”，如同一只薄薄的方形“板鼓”，下端框架设置了3个灵敏的麦克风。当子弹穿过靶面击中橡胶“鼓皮”时，由于弹着点到3个麦克风的距离不同，计算机便能通过接收声波的时间差确定射击的环数，并能通过和发射区的联动来识别其他选手发射的“乌龙枪”。每次射击后靶面的靶纸还会滚动更换。巴顿将军如果生在今天，就不会有口难辩和抱憾而归了。

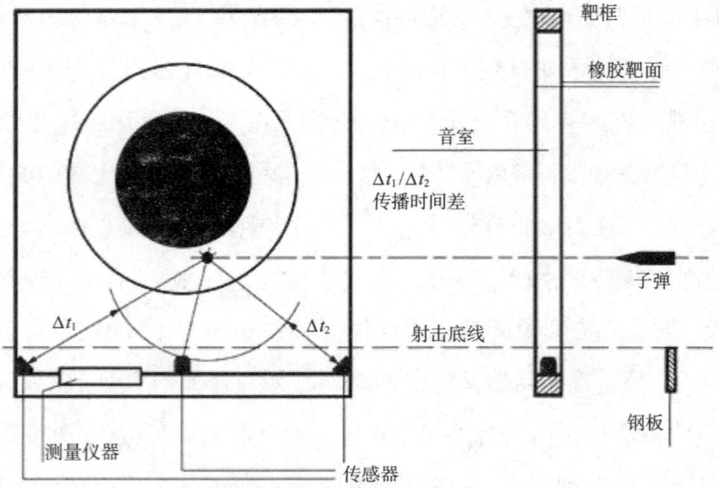

电子报靶系统示意图

19世纪英国著名画家曾专门为射击运动绘制了“跑鹿靶”，悬挂在轨道车上用人工牵引前进。如今的移动靶早已改为电子操纵。飞碟靶则由活的鸽子改为沥青、石膏和新型材料制成的“易碎品”，由靶壕内的多组抛靶机向不同方向、高度和角度随机抛出。为了提高观赏性和

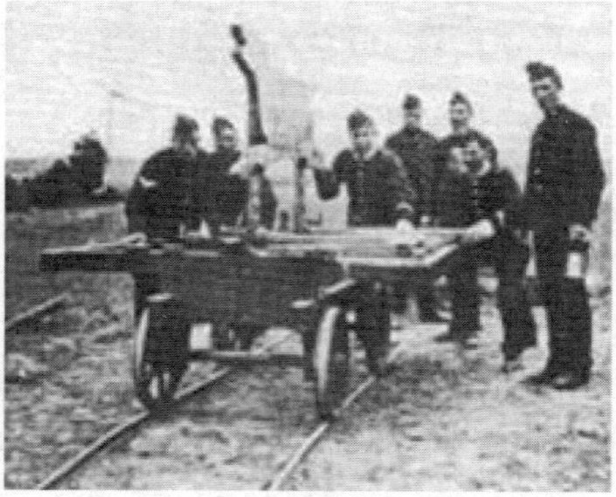

早期跑鹿靶

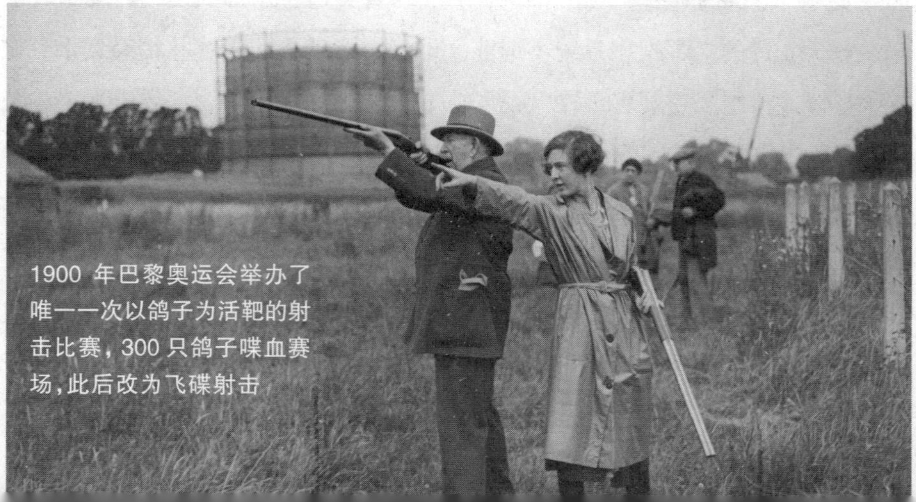

1900 年巴黎奥运会举办了唯一一次以鸽子为活靶的射击比赛，300 只鸽子喋血赛场，此后改为飞碟射击

便于电视转播，现代比赛用的“彩靶”在正面凹槽中装满红色粉末进行密封，一旦碟靶被击碎，空中便会飞扬起橘红色的烟尘，如火焰燃烧和礼花绽放。

1992 年巴塞罗那奥运会上，中国女子运动员张山在双向飞碟混合比赛中压倒各国男子选手夺得金牌，200 枪无一虚发的奇迹传为美谈。飞碟抛出的速度达每秒 20 米，在 4～5 秒内飞行 75 米，运动员必须手疾眼快，在 0.5 秒内完成全套动作，让运枪路线、速度都和碟靶的飞行同步，这是一种“模糊状态”下的“概略瞄准”。飞碟射击使用的霰弹枪膛有一个倒喇叭口形状的“喉缩”，每发霰弹中 200 多颗直径约 2 毫米的球形铅丸装在一个“塑料杯”里，霰弹出膛后，由于铅丸的比重远远大于塑料杯，因此在飞出 15 米左右时脱离塑料杯而散开，并在 35 米左右形成直径约 60 厘米的水滴形“弹群”和“弹幕”，这是命中目标的最佳距离。如果延误时机让飞碟“渐行渐远”，迅速张大的“霰弹之网”就会因“网眼”过于稀疏而“漏掉”目标，并可能成为“强弩之末”而无力击碎碟靶。

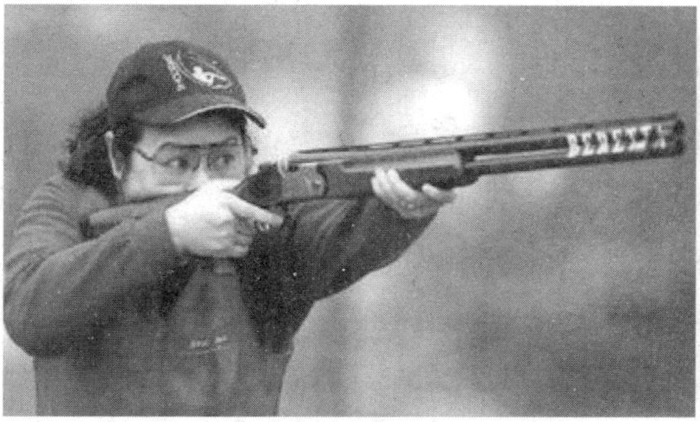

1992年巴塞罗那奥运会上中国选手张山获飞碟射击金牌

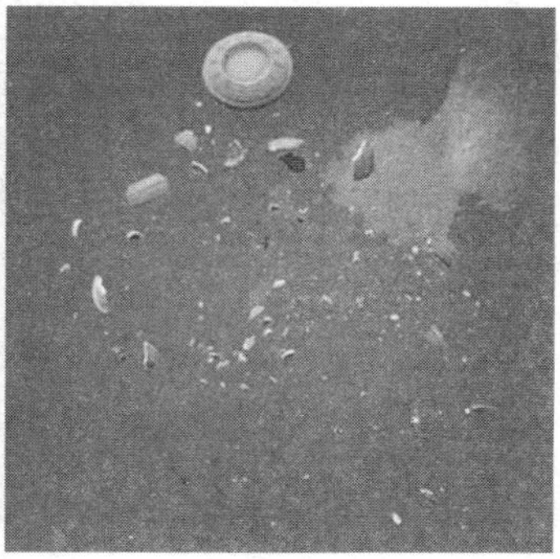

彩色碟靶

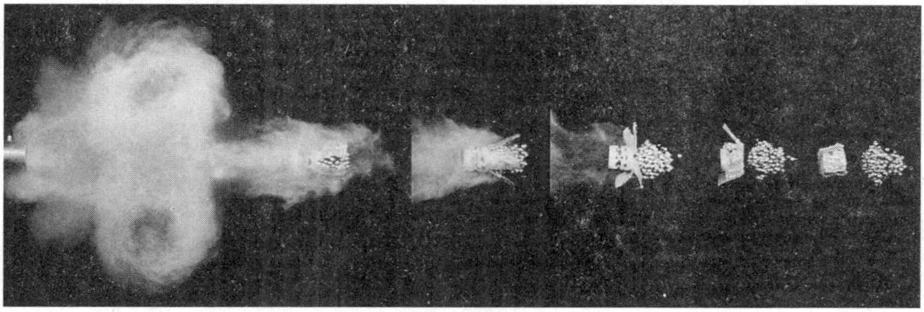

霰弹出膛后飞行状况

射击运动历史上最不可思议的人物要数瑞典老英雄斯旺了。他 61 岁参加 1908 年伦敦奥运会并获得跑鹿靶金牌。73 岁高龄时，又在安特卫普奥运会上为瑞典队夺取银牌出扛鼎之力。斯旺的传奇故事雄辩地验证了射击比赛中心理和经验的作用远远超过体能。“六朝元老”王义夫同样创造了中国大龄选手奥运会夺冠的纪录。对于用金子培养出来的 30 年或 50 年一遇的天才运动员,过早退役实在是人才的极大浪费。

“不念英雄江左老,用之可以尊中国。”宋代词人辛弃疾遥远而沉重的感慨应该是一个现实而紧迫的提醒。

靶场风姿

扫一扫,看中文视频

运动在“空气海洋”底部

人类百米成绩第一次突破10秒大关是在1968年墨西哥奥运会上，美国运动员吉姆·海因斯以9秒95的成绩刷新了世界纪录。但不少人对这次海拔2240米处的“高原盛会”持保留态度，认为墨西哥城稀薄的空气减少了对速度型运动的阻力。当时的国际奥委会主席布伦戴奇说了一句很经典的话：“奥运会属于全世界人民，而不仅仅属于海平面地区。”

不过，墨西哥赛场跑道上的空气密度确实比海平面地区要低将近30%。人们往往认为空气阻力可以忽略不计，因为它们看上去完全“空空如也”。其实只要在奔驰的汽车上将手伸出窗外，就能立刻领略到空气的存在。0℃的海平面上，每立方米空气重1293克，随着海拔升高，空气柱的密度不断递减。我们的一切运动实际都是在“空气海洋”的底部进行。

如同跳到水中会被“打湿”一样，我们在“空气海洋”中也会被“打湿”，浑身上下的表面附着一层薄薄的空气。当奔跑的运动员把空气从前面的位置推开，身体周围的环流就会在身后形成低压的涡流区，这种“压差阻力”和奔跑速度的平方成正比。此外需要克服的，便是空气和运动员身体表面产生的摩擦阻力了。

1896年第一届雅典奥运会上，各国选手穿着五花八门的日常服装，跑起来不仅碍手碍脚而且兜风灌气，大大增加了空气阻力。1904年圣路易斯奥运会的马拉松比赛出发前，人们才七手八脚将古巴运动员费力克斯·卡瓦加的袖子和裤腿剪掉。早期奥运会“成绩羞涩”，很大程度归咎于选手们的“一身行头”。

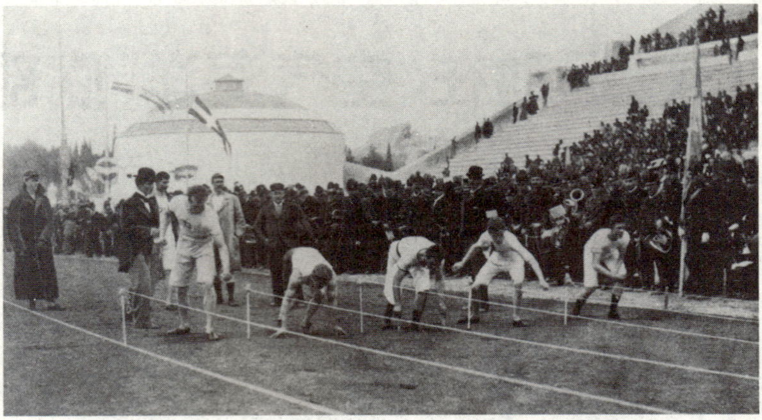

1896 年希腊雅典举办的首届奥运会上，男子百米赛运动员在起跑线上

此后奥运会田径场上，宽袍大袖迎风飘扬的装束很难看到了。运动服日益紧凑贴身，背心短裤连成一体，这种对选手的“包装”能“削平”躯体表面的“凸凹”，“抹圆”四肢连接处的“棱角”，对人体进行局部的“流线处理”。加上不用一针一线的热接合技术，使衣服成为“天衣无缝”的整体，甚至消除了最微小的褶皱，使空气的阻力大为减少。2000 年悉尼奥运会的跑道上，澳大利亚土著女选手弗里曼身穿的“奇装异服”成为全世界的焦点，这种用五种不同纹理走向的纤维材料制成的“快衣”把弗里曼“从头到脚全包了”，她在“第二层皮肤”中体验到一种“切入空气”的感觉，一溜烟夺取了 400 米比赛金牌。

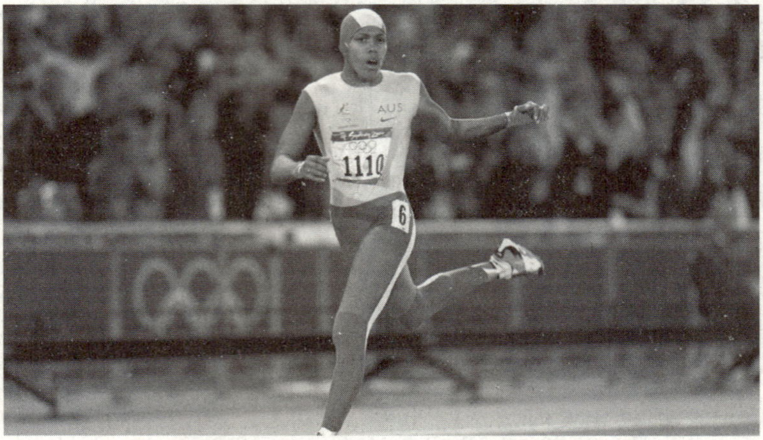

2000 年悉尼奥运会女子 400 米比赛弗里曼夺取金牌

运动服面料和质地同样在悄然变化。从棉、麻、丝到合成纤维，都曾成为

不同运动服的上选。柔韧而富有弹性的"莱卡"则不仅具有良好的空气动力学性能，还能对肢体起到支护作用而防止肌肉颤动。最新的运动服在特殊区域还刻意处理成细密的纹理和凹陷，如同高尔夫球上的"麻子脸"那样能在运动中延迟空气边界层分离点而减少阻力。至于自行车服、溜冰服、滑雪服选用的各种镀铝、镀钛材料，通体闪耀着金属的光泽，简直如高级轿车的表面一般。厂商和研究人员在金钱上成千上万的投入，往往只是为了时间上百分之一秒的产出。

自行车运动的头盔不仅为了防止跌伤，更为了降低骑行中的空气阻力。也不仅为了避免长发飘飘，而是以头盔的水滴状外形取代运动员头部的自然外形，让高速前进中的涡流效应最小化。试验显示，戴上头盔的风阻明显小于"剃光头"的风阻。

令人泄气的是，人类在空气中运动的体型不仅不能和鸟类相比，甚至不能和直立行走之前相比。因为空气阻力和迎风面的截面积成正比。不过在有些运动中，我们却可以把体位大致恢复到四肢行走时的状况。自行车、滑冰、滑雪等项目中运动员躬下身体成90°，背部保持和地面平行，便已经大致找回了人类直立行走前奔跑时对风的感觉。

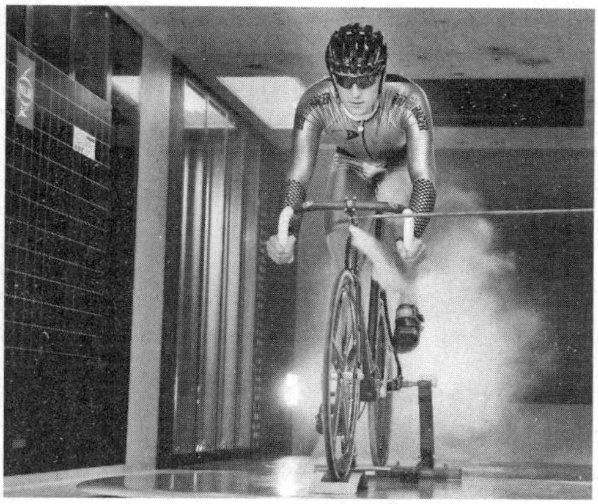

自行车运动员在风洞中测试

风洞的问世已经有130多年了。莱特兄弟1903年发明第一架飞机便有风洞的功劳。根据运动的相对性和相似性原理，物体在静止的空气中运动所受到的各种空气动力作用，与物体不动而空气以同样的速度反向吹来效果相同。于是人们便在一个固定管道内制造出可控制的气流，模拟物体在空气中运动时周围的流场，通过传感器测出它在风中所受的阻力、升力、压力等参数。现代体育运动广泛使用了风洞这种航空试验设施。从科研机构到大牌厂家，都通过各种风洞试验来改进人体姿势和器材形态，寻找运动服、运动鞋生产的最佳工艺与材质。

1964 年被因斯布鲁克冬奥会列入正式比赛项目的无舵雪橇大约是人类在空气中最快的运动了，选手们仰面朝天、两脚朝前躺在金属和玻璃钢制成的雪橇上，沿着长约 1.5 公里、落差 120 米的冰道高速滑下。国际大赛中获得过 25 块金牌的美国选手托尼·班休夫创造出了每小时 140 公里的吉尼斯纪录，这是一个在高速公路驾车也要吃罚单的速度。急骤的弯道上，巨大的离心力能让运动员承受 7 个重力加速度的压力。平躺的流线型姿势，按照空气动力学原理设计的冰橇、服装、手套、头盔、面罩、靴子等，共同成就了这一极限速度。

而奥林匹克各项运动中最接近于飞翔的比赛要数跳台滑雪。这是从 1924 年法国夏蒙尼首届冬奥会延续至今的招牌项目。选手们脚踏滑雪板，沿着长 100 米、倾斜角 40°的助跳滑道获得每小时 100 公里的高速，然后利用惯性力和弹跳力纵身一跃，从 90 米或 120 米级跳台的“悬崖”飞向空中，再沿抛物线“空降”到下面随势延伸的雪坡。2002 年盐湖城冬奥会上，瑞士选手西蒙·阿曼在空中“飞”了 130 米远，2005 年斯洛文尼亚举行的世界杯比赛中，挪威选手罗摩艾伦创造了飞行跳雪 239 米的世界最高纪录，比当年莱特兄弟的飞机第一次飞行距离多 5 倍。

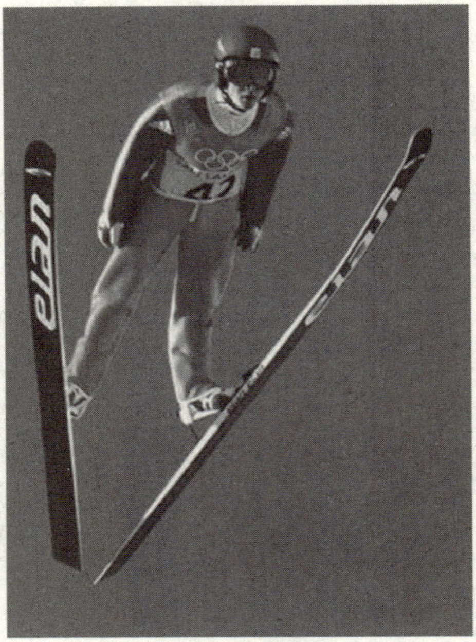

跳台滑雪的英姿

这是最优美而华丽的空中姿态，早期的跳台滑雪空中动作让身体和滑雪板尽量平行，双臂伸向前方，后来改进为双臂向后靠紧臀部，使空气阻力进一步减少。此时跳雪运动员的身体已经成了一个“飞行器”，从侧面看去，酷似一架飞机机翼的剖面图。气流在平直的滑雪板下流速较低，在头肩隆起的人体背部流速较高，从而形成向上的升力，为跳得更远赢得了待在空中的更多时间。1985 年，瑞典选手简·波卡罗夫首创了将两只平行的滑雪板变为 V 字形，也就是一个“外八字”，使飞行距离提高了 10%并成为跳雪的标准动作。虽然两只 V 字形滑雪板的空气阻力大于平行的滑雪板，但它们因为错开了身体的投影位置而增加了升力。恰如其分的“升阻比”是流体力学常常需要面临和回答的问题。

对于看不见、摸不着、无色无臭的空气，运动员最知道它的分量。奥运百年间，我们的无限心血和亿万财富都是为了对付“空气”而花费的。要想提高运动成绩，那就必须了解空气，并不断学会同空气打交道。

运动在“空气海洋”底部

扫一扫，看中文视频

漫长的奔跑

今天马拉松比赛的宏大规模、壮阔气势和热烈场面都是令人难忘的。当人山人海的参赛者在万众瞩目下踏上赛程，整个城市都会沉醉在节日的亢奋与欢乐中。随着马拉松运动日益风靡全球，我们的世界更加充满了生命的活力。

马拉松又是一项令人肃然起敬的运动，它承载了厚重的历史、文化和哲学内涵，也最强烈、最集中地体现了奥林匹克精神。第一位马拉松冠军斯皮里东淡泊名利的“草根”本色，“人类火车头”扎托贝克的传奇故事，“赤脚大仙”阿贝贝的潇洒身影，都为世人所津津乐道。芬兰长跑名将鲁米不但在祖国丹麦的土地上赢得一尊铜像，而且在广袤的天空中赢得了一颗小行星的命名。

我们在欢声雷动中迎接马拉松英雄凯旋时，还应该把敬意献给那些在赛场上倒下的拼搏者。21 岁的葡萄牙运动员拉萨罗在 1912 年的斯德哥尔摩奥运会上，成为继菲迪皮德斯后死于马拉松跑的第二人。1948 年伦敦奥运会上，比利时运动员热利在第一个穿过体育场的大门后踉跄欲跌，拼出最后气力才跑到近在咫尺的终点赢得铜牌；1954 年温哥华英联邦运动会上，吉姆·彼德斯在离终点不到 200 米处倒地而痛失金牌；1984 年洛杉矶奥运会上，瑞典女选手安德森跌跌撞撞进入体育场，经过 5 分钟极其痛苦的挣扎跑完最后一圈而仆倒。这些令人揪心的场面也同样长存马拉松史册，其阴影挥之不去。

马拉松的确是对体能、耐力与意志的严峻考验。和短跑、跳跃、投掷等“无氧运动”不同，马拉松的供能方式基本属“有氧运动”。这里不妨重温一下“有氧”和“无氧”运动的差异。

从细菌到人类进行体内的能量交换时，都无法直接利用食物中的能。地球上一切生命形式的能量流通必须要有“中介”，这个“硬通货”便是三磷酸腺苷，简称ATP，它对于生命的重要性仅次于DNA。我们摄取食物中的淀粉、脂肪和蛋白质在称为“细胞熔炉”的线粒体中分解后，产生的能量一部分用来维持体温，一部分生成ATP，将化学能储存在它高能级的磷酸键上。运动时肌肉中的ATP分解为二磷酸腺苷和肌酸，同时释放能量供肌肉收缩。但肌肉中只储存微量的ATP，要维持运动就必须及时加以补充。

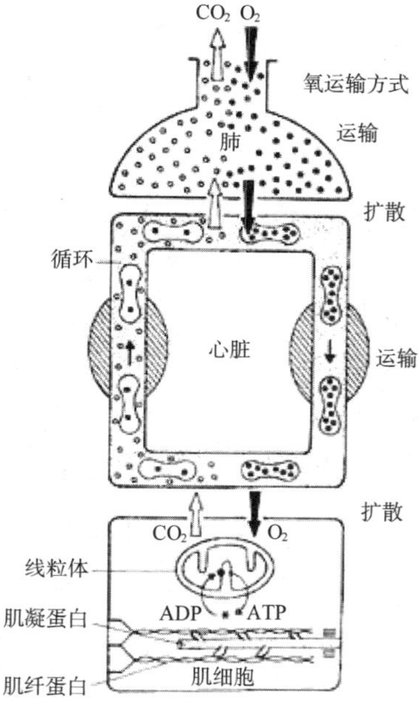

人体有氧运动示意图

再生ATP最快捷的途径，便是磷酸肌酸和二磷酸腺苷进行合成，但大约10秒钟后，肌肉中“库存”的磷酸肌酸便消耗净尽。接下来由肌肉中的“糖原”通过糖酵解“制造”ATP，这是一个在中等长度时间输出中等水平功率的供能过程，大约可维持2分钟。上述的“磷酸原系统”和“乳酸能系统”都不需要氧气的参与，因此叫无氧运动。此后才能激活呼吸与循环系统，用空气中的氧和身体内脂肪“燃烧”来高效率供应ATP。剧烈的“力竭运动”中，譬如举重和百米跑，氧气根本来不及“登场”，过程便已经结束，肌肉只能靠“无氧运动”提供ATP。而马拉松需要在2个多小时跑完3万多步，消耗2500多卡热量，是典型的“有氧运动”。因此，马拉松和长跑运动员的最大摄氧量、心脏输出功率、血液对氧的携带能力就成了决定性的条件。而人类的肌纤维分为速度快的“白肌”和耐力强的“红肌”，它们的比例与生俱来并和种族有关。“白肌”中促进磷酸转换和糖酵解的酶比红肌多2~3倍，神经元传导速度也快得多；反之，“红肌”中氧化酶活性更高，毛细血管更丰富，线粒体和肌红蛋白也更多。因此“白肌”占优势的运动员擅长百米短跑类爆发力的无氧运动，而“红肌”占优势的运动员更适合马拉松一类持久力的有氧运动。

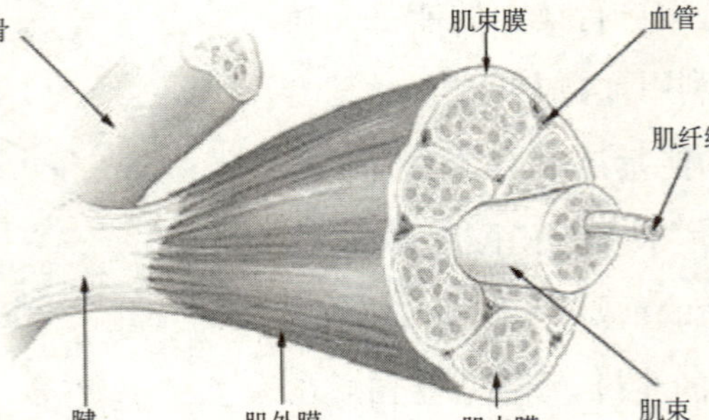

骨骼肌的结构

1968 年第 19 届奥运会举办地墨西哥城海拔 2240 米，稀薄空气中的含氧量比海平面少 30%，这对无氧运动非但没有影响，反倒成了短跑、跳跃、举重成绩大丰收的“天赐良机”，共有 34 项世界纪录和 38 项奥运纪录被刷新。海因斯百米赛首次突破 10 秒大关和比蒙的“世纪一跳”都明显得益于较小的空气阻力和较弱的地球引力。而有氧运动的耐力项目就明显不利了，稀薄的空气完全是一场灾难，万米长跑成绩落到了 20 年来最低点，曾经 18 次创造世界纪录的澳大利亚选手克拉克以第六名到达终点后一头栽倒，足足进行了 20 分钟人工呼吸才悠悠醒来。难怪各国运动员都把高原训练作为增强有氧运动能力的重要途径了。

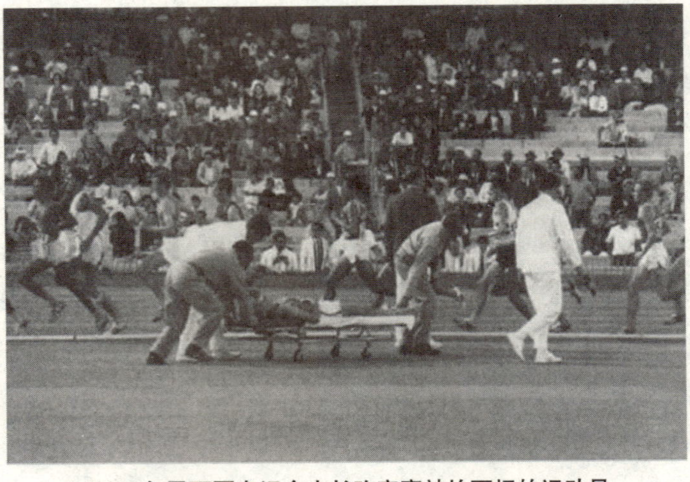

1968 年墨西哥奥运会中长跑竞赛被抬下场的运动员

如果汽车的冷凝风扇停转或水箱“开锅”，发动机将因为温度升高而无法正常工作。对于运动员来说，身体输出的能量有75%变成了无用的热，带来体温升高，而人的器官只能在正常体温上下几度的区间范围内工作。一次跳跃、一次投掷都不会带来体温大幅度升高，自行车选手在骑行中能靠着快速气流来冷却身体。马拉松运动员的形势要严峻得多，特别在炎热潮湿气候条件下比赛，体温可达42°以上，这些"发高烧"的运动员常常靠往身上浇水来"退烧"，但往往只是"杯水车薪"，因此，身体无法及时散热是马拉松成绩的严重制约因素。而大量出汗带来脱水会使体内电解质失衡及血黏度增高。一次马拉松比赛下来，运动员的体重通常减少3公斤左右，其中主要是水分的丢失。因此途中补液就格外重要了。

如今马拉松已经算不上极限运动，穿越撒哈拉大沙漠的220公里长跑，横跨美国东西海岸4800公里的超长距离竞赛，都展示着人类的最大潜力和万丈雄心。

马拉松的深刻隐喻本来在于克服距离对信息的障碍，公元前490年的希腊信使菲迪皮德斯为了跑到雅典传递"我们胜利了"这一简短信息，付出了生命的代价。而马拉松运动本身却又恰恰因为距离障碍而陷入信息的隔绝与混乱。1900年巴黎奥运会马拉松比赛中，美国选手阿瑟·牛顿一路遥遥领先，到达终点后却发现已经有4位选手不知抄了什么近路而捷足先登；1904年圣路易斯奥运会上，美国选手洛茨中途腿部抽筋后爬上汽车到达终点，却得到了美国总统罗斯福的女儿亲自颁发的金牌；1912年斯德哥尔摩奥运会上，心力交瘁的日本马拉松之父金粟志藏从路旁观众手中讨来一瓶橘子水后，竟跑到别人家中一睡不醒，引起大会组织者和警方四处寻找，直到1965年，76岁高龄的金粟志藏重游瑞典，百感交集中从当年酣睡过的地方跑向斯德哥尔摩奥运会的旧址，被世人称为54年才到达终点的马拉松运动员。

百年以来，人们为了及时传回马拉松比赛途中的消息，曾使用过马匹、自行车、摩托车、汽车一路跟踪。而现代科学技术却轻而易举解决了马拉松运动员的定位和监控问题。

当选手们把一只轻薄小巧的芯片系在鞋带上，通过设在起跑线的地垫时，根据"电动生磁，磁动生电"的原理，芯片里的微型线圈便会切割地垫周围的磁感线而产生电流，使芯片开始工作并发射电磁波。每个运动员佩戴的芯片如同一个特殊的“电子标签”和“条形码”，储存着个人信息。地垫上的天线捕捉到这些信息后再发送到控制器和计算机进行阅读处理。这一切过程在百分之几秒内完成。等运动员通过终点线地垫，芯片发出的信号再次被接收，整个赛程的起止时间和成绩便一目了然了。

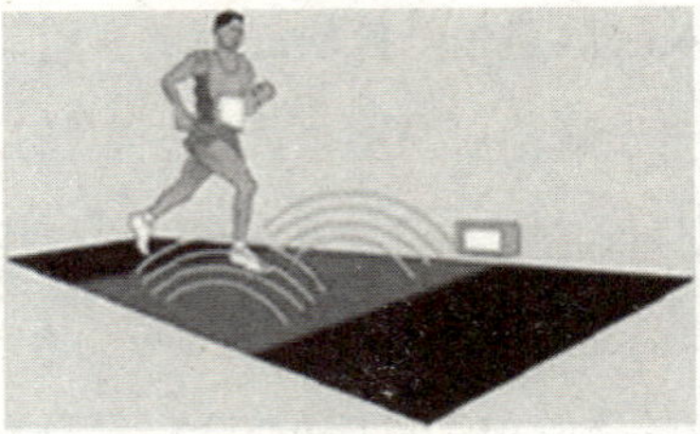

天线地毯产生电磁场

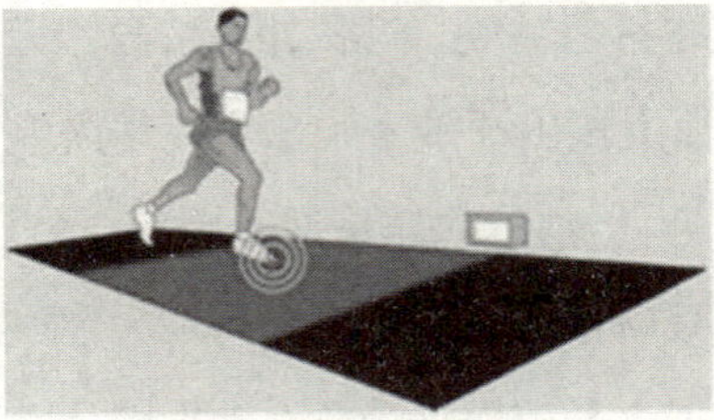

芯片发送独特的代码

如果每隔几公里便铺设一个射频地垫，运动员沿路的行踪便能尽收眼底，并可以随时在网上查询。设想一下，数万人参加的马拉松比赛，如果没有射频技术的“火眼金睛”和“千手观音”，全靠人工统计时间和名次，组织工作将会何等复杂浩繁和不堪重负。

然而，当全世界最有影响的大型马拉松比赛都把射频监控作为常规配置时，却又大都平行采用两种计时系统，即“枪响时间”和“芯片时间”。由于万头攒动的起跑线上，选手们在听到枪响后实际出发的时间彼此差距很大，因此，一个人得到的“枪响时间”成绩和“芯片时间”成绩有可能相差 10 多分钟。毫无疑问，“芯片时间”更加准确和真实，然而“枪响时间”目前仍被确认为“官方标准”。有人抱怨说这是“时代的错误”，但另外的人辩护说，如果在夹道欢呼中第一个跑到终点的人不能确定是否冠军，而必须等待全体参赛者“芯片时间”的结果，那么马拉松就索然无味，而变成了一种别的东西了。

面对马拉松的滚滚洪流，也许我们需要在科技、文化和传统之间做出恰当的妥协与平衡。

漫长的奔跑

扫一扫，看中文视频

泳池哪得清如许

如果没有水波和浪花，奥运会将变得多么枯燥和单调！游泳和跳水从来都是举足轻重的金牌大户，也是上座率和收视率高居榜首的热门项目。如果说坚实的地面是奥运会"陆军"角逐的战场，那么清澈晶莹的游泳池便是奥运会"水师"的用武之地。

人类历代祖先都是从江河湖海中"识水性"的。当1896年雅典第一届奥运会把游泳列为竞赛项目时，赛场就自然而然摆到了爱琴海的皮雷埃夫斯港湾。参赛选手被轮船送到海上的出发点，一长串漂浮的南瓜是路线标志物，终点设在未经准确丈量的岸边。号称"匈牙利海豚"的第一届奥运会冠军阿尔弗雷德事后回忆说，"在寒冷的13℃海水中，迎着12英尺的大浪，我求生的渴望压倒了夺取冠军的激情。"

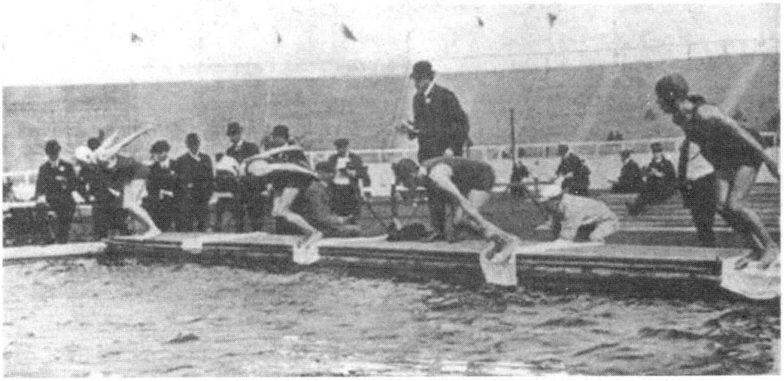

1908年伦敦奥运会游泳出发台

1900年巴黎奥运会的游泳同样在天然水体塞纳河上举行。这种原始的比赛环境显然无法确定运动员的真实成绩。海水的浮力大于淡水，而江河具有一定的流速。1908 年伦敦奥运会，组织者在白城体育场中间挖了一个 100 米长的游泳池，虽然“水陆同场，游跑并肩”，但奥运会比赛总算第一次在人工游泳场进行了。

此后的游泳池往往“一专多能”。1948 年伦敦奥运会拳击比赛的“擂台”就是游泳池上搭起的一座小桥，让选手们饱受水面散发的氯气熏呛之苦。1964 年东京奥运会游泳池在比赛结束后就铺上地板变成柔道竞技场了。

随着生产力突飞猛进的发展，奥运会游泳池作为水上项目的“操场”也日益正规化和专门化。迅速增长的社会需求更使游泳池修建越来越成为“小菜一碟”。几十年间，地球上的每座城市乃至大学、旅馆、私人寓所都拥有了游泳池。这是一个五光十色的游泳池家族，有室外室内之分，海水淡水之别，堪萨斯露天泳池面积相当于城市的半个街区，布鲁塞尔的耐莫游泳池深 33 米，是世界著名的潜水胜地，而智利的圣·阿尔芬索海水游泳池长 1000 多米，面积达 8 万多平方米，被列入吉尼斯世界纪录大全。但他们的功能都只限于公众的休闲娱乐，不能用于正式的重大比赛。

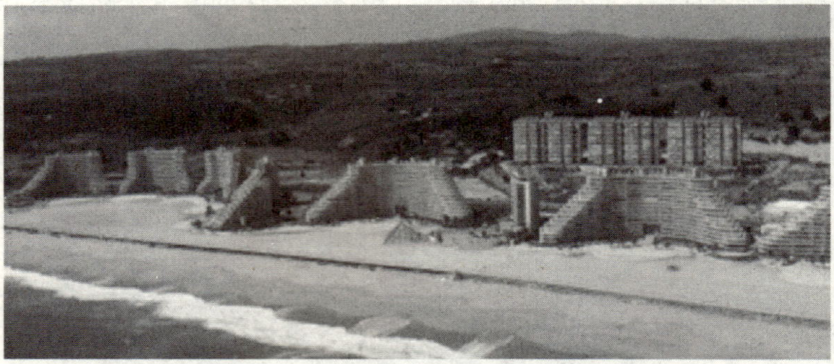

智利圣·阿尔芬索海水游泳场

现代的奥林匹克标准游泳池的尺寸应该是恰到好处的。长度 50 米，允许误差值为正 3 毫米，但不能短一丝一毫，并且必须用激光测距仪认定。宽度 25 米，深度以 2 米为宜，正是这个 2500 吨的“水体”凝聚了无限的智慧和创造力。

打从 1920 年安特卫普奥运会上澳大利亚游泳选手控告美国队阻挡他们前进，1924 年的巴黎奥运会便第一次用绳索穿上软木块，在游泳池面拉起了 8 条漂浮的分道线。今天高水准的游泳池大都有 10 个泳道，分道线用不同颜色的塑料小叶轮串接而成，当运动员激起的水波向相邻泳道传递时，首先就会驱动这些小轮子旋转，吸收和消解大部分能量，有效减少了彼此之间的干扰。

灯光调控在最佳的水平照度、垂直照度和标准色温，并且不在池壁上投下影子；高灵敏度的计时触摸屏精确到千分之一秒；设有压力传感器的出发台得心应手又铁面无情；大屏幕电视和成绩公告牌及时传递着赛场的信息，无论运动员、观众和传媒记者都能处处享受到现代科学的恩惠。

可别以为游泳池就是在地上挖个坑再灌满水。现代游泳馆是一个精妙复杂的高贵建筑，悬空的池底铺满纵横交错的管道，外壁四周支撑着成排的液压钢架，整个游泳池完全像一个巨大“保温瓶”的“内胆”，是一个被高科技捧起的掌上明珠。

也别以为池子里会是死水一潭，数台强大的水泵驱动着满池清波不断循环。由3个氧原子构成的臭氧大量分解出游离氧，高效、广谱杀灭各类细菌并氧化水中的有机物。这种氧气的同素异构体氧化能力比氯气强得多，却不会产生化学残留物带来二次污染，杀菌效果比紫外线好得多，却不会由于直线传播而留下死角，同时具有理想的除臭、去味、脱色功能。由石英砂、活性炭、硅藻土等制成的过滤器将毛发和各种杂质去除，使游泳池的水质保持最佳透明度，并始终达到饮用标准。

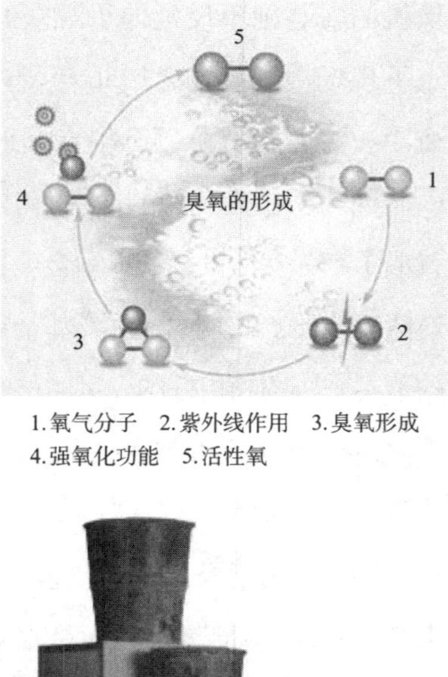

1.氧气分子　2.紫外线作用　3.臭氧形成
4.强氧化功能　5.活性氧

无论春夏秋冬，风霜雨雪，游泳馆里必须四季如春，池水温度严格保持在25～28℃。这里的恒温系统大多以高温蒸汽为热交换传媒，而汩汩暖流从均匀分布的水口缓缓流出时，并不会造成对池水的干扰和搅动。游泳池的恒温还不仅为了保证运动员感觉舒适，中国宋代科学家沈括

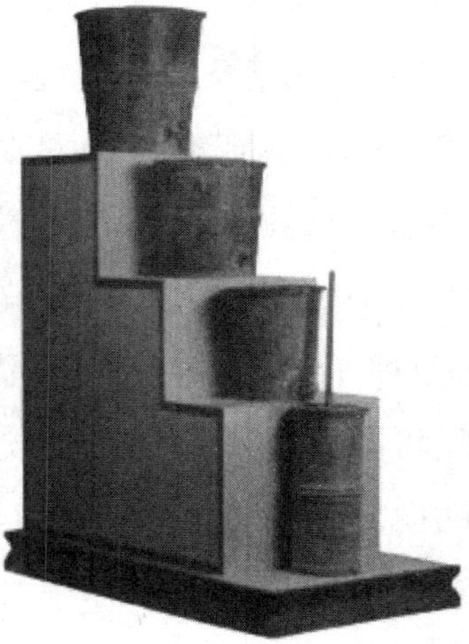

《梦溪笔谈》记述了漏壶“夏日水利，冬日水涩”的现象

在观察漏壶时就发现“冬日水涩，夏日水利”，科学试验表明，流体的黏滞性随温度升高而降低。水温每升高 5℃，黏滞性将降低大约 10%。因此不同温度的水会因摩擦阻力不同而影响比赛成绩。不过，如果你要指望到黏滞性较小的 30 多摄氏度热水中打破世界纪录的话，一定会很快引起中暑。

而游泳池中所有物理化学指标都接受全自动监测系统控制。在回水管路上，不同的探头能把水的杂质、pH 值、温度等参数传给电脑分析，然后准确发出相应的指令。

尽管游泳池已经清澈见底，但水花的飞溅和光线的折射仍妨碍对水下动作的欣赏和观察。巨大环形玻璃视窗也许是向水族馆学习的结果。而水下摄像机的安装则不仅延伸了观众的眼睛，也给裁判提供了更多依据。如果早有水下现场摄影装置，1956 年墨尔本奥运会上苏联和匈牙利水球队厮打混战、血洒波涛的事就可以有根有据地提前制止了。

因为女性是美丽的性别，花样游泳就成了专为女性设置的奥运会项目。但这些凌波仙子的“水上芭蕾”却是靠音乐的节奏来协调和指挥的。运动员潜入水下后，空气中的声波被水面反射，完全不能听见。这时姑娘们接受的是来自水下扩音器的音乐指令。不过，她们听到的声音不是通过耳膜传递，而是水中的声波引起头骨的震动，使信号越过外耳和中耳直接传到内耳的耳蜗并被大脑接受。这种“骨传导”的声音像“水晶般地透明”，可惜失去了两只耳朵的听觉差来辨别方向，因此就无法达到立体声效果了。

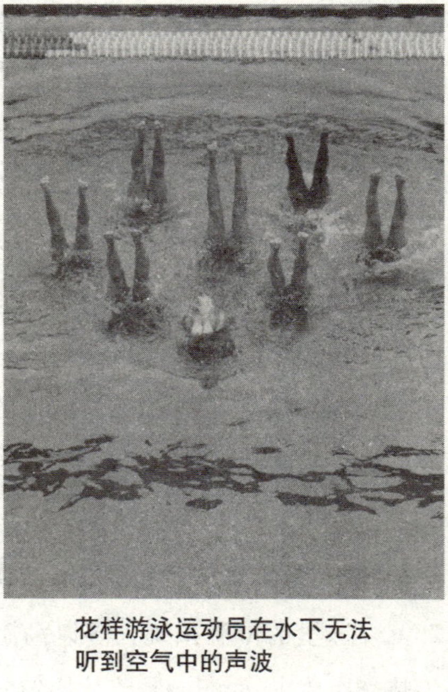

花样游泳运动员在水下无法听到空气中的声波

人的视觉同样会在水中大打折扣。由于水的折射率为 1.33，和人的角膜的折射率 1.37 非常接近，因此在水中睁开眼睛后，角膜无法完成正常的“屈光”功能，就会使影像远远落到视网膜后面，如同戴上高度近视镜而变得两眼昏花。游泳运动员在水中使用防护眼镜，不仅为了避免眼球和水直接接触的刺激，还为了确保光线从空气介质射入眼睛，从而获得一个清晰的水下视野。

跳水池和游泳池的距离不得小于 5 米，这里却是一个三维空间的天地。百年以来，跳水设备最大的变化莫过于跳板的改进。1948 年，诺曼底人巴克用二次大战剩下的 300 个铝管制造了一种“巴克跳板”，使弹跳性能大为提高。此后更坚实轻捷的铝合金跳板接踵问世，让 1 米板跳水成为可能。如今的跳板大都由木材、合金、玻璃纤维和碳纤维复合制成，具有良好的防滑表面。更轻的材质和更佳的弹性能减少对头部的震荡，并能将身体弹升到足够高度，为空中完成复杂动作赢得了更加从容和宝贵的时间。

从跳台上试一俯瞰，会看到水下连续的气泡或水面细小的射流激起轻柔的涟漪，这种“造波设备”是提示距离的醒目标志。游泳池太透明了恐怕找不准水面，设计者对运动员真可算体贴入微了。

2008 年北京奥运会的国家游泳中心“水立方”也许称得上当代科技与艺术的结晶。来自开尔文“气泡构造”的灵感，3000 多个四氟乙烯薄膜“气枕”砌起一座华丽建筑，用梦幻般的蔚蓝展示着水的柔情和水的质感。高度智能化的设施处处焕发着科技的光彩。前国际奥委会主席罗格称赞“水立方”为体育界的“歌剧院”，中国公众则推选她为北京奥运建筑的“最佳女配角”。

谁说现代游泳馆不是体育的奇迹：她有大脑、有神经、有心脏、有新陈代谢、有恒定体温……当我们真实感受到这一切时，就会发现她仿佛是一个鲜活而美丽的生命。

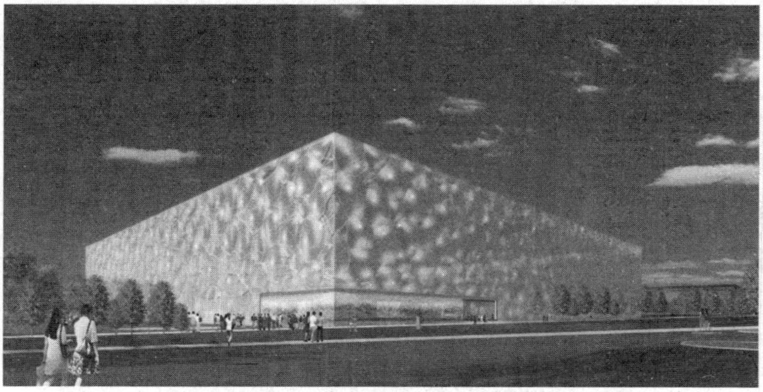

北京奥运会国家游泳中心“水立方”

泳池哪得清如许

扫一扫，看中文视频

运动鞋的功勋

回顾足球历史上最经典和重要的“战役”，不能不提到1954年瑞士世界杯赛匈牙利队和联邦德国队的那场激烈拼搏。明显弱势的德国队在0：2落后的危局中绝地反击，最后以3：2取得了“几乎不可能的胜利”，成为二战后德国回归国际体育大家庭并重振民族精神的重要契机。这次反败为胜的一个关键因素，便是他们脚下穿的新款足球鞋。比赛在大雨滂沱后的范可多夫体育场进行，满地泥泞不堪，当年所向无敌的匈牙利队却被又湿又重的球鞋所折磨，守门员在最后的关键时刻滑倒。而德国队脚下的鞋则轻巧灵活并及时更换了加长的鞋钉，能在滑溜溜的赛场上增大抓地力。拍摄庆功合影的时候，德国队总教练赫尔伯格把看台上的阿迪恭恭敬敬请到身边。这是历史上唯一一张制鞋商和冠军队共享胜利喜悦的照片。

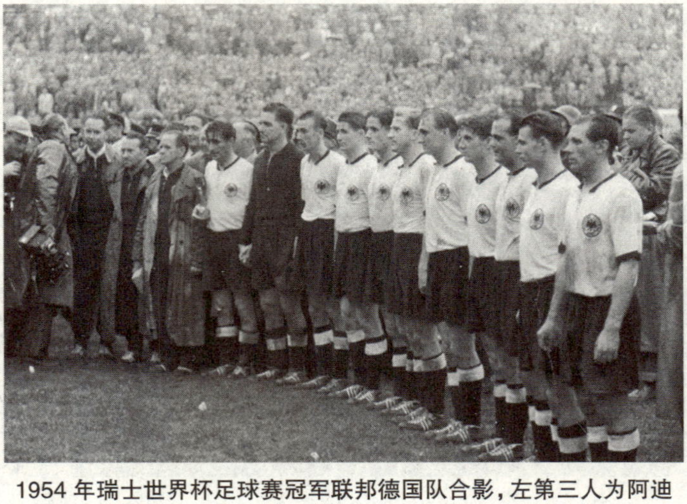

1954年瑞士世界杯足球赛冠军联邦德国队合影，左第三人为阿迪

运动场上关于鞋的故事有一千零一个。早期的帆布面硫化胶底鞋，笨重得几乎只适合直线前进的金属头足球鞋，柏林奥运会上欧文斯的跑鞋，飞人乔丹气垫鞋，斯坦·史密斯网球鞋，刘易斯的陶瓷钉鞋，琼斯的“水晶鞋”，约翰逊的“金缕鞋”，刘翔的“红色魔鞋”，多少传奇为人们耳熟能详并津津乐道。运动鞋的历史，处处留下一个时代科学的脚印。

26块骨头，33个关节，20块肌肉，100多条韧带，数以千计的神经末梢和血管……诚如达·芬奇所言，人的脚是艺术和工程学的杰作。打从人类祖先在非洲草原直立行走后，我们便把体重完全交给了双脚，让它承受着比四肢动物成倍的负荷。尽管每年都有成吨的研究报告问世，我们却至今仍没有完全厘清在不同运动状况下腿、脚、鞋、地面之间微妙而复杂的相互关系。

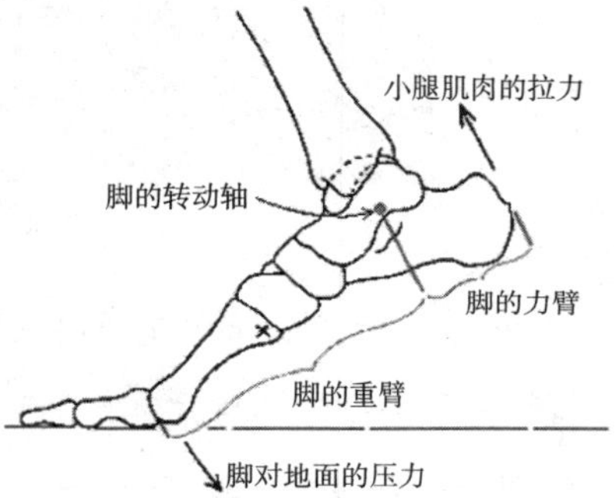

运动中脚的受力关系

运动鞋虽然琳琅满目，但基本原理是大致相通的。它的首要功能是吸收来自地面的震荡。当人的奔跑速度达到每秒6米时，脚掌承受的负荷约为体重的4倍，跳高跳远时增大为7倍，三级跳远中双脚两次直接和硬地碰撞，冲击力峰值可达体重的20多倍，强烈的振荡会传到脚踝、膝部、髋部，甚至脊柱和大脑。感谢我们脚跟的脂肪垫和天然的“弹簧系统”脚弓有效抵御着这种伤害。现代运动鞋将一种具有很高“受压顺从性能”的材料放置在鞋后跟，让它通过自身最大的变形量吸收冲击动能。还有些运动鞋将中底做成“华夫饼干”状，有些在鞋底内放置橡胶立柱和气垫，起到汽车底盘下减震弹簧的作用。

当篮球运动员纵身而起，田径运动员脚下生风时，一双称心的好鞋便如同两只小小的“马达”。运动鞋的第二大功能是回输能量。脚掌部位的聚氨酯等微孔发泡材料具有极强的弹性，鞋底在受压变形还原时，能将吸收和储存的能量释放出来返还给脚掌。在周而复始的蹬伸过程中，就如同踏着一个微型的“跳板”了。这里的技术精华，是在鞋的弹性和稳定性之间寻找平衡点，既要获得理想的反冲力，又不能失去精确的空间感和“脚踏实地”的坚硬支撑。

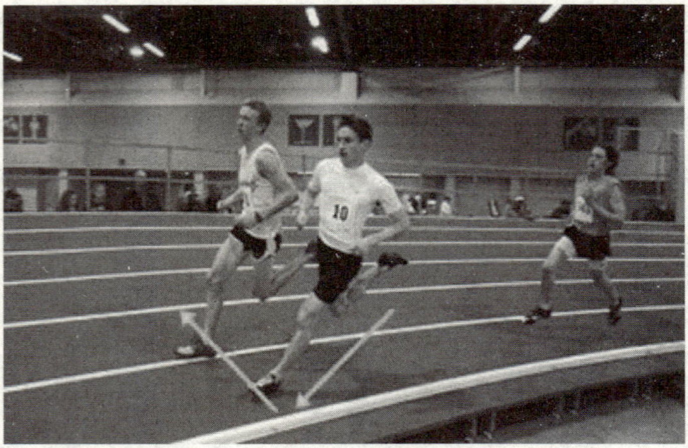

奔跑时制动和反弹的力

网球、羽毛球运动员在场上骤起急停，乒乓球选手则频繁侧向跃动，“掷铁饼者”少不了身体旋转，“剑客”们更多前后腾挪……运动鞋的第三大功能是防滑。脚下的摩擦力是由鞋底与地面的法向力、摩擦系数和接触面积决定的。从微观角度看，由于地面的凸凹不平，往往和鞋底间只是有限的“点接触”。高摩擦系数并且具有高延伸度的鞋底能在凸凹的地面产生弹性形变，增加接触面，这就是所谓的“抓地性”。过去的金属鞋钉在插入、拔出地面间会消耗能量，现代的鞋钉用尼龙、聚氨酯等复合材料制成，圆锥形、长方形、刀刃形等不一而足，鞋钉的数量和位置也能因人、因地而调整和改变。更有大量运动鞋以不同排列的突脊代替了鞋钉。至于鞋底的花纹更是千变万化，带来不同方向上摩擦力的差异，以满足不同运动种类的需求。值得提醒的是，人在运动中的“刹车”过程是由动摩擦转为静摩擦的，脚落地后应该有少许“滑动行程”，如果鞋的摩擦力大到一着地就纹丝不动，便容易崴脚和扭伤了。

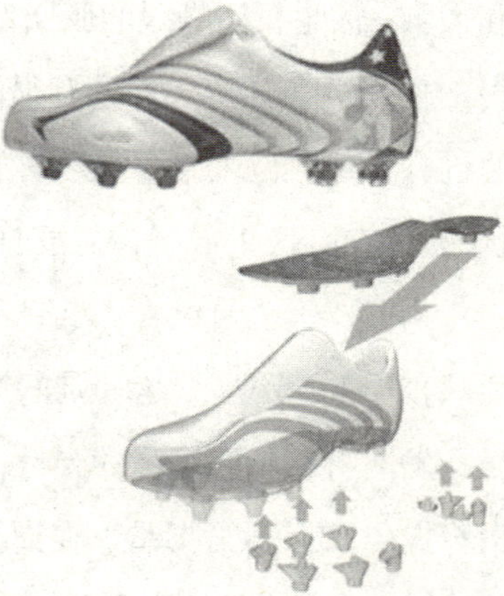

运动鞋的结构

至于运动鞋扭力系统对脚形和动作的矫正，鞋帮对脚踝的支护，通过气孔的

“呼吸”作用使鞋内透气和吸湿，都是可圈可点的设计。不同的运动项目几乎都有自己的专用鞋。要想分门别类略加描述也是一本专著的容量。

不过足球鞋是特别值得一提的。踢球全凭一双脚，脚又全指望一双鞋。每场比赛下来，足球运动员跑动万米左右，拼抢时需达到百米冲刺的速度。更重要的是，球鞋就是足球运动员的“球拍”和“球棒”。接球、带球、传球、射门的力量都要通过球鞋发出，推、拨、挑、拖、扣等细腻的脚法都要通过球鞋完成。精确的脚感和“鞋脚合一”的境界是至关重要的。受到乒乓球拍上小胶粒的启示，在足球鞋的边缘加上橡胶的“仿脚趾”，齐达内和贝克汉姆脚上的猎鹰球鞋能够踢出每秒旋转8圈的香蕉球。

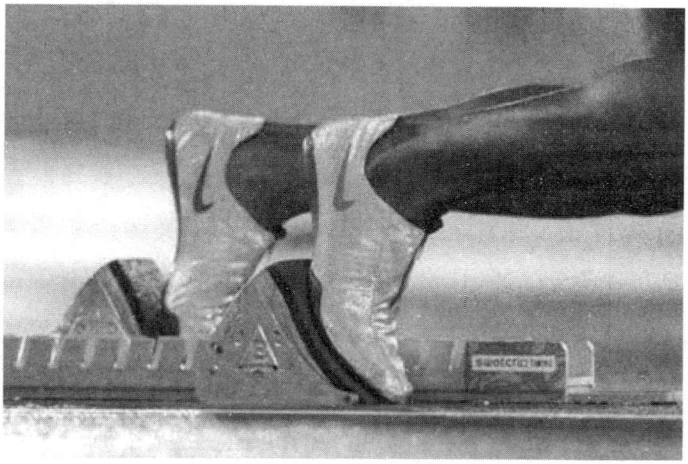

2000年悉尼奥运会上约翰逊的“金缕鞋”

一个世纪前的百米短跑成绩平均每年提高0.015秒，如今已经减缓到每年提高0.006秒了。人们越来越注重从跑鞋上发掘点滴的潜力。根据测试，跑鞋重量每增加100克，运动员的体能消耗将增加百分之一，1991年东京田径世锦赛上，美国短跑名将刘易斯打破百米世界纪录时的跑鞋只有115克重；2000年悉尼奥运会上，“田坛阿甘”迈克尔·约翰逊的“金缕鞋”重量仅116克，玛丽安·琼斯的“水晶鞋”则只有99克；加拿大“黑豹”贝利的跑鞋被形容为“带钉的袜子”。人们不免生出疑问，为什么有些运动员竞赛中脖子上可以挂着沉甸甸的金项链，却对鞋子的重量如此锱铢必较呢？看看百米跑道上那些快速翻飞的双脚就会发现，每个运动员的后跟都几乎触及到了臀部，折叠起小腿能缩短以髋关节为轴的转动半径，从而减小转动惯量增加转动的角速度。而双脚处在小腿绕膝关节和髋关节旋转半径的最远端，因此鞋子重量些微的减轻，都会带来腿部转动惯量明显的减小。这对于以每秒 20 米速度交替划着弧线的双脚无疑是莫大的“减负”。

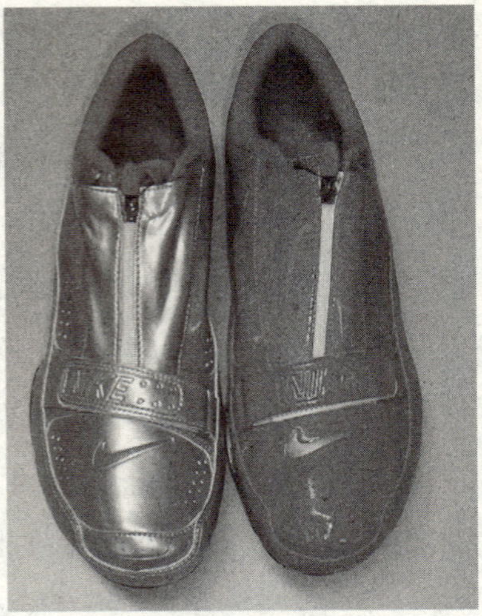
刘翔的跑鞋

波兰每年都会举办一次“库索辛斯基国际田径赛”，纪念二战中被德国纳粹杀害于战俘集中营的优秀波兰运动员雅努什·库索辛斯基。1932 年洛杉矶奥运会上库索辛斯基夺得 10000 米金牌后，他双脚血肉模糊以致脱不下鞋子的一幕永远给人们留下最沉重的叹息。“鞋子舒不舒服只有脚趾头知道”，难怪体育界一句名言说“穿错了鞋就是灾难”。1968 年墨西哥奥运会前，背越式跳高的发明者福斯贝里收到阿迪达斯公司从欧洲寄来的运动鞋，但他只试了一下就原封退回了。殷勤的商家坚持不懈对鞋反复修改，直到第四次寄给福斯贝里才被愉快接受。今天的体坛明星有福了，许多厂商争相为他们量脚定做“独一无二”的运动鞋。事先由专家组花费数年时间动态跟踪和研究运动员的特征，取好精确的脚模。将三维动作捕捉、压力传感测试、红外线成像和激光扫描的各种数据输入电脑进行设计。再和运动员共同商讨和反复试验以求尽善尽美。这种体育明星和大牌厂家的“共生关系”促进了运动成绩的提高和制鞋产业的发展。

奥运百年来，体育已经成为寻常百姓生活的一部分，运动鞋也不再是体坛精英的专宠。今天世界上的运动鞋比天上的星星还多，几乎每条小路都有运动鞋走过，它改变了这个行星上人类跫然的足音。

运动鞋的功勋
扫一扫，看中文视频

射箭的弦外之音

白、黑、蓝、红、黄，这些五色相间的同心圆便是射箭竞技场上的“众矢之的”。箭靶的直径为 122 厘米，称为“牛眼”的靶心直径仅 12.2 厘米。运动员要从 90 米开外射中 10 环，相当于站在足球场一个球门去射中对面球门里的一只苹果。或者说，整个靶子的大小看上去就像眼前的一枚图钉。要想做到“百步穿杨”、箭无虚发，的确不是件容易的事。

世界上很难找到一个民族，历史上从来不使用弓箭。丘比特的“金箭”和“铅箭”管辖着天上人间的爱情，罗宾汉靠“神箭”劫富济贫，后羿则“箭射九日”改造“生态环境”，东西方有多少神话与传说都和弓箭有关。在“热兵器”问世前的漫长岁月里，弓箭一直是最具威力的军事装备。从狩猎工具到战争武器再到体育运动，弓箭在人类文明中的角色发生了根本变化。

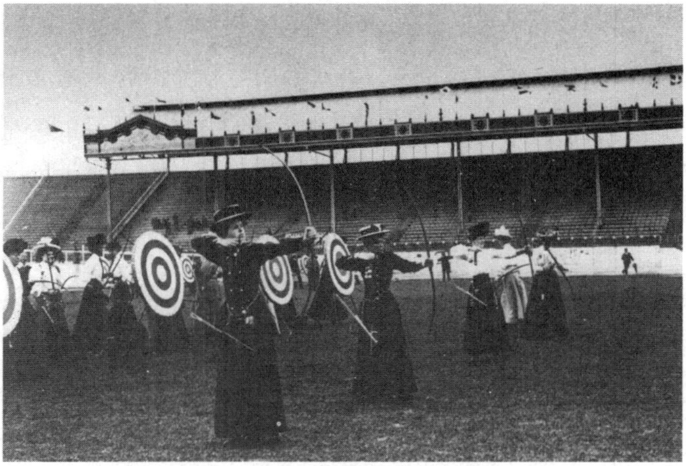

1908 年伦敦奥运会女子射箭比赛

1900年巴黎奥运会上，射箭已经是“老资格”的体育竞赛项目，旧式的长弓仪态优雅，并成为女子进入现代奥运会的先声。由于各主办国没有统一的竞赛规则，致使射箭运动从1920年安特卫普奥运会后被取消资格。应该深深感谢英吉·布瑞斯女士，在这位唯一的国际单项体育联合会女性主席领导下，国际箭联经过不懈努力，终于使射箭运动在1972年重返奥运大家庭。美国男子队曾在亚特兰大奥运会上囊括了个人和团体冠军，明星射手麦金尼被誉为箭坛的“常青树”；“东方箭霸”韩国的“梦之队”也在奥运会上尽领风骚，人称“射箭机器”的金水宁一度成为世界女子箭坛的领军人物。中国姑娘何影和她的伙伴们在2001年第41届世锦赛上首次赢得了女子团体冠军。

在射击运动中，子弹的飞行靠火药或压缩气体推动。射箭的一切力量则完全来自人的体能。今天奥运会使用的反曲弓仍是传统弓箭的“嫡亲子孙”，由刚性的弓柄、弹性的上下弓片和坚韧的弓弦连接而成。在运动员持弓臂和拉弓臂的作用下，弓弦上的张力使弓片外侧产生拉伸形变，内侧产生压缩形变，从而带来弓片的弯曲，将肌肉收缩的力量变成弓的弹性势能贮存起来，然后突然释放推动箭的飞行。弓实际上是一个能量转换器，把人的生理能量转化为箭的动能。在弓片弯曲过程中，各截面承受的力矩是不同的，离弓柄越远应力就越小，这也是反曲弓将弓梢设计成“反曲”形的原因。

古人已经深谙“挽弓当挽强”的道理。射箭比赛中男选手开弓的平均力量约50磅(约22.67公斤)，女选手约35磅(约15.87公斤)，一次常规的世锦赛，需要在4天双局中搭弓射箭288次，男选手用力累计将近8吨，女选手超过5吨。而一个举重运动员一次比赛不过累计举起1.5吨。可见射箭是多么沉重的“力气活”。更加艰巨的是，射箭选手大部分时间处于“引而不发，跃如也”的状态，对弓箭系统的水平支撑力和对身体站立的垂直支撑力构成“十字形”用力结构，“端身如干，直臂如枝”，这种高水准的“静力平衡”实在非一日之功。

射箭瞄准之所以比射击瞄准难度更大，还由于弓上只有准星，而没有“照门”，因此无法像枪支那样找到现成的“瞄准基线”。假设我们以靶心为原点作水平方向X轴和竖直方向的Y轴，当靶心、准星、弓弦边缘和眼睛处于同一条直线时，箭飞行方向的竖直平面应该和“弓平面”一致，并与靶上的Y轴重合，使射出的箭向Y轴集中。那么,又该如何确保射出的箭向靶上的X轴靠拢呢?

当运动员每次拉弓时,都会把扣弦手指放在下颌骨右侧精确的位置上,有些射手在弓弦上安放一个小小的"吻钮",通过嘴唇对它"每箭一吻",让弓弦"靠"住鼻准、人中、下巴的中点,这种"靠弦法"确保了从箭尾槽到瞄准眼之间有一个固定的"靠弦距",于是瞄准线通过弓弦的一点便成了弓上的第二个"基准"。箭射出去的高低上下就便于控制了。

确保用力的直线性是射箭技术的要领之一。推弓合力点、钩弦点、拉弓臂肘关节中心点应该在一条直线上。运动员持弓时不能用全掌"握弓"而用虎口"推弓",便是为了尽量确保手和弓之间近似的"点接触"而不是宽大的"面接触"。

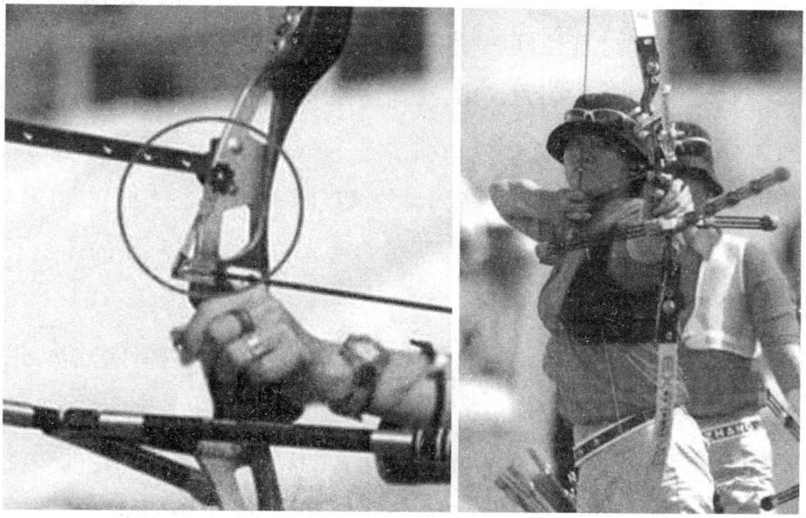

反曲弓

一个看上去并不起眼的小零件叫做"信号片",却称得起射箭运动历史上具有重大意义的发明。这是弓柄上用来压住箭杆的一只钢片,当射手拉弓到位时箭头滑出,钢片便在回弹中敲击弓柄发出清脆"劈啪"声。信号片能准确"监视"运动员每次拉弓深浅不变,确保弓臂保持相同张力,不啻以"声控操作"捕捉"最佳撒放时间"。射箭运动中最讲究动作的一致性,每个选手经过千锤百炼形成的技术必须高度固定化、程序化,像机器一样准确无误和循环重复,任何时候都不走样和变形。

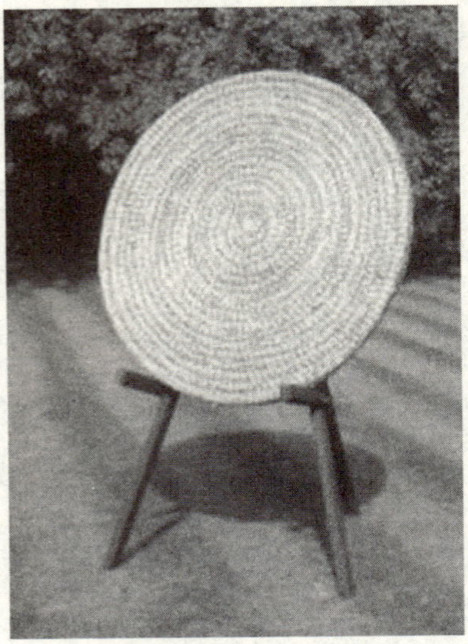
箭靶和垂直方向成 15°角

人们常用"离弦之箭"形容速度之快。反曲弓射出的箭初速度约每小时 240 公里,超过了"子弹头列车"。箭的速度取决于弓的力量和效率,箭的形状、重量和表面积。用不同方式粘成的箭羽能使箭绕纵轴旋转并确保飞行稳定。作为长度和直径比很大的飞行体,来自弓弦的加速度会使箭杆产生柔性弯曲和弹性振动,降低飞行稳定性。不过和射击相比,箭的"行动"就太迟缓了,速度只是子弹的十分之一,需要大约 1 秒钟才能达到 70 米开外的射程。如果初速度方向正对靶心做"平抛运动",由于地球的引力作用,箭到达靶位时会下落将近 5 米。因此射箭必须有一个"仰角",让箭做"斜抛运动",使"弹道"成为一个拱起的抛物线。难怪箭靶的放置都和地面垂直方向成 15°角,以"仰视"的姿态去面对"万箭穿心"了。顺便一提,当今箭靶将盘卷的草绳缝合起来再蒙上靶纸,用的还是当年诸葛亮"草船借箭"的材料。

作为高效率的"能量转换器",弓能够把 70% ~ 80%的弹性势能转化为箭的动能,"剩余"的能量则变成弓的阻尼振动。根据科学史专家研究,人类早期弦乐器的出现就是受了弓弦振动能发出声音的启示。至于弹棉花的弓就更一望而知是"其来有自"了。安装在反曲弓上这些错杂的棍棒叫做"减震器",就是为了增加弓的静止惯性和转动惯量,从而减少撒放时弓体的位移和振动。并且达到"配重"效果,让弓箭系统的质量中心更靠近推弓点以保持平衡。

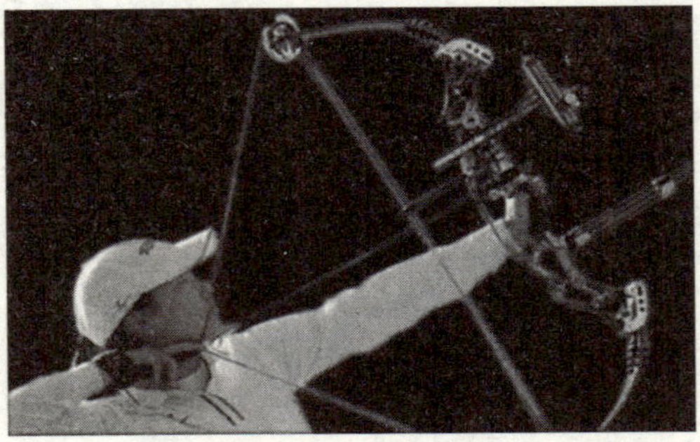
复合弓

1995 年在雅加达举行的第 38 届射箭世锦赛上,历尽艰辛坎坷的复合弓终于被国际箭联批准为正式比赛项目。这是1969年由美国人艾伦发明的真正意义上的“现代弓”，它的“创新”之处却恰恰是把人类两项最“古老”的发明轮子和弓箭结合到了一起。复合弓在上下弓片末端安装了偏心轮，利用动滑轮的杠杆原理，使开弓力量达到最大值后，随着拉距增加反而变得越来越“省劲”，满弓时用力可减轻70%。这不仅使运动员能在更轻松舒适的状态下持弓瞄准，也使女子可以跨越体力的鸿沟，和男子一样使用“硬弓”。

比较一下反曲弓的张力曲线，由于和拉距的增加成正比，撒放时弓弦作用于箭的力量是突然的和递减的。而复合弓对箭的加速力量则从小到大，渐次趋向峰值，有效工作距离也相应延长，因而能使箭的离弦速度更快，飞行弹道更平直。此外，复合弓不再用三个手指勾弦撒放而是“扣动扳机”让“撒放器”代劳，光学瞄准器和气泡水平仪的使用更极大提高了箭射出的精度。复合弓处处凝结着科学的智慧，近年来迅速风靡全球，销售额已经占据世界弓箭市场的90%以上，成为弓箭家族最兴旺的“主流”。尽管奥运会至今仍没有接纳复合弓为正式比赛项目，但2008年在北京举行的第13届残奥会已经向复合弓首次亮起了绿灯。

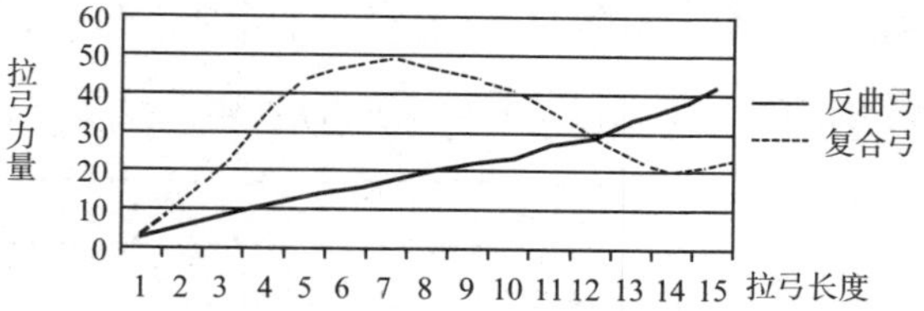

反曲弓与复合弓拉力曲线比较

更多形形色色的射箭比赛每年都在全球各地蓬勃开展，射远比赛每组射6支箭以最佳成绩为准，手持弓的世界纪录达到1220米；地靶比赛以地面上竖起的标杆为圆心画出15米直径的大靶，选手们从百米开外射出36箭决定胜负。骑马射箭仍是不少民族喜爱的传统竞赛项目，滑雪射箭正式进入冬奥会则已成定局，在争荣并茂的现代体育之林中，射箭运动旺盛的生命力正与日俱增。

从古老作坊的能工巧匠到现代企业的高科技设备，从竹片、牛角、木杆到铝合金、玻璃钢和碳纤维，人类几千年来一直没有停止过制造弓箭。我们也许不免陷入对往昔的怀旧和对文明的追寻。弓箭来自我们原始的祖先，并将传给遥远的子孙。

射箭的弦外之音

扫一扫，看中文视频

跑道春秋

1996年亚特兰大奥运会是现代奥运会的百年华诞。男子百米竞赛中，金牌得主贝利以9.84秒的成绩刷新世界纪录。比起100年前雅典奥运会的百米纪录12秒，相当于把当时的冠军汤姆·伯克拉下20多米！田径作为奥运会的主体项目，百年来成绩大幅度提高的原因除了技术动作的日益合理，跑鞋、运动服的不断改进，还有一个重要的条件，那便是跑道的巨大变革。和当年的前辈们相比，今天运动员的双脚已经踏在完全不同的地面上了。

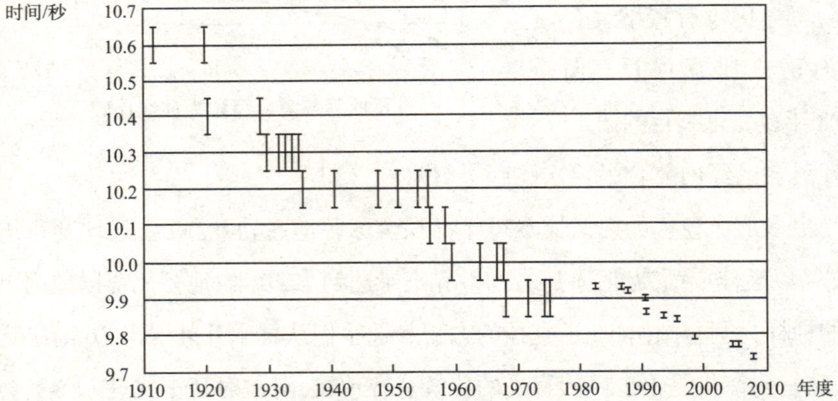

百年间男子百米成绩提高情况

1896年雅典奥运会帕纳辛奈科体育场的U形跑道为滚压后的泥土层，无论表面平整度和软硬均匀度都使运动员的技术发挥受到限制。1900年巴黎奥运会的跑道是林场中的一片草地，脚下的绵软和滑动使这种“草上飞”很难创造出好成绩。1904年圣路易斯奥运会的华盛顿大学体育场铺设了第一个煤渣跑道，透水性和摩擦力均得到改善。此后一直到20世纪60年代，跑道材料基本沿袭了煤渣与泥沙、石灰混合的"配方",但疏松的地面影响后蹬的反弹力,而且一场激烈比赛后,跑道往往被践踏得千疮百孔,如同犁过的田垄。最不堪遇到雨天,运动员简直成了"玩泥巴的孩子"。平整和维护跑道历来是体育场管理工作的沉重劳动。

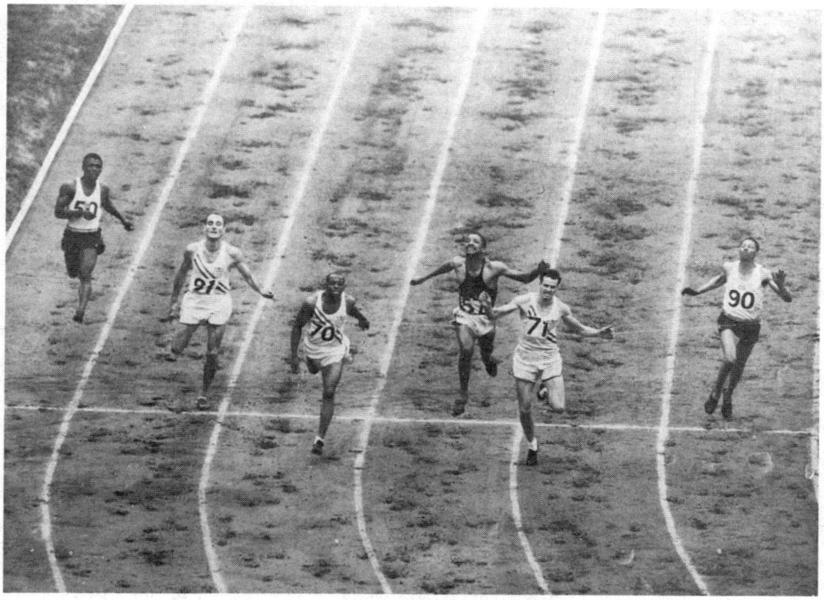

1948 年伦敦奥运会田径跑道

人类的百米成绩第一次跑进 10 秒,是在 1968 年墨西哥奥运会上。固然高原空气的稀薄有利于提高成绩,但吉姆·海因斯创造出 9.95 秒世界纪录的最重要原因,却是大学城综合体育场首次铺设的塑胶跑道。从此奥运田径史发生了"改天换地"的变化。塑胶跑道也称"塔当"跑道,由聚氨酯材料制成。1937 年德国化学家拜尔发现异氰酸酯与氢的聚合反应,从此将聚氨酯引进了现代化学工业。这种合成材料的许多性能优于天然橡胶和塑料,无论强力、硬度、弹性的可调范围都更宽泛,一时成为建筑界的新宠。1961 年,美国明尼苏达的 3M 公司铺设了第一条 200 米聚氨酯跑道,不过那是为赛马使用的。1963 年聚氨酯跑道开始用于田径比赛并立刻引起各国重视,国际奥委会很快正式承认了这一"新生事物",墨西哥奥运会之后,塑胶跑道便成为国际田径比赛必备的基本设施了。

塑胶跑道的厚度约 13 厘米，结构很像一块正胶海绵乒乓球拍。跑道平坦坚实的地基如同乒乓球拍的底版，中间的塑胶层如同海绵，表面的摩擦层则相当于乒乓球拍上的胶粒。运动员奔跑在这种大面积的“海绵拍”上，脚步落地时能有效减少震荡，向后蹬伸时能获得地面形变势能所回授的推力，因此大大增加了奔跑的效率。跑道表面的坚牢、平坦、均匀也有利于定型化技术动作的充分发挥，这便是除了短跑、跨栏、中长跑外，所有和助跑有关的项目如跳高、跳远、标枪等成绩全都因塑胶跑道的问世而“水涨船高”的原因。此外，塑胶跑道不论冬夏和晴雨都“本性不改”的全天候优势，耐磨、耐油、耐辐射的可贵品质，令人赏心悦目、精神振奋的鲜艳色彩，运动员不慎摔倒后的安全程度，都是任何其他跑道所不能比拟的。今天塑胶跑道的生产和铺设技术不断改进，全塑型、混合型、颗粒型、卷材型百花齐放、争荣并茂，已经从大型体育场馆一直铺设到了小学校园的操场。

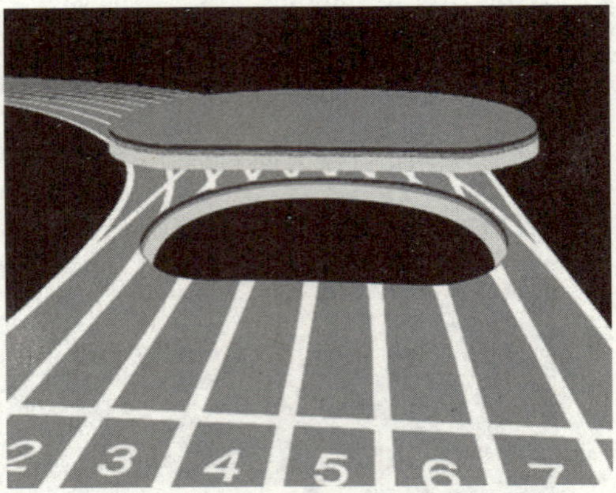

塑胶跑道结构和正贴胶海绵乒乓球拍相似

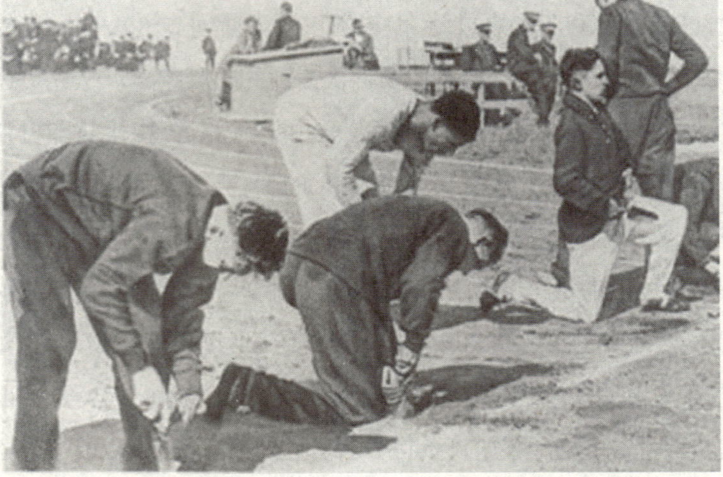
1928 年阿姆斯特丹奥运会运动员挖起跑穴

田坛巨星欧文斯在1936年柏林奥运会百米赛中创造10.3秒的世界纪录时，是从自己挖掘的“起跑穴”里腾跃而出的。当年的运动员比赛前人手一把铁铲，在起跑处的煤渣地上匆忙挖好两个坑，以便安顿自己的双脚，于是“挖坑水平”也成了田径技术的组成部分。“起跑穴”不仅形貌参差，而且脚掌塞进坑里后处于地平面以下，起跑时很容易刮住脚尖影响成绩。1927年美国教练布雷斯纳汉发明起跑器，直到1937年才被国际田联认可。今天的起跑器不但牢固舒适，而且便于调节距离和角度，运动员“蹲踞”其上，身体如同蓄势待发的压缩弹簧，能在最短时间里摆脱静止状态获得最大初速度。起跑器上和发令枪联动的传感装置计时精度达到了千分之一秒。

打从1920年安特卫普奥运会使用第一个周长为400米的跑道后，这种两头圆，中间直的“曲别针”模式便延续下来。运动员在直道上奔跑时，由于方向不变，每次蹬腿所用的力都对原来速度有叠加效果，能达到自身速度的最大值，身体也只需向前方倾斜。弯道上奔跑的轨迹是一个圆弧，速度的方向在不断变化，事实上，身体每次腾空后都会沿切线方向飞出，摆动腿落地后才能再度改变方向，这种由许多“线段”连成的“弧”颇似一条“割圆”的折线。向心加速度的产生必须有向心力的作用，运动员跑弯道的向心力来自身体内倾时所受重力与支撑力的合力，它和速度的方向垂直并指向圆心，维持着和惯性离心力的动态平衡。向心力与速度的平方成正比，与圆弧的曲率半径成反比，因此跑得越快，拐得越急，身体倾斜角度就越大，也越会影响奔跑速度的发挥。首届雅典奥运会细长的U形跑道就因为曲线太陡而不利于竞赛。需要了解的是，身体在弯道上的内倾是指整个身体轴线的角度，而并不能靠着上体向内歪扭。今天标准的环形跑道修建时要求有向内千分之一的倾斜度，先进的室内田径场还出现液压装置调节弯道的坡度，都是为了更好适应跑弯道时身体的姿态。

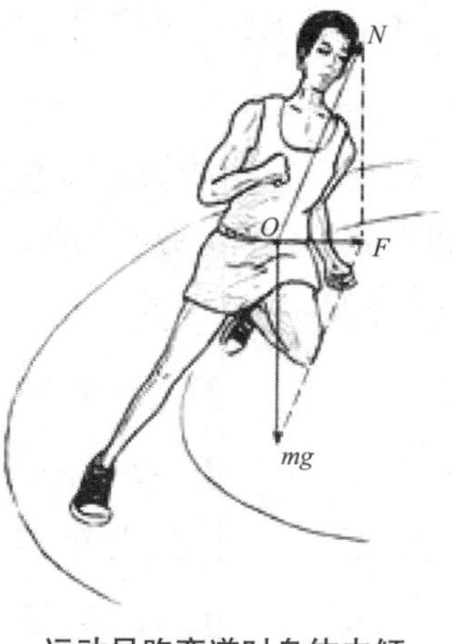

运动员跑弯道时身体内倾

百年间,各国专家做过多种试验和比较,创造出蓝曲式、三圆心式、尖圆式等跑道,目前国际上公认半圆式为最好,标准的400米跑道有3种规格,内突沿半径分别为36米、36.5米和37.898米。半径小的跑道曲率大,但直道部分所占的比例也大,可谓“失之东隅,收之桑榆”。弯道上起跑时,起跑器都安装在跑道右侧,中心位置正对弯道切点方向,便是为了给运动员提供起跑后的最大直线距离。

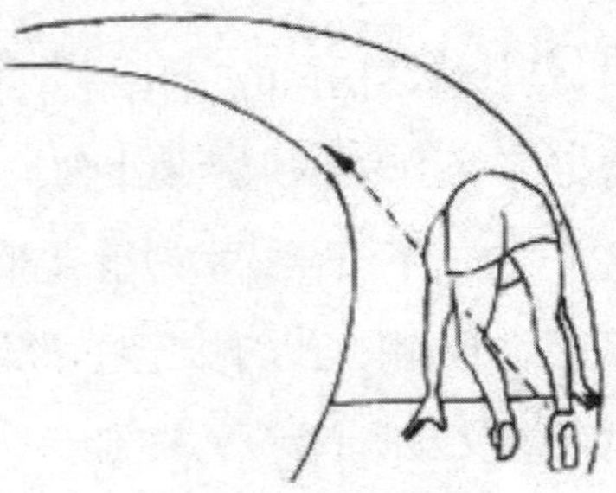
弯道起跑应对准切点方向

2004年雅典奥运会女子4 × 100米接力赛中,实力强大的美国队因跑第三棒的威廉姆斯起跑过快,使第二棒琼斯追赶不上而传棒失败。接力赛是短跑中必须靠集体力量和团队精神取胜的项目,具有极高的技术含量。

两辆并行的汽车如果速度相同,上面乘坐的人便能够轻易地互相传递东西;每秒10多公里运行的宇宙飞行器只要彼此相对速度为零就可以在太空对接。田径场上接力赛的每条跑道上都划出了20米的接力区,前面还有5米的预跑区,接力赛的基本要领应该是,传棒运动员跑速不下降而接棒运动员已经接近发挥出最高速度时,两人在接力区内迅速、准确、平稳地完成传接动作。这就要求接棒运动员参照标志线不失时机地起跑,当双方距离逐渐缩短,彼此都处于最高速度又达到同步速度的瞬间“一蹴而就”。此时两位运动员前后应相距大约1.5米,靠着身高臂长与配合默契赢得1.5~2米的“获益距离”,所谓“获益距离”指的是传接棒动作时身体重心相隔的最大水平距离,3个接力区累计起来相当于整个团队少跑5~6米,这对于百分之一秒决胜负的世界级大赛,其意义不言自明。

一个让人们熟视无睹却又难以回答的现象是,为什么我们在田径场上总是沿着逆时针方向跑?诚然这是国际田联做出的规定,但事实证明逆时针跑确实更加自然并且成绩胜过顺时针跑。有人说因为人的心脏靠左,有人说因为右腿比左腿更占优势,还有人认为我们的观看和阅读习惯是从左到右,甚至有人拿宏观尺度上地球自转产生的科里奥利力来解释,显然都牵强附会不能令人信服。且不说滑冰、自行车和纳斯卡汽车赛，就说日常生活中游艺场的旋转木马和宾馆的旋转门，乃至农村推碾拉磨也不约而同按逆时针方向运动，而在使用卷笔刀和打蛋器时却又习惯于顺时针方向。我们不禁陷入辽阔的遐想，从氨基酸的"手性"到牵牛花的生长，从龙卷风的发生到行星的自转和公转，旋转是大自然万事万物基本的运动方式，至于运动员为什么按逆时针方向奔跑，我们只能老老实实回答不知道，高傲的现代科学也许为回答不了如此简单的问题而尴尬，但"强作解人"并非科学的态度。也许这一现象根本没有什么道理，也许毕竟应该有点道理，也许真正原因深藏在我们进化的历史中。看来这个问题只能"立此存照"，有待继续思考和探究。

跑道春秋

扫一扫，看中文视频

羽球穿梭

羽毛球是1992年在巴塞罗那才被正式接纳为奥运会比赛项目的。不管是奥运会的“疏失”还是羽毛球的“清高”，如果从1893年英国成立羽毛球协会算起，经过整整100年，羽毛球才进入奥运大家庭，彼此之间错过得太久了。像一条水量丰沛的支流汇入波澜壮阔的大河，奥运会因为有了羽毛球而平添光彩，羽毛球也因为进入奥运会而面目一新。特别对于亚洲国家，获得奥运奖牌的机会为之大增。把羽毛球尊为国球的印度尼西亚在巴塞罗那旗开得胜，名将王莲香和未婚夫魏仁芳双双夺得男女单打冠军，雅加达以2小时的盛大游行欢迎英雄的凯旋，这是印尼自1952年参加奥运会以来首次获得金牌。如今中国、印尼、韩国仍雄踞世界羽坛前列，丹麦、英国、瑞典等欧洲劲旅也不甘示弱，羽毛球正以前所未有的公众基础蓬勃于全世界。

同任何其他“球”相比，羽毛球都是一种完全不同的“球”。它既不是圆形，又不在地面和台面上蹦跳，这种轻盈洁白的圆锥状“精灵”穿梭往返于球网两边，它对二维的球场平面依赖性不强，但却要求至少9米的高度确保它千变万化地飞翔。可以说羽毛球的驰骋天地是750立方米的三维空间，当然还有第四维时间。

人们对羽毛球最大的惊讶还在于它是所有运动项目中速度最快的球。2005年5月在北京举行的苏迪曼杯比赛中，中国选手傅海峰一记劈杀，球速高达每小时332公里，超过了欧洲电气火车和一级方程式赛车，相比之下最快的网球和棒球都成了“慢动作”。然而人们也往往不再深究，如果羽毛球以每秒钟90米的速度在总长不过13.4米的球场飞驰，那该是何等恐怖的景象？

幸好这和实际情况并不相符，由于羽毛球圆锥形的“身材”和轻如鸿毛的“体重”，使它在空气的高阻力下很快就丢失了速度，因此难以打出网球中的ACE球。羽毛球也画不出完整的抛物线，它的运动轨迹永远不对称，曲线顶点要更靠近落点，降弧总比升弧陡峭，在常见的高远球中会变成“半个抛物线”，当球的水平速度为零后，便在重力作用下像一个旋转的叶轮，以匀速直线运动落下。看来当我们说羽毛球是速度最快的球时，还应该加上一句，羽毛球也是减速最快的球。

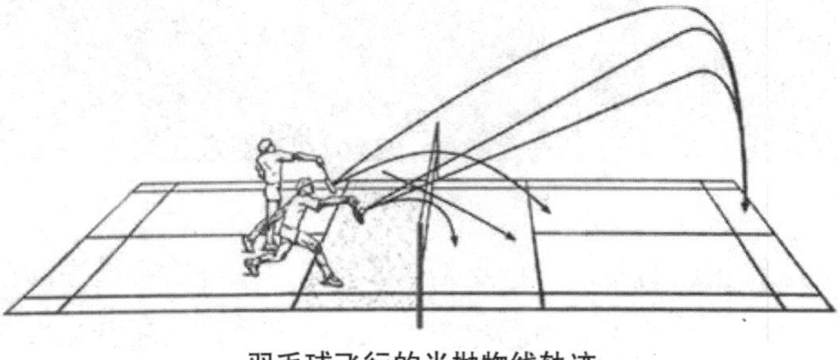

羽毛球飞行的半抛物线轨迹

哥伦比亚号航天飞机曾因重返大气时发生故障而坠毁，如何确保航天器安全着陆历来是最棘手的课题。2005年，美国私人企业成功研制了第一个商用旅游太空飞船，把游客送到100公里高的大气层外，设计者声称他的灵感来自羽毛球，这架飞船在重返大气时能打开折叠机翼，便是利用羽毛球平稳高效的减速机制确保安全降落。

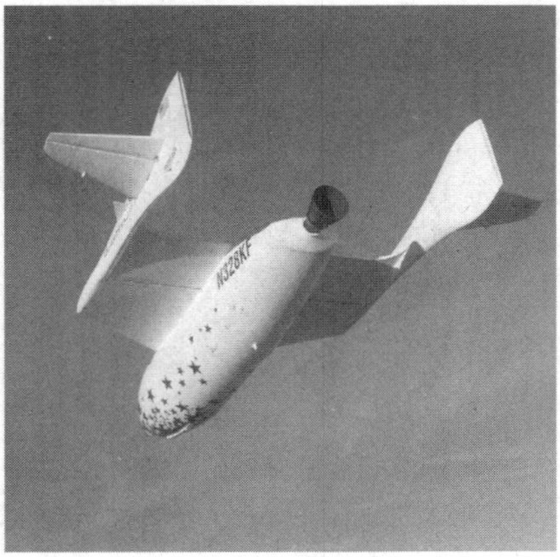

美国太空一号商用航天飞机

正是由于羽毛球对空气动力的高度敏感，因此格外“弱不禁风”，要求赛场9米以下的气流不能超过每秒0.2米。更加“娇气”的是，同一个球，在低海拔寒冷地区由于空气密度高，黏滞阻力大，因此飞行速度慢。反之在高海拔炎热地区则飞行速度快。国际上把羽毛球分为5个等级，低海拔地区使用较重的“高速球”，高海拔地区使用较轻的“低速球”。譬如在中国上海比赛使用的羽毛球重 5.2 克，昆明使用的羽毛球重 4.7 克。这里所谓的“高速”“低速”指的是标准力量作用下球的飞行距离，越远就意味着越快。

常遇到运动员在找不到合适型号的羽毛球时，往软木球托背后按一个图钉来增加重量，提高球速。更通用的办法是将球上 16 根羽毛中对称的 4 根或 8 根轻微内折或外折，以改变锥形的张角来调节速度。

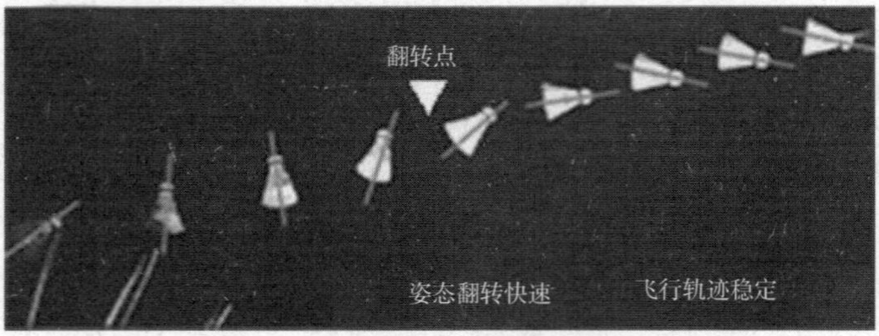

羽毛球翻转时运动轨迹

和对称球体相比的另一大特点是，羽毛球的飞行始终是头部在前。由于球的重心和在空气中的压力中心相距很远，保证了长轴随时和运动轨迹切线相重合的稳定力矩。“喇叭口”朝前也会招致最大的“形状阻力”。实验表明在 300 公里的时速下，好的羽毛球被球拍击中后能在 0.02 秒内翻身调头，这种灵敏和快捷简直不可思议。

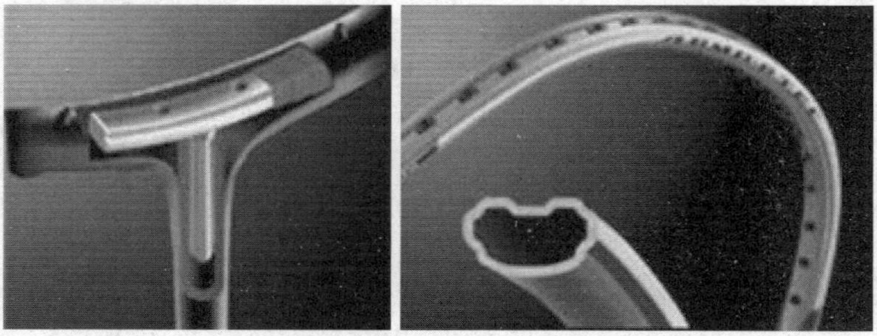
羽毛球拍框内部结构

现代羽毛球的发展离不开球拍制造技术的革命。早期用木材制作的拍框拍柄质地疏松、缺乏弹性并且笨重易折。铝合金的使用让球拍整体性能大为改观，钛合金的问世进一步使球拍减轻了重量并增加了强度，此后是更轻而富有弹性的碳纤维垄断羽毛球拍制造业。如今的国际先进技术已将纳米级“弗拉纶”粒子渗透到碳纤维原子的间隙中，使球拍的弹性、抗冲击度、耐受力和轻量化指标都更加理想。内置的T型接头把拍框拍把紧密连成一体,强化了整个球拍的坚固性和可控性。用合成材料制作的拍弦也更加坚韧均衡和富有弹性。如果说球拍是手臂的延伸,那么我们的“手臂”已经伸得很远并摘取了诸多的科学果实。

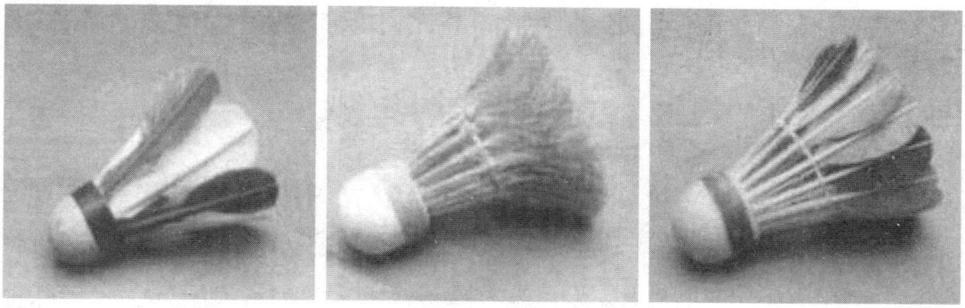

早期羽毛球

奥运体育项目中唯一用动物毛发制作的器材就是羽毛球。半个世纪以来,羽毛球经历了“十八变”,出落得越来越灵秀俊俏了。这真是一件精美的艺术品,仅仅毛片的选择、清洗、烘干、处理就需要十几道工序。植毛、注胶、称重等全都靠程序控制。生产出来的羽毛球用发球机测试,落在不同距离的传送带上以区分速度等级,这和风选种子的办法颇为相似。

如果了解鹅的翅膀上羽毛分布情况,从外向内数,第4至第10根叫做“刀翎毛”,这就是制作中高档羽毛球的原料,其中只有两根属于上选,还必须在鹅活着时拔下以确保动物蛋白结构不遭破坏。前几年禽流感猖獗时,许多养殖基地的家禽被销毁,一度造成羽毛球原料短缺而价格飙升。随着羽毛球运动的普及和全世界需求量剧增,过去鸟儿们能够胜任的事情如今已经越来越不堪重负了。

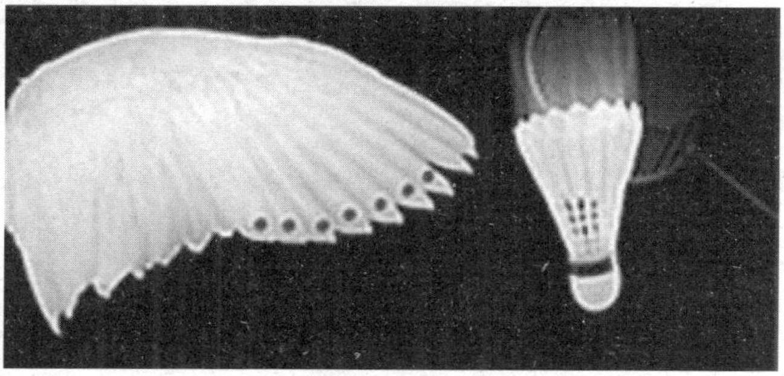

羽毛球取材

以尼龙、塑料代替羽毛的呼声再次高涨起来，许多大牌体育公司都努力研发高质量的“尼龙球”，并且已经十分接近“天然”羽毛球的标准。尽管尼龙做成的“裙子”高速飞行时会在空气阻力下有轻微“合拢”而少许影响减速效应，击球后的翻身掉头动作比“天然”羽毛球也略慢千分之几秒，“球感”尚不如“天然”球顺手，但只要假以时日，新材料和新工艺一定会有长足进步。“尼龙球”无疑具有宝贵的优势，更容易标准化，不仅成本低廉，而且坚韧耐用，“一只能顶一桶”。看看专业队每次训练要报废成百个 AAA 级球，留下狼藉的“一地鹅毛”，不免“我见犹怜”。有些球队因为负担不了“高消费”而被迫裁员，而“买不起球”也是制约一些非洲国家发展羽毛球运动的重要因素。毋庸置疑，不断提高价廉物美的“尼龙球”在羽毛球运动中的地位和份额，无论从资源节约和生态环境保护考虑都是社会的进步和时代的潮流。2005 年 12 月 3 日在中国澳门举行的亚洲 U-16 羽毛球团体赛上首次使用尼龙球，显示了国际羽联“改弦更张”的锐意与决心。

有人已经提前担心了，如果改用尼龙球，羽毛球是否该叫别的什么名字了？那倒是不必。正如同我们今天仍然把火车叫做火车一样。

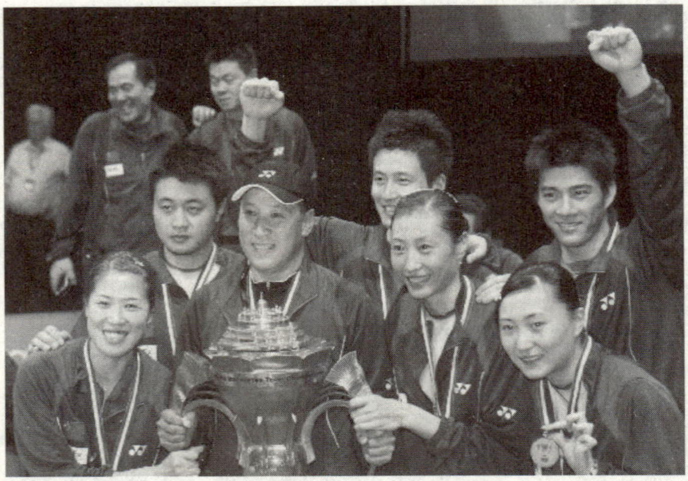

中国羽毛球队

羽球穿梭

扫一扫，看中文视频

球场变革始于足下

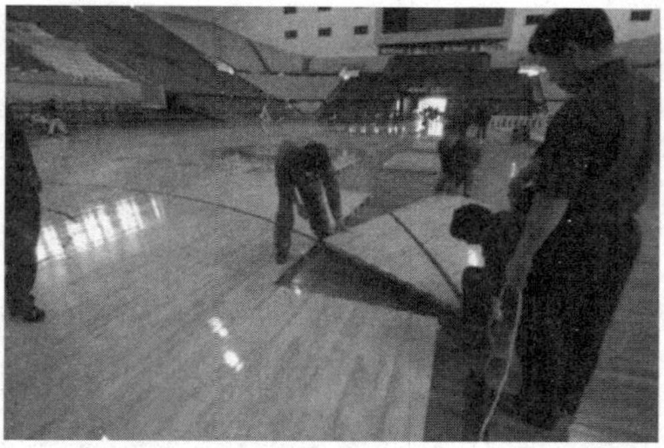
2004 年 NBA 中国赛安装篮球场地板

2007 年 10 月，NBA 在中国上海和澳门的两场季前赛让无数球迷心旌摇曳、如醉如狂。两支正宗的美国职业篮球队不仅自带啦啦队，还自带专用的赛场地板，这种兴师动众的阵仗实在举世罕见。俗话说“百里不运粗”，NBA 脚下的篮球地板究竟是“何方神圣”？值得不远万里空运到中国吗？

这也许要从篮球运动的特色说起。不像举重、拳击、摔跤等项目按体重划分级别以确保公正，篮球场上无论运动员身高几许，球篮都是离地面 3.05 米，这就使得篮球成了“巨人的运动”。一个球队的实力首先体现在“空中优势”上，有了“制空权”就能更好在对方头顶上传球，而从正上方“扣篮”和“灌篮”时，内径 45 厘米的篮圈在投球的速度方向上是一个正圆，对于 25 厘米直径的篮球通过有很大的宽裕量。随着入篮角减小，篮圈在球的速度方

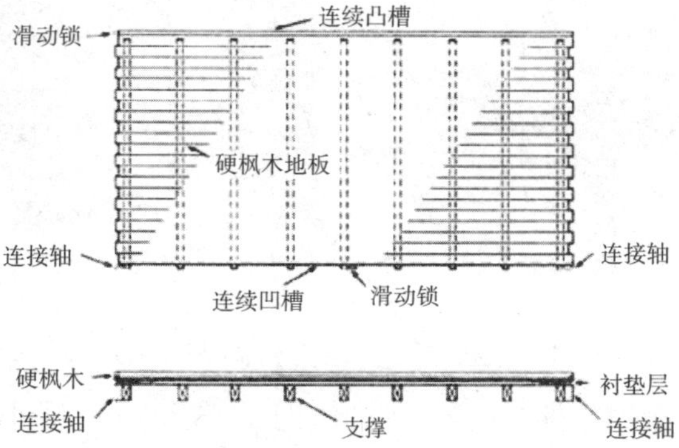

篮球场地板的俯视图（上）和侧视图（下）

向上变成了越来越“瘪”的椭圆，投进“空心球”的难度就越来越大。计算表明，当入篮角小于33°45′时，椭圆的短径将小于篮球的直径，这时球就会在击中篮圈后被弹走了。增加投球的出手点高度，可以减小投掷角度，缩短抛物线距离，提高投篮命中率，并防止对方封盖。因此“跳投”便成了优秀篮球运动员的基本功。跳起高度还能够弥补身材的不足。“飞人乔丹”起跳时能够离开地面120厘米，在空中“悬停”1秒钟，除了自身天赋和运动鞋的功劳，应该说，脚下的地板也发挥了特殊作用。

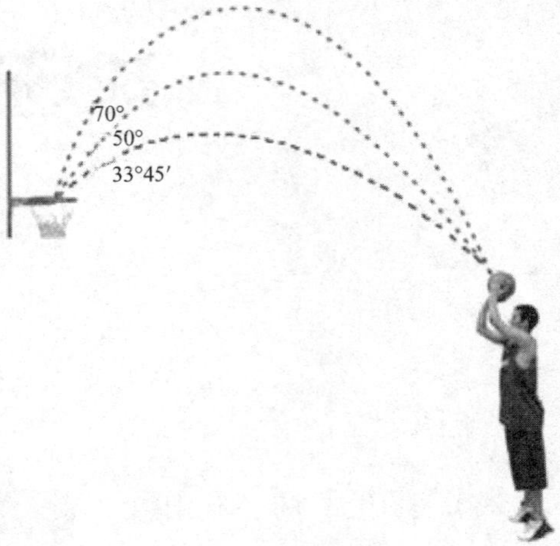

投篮的入篮角

NBA篮球地板用硬枫木制成，坚韧度高，变形量小，具有良好的弹性和适度的摩擦力，细密修长的木纤维不会“起刺”。一个球场的240多块活动地板如同机器的标准零件，通过精密的滑槽、灵活的枢纽、特制的紧固系统组装成一个严丝合缝的整体。预铺的防潮层和面板之间有橡胶制成的软垫，使地板的“贮能模量”增加，因此具有更理想的弹性和减震功能，这便是为什么NBA大赛在自己带来的地板上进行就更加生龙活虎并“原汁原味”了。

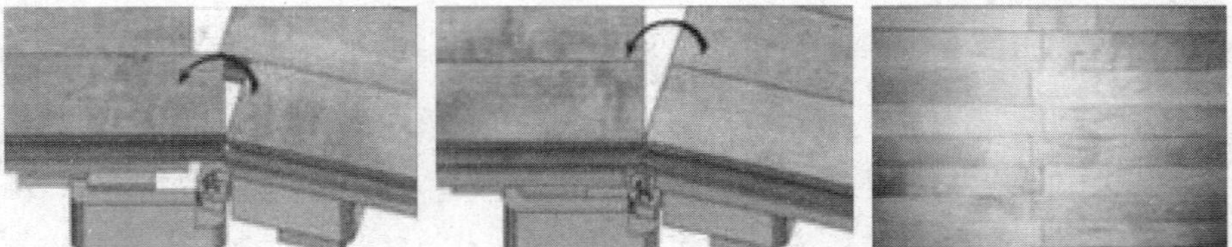
连接处

体操运动员同样需要“空中优势”，但这里指的不是身材高大，相反高个子会因为转动惯量太大而成为致命的劣势。体操运动的法则要求运动员个子小但跳得高，因为一切复杂的跟斗和旋转都需要时间来完成，而只有跳得高才能提供停留在空中的足够时间。有些优秀体操运动员在完成高难度动作时身体重心的高度超过了跳高世界纪录。但体操运动员脚下却不能像篮球运动员那样穿一双“飞人乔丹”鞋。因为会大大增加身体的转动惯量，于是就更加依赖地板的弹性。体操地板同样是“悬空结构”，面材为坚实致密的硬木，下面均匀安装着排成阵列的弹簧和橡胶立柱，使得运动员踏跳时既富有弹性和减少震荡，又保持“脚踏实地”的牢固和稳定。此外，乒乓球、羽毛球地板都需达到规定的指标，排球地板则应该具有运动员扣杀和拦网时起跳所必需的弹性。

然而球类比赛场地中一个绝无仅有的例外，便是沙滩排球。在体育竞赛中，沙坑从来都是运动的缓冲设施，其功能在于将“动”平稳转化为“静”，现在却用45厘米厚的沙层当作运动场，似乎有些匪夷所思。但唯其如此，沙滩排球才有了不可取代的特色、趣味和魅力。

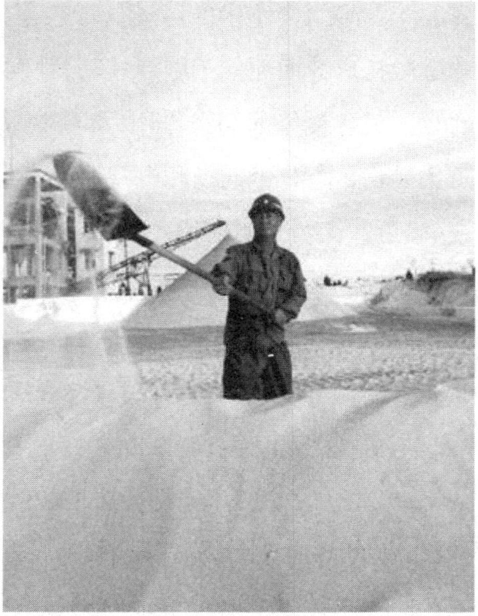
工人为2008年北京奥运会沙滩排球赛加工沙子

松软的沙滩和密实的地面有着不同的力学传导特性。如果把坚硬的固体比作“力的良导体”，那么沙层就只能算“力的半导体”了。当运动员的腿部蹬伸时，脚下的沙子会流动和被压缩，延长力的作用时间，减少脚对地面的冲击力，同时使脚得到较小的反作用力。沙层受力后没有“弹性形变”，只有“塑性形变”，对脚不产生任何能量回输，因此沙滩排球运动员的腿部爆发力难以发挥，无论跳跃高度、奔跑速度、制动时间都大打折扣，有测试表明，沙滩排球运动员扣球起跳时身体重心垂直上升速度为每秒2.72米，室内排球则为每秒3.52米。而沙滩场地要的就是这个效果。

可别以为排球用沙的来源多如“恒河之沙”。根据国际排联苛刻的标准，石英沙粒的形状太圆会影响场地硬度，太有棱角会使运动员倒地产生剧烈摩擦时感到疼痛，因此必须经过专门程序打磨；沙的颜色太白或太黄都影响电视转播效果，而必须将色度“勾兑”得恰如其分；沙中的粉尘会使沙地在下雨后板结，刮风时扬灰，因此必须彻底清除。2008 年北京奥运会沙滩排球的 17000 吨专用沙经过 18000 公里中国海岸线勘查，最后选自海南省东方市八所镇，并经过加拿大实验室检测后才车载船装运到北京，一袋沙比一袋米还贵，身价和待遇照说也不低于 NBA 篮球地板了。

人们把足球场称作“绿茵场”，其中显然寄托了太多温情和诗意。柔软整齐的芳草地给奔跑中的运动员带来蓬勃朝气和身心舒适，草的高度正好把足球微微托离地面而便于施展技巧，跌倒后在草坪上滑动会切断草茎，叶片释放的浆液起着良好的润滑作用，骤停急转时草地对脚的缓冲能减小腿部的扭矩防止受伤。而对于现场和电视观众来说，草坪是比赛的“脸面”。球场上的“绿视率”更让人悦目赏心而不觉疲劳。至于草坪上那些浑然天成、整齐美观的图案和花纹，并非来自不同品种的草色差异。其中奥秘在于修剪作业时，机械按照不同方向的滚压使草的生长方向互相交错，造成了不同方向吸收和反射光线有强弱多寡之别。

不过“绿茵场”上的草大多都是 3 个以上的品种混合生长，黑麦草、结缕草、高羊毛、百慕大……不同品种耐践踏、耐干旱、耐严寒、抗虫害的性能高下互见，进行合理搭配能形成良好的互补关系，保证草坪的整体品质。灌溉、施肥、杀虫、中耕……草坪管理用得着一整套农作技术。雨天需要高效的地下排水系统，寒冷地区的草坪需要有电热丝或暖气管铺设的地下加温系统。草坪的高贵品相与娇生惯养在所有体育竞赛场地中是首屈一指的。

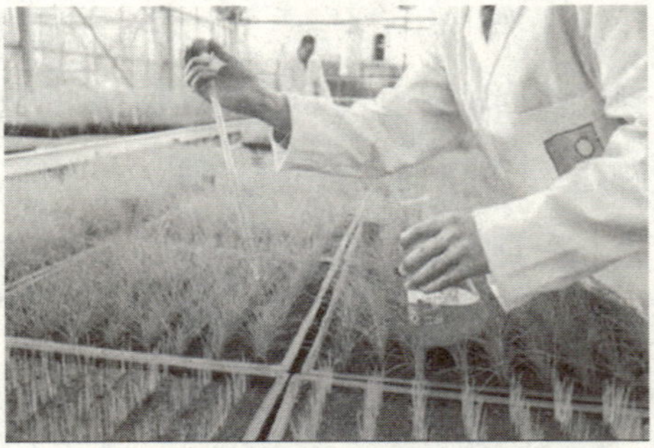
草皮培植养护

1999 年落成的英国卡迪夫千禧体育场不乏可圈可点之处，其中一大杰作，便是将天然草皮“化整为零”种植在 7400 个钢铁的托盘中，再“化零为整”拼装成一个天衣无缝的“绿茵场”。每个“模块”都可以灵活拆卸，球场中圈和球门区等处草坪容易受到更多践踏，这些“薄弱环节”的“模块”就可以更频繁更换。体育场还能将全部“模块”移走，承接其他大型展览和演出活动。足球比赛前再让草坪模块“紧急集合”就能应对自如了。

2002 年世界杯足球赛上贝克汉姆率领英格兰队战胜阿根廷队的历史性战役，就是在日本札幌体育馆进行的。这个“巨蛋”型建筑的草坪足球场能够像抽屉一样整体滑动，从体育馆里拉进拉出。草坪作为需要阳光、空气和水的生命体，离开大自然怀抱就会枯萎凋零。终年“囚禁”在现代体育馆四壁的阴影里，只能靠顶部有限的“亮色”进行光合作用，加上长期通风不良，怎不让芳草变得 “芳容憔悴”？当今许多体育馆都采用了这种壮观的草坪整体移动技术，巨大的钢铁托盘承载着连草带土的整个球场，停放在滚轮轨道上。只用不到一小时就能把偌大的地坪移动到位。没有赛事的日子里，草儿们可以在蓝天丽日下自由自在休养生息，“一声召唤”便能立刻以崭新面貌到体育馆靓丽出场。

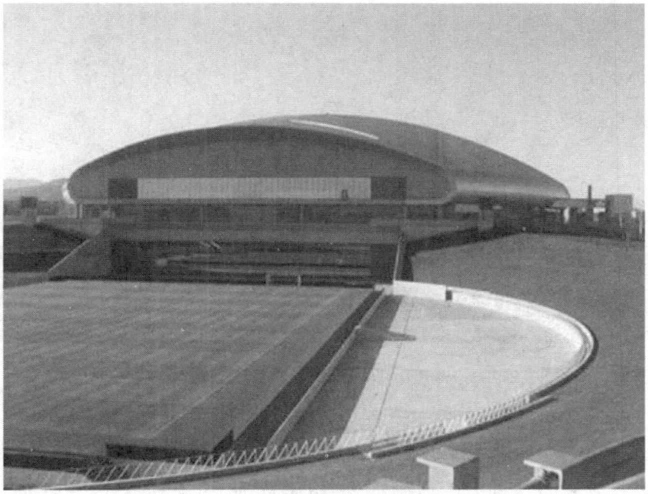

日本札幌体育场

不过，天然草坪几十年来一直遇到强劲对手“人造草坪”的竞争。1966 年，号称“世界第八奇迹”的美国休斯敦体育馆大胆挖掉了自己的 14000 平方米天然草坪，率先换上了当时初露头角的人造草坪。因为他们无法养护巨大穹顶笼罩下“衰草裸土，形同菜地”的球场。人造草坪由美国阿斯特罗公司首创，于是“阿斯特罗草”便成了人造草坪的别名。1981年英国伦敦足球俱乐部皇家公园也铲除了天然草地改装“阿斯特罗草”。不过第一代人造草坪很快就声名狼藉，不仅因为质地达不到天然草的柔韧和弹性，运动员跌倒后身体和人造草纤维摩擦产生的高温还容易使皮肤灼伤并难以愈合，一种因畸形受力而罹患的足部疾患也被称为“阿斯特罗脚趾”。于是足球界出现了天然草坪的“大回潮”，一度“冒进”的体育馆纷纷“改邪归正”拆除人造草坪。1988年，英国足协禁止在正式比赛中使用人造草坪，此后国际足联也宣布人造草坪非法。谁也不曾料到，坚韧顽强的人造草坪此后通过不断改善自己的品质能再度扎根并“卷土重来”。

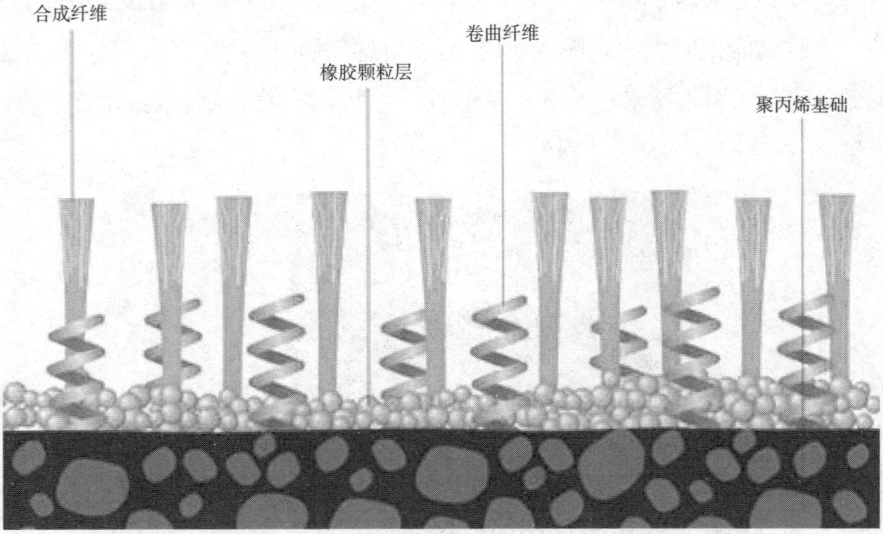

人造草坪示意图

今天的人造草坪早已经告别了“地毯时代”。“第六代”的聚乙烯、聚丙烯草株即使近距离熟视和伸出手触摸都和天然草并无二致，千万吨硅砂和橡胶颗粒混合而成的“人造土壤”坚固、平实而富有弹性，牢牢支护着草茎不会倒伏，用回收耐克鞋粉碎后的橡胶粒作原材料曾在业内传为美谈。而成本低廉，养护简易，抗紫外线，全天候使用，寿命达20年以上，都体现着人造草坪的独特优势。特别对于“养草一整年，使用三个月”的严寒地区和高纬度、高海拔、地质贫瘠的“不毛之地”，人造草坪几乎是唯一选择。如今驰名足坛的皇马、AC

米兰、阿贾克斯等球队都有自己的人工草坪运动场,欧洲足联早在2005~2006赛季就批准了使用人造草坪,国际足联则已经向“达标”的厂家颁发二星生产许可证了。人造草坪无疑具有光明灿烂的前景。

而天然草坪改进的步伐也没有停止,基因工程正加紧培养新的耐寒、耐旱、耐践踏草种。何况人造草坪无论如何仿真、逼真并达到乱真,也永远不能像天然草坪那样通过“新陈代谢”来降低在烈日下的“体温”,不能吸收运动员洒下的汗液,不能散发特有的迷人清香。无论从实用上、文化上、情感上,一个有生命的“绿茵场”都将是永远无可替代的。

球场变革始于足下

扫一扫,看中文视频

体操 ABCDE

当人们以阿基米德、牛顿、开普勒的名字为科学定理命名时，体操界同样秉承了这一宝贵传统。于是我们对托马斯全旋、特卡切夫腾越、冢原空翻、李宁吊环、程菲跳同样耳熟能详。没有任何运动能列出这样一份长长的清单，最简单的跳马也有100多个注册在案的标准动作。把每个时代的开拓者连同他们的贡献载入史册，体操成长的脉络因此而格外分明，同时也昭示着一种价值观：弃旧图新、张扬个性是体操的灵魂。

体操在1896年首届奥运会上便是正式比赛项目，早期体操的界定混乱，水平低下，曾将跳高、跳远、爬绳都纳入竞赛，地面双手倒立，单杠引体向上都成为重要动作。评判也缺乏客观依据，“印象分”的标准常常暧昧而含混，1954年首次将体操动作按难度划分为A、B、C三个等级并赋予确定的分值。

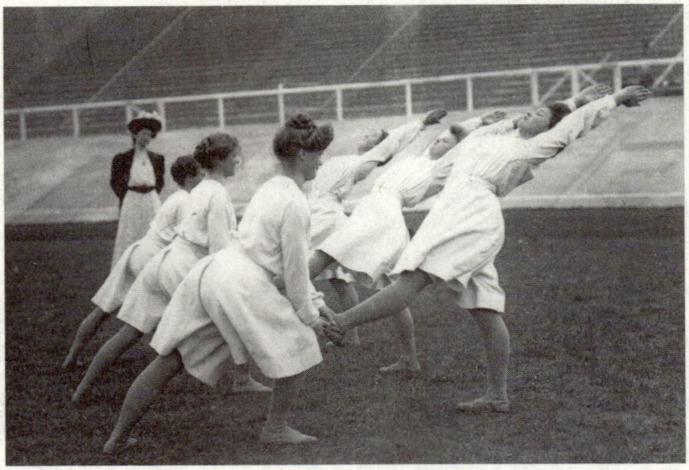

1908年伦敦奥运会女子体操

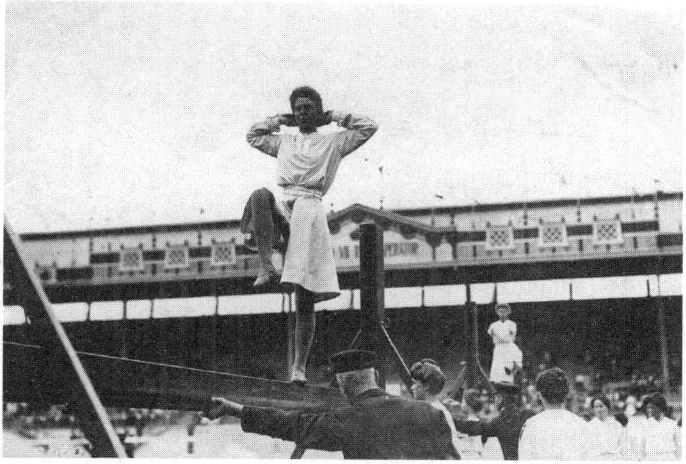

1948 年伦敦奥运会女子体操平衡木比赛

1972 年慕尼黑奥运会上，日本选手冢原光男首次完成了被称为“月亮空翻”的单杠团身后空翻两周转体 360°下，推动了体操技术长足进展。1976 年，14 岁的罗马尼亚姑娘科马内奇在蒙特利尔奥运会获得了体操史上第一个 10 分，当时的电子记分牌竟然无法显示。此后世界体操水平迅速提高，一度出现“10 分满天飞”的局面。1985 年增设 D 组难度，此后又增设 E 组、超 E 组，仍然赶不上赛场日新月异的变化。最近冒升出来的不少高难动作已经归入 F 组和 G 组。1997 年国际体操联盟大胆决定在比赛中取消规定动作，让优秀选手能有更多机会大展才华。今天体操运动中许多稀松平常的基本动作，都足以让 10 年前的奥运冠军目瞪口呆。

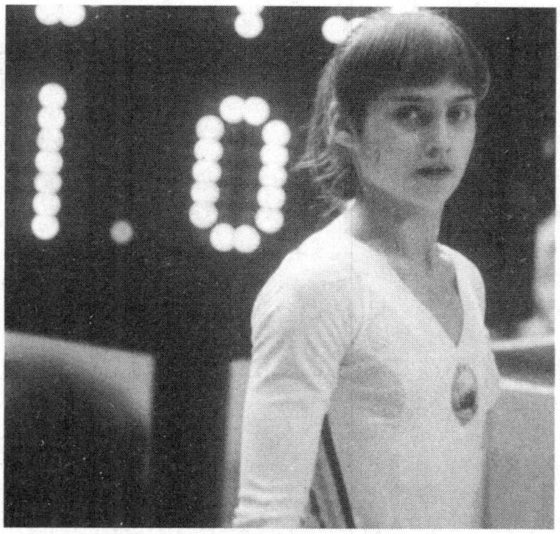

1976 年蒙特利尔奥运会上罗马尼亚选手科马内奇获女子自由体操满分 10 分

翻腾和旋转是体操的“亮点”与“看点”，也是“含金量”和惊险度的主要元素。尽管各种套路翻新出奇，如果从力学的角度来观察，便能将不可胜计的动作化繁为简，从眼花缭乱中看到有条不紊。

人作为活体虽然有别于非生命体，但不妨简化为多刚体系统的力学模型。

体操中常见的一种旋转是沿着有支撑点的实体轴转动，单杠、双杠、高低杠都可以成为这样的实体轴，运动员悬垂摆动和回环动作中的握杠点便是支撑点。自由体操和平衡木的720°吸腿转体、1080°立转等则是有支撑点无实体轴的转动，冰上和芭蕾舞中更常见这种动作。踮起脚尖是为了减小支撑面产生的摩擦力矩，一枚旋转的图钉只有在钉帽朝上时才能保持稳定就是这个道理。

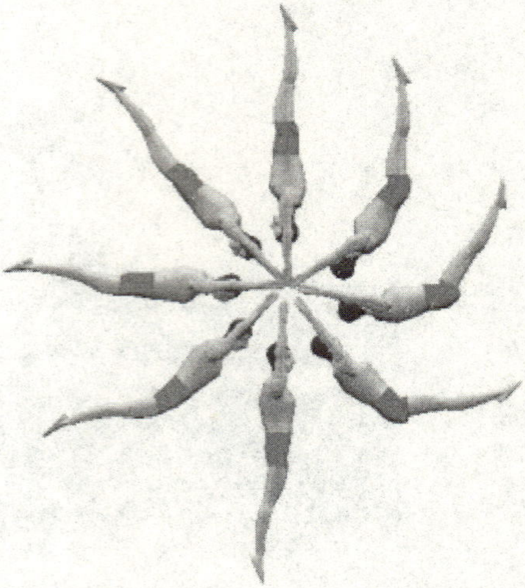

身体沿着有支撑点的实体轴转动

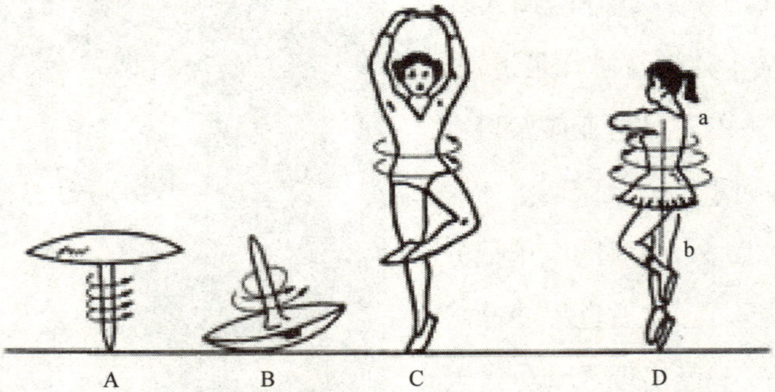

有支撑点无实体轴的转动

而人体在空中沿着自身前后方向的“筋斗”，沿着左右方向的“踺子”和沿着竖直方向的旋转，则围绕着三维坐标中三条非实体轴线，坐标的原点是身体的质心。

任何复杂的机械运动都可以分解为彼此独立的平动和转动，它们互不干扰、互不影响，只有合成与叠加关系。体操动作也不例外。2004年雅典奥运会上，西班牙选手莫雷诺完成的自由体操超E组动作展示了

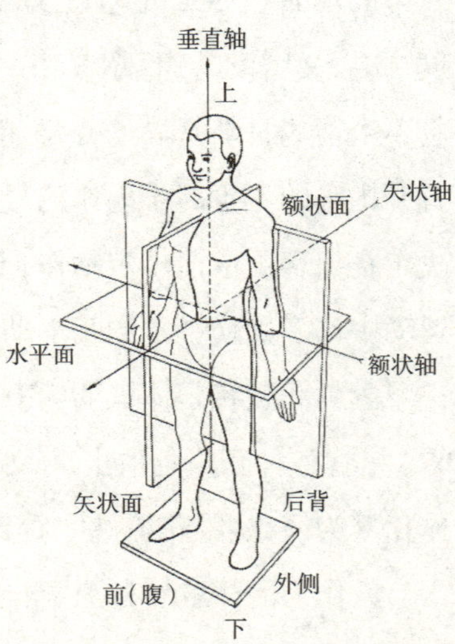

人体的基本面和轴示意图

“又高又飘”的后空翻转体1440°,这是一个斜抛物线运动和后翻一周的筋斗加上1440°急速转体的合成。质心的“高抛物线”为完成这个双轴复合转动提供了待在空中的必要时间。有些体操运动员在完成顶尖级动作时,身体重心腾起的高度已经超过了跳高世界纪录。

只用稍加留心便能发现,要在空中翻出一个720°的“筋斗”,运动员的身体必定“抱成一团”,“直挺挺”的姿势难以获得很高的转动速度,这是角动量守恒定理的形象演示。任何旋转物体的角动量等于转动惯量和角速度的乘积,转动惯量是转动物体的惯性,与质量成正比,与离开转动轴垂直距离的平方成正比。体操运动员“直体”的质量分布离转动轴最远,所以转动惯量最大,“屈体”把上下肢折叠起来,身体质量分布更靠近旋转轴,使转动惯量减小,“团身”则把肢体紧紧叠为三折,使全身质量最大限度向转轴集中靠拢,因此转动惯量最小。运动员都会利用转动惯量的可变性,通过改变身体姿势和改变旋转轴来控制动作。这也是在落地前要及时“打开”身体,通过增加转动惯量来“煞住”旋转的原因。

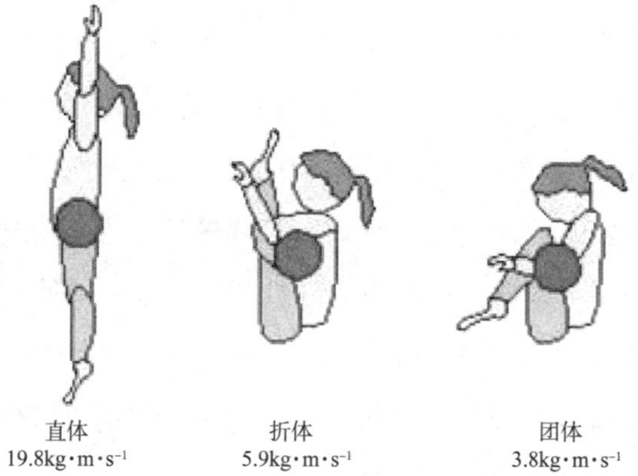

转动惯量示意图

身体的翻腾旋转都需要力,以自由体操为例,起跳时让腿部蹬伸的反作用力不通过身体重心,这种“偏心力矩”会带来身体的横向、侧向滚翻;地面和脚的摩擦力矩、杠上扭臂产生的力矩则带来身体的纵向转动。单杠、双杠、高低杠的弹性形变和反作用力同样为身体提供偏心力矩。跳马中的“推手”能和人前进的重心形成力偶，让身体在“第一腾空”之后围绕“制动点”旋转，这种机制有些像跑步时绊个跟头。至于蹦床则可以比作一个硕大的网球拍了。

体操动作的难度还包括“动静两难”。平衡木上的造型，吊环和双杠上的倒立，随时都需要用新的力矩来克服倾翻力矩。刚健优美的直角支撑、十字悬垂、十字水平支撑等则需要以极大的静态力来维持身体平衡，使身体重心所受合力为零。这些“凝固的美”恰好与体操目不暇接的飞行翻转动作相得益彰。

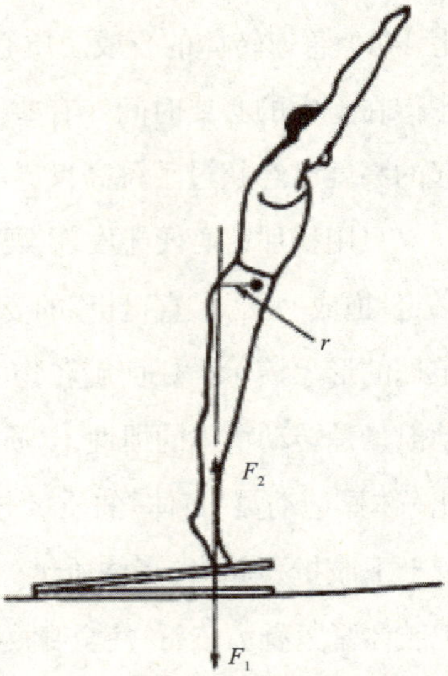

腿部蹬伸作用力不通过人体重心

如同一篇文章需要有精彩的结尾，整套体操动作从器械上的“下法”常常成为决定成败的关键。当复杂而高速的空中运动在大约 0.1 秒间戛然变成地上完全的静止状态，重力和翻转产生的冲击可达到体重的 10 多倍，要想“站稳脚跟”，合外力矩的能量必须小于脚的最大恢复能量。好的动作“腾空高，落地近”，保持一个较大的顶角，让两脚落在身体重心速度的延长线上。如果旋转的角动量还没有在展体中“消耗”完毕，就会在地上继续“发作”，使人前仰后合东倒西歪。更重要的是，人体落地承受的“冲量”，是力与时间的乘积，只有延长力的作用时间才可以换来冲击力的减少。除了垫子的使用，让前掌着地后迅速过渡到全脚掌，并依照正确顺序使髋、膝、踝关节作急剧的退让性收缩，这种“缓冲”动作能有效延长脚与地面的作用时间。所谓“旋转如风，落地如钉”便是运动员“下法动作”的最高境界。

屈指数数我们熟悉的奥运体操明星，男儿英姿飒爽，体态结实紧凑；女儿亭亭玉立，身材小巧玲珑。牛高马大和丰乳肥臀不(不符合)仅破坏体操的美学法典，同时违背科学原理。高大的身体会增加各部分的转动惯量，妨碍动作的灵巧。更重要的原因在于体重和力量不是线性关系。肌肉按立方关系增加，输出功能只按平方关系增加，力量大小由肌纤维截面积所决定。因此“袖珍型”选手具有更高的肌肉贡献率和体能效率。这和人们常常谈论的“跳蚤跳得高”“蚂蚁力气大”之类的古典问题又“触类旁通”了。

2006年阿胡斯世界体操锦标赛上，多年来一直象征完美的10分制被无情抛弃，难度不封顶的新规则在歧见纷纭中毅然出台，并开启了体操竞赛的世界纪录，这是国际体操联盟进一步奖掖创新、鼓励冒尖、拉开差距、淘汰平庸的大胆改革。在龙腾虎跃、群雄竞起的国际体坛上，每个运动员只有不断地创新才能摆脱“生存焦虑”，而任何“技不惊人死不休”的动作都离不开严格论证和精密计算。今天的体操比任何时候都更钟情于科学，这里是巧思和创意永不枯竭的源泉。

体操 ABCDE

扫一扫，看中文视频

话说网球

如果说1988年汉城奥运会是团圆的盛会，那么这种团圆还应该包括网球在阔别64年后的重新回归。捷克斯洛伐克选手麦日奇和联邦德国选手格拉芙分别夺得男女单打冠军，网球从此又成为“奥运大餐”的一道“主菜”。早在1896年雅典首届奥运会缔造的时候，网球便是“开国元勋”。1900年的巴黎，网球又成为女子闯入奥运会的先驱。然而到了1924年，由于国际奥委会和国际网联对职业运动员的身份界定和参赛资格发生严重分歧，网球从此离开了奥运大家庭。半个多世纪，网球已经成为全世界赛事最多、规格最高、奖金最丰的体育运动项目，温布尔登、法网、美网、澳网的大满贯比赛如火如荼，世界顶级网球明星层出不穷。“破镜重圆”后的奥运会变得更加完整并迈开了向职业化开放的重要一步，网球则重新驰骋在人类最广阔的体育舞台而得以空前普及。

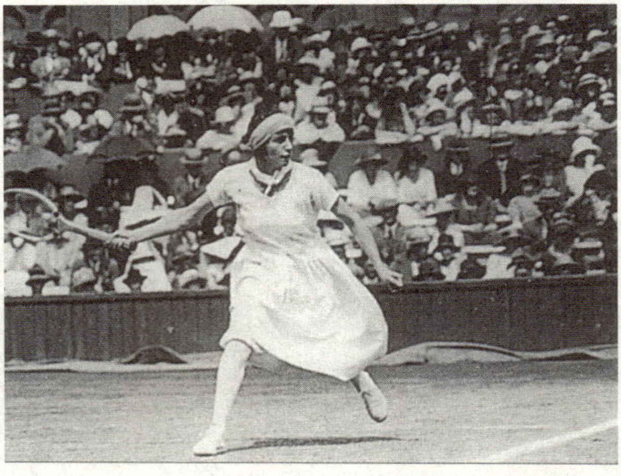

1920年安特卫普奥运会女子网球双打冠军吉蒂

都说网球是最机智灵活又迅猛强悍的运动。美国选手罗迪克发球速度达每小时 246.2 公里。运动员在 100 多平方米的地界闪展腾挪，全身 640 块肌肉几乎都要被调动，一场下来男子平均要跑 6000 米，在不允许教练场外指导的情况下独立决策 1000 多次。快如闪电、力如重炮、旋转落点变化无穷，这正是网球的魅力之所在。而球拍、场地与球之间错综复杂的力学关系则是至今争议不断的话题。

这个穿着黄色"麦尔登毛料外衣"，藏在密封压力罐中的网球当年曾经是一副寒酸相。最初的网球只是在皮革或布套内充填一些马鬃、头发和碎布之类。此后渐渐发展为橡胶内核缠上毛线。现代网球将两个橡胶半球热压充气，然后用两块形同鞋垫的呢绒垂直"相吻"将球覆盖，再进行接缝胶合。球的尺寸、重量、弹性都有严格规范。对于球如何在地面弹跳的机理已经属于常识。受到冲击力后网球会产生弹性形变，当压瘪的球恢复原有形状时，就将贮藏的弹性势能释放出来，推动球从地面一跃而起。网球和地面的碰撞一般不是"正撞"而是"斜撞"，惯性力的作用使球在碰撞前后水平速度损失很小，反弹力则使球获得垂直的速度分量。球的旋转和地面摩擦产生的力矩也会影响弹跳的角度。回弹之后网球大约损失 40%的动能，变成无用的热和声。网球表面绒毛也绝非装饰，它的"蓬松性"增大了空气阻力有助于网球减速，"粗糙度"则有利于增强网球的旋转效应。为了适用于不同海拔高度和质地的赛场，网球也按高中低弹性划分不同的规格标准。

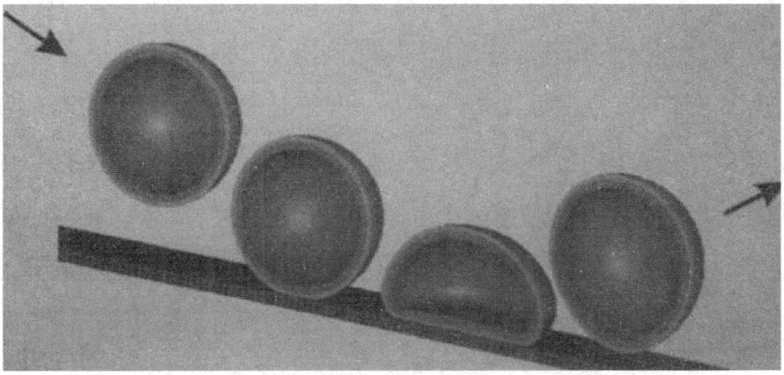

网球和地面碰撞瞬间

网球拍毫无疑问是个奥妙无穷的“掌上尤物”。早年网球拍的框架和手柄用实心木材制成,此后变为多层木板黏合。直到1965年才出现金属拍框,铝、镁、锌、铜等都被用来加入过合金的配方。1980年开始使用玻璃纤维、碳纤维以及陶瓷纤维和卡夫拉纤维。材料的变革使网球拍更轻量化和更有强度。由于复合材料拍框能够承受比木质拍框更强的网线拉力,因此可以将卵形拍头的面积做得更大,使得球拍的威力全面升级。

如果把球拍比作一把琴,拍线便是它的琴弦。网球拍很早便用羊肠的浆膜来制作拍线,由于羊的肠子不足8米长,而一只球拍子需要约12米拍线,于是牛肠便成了取材的首选。值得惊叹的是,尽管此后发明了尼龙、聚酯、卡夫拉等五花八门的合成纤维,但弹性和手感至今都无法超过“牛肠线”。当代的大牌运动员都把使用牛肠线球拍作为档次和身份的标志。不过这些动物内脏产品除了成本高,耐久性也相对较差。人们发现用尼龙纤维做网球拍的竖线以增加强度,以牛肠线作横线以增加弹性,可以收到互补的效果。

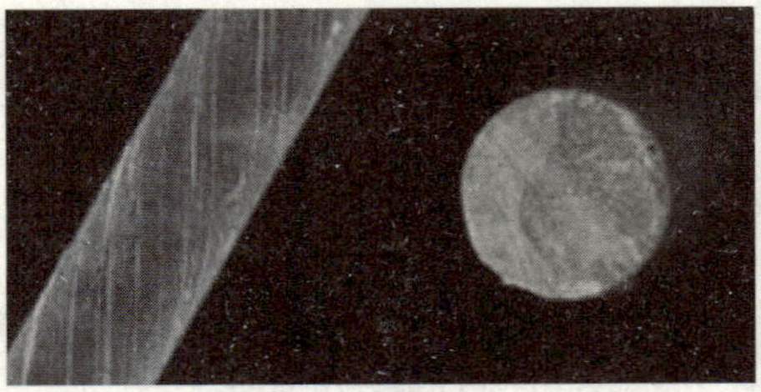
天然肠线拍弦

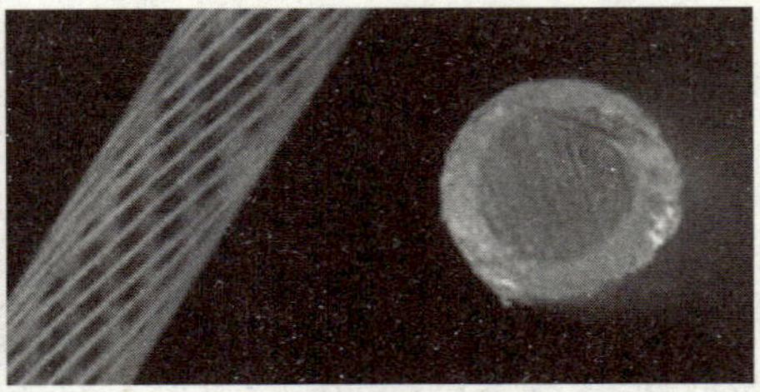
合成纤维拍弦

拍弦上紧后过一段时间会自动变松,这是弹性材料“蠕变”的结果,应该及时调整和更换。至于究竟把球拍的网线拉力定位到多大才是最佳值,则需要因人而异,但却有基本的原则可以遵循。网弦绷得越紧,强度越大,击球时拍面的形变越小,和球的接触时间越短,施加在球上的力量也越小,但对球的控制性能好。反之如果网弦调松些,击球时拍面变形大,对球的做功时间长,传递到球上的力量也相应增大,但却会牺牲控制的精确度。如同一只弹弓,拉得越长,力量越大,但“准头”越差。另外还应考虑到,在网球和球拍碰撞的0.005秒左右时间里,两者都会发生弹性形变,但球的形变能量损失大,球拍的形变能量损失小。用“软”拍的较大形变换取球的较小形变,会更经济地使用能量。

当然，拍弦的紧和松都在一定临界范围内,捕捉蝴蝶的“网”就没有任何弹性可言。一个有趣的事实是,你以每小时100公里速度挥拍,却可以打出每小时200公里速度的球。因为球速是挥拍速度和拍弦弹性回复速度的叠加。

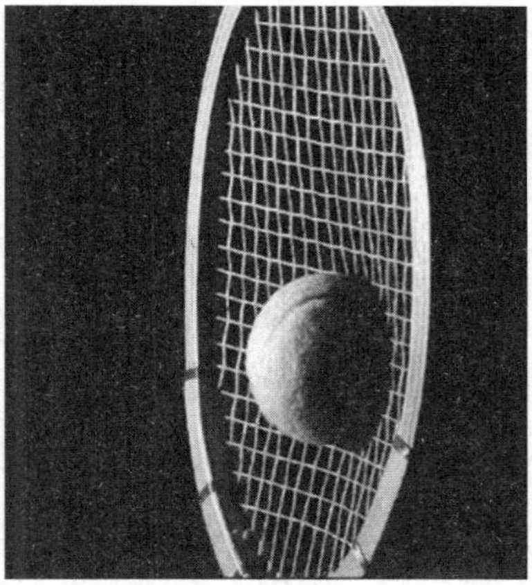
网球拍击球瞬间

网球拍上有个最妙不可言的地方,那便是人们时常谈及的“甜区”。球打在“甜区”上时,回馈的力量最大,手上感觉的震动最小。如果球打在远离“甜区”的地方,则不仅力度大打折扣,而且手上常被震得“麻酥酥”的,如同握着一把小的风镐电钻。“甜区”为什么这样“甜”,人们至今并没有达成高度一致,但却取得不少基本共识。甜点的扩大还使得运动员罹患“网球肘”的危险降低,从而延长了他们的职业生涯。

不妨先借棒球运动员手中的武器一用。拿一根球棒找到重心并做上记号,柄朝上垂挂起来,拿锤子敲击球棒。如果打在重心上,球棒会按照同一加速度整体移动,但如果打在远离重心的末端,球棒两头就会向相反方向转动。不断试着移动打击位置,当敲在一个“恰到好处”的点上时,球棒的转动轴会和握柄重合,这个“恰到好处”的点就叫球棒的“打击中心”。在这个“中心”上打出去的球是不会对手产生转动力矩的。网球拍的情况和球棒一样,从拍面纵轴上的一个“点”击球时,不会给手带来震荡和反弹。这个点附近网弦的形变

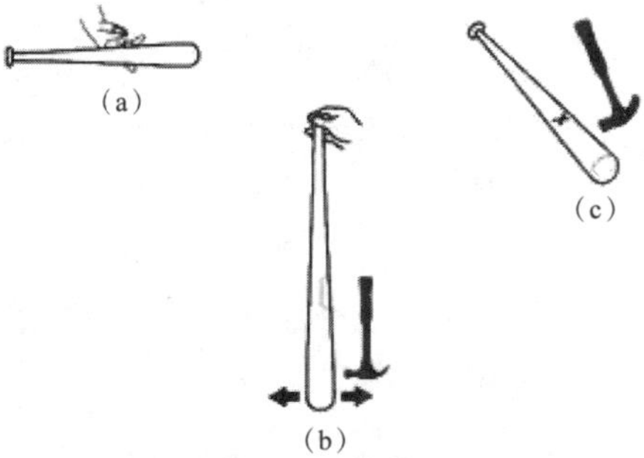

(a)确定球棒重心 (b)打击中心 (c)球棒重心

寻找棒球棒的打击中心

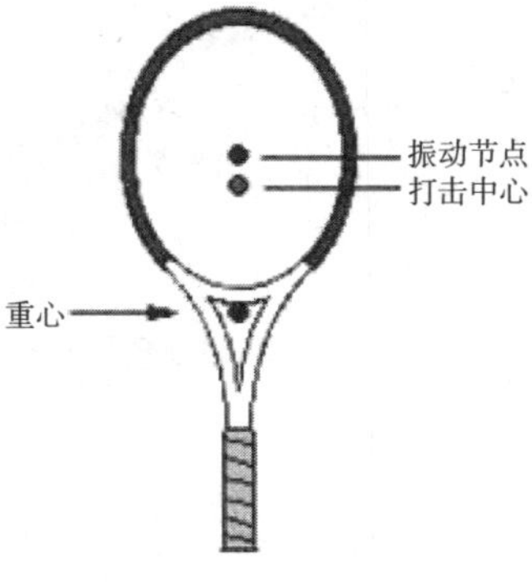

网球拍甜区

复原系数也最高。另外还有一个"震动节点",球打在上面时拍子引起的震动最小。所谓球拍的"甜区"就是这两个点相邻近的区域。随着网球拍制作技术提高和头部面积增加,"甜区"也不断扩大,让当代运动员尝到不少"甜头"。今天最快发球速度的纪录不断突破,与其说是选手们的力气一代比一代大,不如说是球拍一代比一代"甜"。

网球场地的性能同样至关重要,它不仅关系到球会怎样跳,还决定人该怎样跑。坚守传统、富贵典雅的温布尔登网球赛是唯一使用天然草坪球场的世界顶级网球赛事。草地摩擦力小,球速快,弹跳低,运动员多在前场短兵相接。我们把草地称为"快速场地"是因为这里的比赛更容易"速战速决"。法国公开赛使用的红土场地别具特色、自成高格。这是用红砖粉碎后的颗粒铺就,表面还撒有细碎粉末的球场,运动员可以在上面滑动脚步。红土场地的摩擦系数大,球减速快,弹起高,运动员更容易在后场"远程攻击"并充分发挥旋转球优势。这种场地之所以被称为"慢速场地"是由于每球打过后有相对从容的时间等待下一个来球,整场比赛也容易形成"拉锯战"。美国公开赛和澳洲公开赛用的是硬场地,以水泥、沥青覆盖涂料或橡胶,属于"中速球场"。不少运动员在一种场地"如鱼得水",在另一种场地却"水土不服"。费德勒是草地高手,阿加西是澳网霸主,纳达尔是红土巨星,"天时不如地利",网球运动也因此而更加丰富多彩。

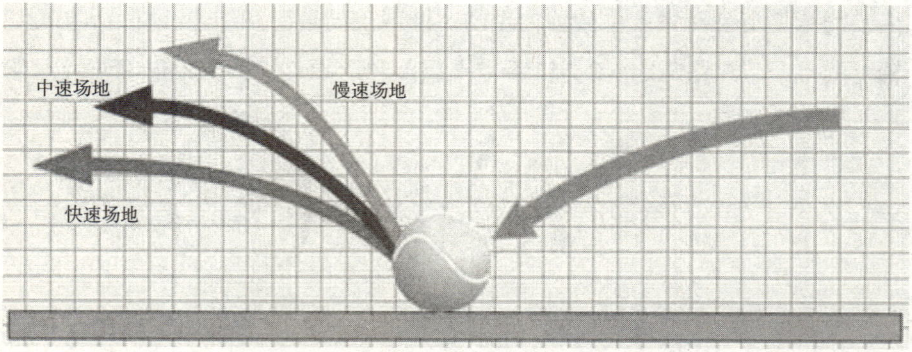

网球在不同场地的弹跳不同

今天先进的地下灌溉系统和激光平整技术把越来越多的科技含量注入网球场。从穷乡僻壤的学校到迪拜的七星级旅馆平台,地球上已有 200 多个国家共拥有网球场百万个。另一番景观是从模压、钻孔、穿弦、检验的球拍生产线到源源不断的发球机喷射口，网球器材的面貌正与日俱新。网球在全世界的胜利不仅因为越来越多的职业选手相率走到了五环旗下，更因为这个曾经洋溢着奢华气息的贵族运动正走向五大洲的寻常百姓的生活中。

话说网球

扫一扫，看中文视频

格斗的艺术

有人将击剑比作“格斗的芭蕾”，有人将击剑说成“体力的象棋”。手提三尺剑，身披金属衣，在一条剑道上“狭路相逢”和“短兵相接”。击剑运动实在是动与静、刚与柔、智与勇结合的样板。轻捷灵巧的花剑，强悍威猛的重剑，劈刺兼备的佩剑，是奥运会竞赛的三大剑种。

传奇英雄佐罗的故事让无数人心醉神往。中国人将剑尊为“百刃之君”，项庄和公孙大娘显然都是舞剑器的高手。欧洲骑士则把剑作为崇高与神圣的化身，凭着精湛的剑法纵横天下。世上第一本关于剑术的著作在“击剑运动摇篮”——西班牙出版。击剑还曾经是欧洲“上流社会”解决争端最简便而“体面”的途径，虚荣的贵族们往往为了可笑的原因“拔剑而起，挺身而斗”，1588—

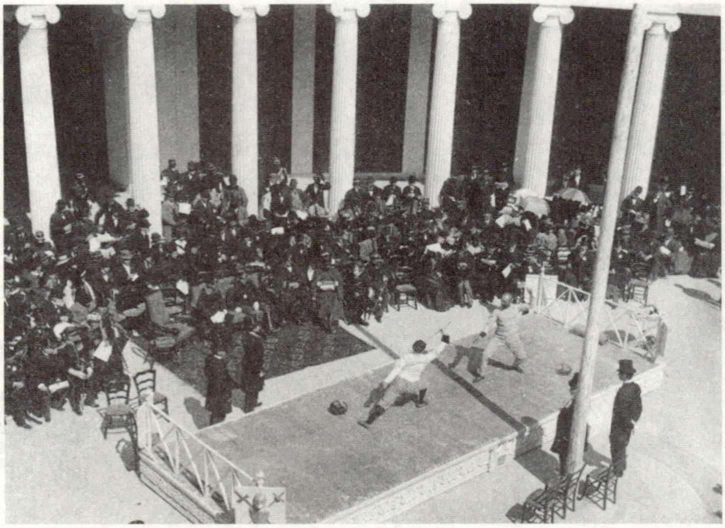

1896 年雅典奥运会击剑比赛

1608年的20年间，仅巴黎一地就有8000绅士在决斗中毙命。后来欧洲各国相继制定法律遏制这种"决斗成灾"的局面，终于将击剑"归化"为一种体育运动。现代奥运会创始人顾拜旦就是击剑高手，1896年第一届奥运会上，花剑和佩剑便荣列正式比赛项目。

剑是手臂的延伸。但"伸"得太长会过多增加转动惯量而影响灵活，因此90厘米的剑身应该是恰当的尺寸。锐不可当的直刺、转移刺、交叉刺、击打刺；咄咄逼人的压制刺、滑剑刺、绕剑刺、对抗刺；灵巧多变的甩剑刺、点刺、正手劈、反手劈。击剑技法经过几世纪的积淀可谓千锤百炼、炉火纯青。然而不管剑术套路如何千变万化，其宗旨只有一个，那就是击中对手而自己不被击中。进攻时让剑头在最短的时间沿最短距离做加速度运动，落在对方有效部位；防守时则通过剑身和护手盘的格挡改变对方剑头运动路线，或身体躲过来剑运行方向，退出攻击半径之外。剑尖移动轨迹有直线、圆弧、螺旋，剑的长轴不断撞击、离合、交错，随时构成不同的杠杆关系。进攻的快速性和准确性永远是一对矛盾，因此需要高度敏锐的时间感、距离感、空间感和细腻的"剑感"。刀光剑影中，体力弱小的选手战胜身高力大的选手屡见不鲜。

1776年，法国击剑大师布瓦西埃发明了金属网面罩，成为击剑运动的里程碑。1982年击剑世界锦标赛中，苏联花剑冠军斯米尔诺夫不幸被击穿面罩当场死亡，引起人们对防护面罩安全性能的进一步关注。今天的击剑面罩用直径小于1毫米的高强度轻质钢丝制成，总重量不超过2公斤，网眼小于2.1毫米，能够抗击160公斤压力不变形，确保了头部和面部安全。但运动员"从里往外"看，如同隔着一层"纱窗"，毕竟会遮挡光线影响视觉。而在观众的眼里，剑客们则失去了"人性化形象"，两个脑袋恍如"音箱外壳"。对手之间互相看不到彼此的眼神更是莫大缺憾。有经验的士兵在练刺杀时都知道，对方的眼睛会提早"泄露"和"预报"即将采取的行动，而击剑面罩却锁住了双方"心灵的窗户"，屏蔽了许多重要信息。最近研制成功的透明塑料面具已经在正式比赛中使用，对手和观众终于都可以看清过去格斗时藏在"铁幕"后的眼神和表情了。

1924年巴黎奥运会上，匈牙利裁判科瓦克斯和意大利击剑队发生激烈争执，此后引起两场决斗并喋血荒郊。那年头的击剑裁判看来真是一种“高危”职业。剑尖细、速度快、变化多、幅度小，仅凭一双肉眼如何能“明察秋毫”？1934年布达佩斯举行的欧洲锦标赛上，重剑比赛首次使用电动计分。1955年罗马世界击剑锦标赛和1956年墨尔本奥运会上，花剑比赛的电子裁判系统正式登场。而佩剑的电动计分直到1985年法国世界杯赛才姗姗来迟。三个剑种裁判系统的电子化前后用了50年，这一改革的实现标志着击剑运动逐步走向成熟和完善。

花剑、重剑、佩剑比赛的器械和规则互不相同，电子计分系统的设计也各有差异，但基本原理是一样的。运动员的剑内有三根电线，相当于火线、零线和地线，通过手线、身后电缆、拖线盘，和裁判器之间连接成一个电流回路。花剑的“电动剑头”是一个圆柱形的弹簧“按钮”，启动压力为5N，当剑头击中对方有效部位即“金属背心”后“按钮”被压缩，从而使原来“流通的电路断开”，导致指示灯亮起；重剑击中全身任何部位均有效，剑头“按钮”的压力需达到7.5N，压缩后使原来“断开的电路接通”；佩剑的有效攻击区是包括手臂在内的整个上体，因此金属上衣一直覆盖到手臂，无论被剑头刺中和剑身砍中，都会使原来“流通的电路断开”。而任何一种剑触及剑道时，由于金属地面和剑内地线相接，因此裁判器不会发生反应。1976年蒙特利尔奥运会，苏联选手奥尼申科在五项全能的重剑比赛中严重作弊，私下将自己的剑进行“线路改装”，只要用小指按动剑柄上的“机关”便能随心所欲“遥控”计分台。这一欺诈手段成为奥运史上最大的丑闻和笑谈。今天的击剑自动计分系统经过了多次改进。不

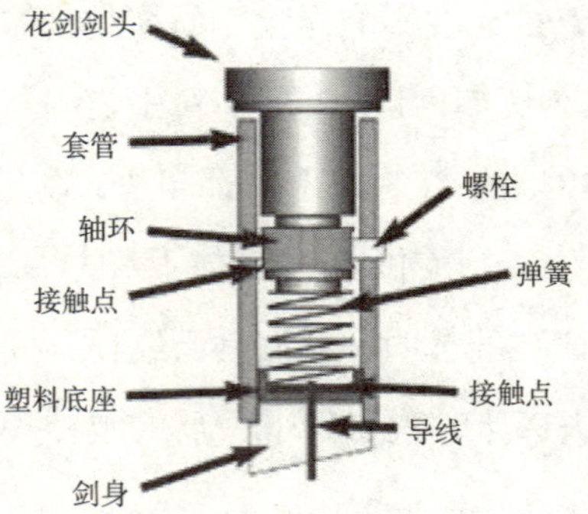

花剑电子传感示意图

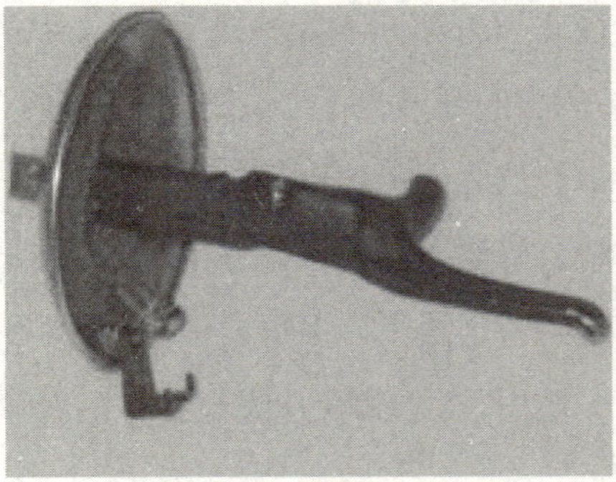
花剑手柄结构

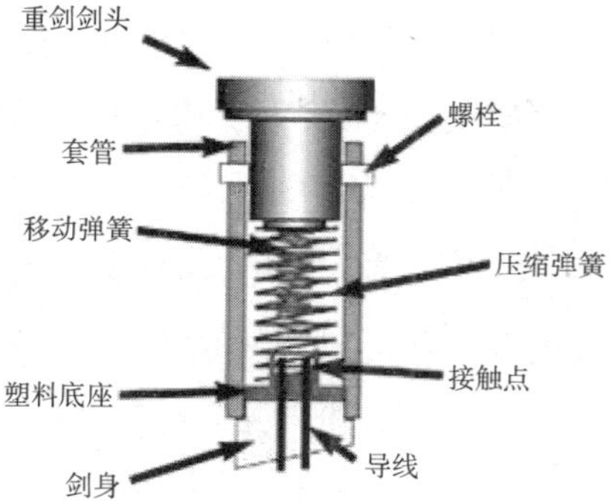

重剑电子传感示意图

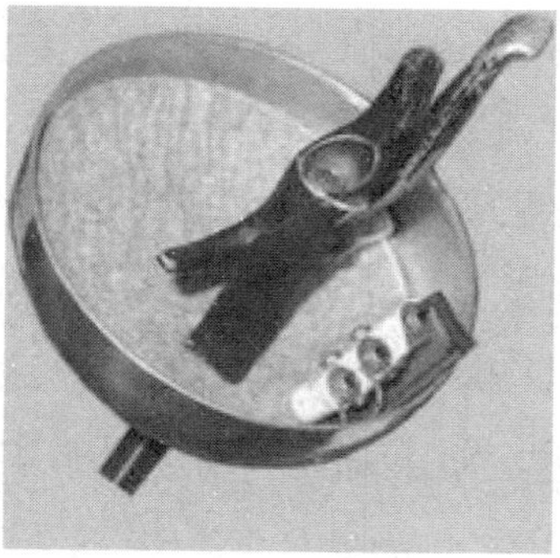
重剑手柄结构

同剑种的电路设计都更加简洁而巧妙。

尽管拖线盘能够让电缆随着运动员的进退而伸缩，但拖着一条长长的“尾巴”毕竟会碍手碍脚，至少来自身后的“拖累”会让运动员在竞赛中分心。2004年雅典奥运会上，这条“尾巴”终于被割掉了。每个运动员只用在身后佩戴一个香烟盒大小的“发射器”，就能将无线信号传输到裁判台。击剑运动从此获得更彻底的解放。电视录像回放系统的应用能够进一步减少裁判“看走眼”的失误。不过也有人抱怨电动记分器和“击中优先权”带来了剑术的“退化”，使运动员只关心得分点数而不是动作质量，“击中别人自己不被击中”的理念也变成“先击中别人而不怕自己后被击中”了。

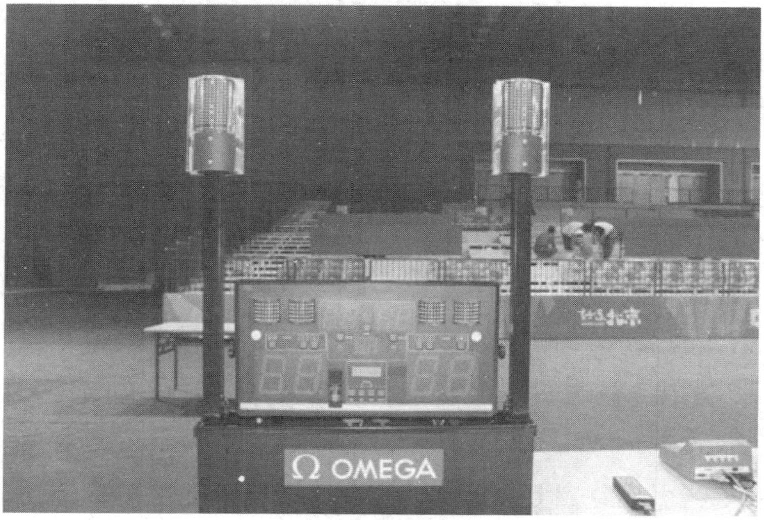

击剑比赛计分台

我们这里要谈到另一项“个对个、面对面”的格斗。如果说击剑“用武器手谈”，拳击则完全“靠拳头说话”。这一古老的运动在欧洲和中、北美洲有悠久传统，甚至达到倾城倾国的狂热程度。但第一、二届奥运会都否决了拳击的参赛要求。第三届圣路易斯奥运会上拳击虽然获得了比赛资格，但完全是清一色的美国人在举行“国内赛”。1912 年斯德哥尔摩奥运会，瑞典又以“野蛮”“残酷”为由取消了拳击。随着职业拳击和业余拳击彻底分道扬镳，拳击运动在奥运会日益站稳了脚跟。曾经三次夺得奥运会重量级金牌的古巴选手斯蒂文森拒绝职业拳击百万美元出场费的诱惑，坚持留在奥运会为国争光。不过职业拳坛的许多耀眼明星都曾经是奥运会冠军，除了金钱的“魅力”让他们“赤膊上阵”，也有人认为赢得职业赛的“金腰带”才是拳击手终极价值的实现。

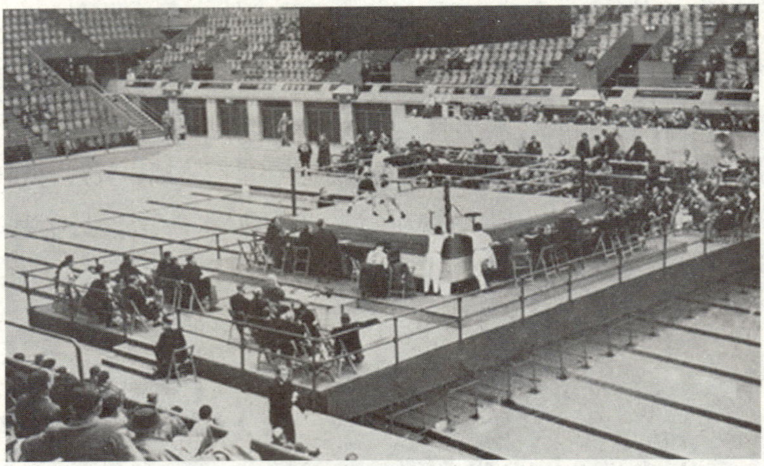

1948 年伦敦奥运会搭在游泳池上的拳击台

拳击运动员讲究另一种“三围”：拳围、腕围、臂围。据记载，号称“魔王”的利斯顿拳围达 37 厘米，真可谓“醋钵”大的拳头了。但拳头再大也毕竟“质量”有限，实际上，运动员出拳时蹬地、转腰、送肩、前倾，打击的“有效质量”包括手臂和整个体重，拳头只是“冰山”的“末端”。拳头的动量等于质量和速度的乘积，而速度取决于肌肉的爆发力和自下而上、大关节带动小关节的鞭打效应。无论直拳、刺拳、摆拳、勾拳，都是一个复杂的“运动链”，应在达到速度最大值时击中对手，并在最短时间内将动量传递出去。这也是打在坚硬的头部比打在具有“缓冲”作用的身上更有“杀伤力”的原因。优秀选手挥拳速度可达每秒

40 米，“拳峰”接触对手身体时间不超过 100 毫秒。而变幻多端的滑步、侧步、环绕步、冲刺步，则为进攻防守提供最佳的角度和距离。

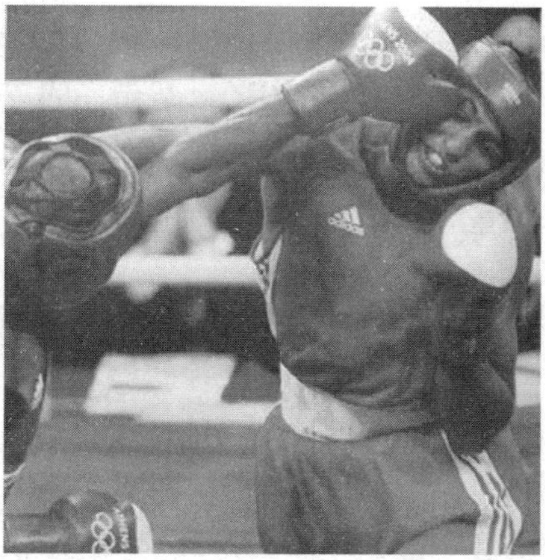
2004 年雅典奥运会拳击赛

1988 年汉城奥运会拳击比赛中，保加利亚选手赫利斯多夫战胜韩国选手道丁一，结果引发了国际拳击史上绝无仅有的教练、官员群殴裁判事件。虽然肇事者受到了处分，但拳击裁判中的诸多弊端也确实到了非改不可的程度。从这场风波的第二年起，正式拳击比赛中开始使用电子计分系统。5 名评判员改变了“各自台下计分，赛后交卷汇总”的“暗箱操作”，每人手持一个按钮键盘，和场上计分屏连接。当一位选手得分时，必须有至少 3 个评判员在 1 秒钟内同时按下键钮，成绩才会有效，并在屏幕上当众显示。电子计分的发明不仅大大增加了评判的客观性、公正性和可靠性，同时也使裁判的专业水准和道德水准置于大庭广众的监督之下。今天的电子计分系统经过不断改进，已经具有显示运动员、教练员信息和比赛场次、进展等诸多功能。

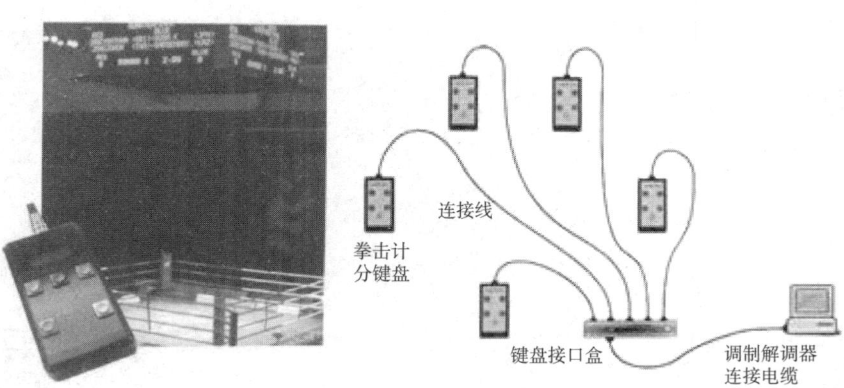

拳击自动计分系统

一个引人入胜的事实是，“左撇子”运动员在对抗性竞技中具有不容置疑的优势。1979—1993 年间打进击剑世锦赛 1/4 决赛的半数男选手和 1/3 女选手是“左撇子”。意大利元勋曼贾罗蒂、法国名将克罗维奇、中华巾帼栾菊杰都是著名的剑坛“左派”。拳击界的“左撇子”同样威名远扬，“左拳王”穆勒 1994 年荣登世界重量级拳王宝座。至于乒乓球、网球金榜上的“左撇子”更是灿若群星。在整个人口中只占 7%～10%的“左撇子”，为何在体育精英中的比例要大得多？

除了右手优势的运动员不习惯对阵“左撇子”外，有研究认为更重要的原因来自人类的大脑功能。诺贝尔医学奖获得者斯佩瑞 1961 年曾做过切断连接大脑左右半球“胼胝体”的“脑裂”试验，发现人类大脑两个半球既紧密合作，又独立活动并互有分工。大脑左半球负责语言、阅读、书写、运算等功能，右半球则管辖视觉、形象、空间、方位等职责。而人的左右半球大脑又各自指挥对侧肢体运动。因此，右手优势的运动员从“看”到“动”，神经信号走过了从右脑到左脑再到右手的路线，而“左撇子”的神经传递却在右脑“内部消化”，走的是右脑直接到左手的“捷径”，反应速度要快 0.01 秒！这在体育巨人们巅峰对决中的价值应该不言而喻。

人类“好斗”的天性也许来自进化历史的源头和基因结构的深处。但有了科学技术的舞台和竞赛规则的节律，便能将原始野蛮的打斗变成大雅之堂的体育运动。

格斗的艺术

扫一扫，看中文视频

体育场馆拾零

2005年6月14日，雅典国际田联超级大奖赛传来捷报，牙买加短跑名将鲍威尔以9秒77的成绩打破了男子百米世界纪录。还是这位“牙买加飞人”，2007年9月10日又在意大利城市瑞提举行的国际田联大赛中，以9秒74打破了自己保持的世界纪录。接受记者采访时鲍威尔说：“假如今天的风速再理想些，我准能跑出更好成绩。”这是一句大实话。当顺风风速每秒2米时，百米成绩能比无风时快0.15秒。鲍威尔上次打破世界纪录就占了每秒1.7米“顺风”的大便宜。而美国选手盖伊2007年6月在锐步田径大奖赛中跑出9秒76的成绩超过世界纪录时，却因为当时跑进方向的风速达到每秒2.2米，高于国际田联规定的每秒2米上限而不被承认。真可谓“成也顺风，败也顺风”了。

同样的悲欢也落在跳远运动员头上。1968年墨西哥奥运会，比蒙的“世纪一跳”8.90米就是在恰好每秒2米的“顺风”下“诞生”的。直到23年后的东京第三届世界田径锦标赛，美国选手鲍威尔才以8.95米的成绩创造了新的跳远世界纪录。但几分钟前美国名将刘易斯就跳出了8.91米，更早打破了“比蒙极限”，可惜当时的风速为正2.90米，因此纪录没有被承认。可见风的作用对田径比赛多么“生死攸关”。“好风凭借力，送我上青云”，不少世界纪录是靠着“搭顺风车”创造出来的。反过来，超过每秒2米的“顺风”又会将最出色的成绩“一风吹”。但无人抱怨这一规则的铁面无情。正如西谚所说：“风大的时候火鸡也会飞。”

球类运动项目对风速甚至更加敏感。在奥运会上，“大球”比赛风速控制在每秒0.5米以下，“小球”比赛风速不得超过每秒0.2米。2005年羽毛球世锦赛中，许多顶尖级好手都“望风皆靡”，运动员戏称美国阿纳海姆体育馆空调系统为“龙卷风”。2008年北京奥运会新落成的羽毛球馆一改大口径送风的传统办法，将气流分解到观众坐席下的9100个通风口，便是为了确保馆内风速完全达到奥运会规定标准。

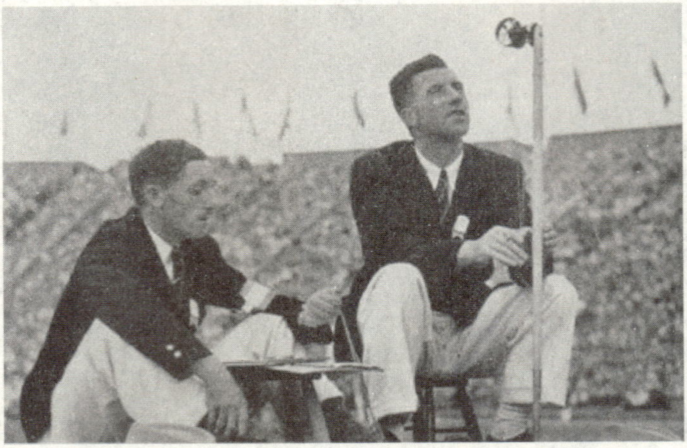

1948年伦敦奥运会测量风速

如何迅速准确地测定风速，从来是竞赛场上容不得半点含糊的大事。19世纪中期人类发明了鲁滨孙风速仪，将4个半球形的“杯”按“杯口”垂直于地面方向，顺次安放在十字形水平支架外端形成“杯轮”，因为“杯”的凸面和凹面在空气中的形状阻力差异很大，无论风从何方吹来，都会形成力矩差，带来“杯轮”沿竖直轴向同一方向旋转。由于对称放置的“杯”容易彼此遮挡并受另一

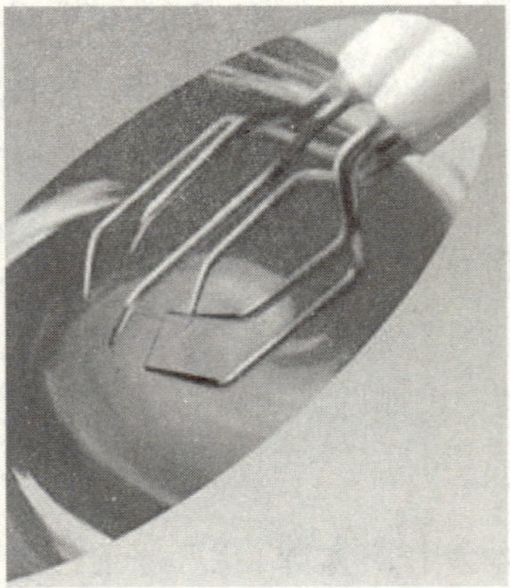

热丝风速仪

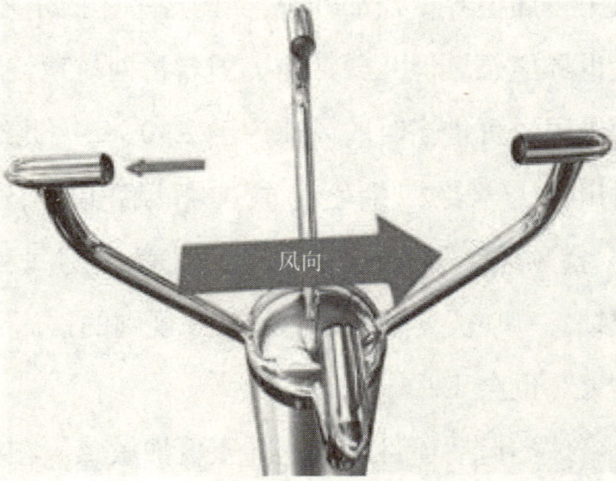

超声波风速仪

边力矩的抵消，“杯”的线速度只能达到风速的 1/3。1926 年，加拿大人帕特逊制造了互成 120°夹角的 3“杯”风速仪，使“杯轮”的持续转动力矩明显增大。另一种旋翼式风速仪的“翼轮”沿水平轴转动，如同磨坊的风车和电扇的桨叶，具有很高的灵敏度和匀速性。此后出现的“热丝”型风速仪则完全另辟蹊径，用电流将电阻丝加热到环境温度以上，由于不同速度的风对电热丝的冷却作用不同，便可通过测出电压或电流的变化来计量风速了。

今日运动场上常见的超声波风速仪诞生于 20 世纪 70 年代。它的基本原理是，让成对的交换器相互发出和接收超声波脉冲。由于空气是声波传递的介质，气流运动的速度会影响声波传递的速度，因此，通过测量和计算超声波传递中的时间差就可以确定风速的大小。跳远竞赛和百米竞赛分别需要在跑道旁 1.22 米高度测量出直接影响运动成绩的 5 秒和 10 秒平均风速。

当美国网坛名将罗迪克以“火箭发球”频频得分后，球场屏幕和电视上都会同时公布他惊人的发球速度，中国羽毛球选手傅海峰一记劈杀，观众便能马上直接看到这个每小时 322 公里的世界纪录。对球速进行准确及时地现场报告，不仅是运动员的一大刺激点和兴奋点，也是当今各种球类比赛的一大“卖点”和“看点”，让观众“定量”了解运动员的能力和技巧。究竟是一个什么系统在完成此项繁难使命呢？

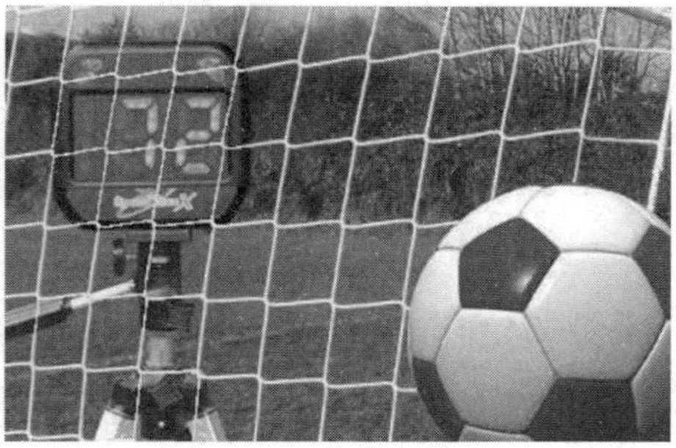
运动场上的测速仪

这便是“默默无闻”蹲在赛场后面角落里的球速测量仪。要了解它的工作原理，不妨先重温一下我们生活中都曾有过的经历。当汽车疾驰而来时啸声尖锐，绝尘而去时笛声呜咽，这种声调的变化是“声源”运动的结果。发声体的振动使周围空气产生疏密相间的纵波叫声波，开来的汽车能将声波的疏密间隔“压”得更紧，带来频率增高；离去的汽车却将声波的疏密间隔“拉”得更开，造成频率降低。于是我们便听到了高低不同的声调，这种现象称为“多普勒效应”。电磁波比声波的传播快将近百万倍，但同样会产生“多普勒效应”。交通警察的“雷达枪”把一束微波射向行驶的汽车，反射回来的微波再被“雷达枪”接收，通过比较发射波和反射波频率的不同，就能立刻计算出汽车的速度来。运动场上的球速测量仪和交通警察的“雷达枪”原理一样，不过发出的微波是射向飞行的球，根据接收到回波的“多普勒频移”计算出球的飞行速度。必须提及的是，交通警察的“雷达枪”和运动场上的球速测量仪都应尽量放置在运动目标的正前方或正后方，偏离角度越大“多普勒效应”越弱，测量的误差越大。

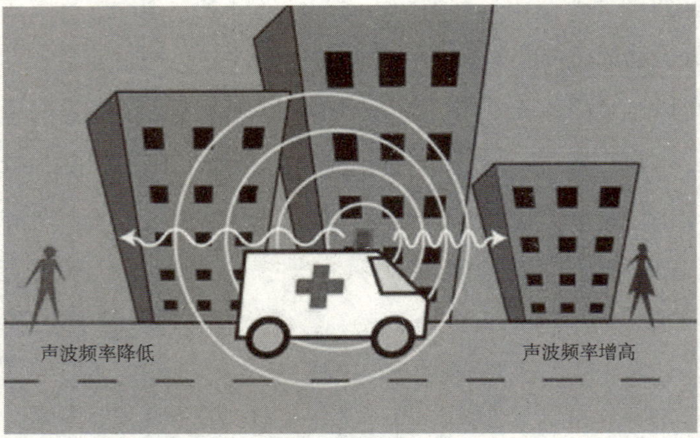

声音传播中的多普勒效应

2004年美国网球公开赛中，小威廉姆斯在关键时刻的一记漂亮回球被错误判罚为出界，致使对手卡普里亚蒂获胜。尽管司线员明确表示球落在界内而裁判阿尔维斯却不予理睬。这一事件直接促进了“即时回放系统”的亮丽登场。媒体兴奋地说，如果裁判的两只眼睛无法适应今天的球速，就让高科技的第三只眼睛早日睁开吧！

“即时回放系统”有个绝妙的别名“鹰眼”，正好出自发明者霍金斯姓氏的前4个字母。“鹰眼”能在10秒时间内，将球在三维空间飞行的动态轨迹和精确落点展现在大屏幕上，不仅避免了无谓的纠纷和争执，监督了裁判的失察和不公，还给观众带来了新的视角，增加了新的观赏元素。2006年纳斯达克100大师赛中“鹰眼”系统首次正式使用，运动员每盘有两次机会申请“鹰眼”仲裁。

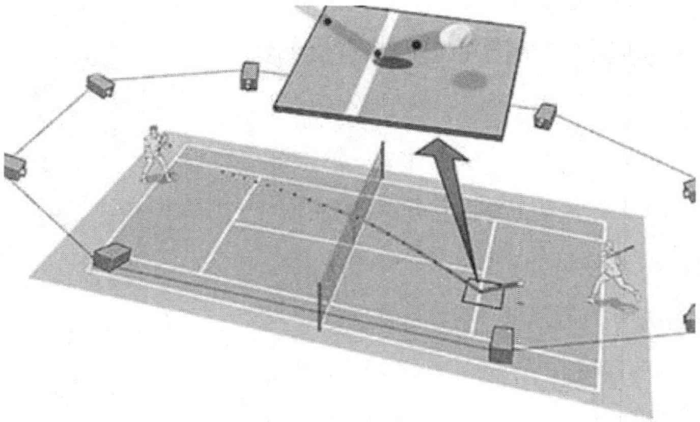

"鹰眼"即时回放系统

"鹰眼"为什么能如此"明察秋毫"又"面面俱到"？这是一个由10台高速摄像机和数台电脑以及大屏幕组成的系统，计算机将球场上整个立方空间划分为毫米级的测量单元。安放在不同位置和角度的高速摄像机全息捕捉网球运动的基本数据，再通过电脑成像技术，重建与合成网球飞行轨迹的三维图像并显示在大屏幕上。国际网联表示了对"鹰眼"的高度认同和欣然接纳。网坛巨星阿加西说："在我20年的职业生涯中，这项新技术为网球增添了新的维度，无论对于运动员、球迷和电视观众都是最值得兴奋的事。"

让我们把眼光离开运动场上那些高精尖的"前沿科技"，去观察一下许多司空见惯的"鸡毛蒜皮"，同样会发现有趣的知识。当绿茵场上的足球运动员被踢伤后左盘右旋疼痛难忍时，常会看到医护人员飞奔而来，拿出一只小"喷壶"往伤痛处喷射一些雾剂，"壶"里究竟是什么"药"呢？原来是密闭压力下的氯乙烷。这种液体的沸点为13℃，喷到运动员皮肤上立即"沸腾"并带走大量的汽化热，使创伤处急剧降温。冷冻能使神经传递速度减缓，冷的感觉能压倒痛的感觉起到局部麻醉作用，并能刺激血管收缩减少出血，难怪这种"冷疗"常常能立奏奇效了。

这里还想关注一个运动场上被熟视无睹的"日用品"，那就是体操、举重、投掷、攀岩都须臾不可或缺的"镁粉"。这种白色粉末的"真实身份"是碳酸镁，许多文献和生产厂家都说，"镁粉"的功能是吸汗，保持手的干燥，增加和器械之间的摩擦力，以免打滑和脱杠，应该是简明扼要的介绍。然而几乎同样数量的文章指出，潮湿的手摩擦系数更高，例如刚洗过的脚穿进鞋子困难，数钞票时要在指头上蘸水，抡大锤时往手上吐唾沫并造出了“唾手可得”的成语。而早期的铅球运动员投掷时也确实往手上吐唾沫。因此认为“镁粉”的作用是通过吸潮减少摩擦力，以免运动员在“大回环”等动作中磨破手皮。如果“镁粉”仅为了增加摩擦，何不把器械表面做成“砂纸”？

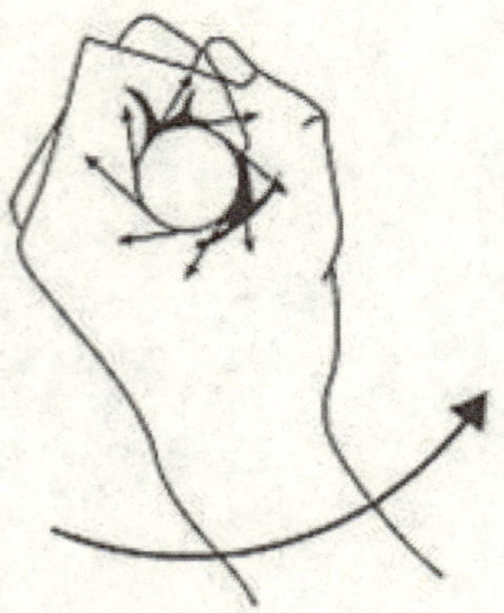

镁粉改善对器械的把握

真理毕竟只有一个。实验表明，在平滑的玻璃上拖动一个重物，使用“镁粉”后摩擦力增大，但在粗涩的橡胶上拖动同一个重物却摩擦力减小，可见“镁粉”到底增加还是减小摩擦力并不能一概而论。

对于“镁粉”良好的吸湿性从来无人怀疑，但碳酸镁吸水究竟是颗粒空隙间的吸附，还是形成了进入碳酸镁晶格的“结晶水”？论者又各执一端。最后还得请科学实验出来说话，X射线晶体结构衍射测试表明，“镁粉”对水分的吸收完全是微小颗粒周围的吸附，这一过程中，碳酸镁分子的晶体结构没有发生变化。

看来对“镁粉”功能合理的解释也许应该是，当手上的汗液形成了光滑的“水膜”时，“镁粉”吸湿增加了手和器械表面的摩擦力而防止打滑；但手掌在器械上急剧转动时“镁粉”又能起到衬垫作用，相当于在中间添加一层“小球”做“滚动摩擦”。“镁粉”同时还填平了手掌的褶皱和纹路，增加了和器械的接触面，将握力变得更加实在和均匀。总之“搽粉”能改善手对器械的把握，让摩擦力在合适范围内易于控制，使动作更加随心所欲和擒纵自如。

高科技大约不屑一顾的“镁粉”尚且有诸多学问，可见运动场馆的确是个“知识密集”的地方，只要留心观察，就会发现许多看来简单而实际并不简单的东西。

体育场馆拾零

扫一扫，看中文视频

五环旗下的马蹄声(上)

马术是奥运会上唯一由人和动物共同参与的竞赛项目。当全世界的名马、上驷、良骏、神驹荟萃一堂,五环旗下震响着清脆激越的马蹄声时,奥运会便因此平添了磅礴气势和“龙马精神”。那些垂直障碍、伸展障碍、水坑障碍、组合障碍挑战着人与马的技巧、力量和勇气;典雅而华贵的盛装舞步被誉为“马的芭蕾”,展示了人马之间的神悟默契和灵犀相通;而“三日赛”是马术的全能项目,考验着人和马的“综合素质”与“绝对实力”。现代赛马运动起源于英国,1900 年马术就在巴黎奥运会上占据了一席之地,不过早期只允许职业军官参加。直到 1952 年赫尔辛基奥运会,马术才对平民开放,并逐渐形成了“人不分男女,马不分公母”的竞赛模式。一百多年来,奥运会始终“马不停蹄”,著名的美国骑师迈克·普拉姆 32 年间参加过 8 届奥运会并接连“披金戴银”;德国“盛装舞步之王”让纳·克利姆克 52 岁第 6 次在奥运上夺得金牌;法国驭手多里奥拉在两届奥运会上摘取桂冠。今天的赛马已经发展成为风靡全球、长盛不衰的娱乐和博彩产业链,每年创造价值数千亿美元。

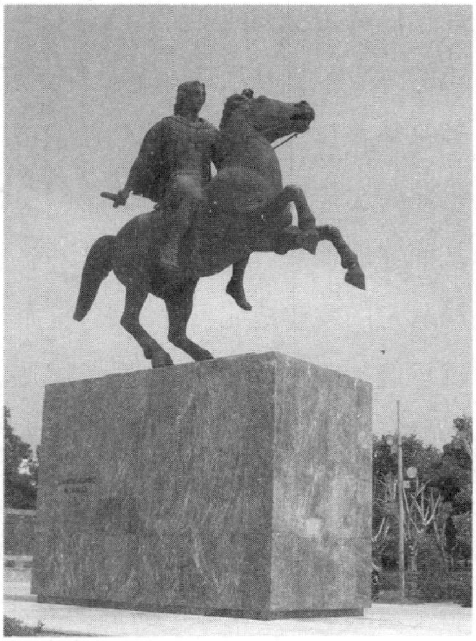

亚历山大大帝雕像

世上没有任何一种动物像马这样深刻改变了人类文明的进程。马使地球上的距离缩短，加快了社会的运行速度。因为有了马，亚历山大大帝才能离开他的马其顿城堡，建立起横跨欧亚的庞大帝国；成吉思汗才能所向披靡，让西亚和欧洲大地在他的“铁蹄”下战栗。世界上几乎每一个城市都能看到当地英雄的骑马铜像，而“白马王子”如果失去坐骑徒步走来，恐怕就很难打动姑娘的芳心。对于中国老百姓，“赤兔”“乌骓”“的卢”的故事和秦叔宝、尉迟敬德两位骑马门神几乎家喻户晓，“马踏飞燕”的绝妙造型更成了今天中国旅游的标志。只有当现代工业迅速发展后，人类造出了更大“马力”的各种机械，马才渐渐退出了历史舞台中心。今天的马儿们再也不是“马上得天下”的国力象征，也不再是引车负重的主要“生产力”，他们渐渐集体“跳槽”到了“体育界”和“娱乐圈”，这一历史角色的根本转变，究竟是马的幸运还是马的悲哀？

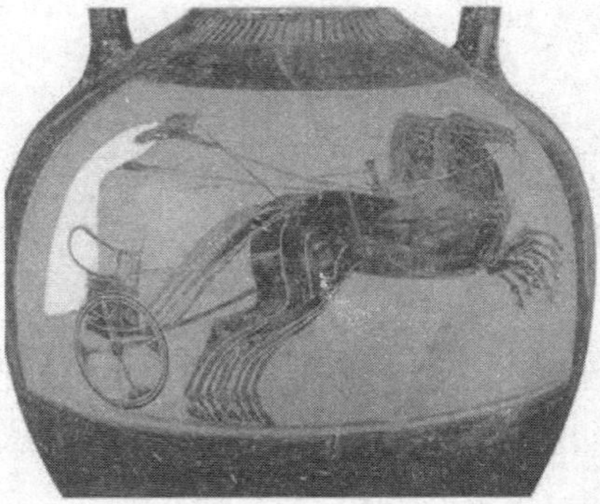
希腊陶罐上的御马图

马在动物王国里被划归哺乳纲奇蹄目马科，而双数足趾着地的牛、猪等则属于偶蹄目。马的起源可以追溯到6000万年前的北美洲大陆，体型如狐狸大小的“始祖马”从灌木丛林迁徙到广阔平原后，依次历经了渐新马、中新马、上新马和真马等演化阶段。为了适应环境和利于奔跑，马的个头由小变大，短而弯曲的躯体变成平直的流线型，前脚由四趾变为单趾，后脚由三趾变为单趾，从而完成了“软肉垫”的“脚掌”向“硬角质”的“单蹄”转变。大约200万年前，马从它的发祥地北美完全灭绝，而顺着白令海峡“陆桥”迁往欧、亚、非洲的分支反倒延续了马的“一脉香火”。当我们知道“马蹄”不过是马在其他脚趾退化后“硕果仅存”的一个中趾，修钉马掌不过是给马在“修剪脚指甲”时，不由追忆起马比起人类要早得多的历史。

2006年12月7日，第十五届多哈亚运会全体运动员肃立默哀，悼念韩国马术运动员金亨七在三日越野赛跨过第八个障碍时落马身亡；2005年7月4日，英国著名骑师汤姆·哈里迪在跨越第三个障碍跌倒后多处受伤而宣告不治。历次奥运会上“人仰马翻”的事例不胜枚举。其中原因固然各不相同，但一个总体性的根本原因在于，马的视力天然地限制了它对栏杆与地面空间的准确判断。这还要从马的眼睛功能说起。

自然界的动物在遇到危险时一般都有“斗”或“逃”两种应激反应，马却只有一种选择，便是“逃”。看看那些食肉类动物都将眼睛长在脸部的同一平面上，以便向前“捕猎”，而作为“被捕食”者，马的一切“构造”都服从于“走为上”的生存策略，两只眼睛长在面颊的两侧，这种布局使视野非常开阔，站立不动时也能将周围几乎360°的范围“尽收眼底”，以防来自任何方向的偷袭。不过除了尾部有个狭窄的盲区，马还会对额前“近在咫尺”的东西毫无觉察，越是“天庭饱满”眼距较宽的马，头部的“盲点”越大。难怪马总要抬起头或低下头来看清脸前的目标了。而周边任何突然的“风吹草动”都会使马受到惊吓。

在所有哺乳动物中，马的眼睛是最大的，虽然看去炯炯有神，但视力却只有0.6左右并且对颜色十分迟钝。更加有趣的是，马的视觉能

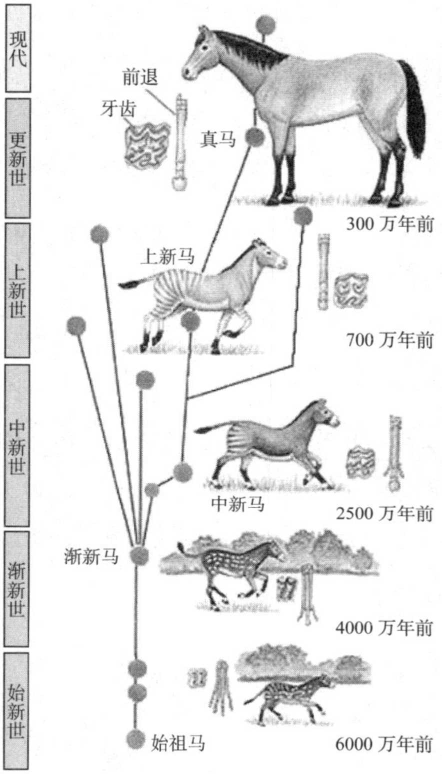

马的进化

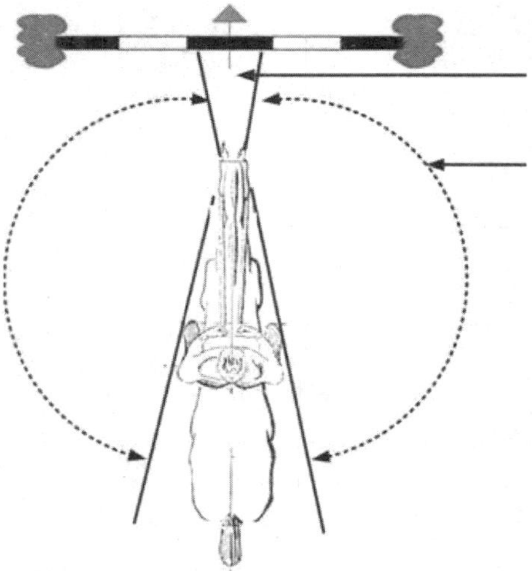
马的视野和盲区

够在“单眼模式”和“双眼模式”之间进行转换。一般情况下使用“单眼模式”，两只眼睛互不打搅，各自独立看到一幅影像；只有需要判断距离时才“切换”到“双眼模式”，让两只眼睛集中注视同一个目标，但马的双眼能够重叠的视野仅有 30%。我们知道，视觉中的“立体感”来自两个眼睛的视觉差，大脑将双眼互有差异的影像进行融合，才能分出前后和远近，使平面图景产生“深度”感。这也是肉食类动物捕猎精准的原因。马的“双眼模式”功能相对薄弱，因此难以准确辨析立体关系，难怪跨越双重栅栏和在深沟中落地时会“勉为其难”了。“守株待兔”中撞在树上的兔子提供了草食动物视觉立体感不强的一个旁证。此外，马的眼睛虽然对微弱光线比人敏感，但从“明处”突然转到“暗处”后却不能迅速调节瞳孔大小而惊恐不安。明白了这些道理，便会懂得为什么“永远都不是马的错”了，而骑手敏锐的距离感、速度感和时间感能够通过准确指令弥补马的视力不足。

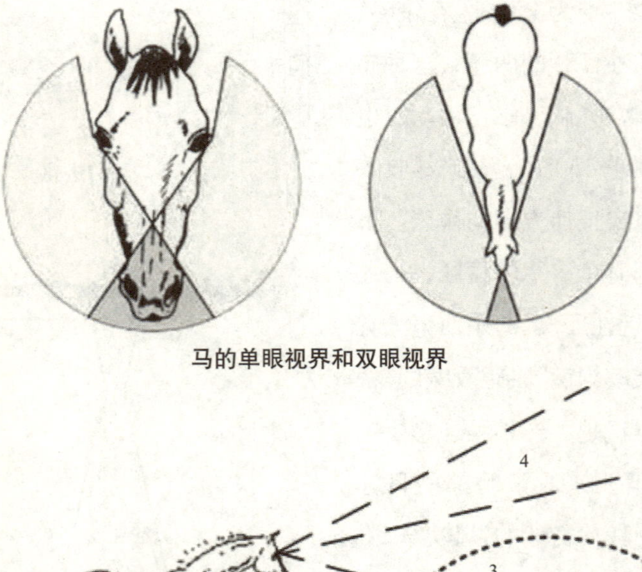

马的单眼视界和双眼视界

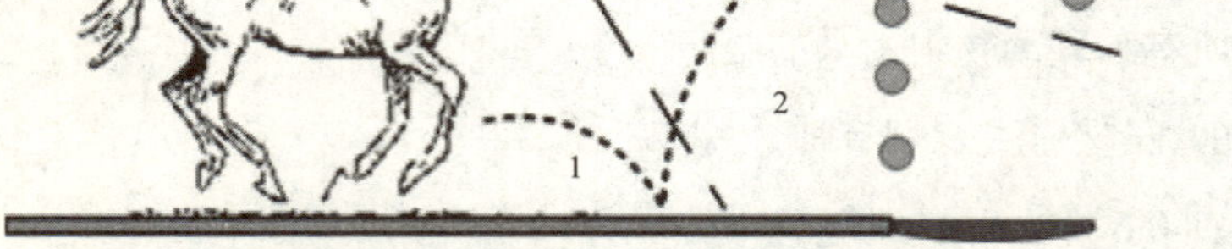

2 为双眼模式清晰区　1、3 为模糊区　4 为盲区

马的双眼视界纵向剖面图

人着盛装，马行舞步，观众常常瞪大眼睛也看不清骑手如何用细微隐秘的动作和马儿交流沟通，更不明白这种服从性、精确性与和谐性是怎样“调教”出来的。马术能够达到出神入化的境界，其实离不开马的生理基础。最重要的先决条件是马的惊人记忆力，“老马识途”自不必言，有报道说马能记住人拴它的动作并解开绳结。正是凭着“过目不忘”的良好天赋，马才能够牢记每个指令的准确含义。马十分善于学习和积累，因此一旦形成不良习性就需要及时用正确程序进行“覆盖”和“刷新”。

马能够具有“可操纵性”的另一原因，在于它细腻灵敏的感觉，能够清晰分辨出主人动作的微妙差异。和那些“肉糙皮厚”、麻木迟钝的动物不同，马的身体各部位如同布满不同的“按钮”并很少“失灵”。“手和腿是方向盘，脚是油门，缰是刹车”，对于训练有素的良马，骑手的一整套“肢体语言”几乎是世界通用的。所以运动员能够很好驾驭训练有素的陌生马匹。

此外，马能站着睡觉，以保持随时“撒腿就跑”的状态；马嗅觉特别敏锐，能远远闻到熟悉和陌生的气味；马的耳朵能感知人类听觉接受范围以外的声波，并且用“竖起”与“耷拉”表达愉悦和沮丧；马没有胆囊且食道、肠子过于狭长，因此容易引发消化道疾患；马的巨大脾脏能在运动时释放足额的红细胞，提高供氧能力；马的寿命约30岁，参加奥运会和世锦赛的马匹至少要年满7岁，而马的牙齿则和年龄对应，于是有了“马齿徒增”的成语。至于“马尾巴的功能”，则既可“护后”，又可在奔跑时起到“尾舵”的平衡作用。马的知识是一本大书，而深入了解“马情”应该是每个优秀骑师的基本功课。

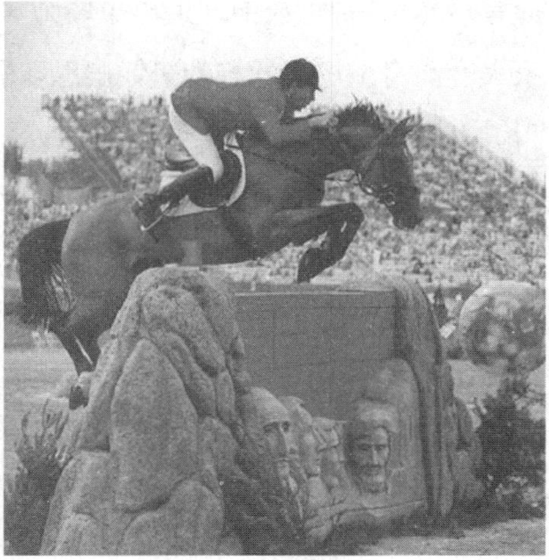

赛马跨越障碍

五环旗下的马蹄声（上）
扫一扫，看中文视频

五环旗下的马蹄声(下)

英国利物浦安翠赛马场旁边的花丛中，长眠着一匹屡建奇勋的冠军马“红朗姆”。它从1973—1977年，曾连续在全世界难度最大的英国国家大赛中夺得三次冠军和两次亚军。中国中央电视台记者蔡猛在采访“红朗姆”的驯马师金基尔·麦肯时问道，“听说‘红朗姆’去世后你像失去妻子一样难过？”这位70岁的老人含着热泪回答，“英国有2500万妇女，而‘红朗姆’却只有一个。”此言虽然值得非议，但却道出了骑师对赛马刻骨铭心的感情。1979年英国国家大赛前身患癌症的鲍勃·钱皮恩和受伤后被“判了死刑”的赛马阿尔丹提尼“相濡以沫”，人马同心，终于赢得1981年英国国家大赛的冠军。历史上留下了多少美丽、凄婉、悲壮的故事，记述了人和马的生死之交。作为最有灵性的动物，马可以在极限状态时仍然绝对忠于主人的命令，“知其不可为而为之”，奋不顾身，死而后已。好的骑手对马的感情如同亲子、密友和恋人。

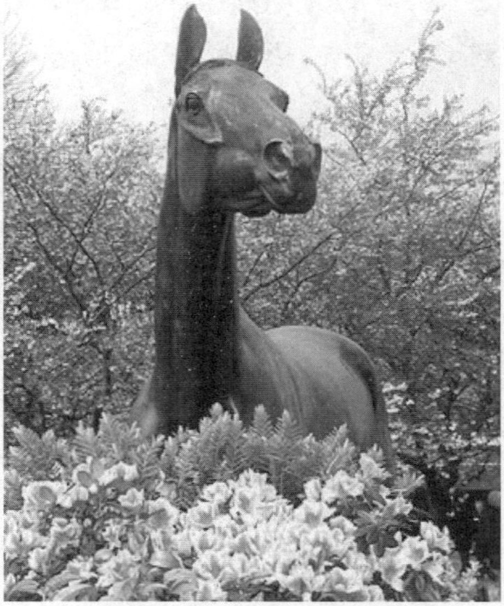
英国利物浦安翠赛马场的“红朗姆”雕像

1956年首次在南半球墨尔本举行的第16届奥运会曾经遇到一个“空前绝后”的难题，根据澳大利亚的法律，一切牲畜入境必须经过6个月隔离检疫，结果导致该届马术赛被迫另找出路，提前 5 个月“移师”北半球斯德哥尔摩举行。为了保护本国畜牧业并防止参赛马匹互相感染疾病，奥运赛马出入境检疫历来都是最严格、复杂而敏感的工程，其“动静”不亚于接待高级外交使团。

马匹的护照比人的护照“厚”得多。它几乎是一份详尽的档案并附有权威机构的健康证书。入境马匹的空运路线和停靠港要认真选择，消过毒的机舱里有专人“护驾”，地面接送的特制车辆实行无菌处理并安装监控的“黑匣子”，到达驻地后严密的隔离、详尽的体检、及时的疫苗注射，全套程序一丝不苟。2008 年奥运会马术比赛地香港不仅做好了一切准备，还设有最先进的马医院，其中手术室、麻醉室、复醒室、X 光透视室等一应俱全，阵容强大的马医队伍随时应对竞赛期间马匹的疾病和伤害，并能通过互联网与各国专家进行远程会诊。

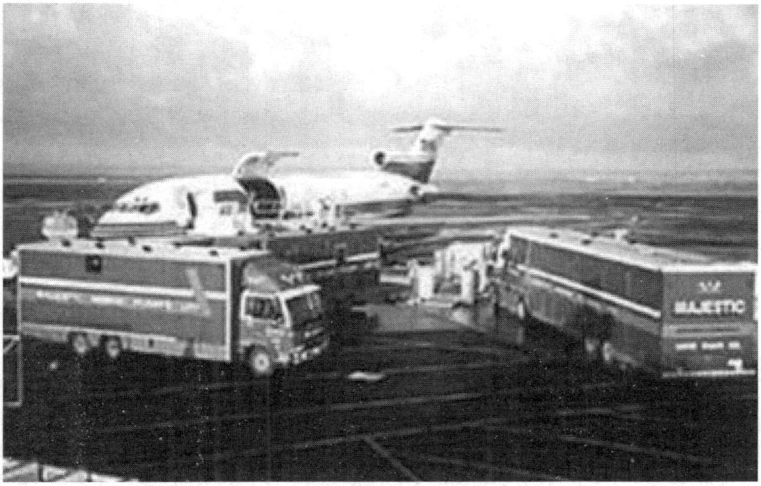

赛马的国际运输

2004 年雅典奥运会上，爱尔兰著名骑手奥康纳赢得了障碍赛冠军。但赛后的兴奋剂检验中，奥康纳的名马“沃特福德水晶”的尿样被查出阳性。此后经历了曲折离奇的“侦探故事”，“沃特福德水晶”的备份尿样在从巴黎送往伦敦实验室途中失窃，最后在纽约实验室通过血样检查才“坐实”了这匹赛马服用了氟非那嗪和氯化联苯类药物。尽管苏黎世法庭最后判定奥康纳是出于治疗赛马外伤的目的，国际奥委会仍然决定剥夺奥康纳的冠军地位，于是爱尔兰失去了2004年雅典奥运会唯一的金牌。奥运会的兴奋剂检测对马和人一样严格。香港拥有最先进的兴奋剂检测中心，其技术和设备的精准、权威举世公认，连一小粒盐溶解到游泳池里的浓度也能“原形毕现”和“暴露无遗”。

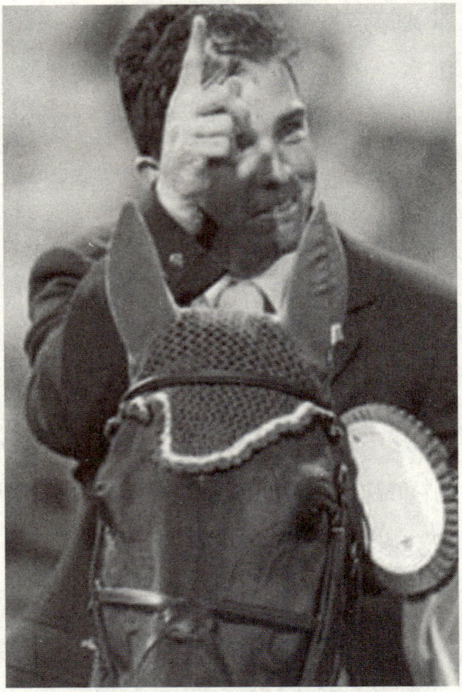
爱尔兰骑手奥康纳和他的“沃特福德水晶”马

在2006年香港国际马匹拍卖会上，一匹枣红色雄马以750万港元成交。而多哈亚运会上，7位参赛的阿拉伯王子带去的“宝马”每匹价值都超过2000万人民币，它们都是出身显赫、血统高贵、历经数百年精心育种后造就的“马中之龙”。阿拉伯马是“活的艺术品”，世界许多优良马种都有它的血统。“纯血马”则是最伟大的“杂交马”，几乎包揽了当今世界所有速度赛的冠军，1000米跑的纪录达54秒。17世纪英国王室从中东引进三匹名叫达利、高德芬和拜尔利的阿拉伯公马和当地母马交配，今天全世界的纯血马都是这三匹公马的子孙。纯血马培育成功的重要原因是通过赛马中的优胜劣汰进行人工选择，让最杰出的个体传宗接代，另一大原因是严格的封闭式注册管理制度。自从1791年出版了第一本《纯血马登记簿》，200多年来纯血马家族谱系的档案严格而清晰，小马的出生地点、身体特征、血样标本、父母历次出赛成绩、马主变更相关资料全都一览无余。2001年起开始施行DNA亲子鉴定，确保了纯血马的血统纯正和遗传稳定。优秀的温血马同样驰名赛场，德国的汉诺威马和霍士丹马是跳跃和盛装舞步的“天之骄子”；法国的塞拉法兰西马、美国的阿帕卢莎马、丹麦的腓特烈斯堡马、西班牙的安达路西亚马、俄罗斯的奥尔洛夫马都满载着各自的骄傲与光荣；而“驰骋如风、挥汗如血”的“汗血马”则是土库曼的国宝阿哈捷金马，人们常津津乐道于它的高贵和神秘。当今世界各种名马都有一整套系统而科学的繁育、管理规则，确保了赛马业的“可持续发展”。

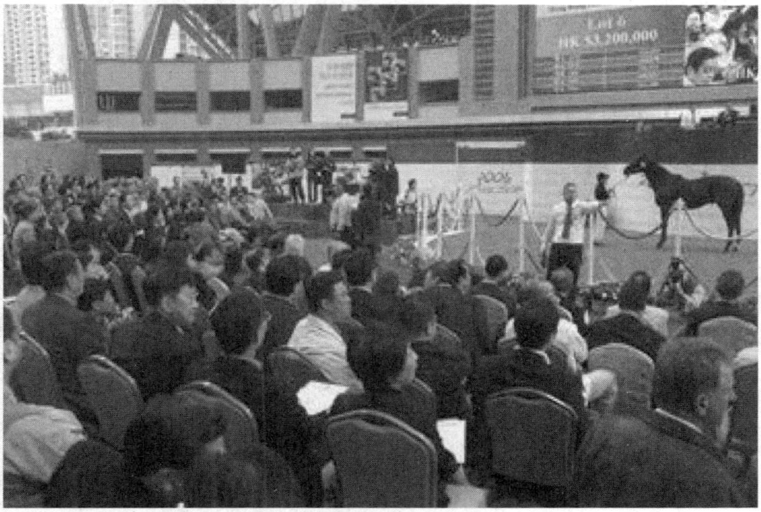

2006 年香港国际马匹拍卖会

2006 年 11 月，世界赛马业发生了一次余波深远的大地震。美国奥斯丁的维亚金公司宣布，他们成功克隆了世界赛马冠军查尔马妮的坐骑斯坎普。这匹“神马”从 1984—1993 年连续 10 届获得冠军，但可惜是匹“煽马”而没有能力“生儿育女”。查尔马妮花费 15 万美元，于 2006 年 8 月 8 日得到了它的“克隆”后代克莱顿。而世界上第一匹克隆马“普罗梅泰”是 2003 年在意大利克雷莫纳实验室诞生的。

打从 1996 年克隆羊“多利”问世以来，克隆技术已经为世人所熟知并广泛应用。马的克隆同样十分简单。将“种马”活组织细胞里的遗传物质 DNA 取出来，移植进“抽空”了细胞核的卵细胞，再将经过培养后形成的胚胎细胞植入母马子宫，直到克隆马出生。关于“克隆得马，焉知非祸”的“大辩论”迄未停息。各级正式的赛马组织坚持只给自然状态下出生的小马“上户口”，并且认定“克隆马”将使秩序井然的名马谱系陷入混乱和崩溃。更有反对者出言道，如果克隆马和自己的“副本”同场比赛，无异于 10 个乔丹同场打篮球。而克隆马的支持者则认为，50%的冠军马从幼年便忍受“宫刑”以达到“心无杂念”的竞技状态，他们的基因不能流传甚为可惜，何况克隆马只相当于“正版”马“迟到"的同卵双胞胎而已。

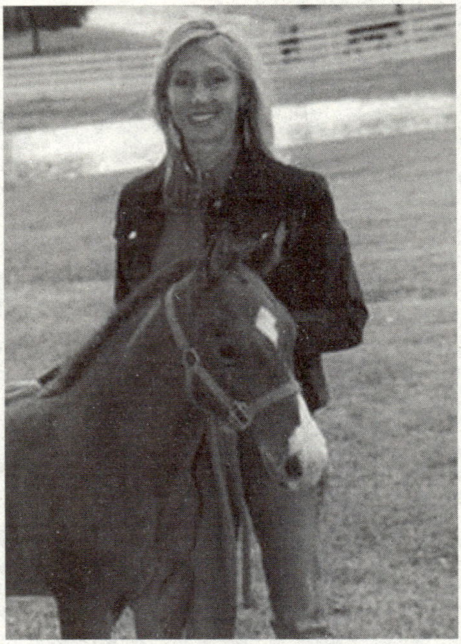
查尔马妮的克隆马克莱顿是她的冠军马斯坎普的"后代"

不过赛马业对现代医学的态度已经日益宽容，用马幼年时代取下的干细胞修复关节和肌腱创伤早就不是新闻。美国的"绕桶赛"已经允许人工授精和试管繁殖的马匹参加，各国生物技术公司目前已克隆了20匹以上的良种赛马，2006年6月5日，美国有千名观众在内华达州观赏了世界第一次克隆骡子比赛。

看看英国安妮公主、西班牙皮拉公主、约旦哈亚公主等先后担任国际马术联合会的主席，伊丽莎白女王、查尔斯王子、摩纳哥安德鲁王子和夏洛蒂公主等都是马术高手，而25岁的扎拉·菲利普斯公主已经成为世界冠军，赛马运动至今仍在炫示着它的"宫廷起源"和"王室出身"，而诸多现任的西方政要显达都是马术的狂热者，则更彰显了赛马的"豪门气息"和"贵族色彩"。

2008年北京奥运会前夕，6位中国马术运动员全部达标，满额取得了东道主国的参赛权。他们是中华民族进入奥运马术比赛的先驱，中国人也从此实现了全部参加奥运会28个大项的完美和圆满。

可以预言，100年后的人类社会仍将"马照跑"。但人和马的关系大约还得调整。不会再像几千年来那样"当牛做马"，也不会完全成为少数人的奢侈宠物而"天马行空"，马术终将进一步走向平民，才会有更多人倾听五环旗下的马蹄声。

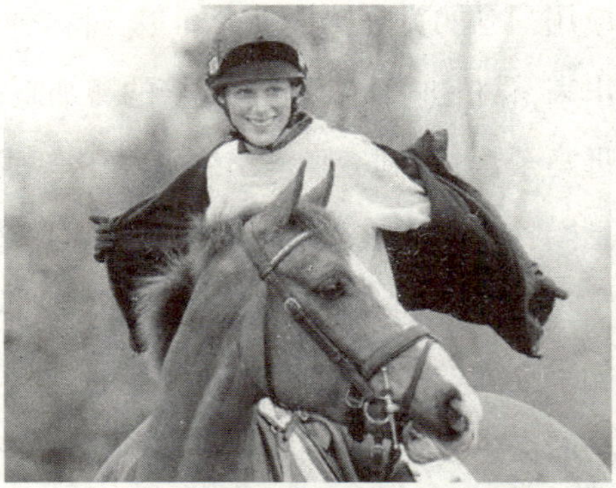
扎拉·菲利普斯公主备战2008年北京奥运会

五环旗下的马蹄声（下）
扫一扫，看中文视频

冰雪盛会

比起赤日炎炎、热力四射的夏季奥运会，冰天雪地、银装素裹的冬季奥运会别有一番韵致和风光。这里是洁白如玉的征途、晶莹如镜的赛场、“断桥危立”的跳台、陡峻盘曲的滑道。脚踩冰刀和滑雪板的健儿们驰骋如风、将飞欲翔；驾驭雪橇的勇敢者则创造了陆地极限速度，被誉为“冰上一级方程式”。1908 年伦敦奥运会便首次设立了花样滑冰项目，但早期奥运会“夏行冬令”的确勉为其难。1924 年巴黎奥运会将冰雪项目的比赛提前半年在夏蒙尼举行并称之为“第 8 届奥林匹亚国际体育周”，此后被国际奥委会“追认”为第 1 届冬季奥运会。当“白色奥运”从“附庸地位”到另立门户，五环旗交替飘扬在地球上寒暑分明的两个季节时，奥运会就更加色彩绚烂和充实完整。

要说冬奥会是一种“水上运动”也不为错，因为冰雪本来是固态的水。尽管地球表面 71%被水覆盖，并且有 2%的水体以冰的形式存在。我们对于水和冰的认识却仍然相当肤浅，包括人在冰雪上运动的复杂力学关系。

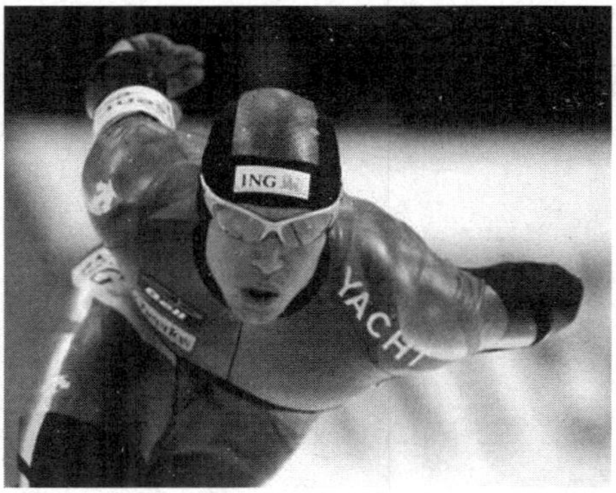

2007 年 11 月沃瑟斯庞参加盐湖城速度滑冰世界杯赛

2007 年 11 月 9 日，加拿大选手沃瑟斯庞在美国盐湖城以 34 秒 03 的成绩创造了 500 米速滑世界纪录，平均速度达到每秒 14.69 米。而牙买加选手鲍威尔 2007 年 9 月 9 日创造的男子百米短跑世界纪录为 9 秒 74，平均每秒 10.27 米①。可以说，滑冰是人类靠着双脚在地球表面上移动的最快方式。

关于滑冰的记载可以追溯到 4000 多年前的斯堪的纳维亚半岛。将鹿和牛的胫骨、肋骨绑在脚上，这就是冰鞋最早的雏形。1250 年，镶嵌在木板上的铁制冰刀在荷兰出现。而 1572 年苏格兰人发明的第一双全铁冰刀则是现代冰刀诞生的标志。

为什么冰刀不能在水泥、玻璃、钢板上滑行，却能在冰面上翔舞自如、“游刃有余”呢？许多文章和教科书已经告诉我们，首先由于冰刀的压力使冰的熔点降低，同时由于摩擦生热，导致接触点的冰迅速融化，于是产生了一层薄薄的水膜，在冰刀和冰面间起润滑作用。也有不少科学家始终质疑这一解释，认为仅凭冰刀的压力和运动的摩擦远不足以使冰面融化。近年来的研究已经证实，冰即使在环境温度远远低于熔点的情况下，表面也会形成厚度由几个水分子到几千个水分子构成的液态层，这是因为冰层内的每个水分子都被上下左右其他相邻分子所“固定”，而表面水分子则只能与“下层”分子连接，垂直振动速度更快，于是失去稳定的晶体结构，即使在远远低于熔点的温度下也会表现为“半液体”状态。这一发现的重大意义在于，冰的“光滑”主要是自身的天然属性，而不是来自外力的作用。

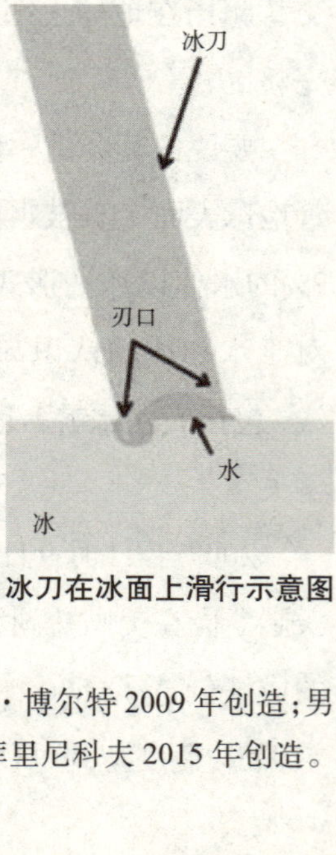

冰刀在冰面上滑行示意图

滑冰无疑是最舒展流畅、轻盈灵巧的运动，身体蹲屈，两腿交替，蹬冰、收腿、下刀、滑进，运动员流星般掠过冰面，身后留下美丽的弧线。滑行时我们追求最小的阻力，但蹬冰获得动力时，又需要有最大的阻力。因此身体重心所在脚的冰刀长轴必须与前进方向一致，蹬冰脚的用力方向却要与冰刀长轴垂直，

① 男子百米世界纪录是 9.58 秒，由牙买加运动员尤塞恩 · 博尔特 2009 年创造；男子 500 米速滑世界纪录是 33.98 秒，由俄罗斯运动员帕维尔-库里尼科夫 2015 年创造。

靠锋利的刀刃“切入”冰层去“啃冰”。和菜刀的刀刃大相径庭，冰刀的刀刃是一个拱形的凹槽。中长距离速滑冰刀要保持较好的直线性，因此刀身较长；短道速滑冰刀的刀身相对较短并较高，以便于在弯道上弧线前进和倾斜度很大时冰鞋不会接触冰面。而冰球运动员左奔右突，花样滑冰运动员翻腾跳跃，对灵活多变的要求胜过对直线速度的要求，因此冰刀的刀身短、刀刃利、刀槽深，前端一排“锯齿”能够更好控制急转骤停。

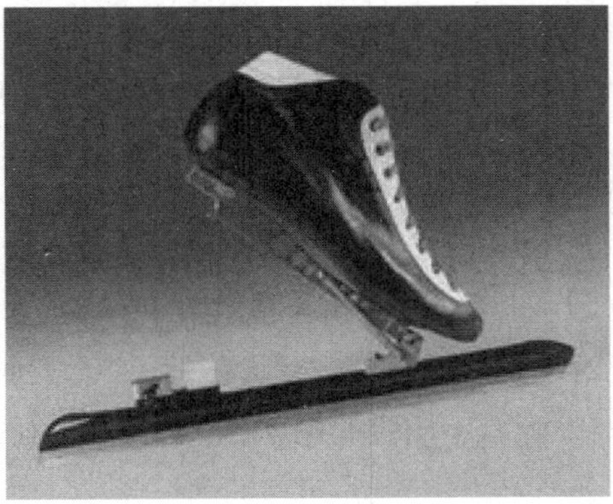

克莱普冰刀

1998 年日本长野举行的冬奥会上，速度滑冰的世界纪录几乎全部被打破，接着在 2002 年美国盐湖城冬奥会上，所有世界纪录又再次被刷新，导致这场“冰上革命”的直接缘由，便是被运动员戏称为“托板鞋”的“克莱普”冰刀。

我们在奔跑和跳跃时，髋关节、膝关节、踝关节的肌群能按照自然顺序协同工作。但在传统的滑冰动作中，由于冰鞋和冰刀前后两端固定，完成蹬冰动作时如果伸展踝关节就会招致刀尖“刨冰”，轻则增加阻力，重则失去平衡，因此必须控制踝关节跖屈，并将“锁踝”作为技术要领，这样滑冰就将踝关节肌群的力量“扼杀”，只靠膝关节和髋关节肌群来“干活”了。克莱普冰刀的巧妙构思是，将冰刀的前刀托用铰链和冰鞋连接，后刀托可以和冰鞋随时分离。其核心价值在于“解放”脚踝，使运动员在重心前移时，后刀托与鞋跟

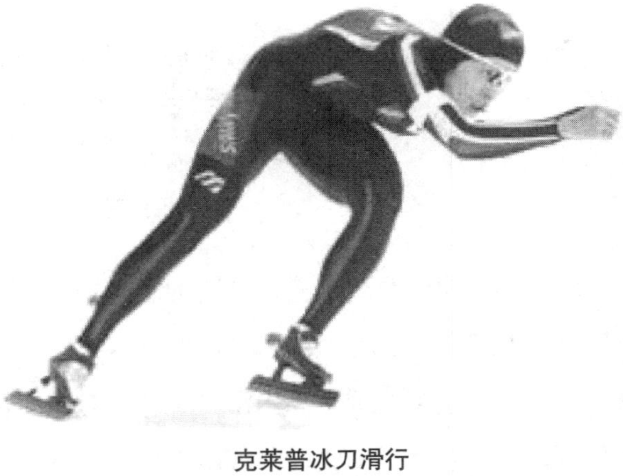

克莱普冰刀滑行

自动脱开，于是踝关节、跖关节都可以在蹬冰最后阶段自由伸展，并依然保持冰刀“全刃着冰”。膝关节力量也因此得以更充分发挥。克莱普冰刀实际上将传统冰鞋足部绕刀尖转动变为绕脚掌转动，身体“重臂”为之缩短，同时克服了蹬冰时重心主要横向移动的弊端，使身体重心能够纵向前移。统计表明，克莱普冰刀能将中长距离比赛的滑行速度提高 5%，平均每圈 400 米要快 1～1.5 秒。

皑皑白雪从来是诗人画家灵感和巧思的源泉，也是冬季奥运会高洁而素雅的底色。而滑雪板则是运动员必不可少的基本装备。人在双脚站立时，对地面的压强约 15000 帕，行走在积雪没胫的原野上，每一脚都要把松软的雪压实，因此会消耗许多能量而“举步维艰”。滑雪板将踩雪面积增加了 20 倍，脚对雪的压强也减少到原来的 1/20，人便被这双“大脚板”托在雪的表面上而能够“畅行无阻”了。

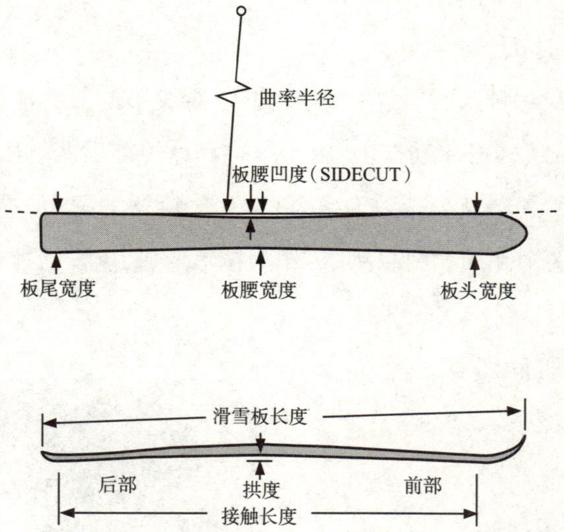

滑雪板示意图

雪的表面也许是地球上最神奇的表面之一，固态、液态、气态的水在这里同时并存相互作用，形成复杂的物理特性。滑雪运动可以看成人-板系统重心转动和曲线运动的合成。高山滑雪是重力势能转化为动能的直接演示，体重大的运动员单位体重受到的空气阻力更小，因此会滑得更快。大、小回转时不仅靠手中的雪杖像船篙一般改变行进方向，更要靠身体倾斜让滑雪板底面和雪面形成一个夹角。高速滑行的边刃“刻”入雪地后，“侧面切削”的横向摩擦力和滑雪板边缘相垂直，提供了人体曲线运动的向心力。新型的滑雪板头尾较宽，腰部较细，形如“沙漏”，施力后会形成一定弧度“引导”转弯。滑雪板越短，“板腰”越窄，转动半径就越小，没有弯曲变形的滑雪板是无法转弯的。现代滑雪板能在运动员跌倒后自动“脱扣”以策安全。而为了减小摩擦和保护滑雪板，“打蜡”从来是运动员必须掌握的重要技巧。

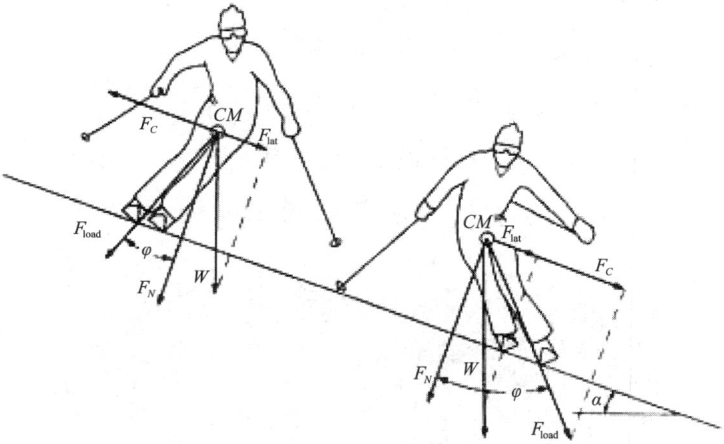

CM：人体质心；*W*：重力；F_{load}：雪面荷载；F_N：荷载与重力的法向分力；F_{lat}：荷载与重力的侧向分力；F_C：离心力；φ：人体倾角；α：雪面坡度。

滑雪回转姿势

跳台滑雪是冬奥会中最壮观而刺激的项目。从100多米长的助滑道俯冲而下，37°的陡坡到末段急剧减小为11°左右的缓坡，运动员在起跳点以每小时100公里的速度腾空而起，展开又宽又长的滑雪板“飞行”约6秒钟，落在90米或120米处的*K*点。巍巍跳台虽然高达几十米，但运动员身体和地面相对高度却始终不过数米，斜坡的弧度和运动员在空中的抛物线轨迹大致平行。当运动员最后以极小的角度落地时，垂直于地面的冲击力远远小于三级跳远之类的田径项目，何况还有40厘米厚的雪层缓冲，难怪总会是“有惊无险”的。跳台滑雪既可看成一次人体的“下斜抛运动”，也可以看成一次“飞行物”的“起飞”和“着陆”。

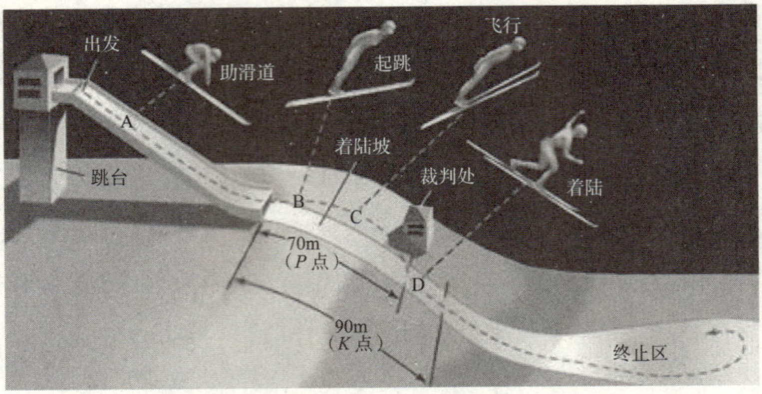

跳台滑雪示意图

如今风行世界的“夏季跳台”用特制瓷砖和喷水系统建造助滑道的滑轨，用摩擦力极小的弹性发泡塑胶铺设山坡的“着陆区”。不仅成为跳台滑雪运动员一年四季的训练基地，也成了吸引广大公众的旅游业新宠。

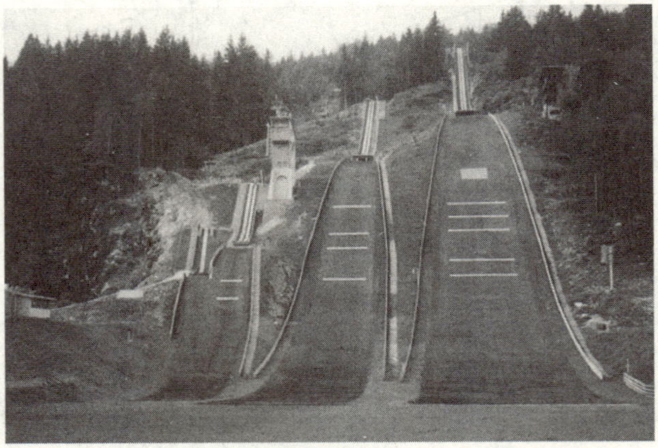
夏季“滑雪跳台”

1932 年 2 月普莱西德湖冬奥会的最大危机来自气候的反常，骤然升高的温度导致赛场冰雪消融，不少项目只能勉为其难在溏薄的残雪中进行，让运动员摔得鼻青脸肿。1964 年因斯布鲁克冬奥会“万事俱备，只欠降雪”，在 58 年未遇的暖冬中，奥地利紧急动用军队从山顶运来 2 万立方米积雪“救场”。但开幕式前赛场又遭降雨破坏，一名奥地利滑雪运动员和一名英国雪橇运动员在训练中丧生。可见冬奥会成败的关键是“与天气合作”。到了 1988 年卡尔加里冬奥会，18℃的熏风吹化了满场冰雪，致使赛程拖延了 16 天并搁置了不少项目。但多亏强大的人工造雪机支撑危局，使高山滑雪等能够继续进行。打从 1980 年普莱西德湖首次使用人工造雪，冬奥会已经开始改变完全“靠天吃饭”的宿命了。

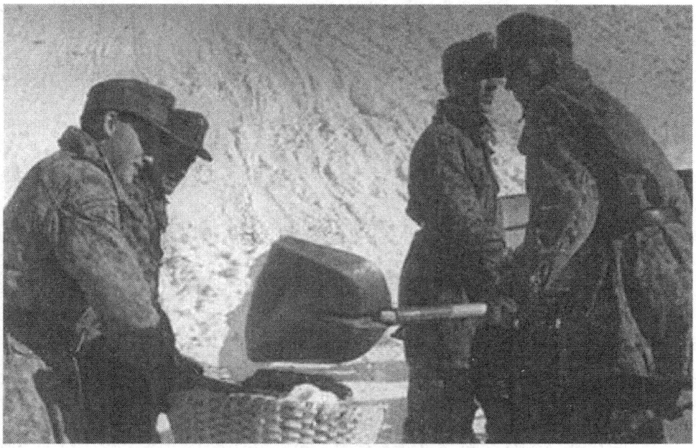

1964 年奥地利士兵为冬奥会运雪

大气中的水在 0℃下能以微小尘埃为“凝聚核”，结晶成六角轮廓、形态对称的美丽雪花。人工造雪便是对大自然降雪机制的粗略模拟，将水进行充分雾化后，通过高压泵和排风扇喷射到寒冷的空气中，让这些细小的水滴迅速结晶。科学家用细菌发酵生成的一种亲水蛋白作为理想的“凝聚核”添加到水中，不但能使水雾更快、更完全“落地成雪”，还能使结晶温度上升到 2～3℃。早期“雪炮”喷射出来的“雪”其实是微小的冰粒，随着科学技术的发展，人工造雪已经越来越接近于自然界的雪花了。

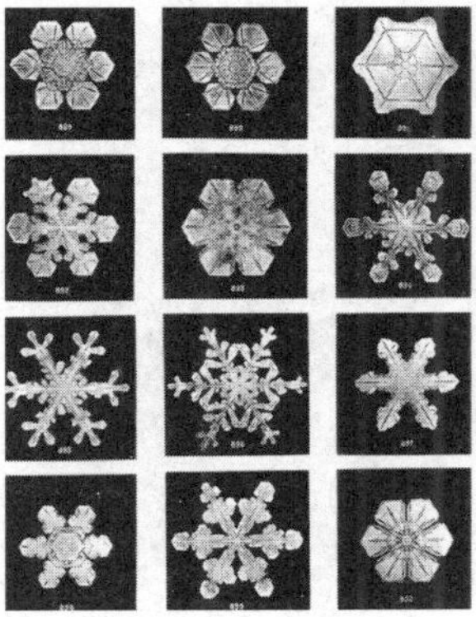

美丽的雪花

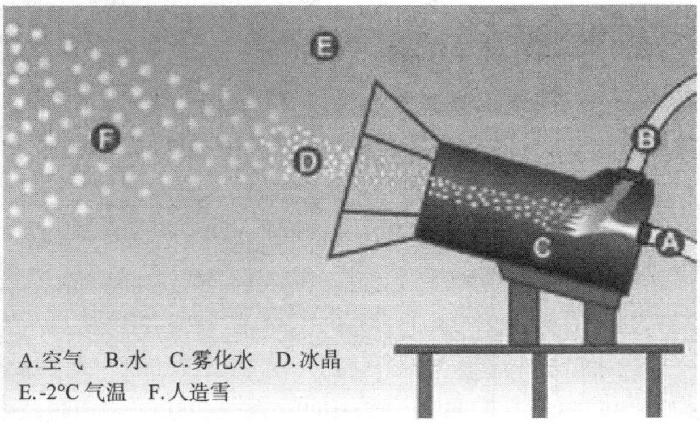

人工造雪机工作原理

奥运会对人工造冰技术的应用要早得多。1908 年伦敦奥运会花样滑冰便在人工冰场举行。1988 年卡尔加里冬奥会首次建造了全封闭的室内速滑体育馆。各式各样的人工冰场在当今世界已经随处可见。人工冰场的制冷原理和家用电冰箱大同小异。我们都知道一个标准大气压下，水会在 100℃时沸腾并吸收大量热，而沸点为-29.8℃的氟利昂在电冰箱内的蒸发器中“沸腾”同样会带走大量热使冰箱制冷，然后压缩机将低温低压的气态氟利昂变成高温高压蒸汽送进散热器，在这些“暖气片”中放出热量重新变成高压常温的液态氟利昂并开始下一轮循环。我们不妨把人工冰场看成一个敞开的、摊平的、放大的电冰箱。这里代替氟利昂的制冷剂常常是沸点为-33.4℃的氨，将高压下的液态氨送到冰场水泥层的密集排管中汽化，再将带走的热量散发到外部环境，人工冰场便能“地冻三尺”了。人们很早就发现在积雪的道路上撒盐能加快雪的融化，试验表明，氯化钠溶液在浓度为 23%的“共晶点”时凝固点最低，为-21.1℃。而浓度为 30%的氯化钙凝固点为-51.6℃。因此现代人工冰场更多用低温盐水或乙二醇做“载冷剂”，流过水泥层网管“间接制冷”，取代氨的直接蒸发。

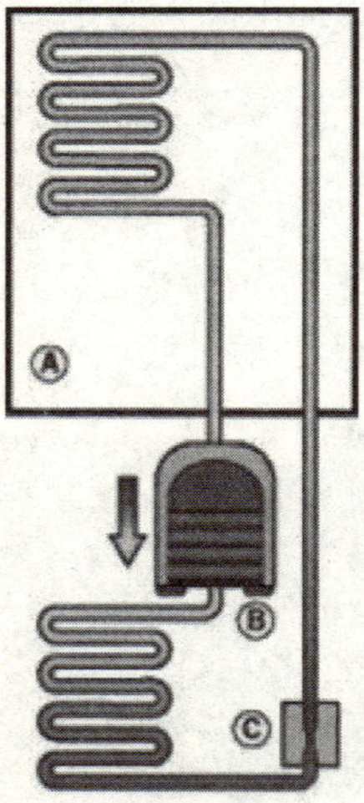

电冰箱工作流程

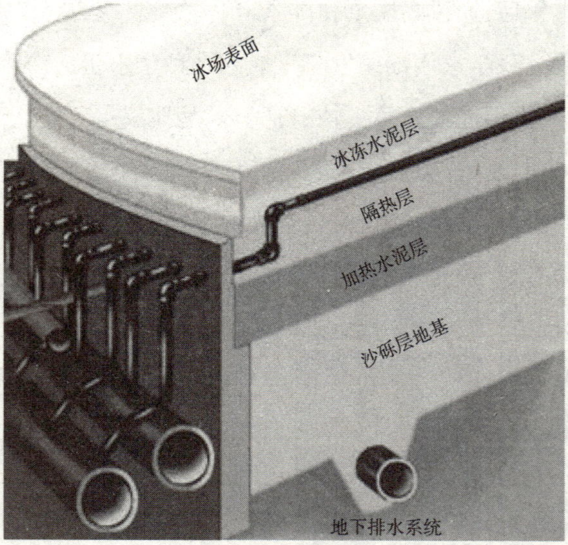

人工冰场剖面图

实际工艺自然要复杂得多。“一层摞一层”的冰自下而上涂饰成白色衬底，喷绘出鲜明的场地画线和图标广告，再由 8～10 层薄冰紧密构成 4 厘米厚的运动冰面。冰球运动需要较“硬”的冰场，冰面温度以-5℃为宜，速滑则要求冰面温度在-3～-2℃之间。冰场的热负荷计算，热交换控制和日常维护管理都少不了专门的里手行家。

至于那些“横空出世”的雪橇滑道，也可以视为拉长、卷曲、弯环、陡峻的人工冰场。1600 米滑道的水泥结构从底槽到护墙布满了钢铁的“末梢血管”，千余吨氨水如同神奇的“冷血”，沿着中心机房伸出的“动脉”“静脉”循环不息，维持着这条“玉龙”-11℃的“体温”。计算机网络和几十个传感器随时监控滑道上的微小变化。由于工程浩大和造价昂贵，目前全世界仅有 12 条人工冰橇滑道。

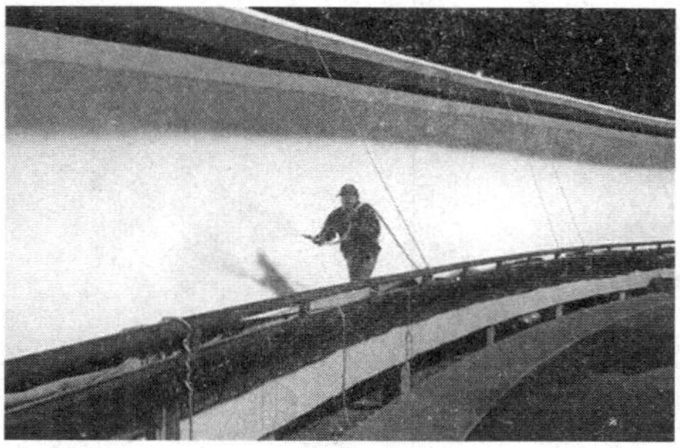

工人在修建雪橇滑道

最令人叹服的景观要数阿联酋名城迪拜的超级室内滑雪场了。这个气温高达 60℃的火炉国家从来与冰雪无缘，如今却拥有了相当于三个足球场大小的“冰雪世界”，供千余人同时滑冰滑雪。“一片冰心”的设计者靠着高科技手段造就了炽热沙漠中的“阿尔卑斯”。

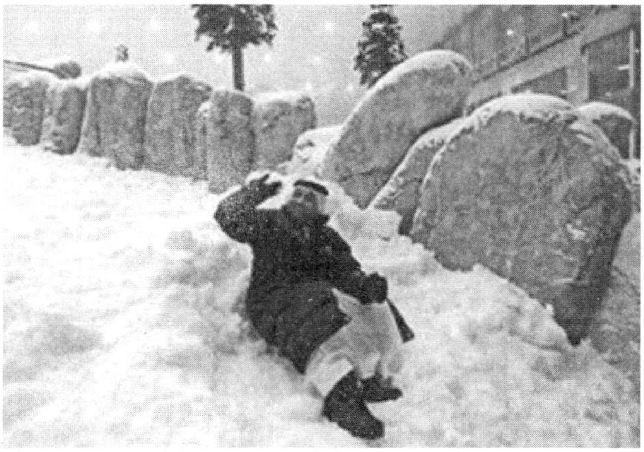

迪拜冰雪世界

也许我们总有一天能建造更多“环球同此凉热”的人工冰雪场，但作为奥运会的“半边天”，冬奥会大概永远只会在地球高纬度地区的冬季举行。我们的行星因为四季轮回而美丽可爱，冬奥会也是人类在倾诉对大自然的欣赏与感激。

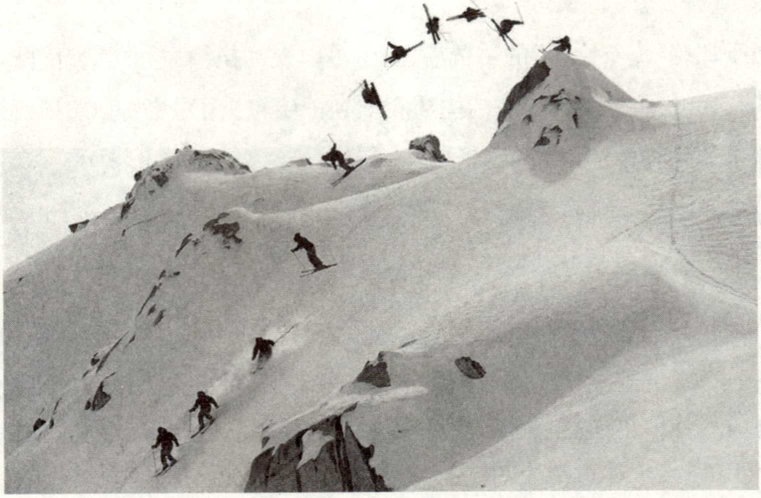

自由滑雪空中技巧欣赏

冰雪盛会

扫一扫，看中文视频

圣火不灭

历届奥运会最宏大的格局和最壮阔的场景，莫过于举世瞩目的开幕仪式了。这是一个时代人类社会组织能力和文明水准的标志。而点燃圣火则是开幕式的“点睛之笔”。随着主体育场美丽的火焰冲天而起，“奥运之龙”便“破壁而飞”了。

难道是原始祖先进行群体活动时围着的那堆篝火，今天仍在奥运赛场上照耀着我们？人类使用火的历史可以追溯到100万年之前，是火启动了人类的全部文明，甚至造就了人类本身。普罗米修斯是唯一因为“偷盗”而受到顶礼膜拜的英雄，而钻木取火的燧人氏则更加朴素和接近真实。古奥运会风尘仆仆的火炬手在伯罗奔尼撒城邦间宣示“神圣休战”的消息，现代奥运会的火炬则是1928年在阿姆斯特丹体育场正式点燃的。1936年柏林奥运会后，火炬接力传递便成了每届奥运会的先声和序曲。人们为此倾注了无限智慧、心血和情感，冀望于和平、团结、友爱的奥林匹克精神在全世界薪火相传。

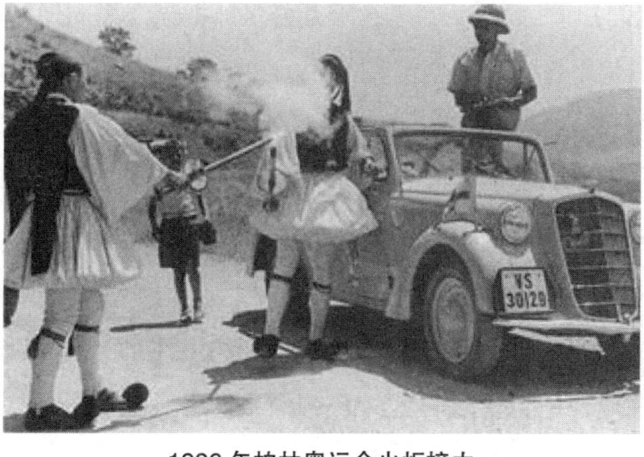

1936 年柏林奥运会火炬接力

奥林匹亚的赫拉神殿是奥运圣火永远的故乡。高雅美丽的希腊少女在这里用日光点燃第一支火炬，这种古老的取火方式能唤起我们许多遥远的记忆。传说中阿基米德曾经发动希腊百姓用镜子反射日光烧毁敌人的战船，中国人在西周时期便发明了阳燧，崔豹在《古今注》中描述道：“阳燧，以铜为之，形如镜，照物则影倒，向日则火生，以艾炷之则得火。”今天奥林匹亚女祭司们为奥运会采集圣火的“锅”，应该是中国古代阳燧的“升级版”。

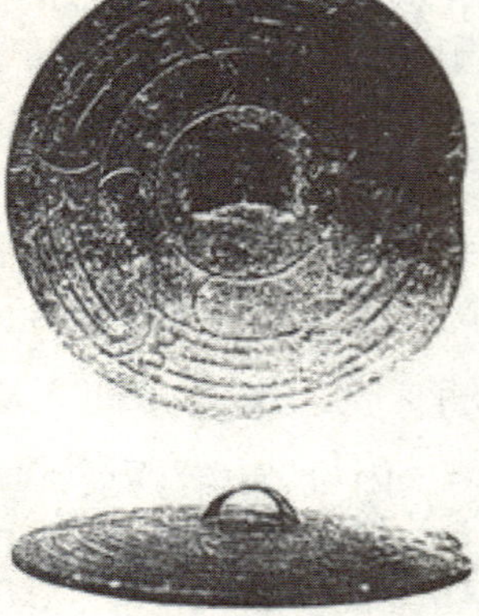

中国古代阳燧

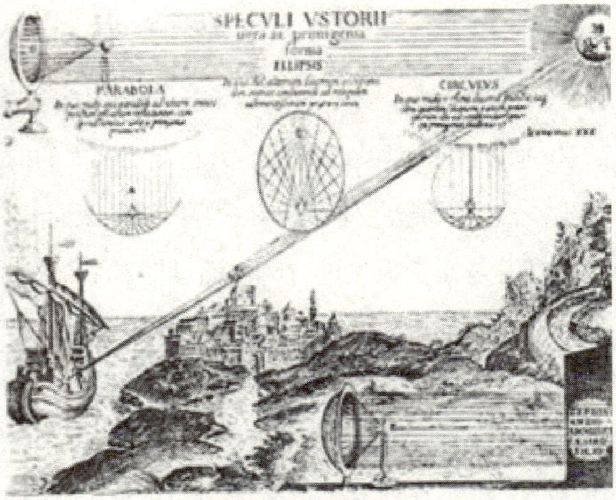

阿基米德的“日光武器”

当抛物线沿着对称轴旋转，就能得到一个抛物面。这便是“取火器”的几何形状。平行光线经过反射后能被抛物面“聚焦”，使镜面接收到的辐射能量高度集中。我们知道，太阳从 1 亿 5 千万公里外把光线投向地球，大气层顶端与阳光垂直的每平方米每秒便接受 1368 瓦的辐射，这称为太阳常数。由于大气和云层遮挡，阳光来到地面后的照射强度会降低，不同纬度和季节的日照也有很大差异。点燃圣火的镜面必须有足够的采光面积并对准太阳，使焦点部位的温度达到火炬的着火点。这也是为什么遇到阴天圣火无法点燃时，就只能启用晴朗天气预先采好的火种了。从日常生活中的太阳灶到碟形卫星天线和反射式天文望远镜，我们时常能看到大大小小抛物面在“仰天张望”。而探照灯则把光源放在抛物镜面的焦点上，从而投射出平行光线。

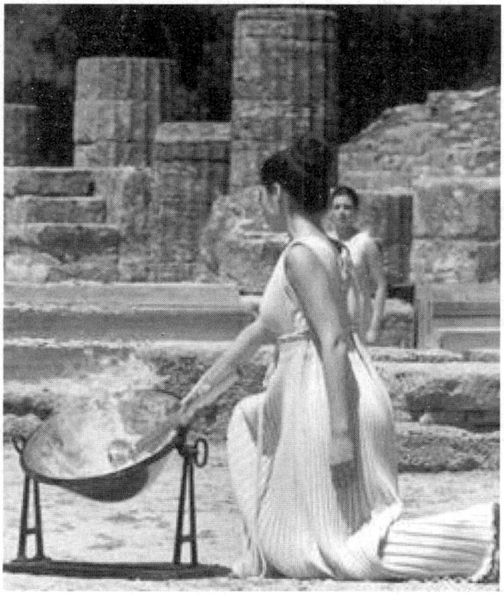

圣火采集

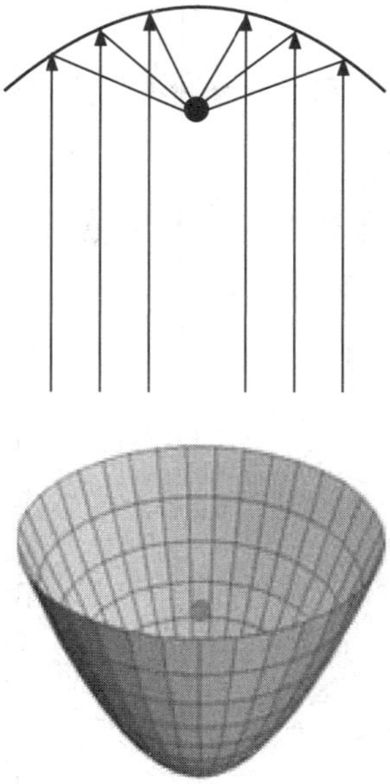

抛物面

今天人类社会使用能量的90%以上仍来自燃烧。不管奥运圣火如何“神圣”，要在地球上燃烧就必须满足三个要素。那便是燃料、助燃剂和温度，人称“火三角”。1772年，法国化学家拉瓦锡第一次揭示了火的秘密，提出可燃物质的氧化学说。燃烧是强烈放热和发光的快速化学反应过程，高于着火点的温度使燃料“强迫着火”，引起分子的化学键断裂，在燃烧区内和助燃剂发生原子间的交换和重组，放出的热量使氧化反应在点火源移走后能够继续“自持”进行。奥运火炬不能像实验室里的本生灯那样“有热无光”而应该鲜艳明亮。历届奥运会曾经使用过火药、硫黄、树脂、萘、橄榄油、四氮六甲圜

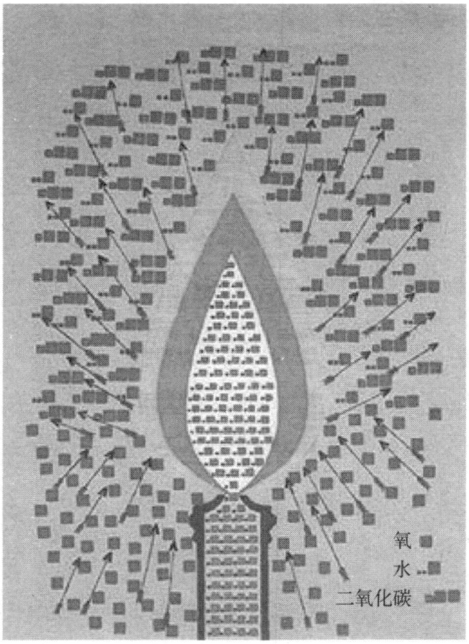

火焰示意图

做火炬的燃料，柏林、伦敦、墨尔本奥运会进入主体育场的火炬燃料都选择了金属镁，虽然能发出炫目的光辉，但火星四溅以致烫伤运动员手臂的场面敦促着人们对火炬加以改进。1972 年慕尼黑奥运会首次将 24%丙烷和 76%丁烷压缩成液态装在罐中做火炬燃料，此后液化气成了奥运火炬的上选。其实任何火焰中燃烧的物质都是气态。液体燃烧前必须先行蒸发，固体燃烧则是经过热解后释放出来的挥发成分参加反应。所以风中火焰的形状总是闪烁跳跃、飘忽不定了。按“恰当比例”完全燃烧的火焰是几乎无色的，正是火焰中的碳微粒如同千万个小小的“灯丝”辐射出光和热。浓烟则是燃烧中“残碳”过多的表征。

几乎每一届奥运会主办国都会搜索枯肠，奇计百出，让圣火传递不同凡响。除了迈开双腿奔跑，从自行车、独木舟、大篷车、汽车、火车、轮船到超声速协和飞机，从马背、骆驼、狗拉雪橇到跳台滑雪和空中跳伞，奥运圣火跨越千山万水的旅行也几乎穷尽了人类的运载手段。这里至高无上的使命是确保圣火历尽“八十一难”也不会熄灭，否则就要重新“回西天取经”了。1976 年蒙特利尔奥运会，一场瓢泼大雨浇灭了奥林匹克体育场的主火炬，场地监督布歇耳情急之下掏出打火机“非法点燃”圣火的故事家喻户晓，这次熄火的真正原因是雨水将“火三角”中的温度降到了燃点以下。水是比热容仅次于氨的液体，每千克水升高 1℃要吸收 4.2×10^3 焦耳热量，而水在 100℃汽化时吸收的热量是水从 0℃上升到 100℃所需热量的 5 倍，难怪消防部门把水当作最好的灭火材料了。2004 年雅典奥运会，帕纳辛纳克体育场的大风吹熄了奥组委官员点燃的全球接力火炬，这是因为“火三角”中的“燃料”被风带走而来不及补充。因此火炬设计的基本原则是对“火三角”的巩固和加强。

1996 年亚特兰大奥运会火炬采用双火焰结构，燃气从储气罐中出来后“兵分两路”，一路“大火焰”在火炬顶端光芒四射并栉风沐雨，另一路“小火焰”躲在“大火焰”下面的“挡风墙”中“养精蓄锐”和“保驾护航”，使“主气流”随时受到“小火焰”不间断地点燃。2000 年悉尼奥运会的火炬以 65%的丁烷和 35%的丙烷为燃料，利用火焰的回热管保温，克服液态燃料汽化吸热引起的燃料罐压力降低，并用极易散热的金属薄片制成火炬外壳防止雨水在上面汽化。根据测试，火炬在每小时 65 公里的大风和倾盆大雨中依然会熊熊燃烧。至于每届奥运会特别精心呵护的“圣火种子”安全灯，也正是营造了最安全的燃烧“小环境”，将“火三角”变成了“铁三角”。

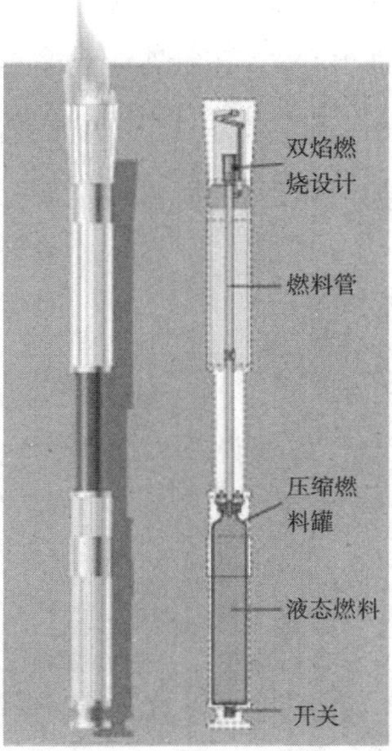

1996 年亚特兰大奥运会火炬

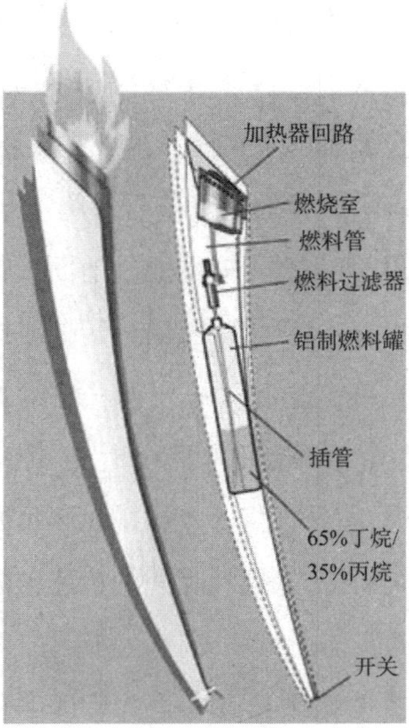

2000 年悉尼奥运会火炬

水下火炬传递是悉尼奥运会大胆而浪漫的尝试，生物学家邓肯在大堡礁海域 4 米深的水下手擎火炬潜泳 3 分钟，创造了“水火交融”的一大奇观。为确保燃气在深水下顺利喷出并形成稳定的燃烧区，燃料罐内必须达到很高的压力，由于水下没有氧气助燃，火炬必须“自带”氧气和燃料进行预先混合，并点燃主要发光燃料镁。在地面上这种火炬燃烧温度超过 2000℃，亮度相当于 35000 根

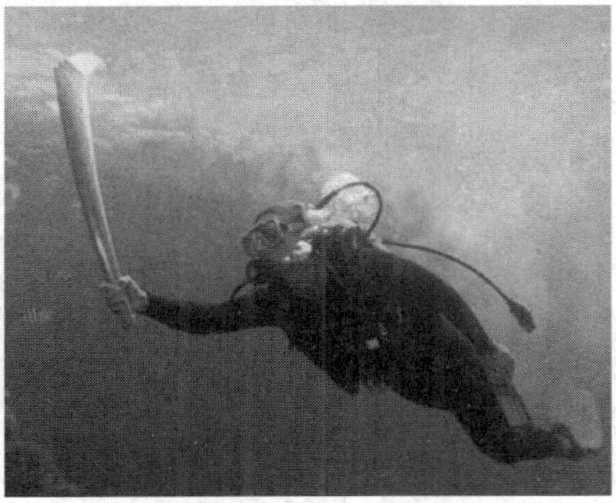

悉尼奥运会火炬水下传递

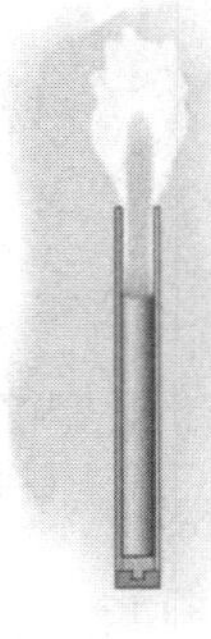

水下火炬示意图

蜡烛亮度的总和。水下火炬的制造工艺虽然复杂，但基本原理并不难进行演示，中国科技大学火灾实验室就曾经重现了火炬在水下燃烧的过程。

进入航天时代的人类曾经按捺不住心中的豪迈和冲动，想把奥运火炬传递扩展到太空。1976年蒙特利尔奥运会就别出心裁，在雅典帕纳辛纳克体育场将来自奥林匹亚的圣火直接“传递”到北美大陆。这是一个特制的传感器用来收集火焰离子的全息信号并将能量进行储存，然后转化为声波信号代码，通过卫星传送到渥太华，再通过地面接收器将这些声波信号解调，最后转换成对应的激光束点燃起火焰。这一“高科技”手段虽然最近似“上帝的礼物”但却备受非议，前后仅仅5天的过程有负公众的长久期待，况且洲际间的传递失去了“火”的实体而只剩下“火”的信息，未免过于虚无缥缈并偏离圣火传递的初衷。1996年亚特兰大奥运会组织者的构思要现实得多，他们设想把火炬送上航天飞机，但出于安全考虑，美国宇航局只批准哥伦比亚号搭载熄灭的火炬。我们不妨设想，如果火焰真的在航天飞机上燃烧会是何种情景，失重环境下没有冷热气体的对流，火焰将不再是一条稳定向上的“火舌”，而会变成一团渐次膨大和黯淡的“火球”。

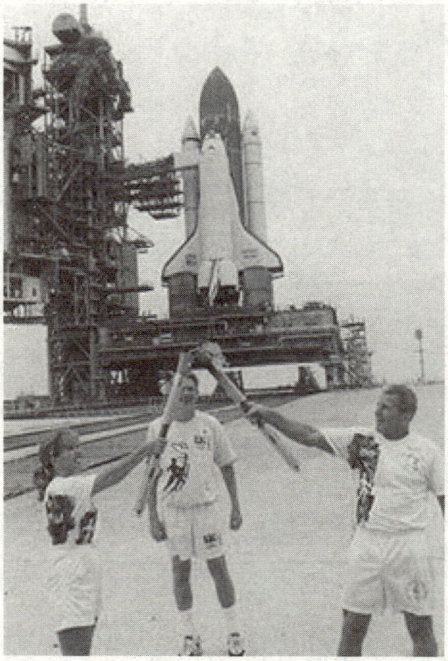
1996年亚特兰大火炬在肯尼迪宇航中心

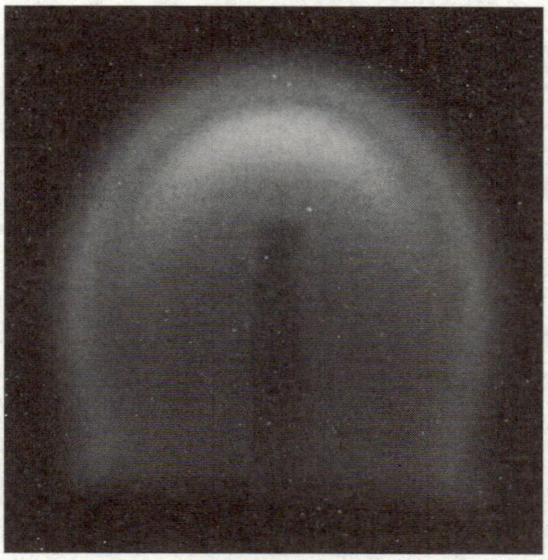
失重状态下的火焰

2008 年北京奥运会火炬的最大“亮点”，是登上世界“第三极”珠穆朗玛峰。在海拔8844米的“世界屋脊”，温度常在-40℃，风速达到10级，含氧量仅为海平面的1/3。但火炬凭着先进的回热功能，双火焰设计和燃料预混装置，完全能在如此恶劣严酷的自然条件下大放光明。而真正的困难在于火炬手和电视转播人员背囊负重跨越生命的极限，这是一个群威群胆的系统工程。当祥云火炬在地球之巅呼啦啦燃烧的时候，世界见证了奥运圣火传递史上又一个空前壮举。

奥运之火天上来，五洲万国走一回。我们不会忘记火是人类文明之源。洪荒时代的人类因为擎起了火炬而和动物分道扬镳，今天的人类格外珍惜奥运火炬的“长征”，这是千万双手在全世界传递温暖与光明。

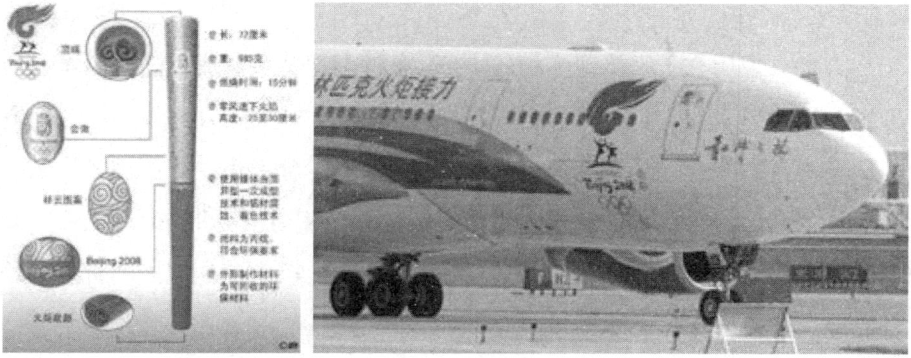

2008 年北京奥运会祥云火炬传递和谐之旅号专机

圣火不灭
扫一扫，看中文视频

奥运金牌之路

人类自古用金子来体现不朽的价值。奥运会把黄金制成奖牌授予每一届力拔头筹的冠军，于是金牌便标记了一个时代人类自身能力的“疆界”。夺取奥运金牌是每个运动员毕生的追求和梦想，而奥运金牌得主照例被尊为国家和民族的英雄。这些奥运赛场上啸傲风云的体坛翘楚从哪里来？百年间，各国体育界和科学界都在不遗余力地探索和追寻，希望解读他们成功背后的种种奥秘。

我们常常怀着极大的兴趣，津津乐道于那些不胜枚举的“体育世家”。被称为“欧文斯第二”的美国田坛名将刘易斯，父母兄妹都是煊赫一时的田坛英豪；2005 年墨尔本体操世锦赛上独得两金两银的美国小将柳金是苏联体操名将柳金的女儿；日本体操巨星冢原光男的儿子冢原直也于 2004 年登上了雅典奥运会的冠军领奖台；拳王阿里的女儿莱拉接过父亲的拳击手套，成了无往不胜的世界女拳王；威震网坛的大小威廉姆斯是并蒂连根的姐妹花；“小巨人”姚明的父母都曾担任中国国家篮球队的主力；还有广为人知的陈镜开举重门第，传为佳话的穆祥雄游泳世家。金牌明星“宁有种乎”？和其他行业相比，体育界的“血统论”似乎能找到更多的论据。德国科学家格拉姆说：具有卓越运动才能的亲代，其子代拥

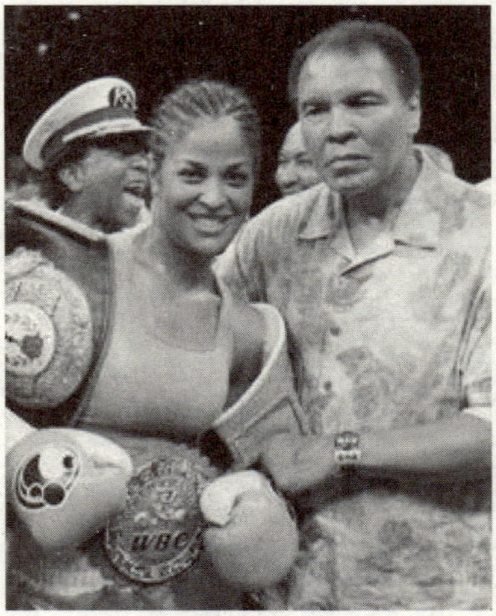
女拳王莱拉和父亲阿里

有优秀运动天赋的概率为50%，并且很有可能超越亲代。

“种瓜得瓜，种豆得豆”，便是对遗传最浅显直白的描述。地球生命靠着遗传保持子代和亲代的相似，维系物种的稳定。人类细胞核中23对染色体是遗传的载体，主要由脱氧核糖核酸即DNA构成，这些神奇的大分子双螺旋长链携带着遗传物质“基因”，被称为生命密码的“天书”。亚洲人的平均身高不及欧美，非洲某些地区黑人的红肌比例和最大耗氧量明显高于其他种族，人类的许多运动才能都是与生俱来并无可更改的，没有运动天才就没有优异成绩。众多的杰出运动员并不出于名门之家或体育望族，这并不意味着他们“运动天赋”的缺失。或许由于遗传的变异，或许来自隐性遗传，站在奥运领奖台上的明星无一例外都从娘胎里带来了争金夺银的“本钱”。基因是金牌的“基本原因”。德国著名运动医学家霍夫曼说，人的运动机能60%来自遗传，只有40%靠训练等外界因素制约。遗传是运动的物质基础。另一方面，也正因为遗传的保守是相对的，变异是绝对的，体育成绩才能不断突破极限。关于人类运动能力分子遗传标记的筛选和确定，已经取得了长足进展。

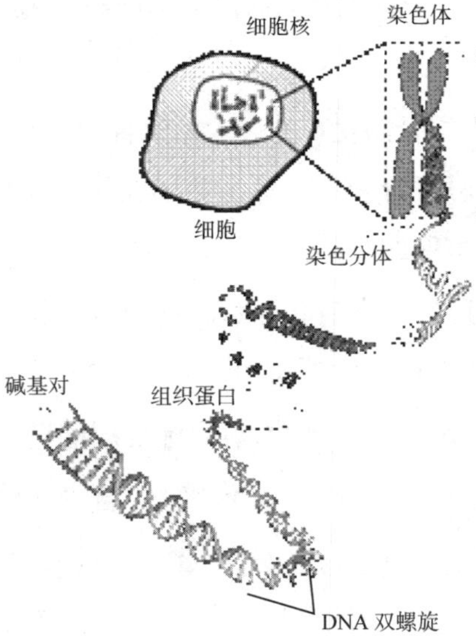

遗传基因的作用

科学选材的实质，是培养体育明星“从娃娃抓起”，把先天条件优越，适合某项运动的“好苗子”从小甄拔出来，进行一定年限的系统定向培养，让儿童时代的成材可能性转化为比赛年龄的成材现实性。准确的选材是成功的一半，如果选材“押错了宝”，此后的任何训练都将成为无效劳动。选材的核心是预测，这不是“算命”而是一整套严谨的科学程序。刚出生婴儿是无法进行预测的。只能根据一定年龄的“小选手”各项遗传和生理指标进行“趋势外推”，或通过“德尔菲”法进行专家评估。其中骨龄检测便是极为重要的一项指标。

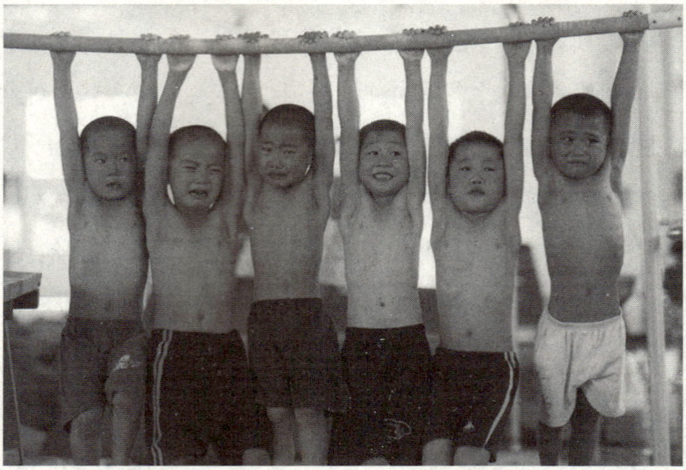

体操“苗子”在进行耐力训练

人类骨骼发育的过程始于骨化中心的出现，随着骨化区域不断扩大，经过一系列规律性变化，逐渐达到成熟的骨骼形态。骨骼年龄即“骨龄”，比“日历年龄”更能客观精确反映儿童生长发育的真实水平。人的手部荟萃了长骨、短骨和圆骨，是全身骨骼状况的缩影。取下一张非惯用手的 X 光片，依次对 13 块手部骨的影像进行判读，对照标准图谱确定儿童的骨发育等级，如果“骨龄”符合或稍小于“日历”年龄，表明“小选手”有较大的生长潜力和发展余地。骨龄大于自然年龄 2 岁以上的“早熟儿”和提前出现骨骺真性闭合的“老少年”则培养前途有限。受试者可以隐瞒年龄，却无法掩盖骨龄。此外诸如指纹掌纹形态，都具有高度特异性、遗传性和稳定性，与身体某些运动素质存在对应关系，可以作为选材的参考，这和“看手相”测算穷通祸福的迷信完全是两码事。

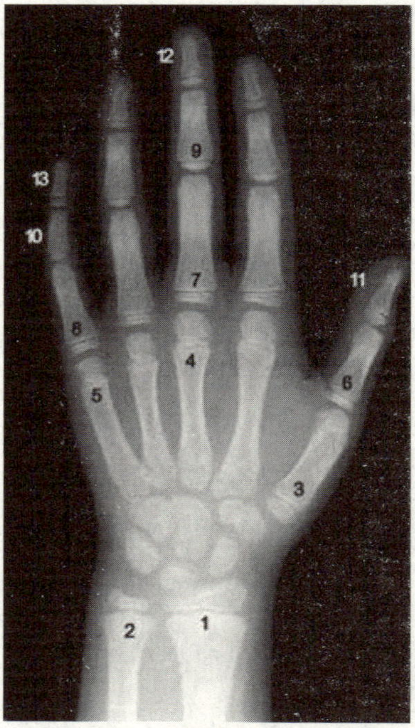

骨龄 X 光片读片位置和读骨顺序

当我们为篮球场上“巨人如林”的阵容惊叹时，不应忘记身高与灵活的统一；体操场上“身轻如燕”的袖珍型明星具有最小的转动惯量，但需要兼顾动作的幅度和美感；跳高运动员“蜂腰鹤膝”的颀长身材有利于提高起跳前身体重心高度；举重大力士的体态概括为“矮短粗宽厚”，使得举铃高度降低，并能用大手牢牢抓杠、大脚建立稳定的支撑面；游泳选手则要求身高腿长、肩宽臀薄、骨盆狭窄、手脚硕大，为了在水中形成截面积最小的流线型体态并增大划水能力；射击运动员更看重沉静稳健的心理素质，反倒对视力不甚苛求。今天奥运赛场 28 个大项 302 个小项可以分为不同的“项群”，每项运动都需要一块独特的“料”。幸亏“天公”从来是“不拘一格降人才”的，世上良驹常有，只待“伯乐”的科学慧眼了。

然而运动天赋再高，如果不能“训练有素”，就不过是“浑金璞玉”。训练的原理在于人能够对外界刺激产生适应性反应。加在运动员身上的负荷会打破身体原来的平衡，经历了适应过程建立起新的平衡后，运动素质就得到了提高。大负荷的训练往往趋近运动员的“极限”，即“生理界限”和“病理界限”的临界点。人一般在 4～17 岁之间对刺激最敏感，“训练效应”最强，最能诱发出身体的运动潜能。因此“童子功”常常是受用终身的。多年来，许多优秀教练员创造了等长训练、超等长训练、离心训练、间歇训练、循环训练、项群训练等方法。一个重要共识认为“竞赛是最好的训练形式”，这也是当今世界重大体育赛事日益频繁的原因之一。

1968 年墨西哥奥运会后，高原训练受到普遍重视，在海拔 2000 米的低压缺氧环境下，运动员的心血管系统功能会比在平原地带经受更大考验，红细胞的增多能带来载氧能力的提高。“仿高原训练器”的储气罐模拟高原地区稀薄的氧气比例，运动员背着这种设备训练，能收到身临高原的同等效果。美国马拉松名将萨拉萨尔 1981 年 10 月在纽约马拉松赛中创造了当时的世界最好成绩 2 小时 08 分 13 秒，就得益于平时使用这种高原训练器。

我们对计算机的最大误解，在于曾经把它当作一个超级算盘，此后才终于正名为“电脑”。计算机的应用使体育训练真正从传统的经验型转为定量的科学型，大大缩短了优秀运动员“脱颖而出”的周期。对训练负荷的控制不再凭主观的模糊感觉而凭客观的精确数据，使运动强度、密度、周期更加合理；技术动作的诊断不再仅靠教练的一双肉眼，而靠高速摄像机和计算机将“动作捕捉”的图像条分缕析，找出最细微的缺陷和不足。一个早期的经典案例是，美籍以色列科学家分析了美国铁饼运动员威尔金斯的动作，发现没有正确刹住膝关节是妨碍进步的症结并进行了有效纠正，使威尔金斯的成绩一举提高 3.86 米而打破了世界纪录。爱荷华大学研究中心将田坛巨星刘易斯的跳远姿势、重心轨迹和空中动作等数据输入计算机系统，让运动员都能“见贤思齐”，对照“榜样”的标准动作修正自己的各项参数。

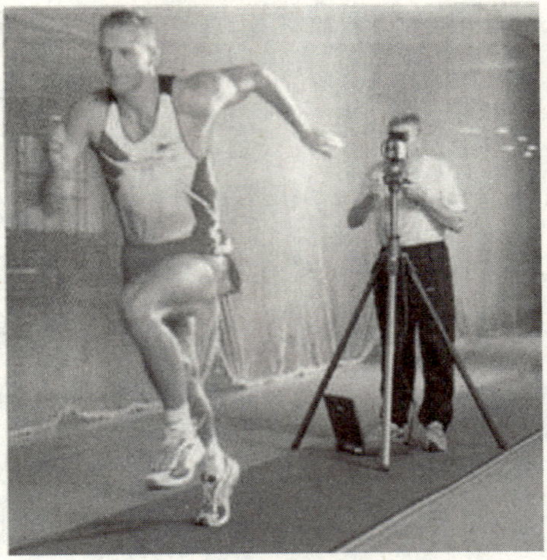

使用电子测速仪进行田径训练

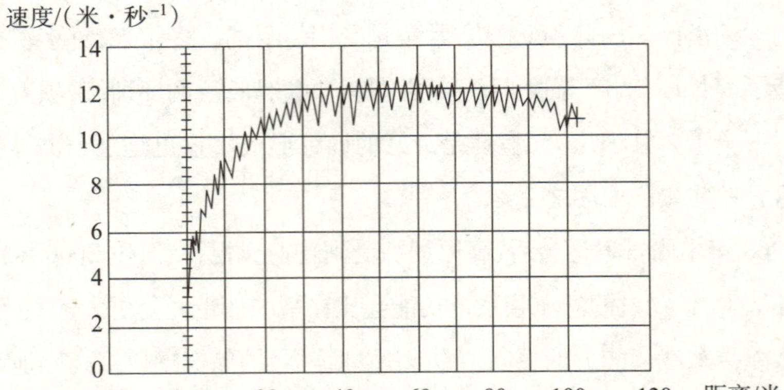

贝利 1996 年亚特兰大奥运会破百米世界纪录的速度曲线

1986 年在法国举行的男子排球世界锦标赛上，美国队破天荒战胜雄霸排坛的苏联队，其中的一大奥秘是靠计算机进行“暗算”。美国队在分析了苏联二传手扎伊采夫的全部录像资料后，摸清了这位“灵魂人物”的分球路径，并针对他的技术模式设计出训练软件，使得扎伊采夫临场上的战术意图尽在掌握之中。赛前“敌情侦查”是计算机的拿手好戏。

体操和跳水等项目的创新动作究竟是否可行,已经不必先让运动员“亲力亲为”冒险尝试。由计算机进行“沙盘推演”,算出完成动作需要的力量、角度、高度、时间等参数,运动员就能心中有数并“量力而为”了。计算机仿真训练则能让运动员“身处暗室”却得到身临雪橇滑道等运动现场的真实体验。

海拔1600米的科罗拉多训练中心也是美国奥林匹克委员会的“大本营”。1976年在蒙特利尔奥运会上“败走麦城”后,美国体育界“痛定思痛”,紧急出台的措施便是建立科研和训练合一的体育训练基地。1978年正式挂牌的科罗拉多中心从美国各地选精拔锐,招募了一大批著名的运动力学家、运动生理学家、医生、心理学家和计算机专家,并建造了最先进的训练设施。这里的田径跑道安装了电子传感器,先进的游泳水槽能记录运动员的各种参数,西半球最大的室内射击场使用了激光瞄准装置,体操馆、举重馆的测力台和动作捕捉仪随时“左右伺候”,自行车训练器将道路坡度、骑行风阻、运动员血压、心率、力量输出和热量消耗等数据自动显示。信息中心则收藏了全世界优秀选手的录像资料。兴建大型体育训练中心,这是理念的重要转变。与一线脱节的“个体户”式松散科研已经不能担负现代体育训练的繁难使命,整体大于部分之和,集中人财物力建成跨学科、跨领域、“成龙配套”的训练基地,是实践证明了的成功经验。近年来世界各地先后建立起“大而全”的训练中心,暗喻着体育界进一步认同了科学的崇高地位。

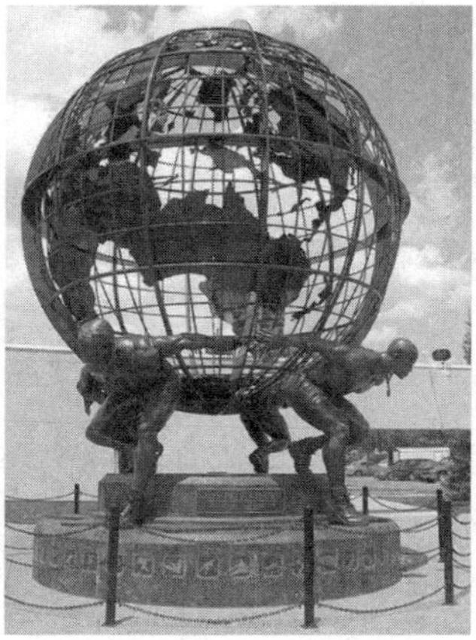

科罗拉多训练中心雕塑

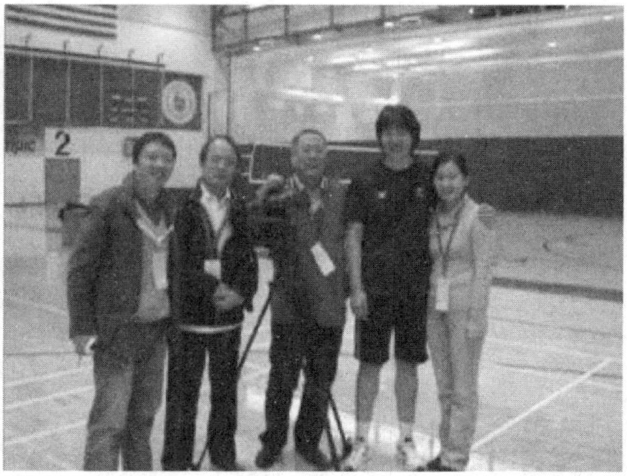

《科技之光》记者采访时任美国女排主教练的郎平

蓦然回首，百年奥运已从细浪潺湲的溪流变成波澜壮阔的大河。古希腊的神话也变成了今天全人类的神话。我们的孩子从奥运会上认识了许多美丽的国家，在奥运会这个“体育联合国”的五环旗下，不同文化和信仰的人们多了一条彼此走近的理由。而当科学的光芒照耀体育，明天的奥运会将开出更加灿烂的人类文明之花。

奥运金牌之路

扫一扫，看中文视频

后 记

2008年北京奥运会是世界送给中国的最珍贵礼物。如何充分“享受”这个千载难逢的历史时刻，每个人心中都有自己的盘算。打从申奥成功的那天起，我便萌生了制作一部科普系列片的想法并开始准备资料。但好事多磨，三波九折，直到2007年7月才最后确定由中央电视台体育节目中心和交通银行、武汉电视台《科技之光》联合摄制。这本集子里收进的35篇作品便是我为系列电视片《科技与奥运》撰写的文字稿。

我的真实用心还在于抓住奥运契机，利用社会对奥运的关注，以体育为话题，讨论一点相关的科学知识。让公众在观看奥运会比赛时更加“内行”，多看出一些“门道”，从而获得更深刻的奥运体验。

奥运体育竞赛中的科学知识林林总总，浩如烟海。选题上如何取舍，结构上如何划分，深度上如何把握，特别在电视这样的公共传媒上，怎样才能不失科学的基本品质，又为广大观众所喜闻乐见，都是需要反复斟酌和思量的。尽管我从青年时代就爱好体育，并且广泛关注其中的科学道理，但只有在下笔写作时才能真正发现知识储备的匮乏。半年多来，我几乎天天“三更暂眠，五更复起”，先后披览了几百册中文和英文原版书籍，下载了海量的中外网页，“恶补”了一把体育运动知识，也发现许多看似十分简单的现象却人言人殊或迄无定论。奥运倒计时的“嘀嗒”声日渐紧迫，摄制组则立等坐催，一俟文章落墨便赶着配音，正所谓“疾行无善步”也，文中不可避免的疏失和错讹之处，只好就正于读者了。

当“人文奥运、绿色奥运、科技奥运”的理念深入人心时，我想“科技奥运”

的内涵除了把奥运场馆修建得更加“高科技”之外，还应包括增进全民对奥运和体育的科学意识。从这个角度讲，本书也算是“应运而生”。但这里讨论的话题都是体育运动的基本原理，希望不是应景的“易碎品”，而能有长久一些的生命力。

这部文稿的完成首先要感谢我的亲人们，妻子高淑敏几年来查阅了大量资料，“周游”了众多网站，做了十多万字的摘抄，几乎成了半个“奥运史专家”；95 岁的老母亲战胜疾患的一大支撑力量，便是要看到北京奥运会和儿子为之呕心沥血的电视片。

感谢 13 年来与我共同在电视科普岗位上“坐冷板凳，啃硬骨头”的《科技之光》节目组同事和朋友们，他们通过半年多不舍昼夜的超常工作，将这些文字变成了有声有色的电视片，并对文稿的谋篇布局、举例发凡都提出了宝贵的意见。我的后任吕值友局长倾情投入、鼎力促成，调集全台精兵强将确保电视片摄制顺利进行。

感谢《科技与奥运》的科学顾问——前中国力学学会副理事长、北京大学力学系武际可教授。写作中不吝赐教，成文后逐篇审读，并为本书写下热情洋溢的序言。

感谢中央电视台体育节目中心江和平主任。在科普园地萎缩，科学话语权缺失的时候，奥运频道能够拿出一刻千金的时段用于科普，确实需要见识和眼光。交通银行为电视科普慷慨解囊则提供了本片主要的资金支持。

特别感谢前中国科协主席、德高望重的中国科学院周光召院士欣然为《科技与奥运》题词。十多年来，周光召先生一直是《科技之光》最坚定和最热烈的支持者。“通过科学欣赏体育，通过体育理解科学”，恰好道出了这部电视片制作的要旨和初衷。

赵致真

2008年5月10日　北京

英文参考译文

撑竿跳的变迁 Achieving New Heights

On July the 31st, 1994, at Sestriere in Italy, the great Ukrainian pole vaulter Sergey Bubka, launched himself an incredible 6.14 meters into the air. Thus the man known as the "Vaulting Czar" pushed the limit of human achievement, even higher. For years he dominated this sport to such an extent that all his rivals were left to pick the second place.

The origins of the sport of pole vaulting are obscure. Although there is evidence of people in ancient times using poles to assist them in crossing obstacles such as streams and walls, and even in leaping onto horses, the pole vault—as a competition to achieve the greatest height - was not contested until the latter half of the nineteenth century. Pole vaulting became an event in the first modern Olympics in 1896 when it was part of the gymnastics competition. The poles used at that time were generally made of hickory and tended to be heavy and unwieldy, yet the American athlete William Hoyt still managed a world-record leap of 3.3 meters. The first record of a pole vault dates from 1789, when a German athlete by the name of Pucci achieved a height of 1.83 metres.

Pole vaulting was included as an event in the first modern Olympics in 1896, when it was part of the gymnastics competition. The poles used at the time were generally made of hickory, and tended to be heavy and unwieldy. Yet the American athlete Welles Hoyt still managed a world record leap of 3.3 metres.

In the early years of the Olympics, the pole vaulting event was often the source of considerable amusement. At the 1904 Games, held in St. Louis, a Japanese athlete astonished the spectators and perplexed the judges by planting his pole in the ground, and then climbing it, before jumping from the top, over the bar. That action prompted the introduction of a rule, that a vaulter's lower hand must never be moved above the upper hand on the pole.

A significant advance was made in the sport of pole-vaulting, with the replacement of the wooden pole with a bamboo one. The bamboo pole is more flexible, and also, being lighter, allows the athlete to make a faster run-up. At the 1908 London Olympics, Yale University vaulter Alfred Gilbert won the gold medal, with a height of 3.71 meters, which he achieved using a bamboo pole. When he returned home from London, he took with him a lot of bamboo, which he sold as vaulters' poles all across the U.S. Japan, as a country with plentiful resources of good quality bamboo, benefited a lot from the introduction of bamboo poles. At the Los Angeles Olympics in 1932, a Japanese athlete, Shuhei Nishida, took the silver medal, with a height just one centimetre below that of the American gold medallist, Bill Miller. At the Berlin Olympics four years later, the silver and bronze medal winners were both Japanese. They cut their medals in half, so that each of them could have a half silver, and half bronze hybrid. The 1930s were the golden age of Japanese pole vaulting, and bamboo poles, which took five years to make well, were preferred by vaulters around the world. The world record set during the "the Bamboo Pole" era, was 4.77 meters.

The combatants in the Second World War rejected the traditional "Olympic Truce", and so the 1940 and 1944 Olympic Games were not held. Japan's enemies could no longer import bamboo poles from Japan. But the sport of pole vaulting carried on, with athletes turning to other materials for their poles, such as Swedish Steel and aluminium. The first experiment on the use of Swedish Steel and aluminium had begun as early as the 1920s.

Compared with a bamboo pole, a hollow metal pole is sturdier and more flexible. Moreover, it can be made to a defined standard, and because athletes no longer feared their pole breaking, they could grip it higher up. As a result, the world record was raised to 4.80 meters.

Another simple, but nevertheless key, innovation was the introduction of the vault box. Originally, the bottom end of the pole had been fitted with a single or multiple spikes to prevent slipping. At the London Olympics in 1908, American athlete Alfred Gilbert dug a hole in which to plant his pole. But this was ruled illegal. At the 1924 Games, the wooden vault box was introduced, giving vaulters a safe point to plant their poles.

In 1952, pole vaulting entered another new era, with the introduction of a lighter and more flexible fiberglass pole at the Helsinki Olympics. In 1961, American athlete George Davies cleared 4.83 metres, to become the first man to break the world record using the revolutionary new fibreglass pole. In February the following year, John Uelses vaulted 4.89 meters. In 1964, Fred Hansen raised the World Record to 5.28 meters. During the next few years, the world record was broken again and again, until it reached over 6 meters. At no time in history, either before or since, has the world record been pushed upwards so often in such rapid succession.

The fibreglass pole transformed the sport of pole vaulting. The secret to its success. compared to the rigid wooden pole, lies in its flexibility: in other words, in the mechanics by which it transfers energy.

A fibreglass pole, being lightweight, enables the athlete to increase his approach speed dramatically. The kinetic energy accumulated in the pole is in direct ratio with the sprinting speed. Moreover, when a hard wooden pole comes into contact with the ground, it does so with a jolt, whereas the flexible fibreglass pole generates a form of compression. The energy loss and the impact on the athletes are markedly different. When a fibreglass pole is compressed and forms an arc, the imaginary line between the grip and the box is like a string. The swing radius is shortened dramatically and the vertical pole moment is also greatly reduced.

If the pole is considered as an energy transformer which converts the horizontal sprint kinetic energy into a gravitational potential energy for achieving height, a fiberglass pole can be seen to be particularly effective in storing and releasing the energy. The fibreglass pole, when it bends, stores the potential energy from its deformation, which when released throws the athlete upwards. In a sense, the principle is similar to depositing money in the bank, which can be withdrawn when it is needed.

The swing and roll phase of a pole vault produces a double pendulum motion, with the top of the pole moving forward on the pivot established in the box, while the vaulter himself acts as a second pendulum, pivoting from the holding hand. With a wooden pole, the pendulum length cannot change, and the trochoid, or the rotary motion of the body against the pole, is an abrupt curve. However, the pendulum length of a fibreglass pole is constantly changing. The trochoid described by the athlete's centre of gravity is a smooth curve. This significantly boosts the angular velocity of the swing and reduces the energy loss during transformation.

In fact, the evolution of the pole and the materials it is made of, has led to changes in the techniques of pole vaulting. Vaulters no long simply wait for the sling effect after taking off. Instead they execute a whole series of sophisticated and complicated manoeuvres, including a swing, extension and turn, until they pass over the bar upside-down, one hand first. The process is so complicated that it has been described as a high jump combined with gymnastics. Yelena Isinbayeva from Russia, the vaulter known as the "female Bubka", was originally a gymnast. But she was deemed too tall at 173 centimetres, and changed to the pole vault. Aided by techniques she had learned as a gymnast, she broke the pole vault world record with a leap of 5.01 meters.

Many theories have been put forward, as to what is the highest a human can vault using a pole. Using energy conservation theory, it is assumed that the kinetic energy in the approach phase can transform to a maximum of about 5 meters vertical potential energy.

But this doesn't take into account the additional energy the athlete gains in the buckjump phase. Clearly, any calculation of the total energy should take into account the energy stored in the approach phase and the energy gained in the swing and roll phase.

Today, continuous innovations are being introduced into pole vaulting. The original fiberglass and nylon pole has been replaced by a lighter and more flexible pole made of carbon fiber and compound materials. Sophisticated experiments and complex calculations have led to different parts of the pole being more or less rigid, depending on the various forces they are subjected to, and the degree of curve. Modern pole-making is getting even more sophisticated. The use of nanomaterials is expected to help create new world records.

Looking back on the days of the wooden and bamboo poles, the evolution of the pole vault and the pole itself serve as a fine example of how new materials have revolutionized an ancient sport. In other words, technological developments have taken pole vaulting literally to a new height.

撑杆跳的变迁（英）
扫一扫，看英文视频

直挂云帆济沧海 Sailing

Sailing requires a unique combination of athleticism, skill and technology to harness the power of the wind and waves. Sailing could be called one of the most visually pleasing events at the Olympics. Boats such as the Finn, 470, Star, Laser, and 49ER, compete in various regattas at the Olympics events. In the 2008 Olympic Games, the RSX event is a new windsurfer class event that replaces the women's Mistral event. There are over ten events in sailing. A good strategy takes advantage of the wind combined with a superior boat. These are the keys to taking home a gold medal.

Throughout sailing's history, there have been many legendary and extraordinary men and women sailers. Sailing was an official event in the 1896's Athens Olympics, but the game was canceled due to the bad weather of the Agean Sea. Starting with Denmark's best sailor—Paul Elvstrom who won four consecutive Olympic gold medals and dominated the Finn class event from 1948-1960. When he was in his fifties, he switched to the Tornado class at the Los Angeles Olympics with his daughter Trine in 1984 and placed fourth. Valentyn Mankin of the former Soviet Union was an outstanding sailor, winning three gold medals in three different classes. The American sailor, Harry Melges won both an Olympic gold medal and the America's Cup. Ellen MacArthur? was the first female to break the world record in around-the-world sailing in 2005. Former International Olympic Committee president Jacques Rogge used to be an excellent sailor who won medals in three Olympics as well as a World Champion. In hundreds of years, sailing has made a million legendary characters and stories, the world of sports also has a better understanding of the interacted relationship of human, boat and wind.

The course is marked off by buoys. The boat will turn around 360 degrees or 720 degrees within one race. The reason why ancient boats sailed only in front of the wind is easy to understand. The resistance from the sails gives the boats and the sails the thrust from the wind. A square sail used in ancient times could only sail in front of the wind, while a sailboat can sail upwind. What's the reason behind this difference?

If a mop is perpendicular to the floor, obviously, it can't move forward. But once you angle it to the floor, it can move. Put a set square next to the ruler on the desk, the amount of force posed on the hypotenuse will propel the set square and move it forward. The boat has to form a 45 degree angle with the wind, so that it can sail against the wind.

In the 9th century, the Arabs invented the triangle sail. Sails were no longer bags of wind but became wings. Let's look at how an airplane takes off. Lift is generated because of the difference in the velocities of the air above and below the wing (called aerofoil). Because of the plane's design and surface, the air above the plane flows faster than the air below it. In the 9th century, when the Arabs invented the jib, it worked similar to an airplane's vertical airfoil. The wind is divided by the sailboat and comes back together at the stern. Because the wind ward side of the jib is sunken and the leeward side heaves, there is a curvature with the leeward air flowing faster. The enormous power gained from the still air pressure amounts to 10 tons of pressure per square meter: this is essentially the "engine" of the boat. When sailing upwind, they often sail in a zigzag pattern. Upwind sailing is the easiest course to sail and gain speed up.

The thrust from upwind as well as the pull from the leeside allow the boat to sail in a lateral direction.The watertight shutter installed at the bottom of the boat is used to counteract the components of force. Different boats have different designs to adjust to the wind. For example, a keel boat is a weighted and stable boat with a fixed centreboard, while a dinghy has a removable centreboard.

At the 1988 Seoul Olympics, Lawrence Lemieux, while in pursuit of the silver medal in the Finn class, went off course to rescue Joseph Chan of Singapore, after Chan's boat capsized. The International Olympic Committee presented Lemieux with a special award for his life-saving actions that personified the spirit of the Olympics. The water that carries a boat can also destroy it. In a still state, the center of gravity and the buoyancy center of the boat are on the same vertical line. As the hull leans, one side raises up out of the water, while the other side submerges. The boat's buoyancy helps to balance and realign the boat. We call the node of buoyancy line and the hull center line the "steady point". The higher the steady point, the more steady the boat. With too low a steady point, the boat will capsize. Heavier material is used to lower the center of gravity. It's common to see sailors hanging their bodies outside the boat to press down the side, sometimes they even wear led waistcoats just to change the boat's center of gravity and keep the boat balanced.

In the 2004 Athens Olympic Games, regattas took place on the Aegean Sea. During the last round, the experienced Sydney women Mistral champion Alessandra Sensini chose the wrong course and left behind by ten other boats. Wind plays an important role in sailing. "True wind" is the wind you feel when you are stationary: wind produced by the motion of the vessel is "prevailing wind": wind felt by the crew in the boat is "apparent wind" — the wind that constrains its speed and course. Apparent wind is the vector sum of the "true wind" and the wind generated by the motion of the vessel. Crosswind sailing is faster than leeward sailing, because the boat takes better advantage of the wind. But wind power and direction are unstable, whirling gusts of wind are all around. This requires participants to constantly be on guard for changes in the wind direction and make the necessary adjustments quickly. They have to be prepared to adjust the direction and find the best course: control the sails' camber through rigging. They use telltales to learn changes in wind direction. When the telltales on both leeward and windward flow happily, then the vessel is able to find the optimal angle of attack to the wind. In sail boat racing, it is of high strategic value for a boat to ward off the wind of any challenging boat.

In the 16th century, when the speed of vessels couldn't be judged, smart sailors would knot the ropes, tie them with floaters and then throw them into the sea: after a certain period of time, they would reclaim these ropes and calculate their speed. This is how "Knot" became the unit of measure for boat speeds. One knot is equal to one sea mile per houror 1.852 kilometers. Boats are made of the high tech materials to go even faster on the water. Glass fiber reinforced plastic (GRP), carbon, new prototype compound materials have all replaced wood and reduced the vessel's wet area as well as its resistance and wave friction. Through detailed computer simulations and wind tunnel experiments, modern sailboats continue to advance in their development. In 2007, the Hydroptere, an experiment sailing hydrofoil designed by the French yachtsman Alain Thébault, set a new speed record of 47.2 knots. The world speed record of 48.7 knots was set by British sailor Finian Maynard, a five time speed windsurfing world champion.

We may have seen yet another beautiful sail. It follows similar principles of motion as other sailboats, only it moves on land. These "sand sails" and "ice sails" can reach speeds of 70 kilometers an hour.

There is no doubt that the sailboat belongs to the sea. Olympic sailors who can master wind, waves, and weather to capture the gold are rare individuals. And it's only with the help of science that they can achieve such extraordinary speeds, allowing them to push the sport of sailing to its next phase of development.

直挂云帆济沧海（英）
扫一扫，看英文视频

自行车源流 Cycling: Two Wheels Good

The beloved bicycle is one of the cleverest and simplest of all human inventions. Cycling is the only Olympic event on wheels. In the course of the past hundred years, the basic "one triangle and two circles" design has been enriched and developed by the wisdom and genius of numerous people. Today, in the field of sport, the bicycle appears on the track and on the road, as well as on BMX stunt courses. The bicycle family is indeed very large.

Today, it's easy to laugh at the strange and primitive machines. But these "bicycle antiques" are the origin of the sophisticated machines we see today. In 1817, a German, Baron Karl Drais, invented the "Laufmaschine" or "Running Machine". It had neither gears nor any steering device. In 1861, the French father and son Pierre and Ernest Michaux invented what is considered the first modern bicycle. The rider, by pedaling the small rear wheel, would drive the huge front wheel, making it possible to achieve relatively high speeds. However, this bicycle was eventually deemed unsafe, because of the high gravitational centre of the rider. In 1869, the invention of the chain drive made it possible for bicycles to have two wheels of the same size, with a lowered gravitational center. The basic model of the bicycle we know today was thus created.

The modern Olympic Games were born during the "golden age" of the bicycle. In America, bicycles were so popular that a wide-scale project was undertaken to improve the highways. The Wright brothers, famous as the inventors of the aeroplane, benefited from the mechanical knowledge they accumulated as bicycle producers. The frequent appearance of bicycles in early French films is another indicator of their popularity. It's even said that the seeds of his Theory of Relativity were sown in Einstein's mind when he was riding a bicycle. And when the first Olympic Games were held, the bicycle was naturally embraced.

Scientists have long been fascinated by the human ability to maintain a balance on two wheels. In fact, it's a matter of instinct. When your bicycle tilts to one side, if you turn the handlebars to the same side, you'll continue to move forward, thanks to inertia. The gravitational centre forms a force moment with the supporting point of the front wheel. The bicycle thus becomes stable. Even at low speeds, the bearing surface can still be adjusted to create the link between the front and rear earth points below the bicycle's gravitational centre, and thus dynamically offset the tilting moment. The principle is the same as standing a broom vertically, and moving it continually back and forth between the hands to keep it upright. In addition, the "gyroscopic effect" makes any spinning object inclined to maintain its original axis. For example, Stretch out your right hand, if the four fingers represent the direction of rotation, the axle will store up corresponding angular momentum in the direction of your thumb. An experiment, in which the wheels of a bicycle were placed on a bracket with a semi-circular pedestal, showed that the bracket only maintained its balance when the wheels were rotating at high speed.

The air resistance a bicycle is subjected to is proportional to its speed. Experiments have shown that when a bicycle is travelling at eleven meters per second, air resistance accounts for 80% of the total resistance the bicycle is subjected to. The most effective way of reducing this resistance is to narrow the sectional area of the "rider-bicycle system". Curling the body, turning sideways or extending the back are all ways of significantly reducing air resistance. "Claw-shaped handlebars" are designed to help riders achieve such postures—as is the recumbent bicycle, although it isn't recognized by the International Cycling Union, despite setting several world records.

Designers have long been working to reduce the weight of a bicycle, while guaranteeing the stability of the "iron triangle". The replacement of steel with aluminium alloy was a major breakthrough. Titanium has the best strength-to-weight ratio. Even lighter and stronger is carbon fiber, which allows the designer to adjust the distribution direction according to the different stresses different parts of the bicycle frame are subjected to.

At the Barcelona Olympics in 1992, Chris Boardman won Britain's first Olympic cycling gold medal for 72 years. His full-length carbon bicycle weighed less than 9 kg. But it wasn't the bicycle's weight that attracted attention, as much as its spoke-less wheels. In fact, the first bicycle wheel ever invented had been a round board: spokes were a later addition, designed to reduce the weight. However, since the speed of the upper part of the wheel is twice that of the bicycle, every rotating spoke produces small air eddies. Because of this, cyclists complain that spokes are like an "egg whisk". Disk wheels made of modern ultra-light materials can reduce air resistance by 5%.

Another key area of bicycle technology is the tyre. Even a train, traveling on a metal track, creates elastic deformation at the point where the wheels and track meet. In the case of a bicycle, its weight is supported by the contact point between the tyres and road. The width of the tyres on a racing cycle is less than 1 inch. Inflating the tyres reduces the friction force and air resistance to the minimum. Mountain bikes, by contrast, in order to adapt to the rough ground and navigate holes, have to use broader and rougher tyres to produce the essential driving force.

The transmission of force is fulfilled by a series of wheels and axles. A wheel-and-axle is in fact a lever that rotates in a circle around a centre point, or fulcrum. The pedals and chain wheel are a form of labour-saving device. The ability to shift between gears enables the cyclist to choose the most suitable pedaling frequency under different conditions. He can pedal two circles and turn the wheels once when going up a slope, or pedal one circle to turn the wheels twice while riding on flat ground. The gear ratio can be calculated by counting the number of teeth on the free wheels and chain wheels, and dividing the former by the latter.

In a race, a group of cyclists can often be seen riding one after another, like wild geese flying south in a straight line or herringbone formation. Nature endowed these birds with a knowledge of aerodynamics, allowing them to save their physical strength during a long flight. In both track cycling and road racing, a cyclist who stays in the eddy behind the leader, will be subjected to much less air resistance. Interestingly, though, the leading cyclist will also benefit, because he is subjected to less pressure drag. That's why two cyclists riding close together, one after the other, will achieve higher speeds than a cyclist riding alone. Even though this is apparently a "win-win effect", the leader of the two is inevitably the one who will expend more energy.

With bicycle speeds apparently reaching their physical limit, the focus of development is turning to the smallest details. Virtual wind tunnels are used, to divide a bicycle into tens of thousands of units that can be individually tested: the cross-section of the tubes is being changed from round to oval: the brake cables, gear cables and nuts and bolts are being incorporated within the frame: helium is being used in the tyres instead of compressed air, in order to reduce the weight of the bicycle··· Even the tiniest change can make a difference. It has been calculated that a bicycle traveling at a speed of 30 miles per hour can, if the resistance is reduced by 1%, gain an extra 5 feet per mile. This may be the difference between winning and losing a race.

At the 2008 Beijing Olympics, BMX racing will appear for the first time. The wheels of this "alternative" bicycle, which became popular among young people in California during the 1970s, are only 20 inches in diameter. The bikes are famous for their convenience, lightness, flexibility, and shock resistance. The unique handlebars can turn through 360 degrees. Metal tubes known as "rocket launchers" can be fitted beside the two wheels to provide steadying points for various stunts. A BMX bike is designed to allow the most skillful cyclists to achieve a state of "unity" with their machine, as if it were an extension or even part of their body. The admission of the BMX bike into the Olympics will inject fresh vigour and a sense of modernity into the increasingly aristocratic bicycle family. On January the 5th, 2005, the London Science Museum invited 18-year-old professional BMX rider Ben Wallace to perform the "360-degree back-flip with table-top", designed by physicist Helen Czerski. The stunt, dubbed the "Einstein Flip", marked the launch of Einstein Year at the museum.

A study shows that postmen who ride a bicycle every day for their work, enjoy an extended lifespan. Scientific research shows that cycling, either as a sport or a recreation, can build up the body and is pleasant, energy-saving and environmentally-friendly. As such, the bicycle embodies the Olympic ideal of sport for all.

自行车源流（英）
扫一扫，看英文视频

让重心一路平安
The Centre of Gravity: Power from Balance

At the 1996 Atlanta Olympics, Chinese runner Wang Junxia won the women's 5000 metres. The image of Wang draped in the red Chinese national flag doing a lap of honour, thrilled everyone in China. Wang Junxia was a member of the "The Ma family army"—the group of Chinese women distance runners coached by Ma Junren, who for a time dominated women's distance running.

Middle and long-distance racing are often considered some of the dullest and most monotonous athletic events. One foot after the other, striking the ground and pushing off again: the same movement is repeated hundreds, thousands, even millions of times. Since the motion is so repetitive, even the slightest error in technique can, due to the cumulative effect, have a major influence on an athlete's performance. As for Wang Junxia, she earned herself the nickname the "Oriental Deer", thanks to a running technique that combined beauty and science.

A human being, when upright, can find their center of gravity in front of the third sacrum. In a female it is lower than in a male. This is the overall center of gravity of all the local centers of gravity in all segments of the body. Any movement of the body leads to the movement of the center of gravity, sometimes even to a point outside the body. If running is likened to a wave movement, the length and frequency of the wave are associated with the length and frequency of the step. In middle and long-distance running, the movements of the athlete's centre of gravity resemble a wave pattern. Since the shortest distance between two points is always a straight line, obviously the smoother the wave pattern, the less work the athlete has to do. Early middle and long-distance runners made their feet strike the ground at too great an angle, which resulted in excessive vertical lift of the center of gravity, and hence an unnecessary waste of energy. This style has been likened to the "Kangaroo hop". Another style, using longer strides, has been described as the "ostrich style". However, because of the small angle of landing and big reaction force, the speed at which the center of gravity moves is not steady in "ostrich style" running. The technique employed by most African runners is called the "deer style", which actively increases the pace frequency, has a controlled step length and is quite relaxed. Wang Junxia earned her nickname the "Oriental Deer" because she managed to achieve the perfect balance between pace length and frequency. In addition, athletes keep their center of gravity moving in a direct line and at a steady speed by looking straight ahead by running upright, and by moving their arms backwards and forwards instead of across the chest. This is particularly important in middle and long-distance running, since any extra movement can cause significant energy expenditure.

Walking is another long-distance athletics event. The major difference with running is that, according to the rules, one foot must be in contact with the ground at all times. In addition, the supporting leg must straighten from the point of contact with the ground and remain straightened until the body passes over it. Walkers also aim to maintain a straight line with their center of gravity. A good walker maintains a steady pace, with the foot rolling from heel to toe. The landing point is always on a straight line. Athletes keep low to the ground by pumping their arms low, close to their hips. What appears to be an exaggerated swivel of the hips is, in fact, a full rotation of the pelvis. In a single pace, the locus of one side of the pelvis is a descending curve while the other side is an ascending curve. The walkers' pelvis moves through a scope of 5.5cm to 6.5cm, which means that athletes with a narrow pelvis enjoy an advantage. World-class walkers are able to reduce the movement scope of the center of gravity to 3 to 6cm. The greater their speed, the steadier the center of gravity.

Keeping the center of gravity in a straight line is also the golden rule for hurdlers. In the ancient Olympics, hurdling is thought to have originated as an imitation of herdsmen jumping over fences to chase away wolves. However, the old style, of keeping the upper body upright and jumping the hurdle with bending legs, created a big swing of the center of the body, which represented a significant waste of energy. In addition, hurdlers using this style landed on both feet almost simultaneously, causing them to pause for a second before continuing their run. The world record for the 110 meters men's hurdles was 17.6 seconds at the first modern Olympics in 1896. But this relatively slow time was a product of the poor design of the hurdles, which were buried in the ground. Since hitting a hurdle could incur a penalty and cause major injury, hurdlers tried to ensure they cleared it easily.

So, the hurdles became psychological barriers, just as much as they were physical barriers. The heavy hurdles of the early days were replaced in 1895 with somewhat lighter T-shaped hurdles that runners were able to knock over. In 1935, the T-shaped hurdles were replaced by L-shaped ones that easily fell forward if hit, which reduced the risk of injury. More importantly the abolition of the rule that striking a hurdle incurred a penalty, gave hurdlers the confidence to use new techniques that quickly improved the record.

At the Berlin Olympics in 1936, American athlete Forrest Towns won the 110 meter hurdles in a time of 14.2 seconds, just 2 seconds slower than the winner of the 110 meters sprint. In 1959, Martin Lauer from West Germany set a world record time of 13.2 seconds, which was unbeaten for 20 years. In 1983, the famous American athlete Edwin Moses won a 400 meters hurdles race in 47.02 seconds, a record that remained unbroken for 10 years. These successes were the result of continuing improvements in hurdling techniques. The ideal technique involves leaning the upper body forward in order to lower the center of gravity: the arms swing to keep balance, while the legs execute a quick scissors movement to ensure a smooth landing. The center of gravity of a world-class athlete is no higher than 30 or 40 centimetres above the hurdles.

A more recent development is for hurdlers to regard the hurdles not as obstacles, but as interruptions in a sprint, requiring a bigger stride. The introduction of Tartan track has effectively reduced the time spent flying through the air. Also, hurdlers have tended to become taller, which minimizes the center-of-gravity deviation from normal sprinting. In addition, the athlete makes every effort to keep the center of gravity in a straight and steady line. The technique of China's Olympic champion hurdler Liu Xiang is a good example. The secret of recognizing a fine hurdler is to see if his dead remains at a constant height or not.

The triple jump is an event that demands outstanding coordination of speed and strength. The athlete runs down a runway, like in a 100-metre sprint, until he reaches a board, from where he executes a hop. On the first landing, the athlete must endure a force of kinetic energy 20 times his body weight. The next phase is a step, typically made within 0.2 seconds of the landing, and this is followed by the jump, into a sand-filled box, as in the long jump. With these three parabolic movements, the athlete completes his triple jump. The evolution of the triple jump is also closely related to the center of gravity.

In the 1950s, a hop-biased technique used mostly by Soviet athletes dominated the triple jump. Viktor Saneyev and Leonid Shcherbakov were two of its finest exponents. They concentrated on the first hop, so that the first parabolic movement was high and long. In 1960, Jozef Schmidt of Poland made a jump of 17.03 meters, thus becoming the first triple jumper to pass the 17-metre mark. The technique he used was a jump-biased one, which focused on keeping the hop and step low and flat, so as to make the most of the final jump. The debate raged over which technique was better, until 1995, when Jonathan Edwards? from Great Britain developed the jump-biased technique further and set a new world record of 18.29 meters. The key to Edwards' success was his run-up speed, which reached 11.9 metres a second, even faster than was recorded by Carl Lewis in the 100 metres. American scholar James G. Hay, in attempting to classify the various triple jump techniques, stated that if the hop distance was at least 2% greater than the distance of the next longest phase, it should be called a hop-biased technique. If the distance of the longest phase was less than 2% greater than the next longest phase, it should be called a balanced technique. If the jump distance was at least 2% greater than the next longest phase, it should be called a jump-biased technique. Still today, different athletes use different techniques, although there is now common agreement on the advantages and disadvantages of each technique.

However, athletes are tending to shy away from the hop-biased technique, because the higher and longer the first hop, the greater is the impact on the legs and knees. Moreover, the big swing of the center of gravity leads to a major loss of the run-up momentum, with the result that the final jump lacks power. The balanced and jump-biased techniques avoid any significant deviation of the center of gravity and maintain the horizontal velocity until the last phase. In other words, they make the most efficient use of the kinetic energy.

Since the 1920s, a form of walking motion has been used in the third phase of the triple jump. It does not alter the locus of the center of gravity, but does help to keep the balance. The faster the run-up speed, the smaller the take-off angle. The best take-off angle is about 20 degrees. The center of gravity on landing should be kept lower than that in the take-off in order to prolong the time of flight. At the take-off, because of the braking effect, the body is liable to rotate forward, and this makes the landing point fall in front of the center of gravity. The walking motion and the swing of the legs is a kind of compensatory movement that balances the rotation so that the landing point falls beyond the center of gravity. In the 1970s, an American coach called Nielsen invented a kind of flip style jump to increase the take-off angle of the center of gravity. But it was considered dangerous and eventually outlawed by the IAAF.

The human body, like any other object, has an invisible and intangible center of gravity. In many athletics events, athletes do their best to keep their center of gravity moving straight and steady. Identifying and understanding the centre of gravity can be the key that unlocks a successful athletics career.

让重心一路平安（英）
扫一扫，看英文视频

乒乓球的前世今生(上)
Table-tennis: The Science of Spin (Ⅰ)

It wasn't until 1988 that table tennis became a formal Olympic sport, but it quickly established itself as one of the most popular events at subsequent Games. At the 2000 Sidney Olympics, tickets for the table tennis competitions were the fourth most sought-after. Something that is little known, is that the International Table-tennis Federation passed a resolution allowing it to become part of the Olympics as early as 1937. However, the president of the ITTF, the over-cautious Ivor Montagu, refused to endorse the decision, for fear that table tennis would fail to gain general acceptance.

For historical reasons, the Chinese regard table tennis as their national sport. For several decades, the mentality of "China against the rest of the world and the rest of the world against China" existed in table-tennis circles. Moreover, China has always had considerably more table tennis players than any other country. China's first world champion in any sport was Rong Guotuan, who won at the 25th World Table Tennis Championships in 1959. In 1971, ping-pong diplomacy transformed the international geopolitical situation. It's an achievement that no other sport can boast.

In 2007, Chuck Hoey, curator of the Table Tennis Museum in Lausanne, Switzerland, received a very special postcard. It had originally been sent by a European from Tianjin in China to Brussels, capital of Belgium, on January the 22nd, 1902. The few lines written on it testify to the popularity of table tennis in Tianjin at the time. A painting produced around the same time, called Beauties, depicts an early encounter between the Chinese and table tennis. An accompanying poem reads: The venal breezes brush beside you, who are on two sides of the net. With light bat in hand, you send the bouncing star back and forth.

Several countries lay claim to being the origin of table-tennis in the modern form. It is said that table-tennis was played as after-dinner amusement in England in the 19th century, and subsequently it spread to other European countries.

It was the appearance of celluloid balls that marked the emergence of table tennis as an independent sport, and no longer a mini version of tennis. Previously the balls had been made of champagne corks, but these scarcely bounced, while solid rubber balls were too lively to be dealt with effectively. In the mid-19th century, a wealthy American businessman offered a 10,000-dollar prize to encourage the search for a new material to replace ivory in billiard balls. Attracted by the reward, an American called Hyatt invented celluloid. In 1900, a Briton named Gibb discovered some celluloid balls in a toy shop in America. The light, thin-shelled balls soon swept Britain. In the first manned flight across the Atlantic and back in 1931, the pilot Merrill stuffed his plane, including both wings, with 41,000 table tennis balls, in the belief that they would help him float in the event that he was forced down over water.

The earliest table tennis bats were just small tennis rackets. Eventually, parchment replaced the strings. But even when short-handled wooden bats appeared with a cork and abrasive paper covering, table tennis still remained nothing more than an after-dinner amusement. It was only with the introduction of pimpled rubber bats that table-tennis reached the level of a competitive sport. The Hungarian player Roland Jacobi won the first world championships, held in London in 1926. This marked the start of a period of European dominance of the sport. The most outstanding players of the era were both Hungarians: Victor Barna in the men's game, and Maria Mednyanszky in the women's.

At the 19th World Table Tennis Championships, held in Mumbai in 1952, Japanese player Hiroji Satoh used a brand new, 7 mm thick sponge rubber bat. With his fierce forehand long drive, he overcame the solid European chopping defense and won the first Men's Singles world championship title for Asia. The emergence of the sponge rubber bat added a new dimension to modern table tennis. Asian players in particular, such as Ogimura Ichirō, Zhuang Zedong and Xu Yansheng, learned to exploit the advantages of the new type of bat. Various types of rubber surface were applied to the sponge: there were protruding dimples, intruding dimples, long dimples, and anti-spin rubber. The variety of choices allowed Chinese players such as Zhang Xielin, Liang Geliang and Ge Xin'ai to realize their full potential.

A strong smash played using a handshake grip can send the ball traveling as fast as 47 meters a second. The impact between bat and ball is only brief, lasting 1/1,000 of a second. Yet this is long enough to create deformation, as the rubber and then the sponge consecutively absorb the kinetic energy of the impact. When this deformation reaches a maximum, they begin to restore themselves to their normal shape: the absorbed energy is released and sends the ball flying back very fast. In this process, the deformation in the hard part of the bat and the ball are almost imperceptible.

No other sport is more closely associated with spin than table-tennis. Producing various forms of spin is a fundamental skill. At the maximum, a ball can spin 150 times a second. The spin is generated by applying a force to the ball that is not directed at its centre of gravity. The vertical impact force moves the ball horizontally, while the tangential friction spins it. What the bat imparts to the ball is a combination of impact force and friction. Without the friction between ball and bat, the ball wouldn't spin. When the player hits the ball, the static friction in the tangential direction of the swing generates asymmetrical deformation in the sponge layer. Thus the point of action of the force deviates and moves away from the center of the ball, making the ball spin around its horizontal or vertical axis. The faster the swing, the greater the friction factor between bat and ball, while the thinner the friction surface is, the faster the ball spins. Both the "sticky" inward pimpled rubber and the fine texture on the pimples of pimple-out rubber aim at improving the ability to turn the ball.

In the late 1950s, the Japanese team swept the Europeans aside by using a topspin loop produced by inward pimpled rubber. At the 36th World Table Tennis Championships in 1981, Chinese player Cai Zhenhua beat Gergely of Hungary in the final. At the crucial point, with the match tied at 15-all in the final set, Cai won 5 successive points by delivering 5 serves, all with different spin.

When a topspin ball lands on the table, the spin around the horizontal axis exerts a backward horizontal force on the table, and the reaction force against the friction gives the ball forward acceleration. So a topspin ball demonstrates great momentum when it bounces, and its angle of reflection is wider than that of the incidence. By contrast, a backspin ball, after landing on the table, gets backward acceleration from the spin, demonstrating a weak momentum when bouncing, and its angle of reflection is narrower than that of the incidence. When a backspin ball flies slowly with an excessively strong spin, it can even bounce backwards. When it reaches the bat, a topspin ball climbs up with the help of friction and produces a wide rebound angle, while a backspin one slips down and makes a narrow rebound angle. Naturally, therefore, returning topspin will make the ball fly upwards, while in the case of backspin, it is liable to head for the net.

Many innovations introduced into the bat are aimed at better controlling the spin. Loop-resistant rubber is thick, with short pimples. Smooth-surfaced rubber can help reduce the rapid topspin of a loop. Soft and thin long pimples collapse at the instant of impact, and send the ball back in its original spin to the opponent. However, the extreme effects of long pimples are too unpredictable, and produce a poor visual spectacle. So in 1999, the ITTF ruled that the ratio between the height and diameter of a pimple could not exceed 1.1.

A spinning a ball can not only produce a specific reaction when it lands on the table or impacts with a bat: it can also alter its trajectory. The air circulation above a topspin ball acts in the opposite direction to that of the air resistance, while the air circulation below it acts in the same direction as the air resistance. As a result, the air flow over the top is slower than that below. According to Bernoulli's Principle, a downward pressure drag is thus produced, which bends the ball's trajectory downwards. By contrast, a backspin ball rises, while a sidespin ball turns to the left or to the right. These mid-air turns by spinning table tennis balls are produced by the Magnus Effect, just like banana kicks in football.

It's often said that what is sensed is difficult to understand well: and only what is understood can be properly sensed. So, only with a knowledge of mechanics are table-tennis players in a position to deal with spinning balls better.

乒乓球的前世今生（上）（英）

扫一扫，看英文视频

乒乓球的前世今生(下)
Table-tennis: The Science of Spin (II)

At the 35th World Table Tennis Championships held in Pyongyang in 1979, the Hungarians regained the Men's Team title, after a gap of 27 years. The secret to their unexpected success was something called speed glue. It was discovered by chance, by a player named Tibor Klampár, who found that re-gluing the sponge increased the elasticity of the bat, and so added speed and spin to the ball. This secret weapon was soon adopted by players all over the world. The key to the speed glue effect lies in the rapid penetration of the organic solvent into the sponge layer. It inflates the microporous structure of the sponge layer, thickening it by between 3 and 10%. The thickening increases the storage modulus by up to 30% and reduces its loss modulus considerably, with the result that the bat is more elastic when it strikes the ball. However, the effects of the speed glue only last for a couple of hours, making it necessary for players to speed glue their bats several times during competitions. To facilitate this, major table tennis venues have established special Speed Glue Rooms, where the unpleasant smell from the process can be isolated.

It wasn't long before the negative effects of speed glue were attracting attention, particularly the potential damage to players' health and to the environment from the fumes. The International Table-tennis Federation responded in early 1995, by announcing the prohibition of organic glues containing halide, benzene rings and ethane. That same year, at the 43rd World Championships in Tianjin, South Korean player Kim Taek Soo was disqualified for using a prohibited adhesive. In recent years, as cases have continued to be uncovered of speed glue damaging players' health, the table tennis world gradually reached a consensus, that all volatile organic compounds would be totally banned, as of October 2008.

At the 10th World Championships held in Prague in 1936, one match in the men's team championship was an epic affair, in which Austria and Romania fought for 31 hours. The match was actually played over three days. In another match, the Polish player Alojzy Ehrlich and Romanian player Paneth Farcas competed for 1 hour and 20 minutes for a single point. A match between Romania and France failed to reach a conclusion after 6 and a half hours, and was finally decided by the toss of a coin. To eliminate such tedious marathons, the ITTF imposed time limits on competitions. At the 11th World Championships in 1937, US player Ruth Aarons and Austrian player Trude Pritzi were adjudged to have violated this rule when their final exceeded the time limit of 1 hour 45 minutes. As a consequence, the women's title was declared void. The issue was only redressed in 2001, when the pair were declared joint champions. By that time, 64 years later, table tennis was suffering from the opposite problem. Dominated by forehand smashes, high-speed shots, cunning serves and rapid loop drives, matches were over all too quickly. For the spectators, the spectacle was no less tedious than the epic battles of the past had been. In 1999, at a seminar in Copenhagen, the ITTF invited contributions to a discussion on "how to make table tennis more appealing", in other words, neither too slow as in the past, nor over too quickly as was the modern problem.

With the dawn of the new century, the ITTF introduced a series of bold reforms. The 38-millimetre balls were replaced by 40-millimetre ones. The introduction of the bigger ball aimed at reducing the speed of flight and spin. There had been proposals to increase the size of the table and raise the height of the net. But the bigger ball was considered a more effective alternative. The 40-millimetre balls represented a 16.6% increase in volume and a 10.8% increase in surface area. This meant greater air resistance was acting on the ball, and consequently reduced its speed by 13%. The 2-millimetre growth in diameter increased the ball's weight from 2.5 grams to 2.72 grams. This increased the moment of inertia and reduced the spin by 21%. Since the weight of a ball lies in the 0.4-millimetre thick shell, which lies at a distance from its centre of gravity, the spin is acutely affected by a change in size. Besides, since the percentage increase in weight was less than that of the volume, the balls were comparatively softer and less elastic. The big balls made their debut at the 46th World championships in Osaka in 2001, where there was a noticeable increase in the rate of successful return of serve and in the length of rallies. Another advantage was that the balls were more clearly visible.

The 47th World Table-tennis Championships in Paris in 2003, were a milestone in the sport's history. The Austrian payer Werner Schlager had commented to reporters beforehand that "The Chinese team can beat their rivals as easily as blowing out a candle." Yet the Chinese were defeated and Schlager himself went on to win the Men's Singles title. The leading players of the day–Waldner, Persson, Gatien and Chuan Chih-Yuan—were all beaten. This dramatic outcome was closely associated with the adoption of a new scoring system. In 2001, the ITTF had abolished the old scoring system of 21 points to a set, and made it 11 points instead. It was a major innovation that was based on sound mathematical principles.

If we calculate the frequency that a coin comes up heads or tails when tossed, we find that the greater the number of tosses, the closer the result approaches probability. This is the Law of Large Numbers. In table tennis, top players obviously enjoy a greater possibility of victory, and this is made more probable, the higher the number of points there are to play for. Compared with the 21-point scoring system, the 11-point system introduces a greater possibility of chance factors having an influence on the game, such as balls catching the table's edge or the top of the net, and so on. A coach of the German National Team showed that statistically, the chance of the score reaching 20—all is 7.1% under the 21-point scoring system, while that of 10-all is 16% under the 11-point scoring system. Although playing seven sets instead of five can produce a certain equilibrium, the minimum number of points needed for victory, at 44 compared to 63, is still significantly less. But it accords with the ITTF's aim, which is to reduce the certainty of victory for top players, and thus introduce greater uncertainty into competitions, so that more players are encouraged to take part. After all, the appeal of table tennis lies in the close rivalry between countries and the enthusiasm of ordinary participants all over the world.

One result of the reforms, involving the use of a bigger ball and the introduction of the 11-point scoring system, was the appearance of the no-hiding serve. It was also a natural development from the 1984 rule that a bat must have a black and a red side, so that everything was visible, and nothing should block the sight of the ball within the triangle formed by the ball and the two net pillars. The reform also aimed at remedying the situation in which matches had become a battle of serves.

The production of a table tennis ball consists of over 30 steps. Its weight, volume, roundness, hardness and elasticity all have to meet strict standards. China alone produces more than 300 million table tennis balls a year. The sponge layer on the bat is made of expanded rubber or foam, which may not exceed 0.4 mm in thickness. On top of this is a layer of rubber, with either pimples or dimples, for attacking and defensive purposes, respectively. 85% of the blade is made of natural wood, with from 5 to 7 carbon layers. The use of glass fiber, aramid fiber and carbon fiber have improved the bat's hardness and elasticity, and enhanced its sweet spot. As for the tables, standards have been established for their evenness of elasticity, surface friction and surface colour. Tiny microphones are installed in them to convey the sound of the ball bouncing and being hit to every corner of the auditorium. A recent invention is the four-wheel-drive table-tennis robot that acts as a training partner. The robot is controlled by a computer program, and can produce nearly a hundred kinds of serves with varying speeds, spins, landing spots and loops. It seems that every year some new invention comes out, representing another advance in table tennis technology.

There are said to be more than 40 million people worldwide who regularly play some sort of game with a small ball that makes a ping-pong sound. The International Table-tennis Federation now has more than 170 member countries. The simple and economical equipment, the variation of fast and slow movement, the wide appeal: these are the reasons why table tennis has become a global sport and the biggest sport in China. From brick and cement tables in rural schools, to the pinnacle of the Olympic medals podium, table-tennis is a sport for all that promises the chance of international glory.

乒乓球的前世今生（下）（英）
扫一扫，看英文视频

力量的飞翔 The Throws: Angling for Distance

The act of throwing is involved in many Olympic athletics events, including the discus, Javelin, hammer, and shot put. From a scientific point of view, the throwing and jumping events have a lot in common. In the generation of kinetic energy and the mechanics of the movements, throwing and jumping both produce projectile motion, and both consist of four phases: the approach, the take-off, the release and the landing. The major difference is that in a throw, an object is launched, while in a jump, the athlete launches himself.

The javelin was originally developed as a weapon of war. Its first appearance in the modern Olympics was in 1908. In the course of the next 25 years, the javelin world record advanced from 70 to 80 meters. The event was dominated at the time by Matti Järvinen and Arto Härkönen, both from the "Country of the Javelin" - Finland. However, the first athlete to break the 80-metre barrier was an American, Franklin Held. His success owed much to a revolutionary new aerodynamic javelin design developed in 1953.

Take, for example, a piece of paper, a single sheet of which drifts and falls slowly while folded, it falls quickly and directly, shows that air resistance is related to the surface area of an object. The secret of Franklin Held's design is that he replaced the traditional solid javelin with a hollow one. In the same way a javelin with a uniform weight of 800g, will have a larger surface area if it is hollow, and hence a better ability to glide.

The angle formed by the direction of the movement of the javelin's centre of gravity and the ground, is known as "the release angle": that formed by the vertical axis of the javelin and the ground is "the angle of levitation": and that formed by the vertical axis and the direction of air resistance is "the Angle Of Attack". The action point of the resultant force of air resistance is the javelin's pressure center. When the attack angle is positive, the air at the back of the javelin forms a vortex. The vertical component of the Differential pressure raises the javelin, resulting in a longer flying time. More recently, metallic materials have been introduced, which significantly reduce the vibration of the javelin. In a competition in Berlin on July the 20th, 1984, Uwe Hohn from East Germany set a world record of 104.80 meters—much further than the equipment was capable of recording. However, his throw raised concerns among IAAF officials, because such huge throws placed the spectators in danger. Moreover, at the time the trend towards flatter landings was causing controversy, since judges were inconsistent in declaring the throws valid or invalid. In response, in 1986 the IAAF decided that the men's javelin should be redesigned, so that the centre of gravity was moved 4cm forward; in 1999, the centre of gravity for the women's javelin was moved 3cm forward. In other words, away from the center of pressure, so that the javelin had an increased downward pitching moment. This brought the nose down earlier, reducing the flight distance by around 10% and causing the javelin to stick in the ground more consistently. As a result, Hohn's world record remains unchallenged. However, improvements in technique have seen throwers approach 100 meters once more. In May 1996, Jan Železný from the Czech Republic achieved a throw of 98.48 meters—prompting suggestions that the javelin might have to be redesigned again.

The distance a javelin flies is dependent on three factors: the speed of the athlete at the point of release, the release angle; and the initial angle of attack. Of the three, the first is the most important, since there is a direct relation with the flying distance. The development of run-up techniques and the introduction of a run-up area with the same surface as that of a running track, allow javelin throwers to generate considerable forward velocity.

An effect known as the whip-crack is created by the tip of a whip exceeding the speed of sound. This is achieved by the arm and heavy whip handle stopping abruptly, which transfers the momentum to the whip's tip. Being lighter, it accelerates rapidly. A javelin thrower is like a taut bow when he releases the javelin. The momentum is transferred from his hips and trunk, which are relatively heavy, to the upper arm, the forearm and the wrist, which are lighter. Each part accelerates in turn. Like the transfer of momentum from whip handle to tip, the javelin thrower's hand, which is the end, gains significant speed at the time when it releases the javelin.

The world-famous statue, the Discobolus of Myron demonstrates the power and beauty of the discus throw. Using the classical Discobolus stance, 18-year-old American athlete Robert Garrett became the first modern Olympic discus champion in 1896. His record was 29.15 meters. However, in the course of the next century, the world record advanced by leaps and bounds. In 1986, East German Jürgen Schult set a new world record of 74.08 meters. Like the javelin, the discus is also subjected to powerful aerodynamic forces. The discus, when its angle of attack is positive, will gain ascending power that helps it fly longer. Thus discus throwers prefer a moderate headwind, as this helps them maximize their distance. However, if the angle of attack is greater than 30 degrees, the discus will overturn. Seen from above, the discus is given a clockwise spin by a right-handed thrower, in order to maintain its stability. A discus with more weight in the rim produces greater angular momentum for any given spin rate, and thus more stability.

The basic delivery motion is a forehanded sidearm movement. The 2.5-meters diameter circle is like a gyroscope. By spinning himself, the athlete delivers maximum momentum to the discus on release by achieving maximum angular spin velocity, until the final phase when the discus is released, using the "whip-crack effect".

Compared to the javelin and discus, the shot put is much heavier and smaller, so the air resistance is negligible. The key factor is the release angle. The Kinematical Equation of the Locus of Motion of Oblique Projectiles indicates that a release angle of 45 degrees results in the longest distance. This is the case when the release point and landing point are at the same level. In many sports, however, the two points are on different levels. In a goal kick in football and in a hurdles race, the two points are on the same level. But in a basketball free shot, the landing point is higher than the release point. In diving and a volleyball serve, the release point is higher than the landing point. This is the case also with the shot put. So the ideal release angle in the shot put is approximately 37 degrees, although different throwers choose the best release angle based on their size and power, in order to achieve the maximum forward velocity.

The shot put is a competition of both strength and technique. The original delivery style was a simple "skip", which eventually developed into the glide. The glide dominated the shot put for 30 years, and using it American shot-putter Jim Fuchs set the world record at 17.95 metres in 1950. The American Randy Matson advanced the record to 21.78 meters in 1967. The Munich Olympics of 1972 witnessed the advent of the spin, a new shot-putting style. The American Randy Barnes, having abandoned the glide in favour of the spin, established a world record in 1990, of 23.12 meters, which still stands today. The various styles, though, share one thing in common: they all aim at releasing the shot with maximum forward velocity.

The name "hammer throw" is derived from an older competition, in which it was actually a sledge hammer that was thrown. Today, the object that is thrown is a heavy metal ball with the same weight as a shot put, that is 7.257 kg. The current world record holder is the Soviet athlete Yuriy Sedykh, with a throw of 86.74 meters achieved way back in 1986. The distance is three and a half times greater than the shot put world record. The hammer is projected over long distances by achieving a wider rotation radius, which gives it greater linear velocity. This means that tall athletes with long arms have an advantage. At its maximum, the tension between the hammer and the athlete can exceed 600 kg, so the athlete must incline to a certain degree in order to maintain his balance during the circular motion. In fact, the ball and the athlete can be considered as a single object circling a common center of gravity, just like the earth and the moon circling the sun. Upon release, the ball can reach speeds approaching 100 kilometres an hour. Such a velocity is generally achieved by the athlete completing four rotations, each at an increasing speed.

Similar to a spaceship achieving escape velocity when orbiting the earth on route to the moon or other planets. Every object in a throwing event describes a parabola. Whether it's a javelin, a shot put or a hammer, it is influenced by Newton's theory of mechanics. Studying the actions of athletes in the throwing events is a fascinating way of learning more about mechanics.

力量的飞翔(英)

扫一扫,看英文视频

运动场上的“时间简史”
The Timing: Split-second Decisions

At the 1996 Atlanta Olympics, tens of millions of people around the world tuned in to watch the showdown between Britain's Linford Christie and Canada's Donovan Bailey in the 100 metres sprint. However, the drama that unfolded was unexpected. Christie made two false starts, leaving his blocks just a hundredth of a second too quickly. He was disqualified. He protested, but the judges upheld the decision - to the evident disappointment and disgust of the athlete.

In 1995 during the IAAF Golden League Series, the unfortunate Christie had won the first three of the four championship races: in Zurich, Brussels and Oslo. But he lost in the final race in Berlin, beaten by Bailey by a margin of one, one-thousandth of a second. Thus, he missed out on the 4-kilogram gold bar that was the prize. "Time is money: time is life." It's an old saying that finds full and explicit meaning in modern sports.

Sports are all conducted in a three-dimensional space. But there is a fourth dimension - time. It is the basis of competitive sports, and also the means of quantifying the results of all speed-based events. During the century since the first modern Olympic Games in 1896, the means of timing have developed almost beyond recognition.

At the first modern Olympic Games in 1896, a new invention was used - the stopwatch. The timer pressed the button as soon as he saw the smoke of the starting pistol rising in front of a black blanket. But this was a physiological reaction, and the timing was subject to an error of between a fifth and half a second. For the 100 metres, this equated to a distance of 2 to 5 metres.

At the Stockholm Olympics in 1912, electronic stopwatches replaced manual ones for the first time. In addition, photo-finish equipment was installed at the finishing line, on a trial basis. At the 1932 Los Angeles Olympics, the Swiss company Omega provided 30 electronic stopwatches, which recorded 17 world records with an accuracy of one tenth of a second. By this time the photo finish equipment was in full use. However, since it used film, which took several days to develop, it was really only a back-up for the stopwatch.

As athletes improved their abilities, so the top ones came closer to one another in their performance. It was common to see athletes running shoulder to shoulder on the track, and even reaching the finishing line together. Accordingly, this demanded greater precision from the timing system. Photoelectric tubes were introduced, to replace the human eye in judging finishes. The starting pistol was linked to the timer. Quartz technology appeared. A fast printer was deployed at the finishing line. All these innovations were designed to improve the timing system. A milestone was marked in the development of timing systems at the Mexico Olympics in 1968, with the introduction of slit-frame photo-finish technology. Its arrival made redundant the 24 timers who had previously crowded the finishing line.

If we compare the exposure of a regular camera to the opening of a door, the exposure of the photo finish equipment would be the narrow slit between the door and its frame. In high speed CCD apparatus, the exposure rate is 2,000 times a second. That's to say, the camera cuts one second into 2,000 slits, and arranges them one after another. This series of slit photographs, when arranged on a computer, create an accurate picture of the finishing line. However, the athletes' appearance can be altered. When an athlete is moving faster than the progression of the slits, he looks thinner: and conversely, he's fatter when he's moving slower. So the photographic records of past races can look a little like the images produced by magic mirrors.

However, the photo finish equipment did not bring an end to the controversy and disputes. Two athletes arriving at the finish line almost simultaneously could still cause considerable difficulty. Reading and judging photo finish images was no less difficult than a doctor's struggle to interpret complex CT photographs and magnetic resonance imaging. At the 1984 Los Angeles Olympics, the French athlete Michele Chardonnet was ordered off the podium, just as she was about to receive the bronze medal for the 110 metres hurdles. The judges had determined that the bronze medal should go to American athlete Kim Turner. Subsequently, the official timer insisted that Chardonnet had been ahead at the finish, and explained repeatedly how the mechanics of the photo finish equipment worked. The controversy wasn't resolved until several months later, when IOC president

Juan-Antonio Samaranch personally intervened, and belatedly, the French athlete was awarded her bronze medal.

To avoid mistakes, it was common for two sets of photo finish equipment to be set up opposite each other by the finish line on the two sides of the track. In addition, an infrared laser timing system was also deployed as an auxiliary. The instant an athlete crossed the finishing line and blocked the signal, the system halted and projected the result directly onto a screen.

But the greater accuracy at the finishing line solved only one end of the timing problem. The other, and no less important end, was the starting line. Prior to winning the gold medal at the 17th Olympic Games in Rome in 1960, the German sprinter Armin Hary had set a new world record of 10.0 seconds. However, the judges ruled that he had committed a false start. After an appeal, the race was re-run, and Hary managed exactly the same time. Countless similar disputes have arisen in athletics. Today, the equipment for identifying false starts is capable of measuring to an accuracy of one, one-thousandth of a second.

There is an instant of time from when we are pricked by a needle to when we cry out in pain. This is the tine taken by the nerves to transmit the pain. Medical studies show that human beings need about one tenth of a second to respond to a stimulus. In a sprint athlete, a series of physiological processes take place, from when his ears "hear" the pistol, to when his brain gives the orders to his muscles. Therefore, even if he starts after the starting pistol has been fired, he can still be judged to have committed a false start, if it is within one tenth of a second of the pistol being fired. So clearly, extreme accuracy in the timing is essential.

A sensor device is installed on the starting blocks, which is linked to the starting pistol. It will be activated by 29 kilograms of pressure from a male athlete, and 27 kilograms from a female, and thus show their reaction times. A false starter will be called back. At the 1988 Seoul Olympics, German decathlete Jurgen Hingsen, a former world record holder, was disqualified after three false starts, each judged at one, one thousandth of a second, in the first event, the 100 metres. Chinese athlete Liu Xiang, in equalling the world record for the Men's 110 Meter Hurdles, of 12.91 seconds, at the 2004 Athens Olympic Games, benefited from a virtually perfect, thirteen hundredths of a second, reaction time at the start. However, seen from another perspective, had he been one hundredth of a second faster with his reaction, he'd have set a new world record.

In a swimming event, it's not unusual for the winner and the 8th - and last - place finisher, to be separated by just a few tenths of a second. At the 1968 Mexico Olympics, the electronic touch screen at the finish made its first appearance. The panel was 90 centimetres tall, 240 centimetres wide, and two thirds underwater. It was capable of responding to a gentle touch from a swimmer's finger, but remained impervious to the waves. It had an accuracy of one hundredth of a second. Ian Thorpe, the great Australian swimmer, has won 5 Olympic gold medals. But one race he has never forgotten was in the Commonwealth Games, when he was just 15. The touch screen showed that he had failed to break the world record in the 200 metres freestyle, by just one one hundredth of a second. In 1988, the small Caribbean country of Suriname announced a national day of celebration, after their swimmer Anthony Nesty won the gold medal in the 100 metres butterfly event at the Seoul Olympics. He won by just one one hundredth of a second over the famous American swimmer Matt Biondi.

To indicate false starts, the starting blocks in swimming have pressure sensor devices, just like those in the starting blocks in athletics. At the World Swimming Championships in Australia in 1991, the timing system revealed that the U.S. women's 4 by 200 metres freestyle relay team had committed a false start by one one hundredth of a second. The girls, who had been wildly celebrating their victory, were reduced to tears. Such drama would have been unthinkable in the era of manual timing.

Timing is everywhere in sports. It plays a key role in cycling, rowing, equestrianism, winter sports and so on. In basketball, the timing is essential in the three-second rule, the 24-second shot and the final countdown. In sailing, GPS has been installed in the timing system.

The development from a simple stopwatch to full-fledged high-tech timing systems took the Olympics over 100 years. Accurate timing has ensured that many great moments in Olympic history have been framed and preserved—and that the results are nothing, if not fair.

运动场上的"时间简史"(英)
扫一扫，看英文视频

劈波斩浪走蛟龙 Developments in Swimming

Swimming is perhaps the most graceful and exciting event at the Olympic Games. No matter the event, whether it's the butterfly, backstroke, breaststroke, or crawl, the athletes try their best as they compete for the gold and silver medals. 1/100th of a second can be the difference between gold and silver. At the European Swimming Championship held in Eindhoven, Holland in March 2008, Alan Bernard from France set a new world record of

47.50 seconds in the 100-meter men's freestyle. And next in the Olympic Games Trials held in Sydney, Eamon Sullivan from Australia set a new world record of 21.28 seconds in the 50-meter freestyle.

Although swimming's history mirrors the Olympic Games, most of the original 20 events established in the first three Olympics have been eliminated. Swimming has undergone significant changes in a hundred years! Freestyle used to mean swimmers could use any stroke. The fastest stroke is the crawl, swimmers used the crawl stroke for the freestyle event. As a result, freestyle is now synonymous with the crawl. In the 1900s, Frederick Cavill, "the professor of swimming", revolutionized the crawl. During Olympic Games in Paris in 1924, American swimmer Johnny Weissmuller was the first to swim the 100-meters in under a minute and created the standard crawl in which you alternate your arms and legs in turn. The breaststroke has undergone numerous phases. After new rules were released by FINA, the diving breaststroke was eliminated in the 1956 Melbourne Olympic Games. And the butterfly stroke developed as a separate style of breaststroke and became one of the four standard strokes in swimming.

How does a person float in water? 70% of the human body is water and its average density ranges from 0.96 to 1.05. Density varies among people depending on their size, age, and weight. An average adult weighs about 3 kilograms when her head is above the water. However, the center of buoyancy is determined by the geometric center of the body parts submerged in the water, which is different from the center of gravity. The upper body floats because of the weak gravitational pull, while the lower limbs tend to sink because of the heavier gravitational pull, which causes the torque. The center of buoyancy and the center of gravity will be almost the same when your arms are stretched in front of your head in the water.

Why is the speed of running in 100-meter races higher than that of the 100-meter swimming event? Because the movements are completely different on ground than in the water. The runners gain momentum when their feet hit the ground. But people don't have the fixed support in water. They need to propel a certain amount of water backward for acceleration and get the reacting force to move forward. The moving arms and legs are like propellers that create propelling force and floating force. To accelerate means to limit water's impact as fast as possible with maximum body force. The great Australian swimmer Ian Thrope who won 5 gold medals in two Olympic Games took great advantage of his large hands and feet: they acted like fins and flippers. Michael Phelps, the American swim phenomenon, won 6 gold medals at the Athens Olympic Games in 2004. He is also known for his large arms and feet. But to enhance efficiency and reduce dissipation, correct posture, hand posture, angle and route are necessary.

Swimmers are affected by three types of resistance or drag in the water. One type is form drag. The density of water is 773 times that of air, and 55 times its viscosity. Swimmers must push through water. The water flows back around the body and creates whirlpools, which cause a differential between forward and back resistance. The longer the body, the smaller area of thrust surface, the less form drag there is. A narrow shape experiences less form drag than a wider shape, because the narrow shape has to push less water aside. A streamlined position in the water reduces form drag.

When we swim, we hover in the water's surface. The second type of drag is wave drag. Wave drag is resistance caused by wave turbulence. A steamboat's round shape under the water line, produces a counter-phase wave and reduces wave resistance. The small runners that separate swimming lanes are designed to eliminate wave turbulence between competitors. The breaststroke dive is faster because it reduces wave drag. This is considered unfair and is no longer allowed. Currently, dives at the start and in turnarounds are only allowed in the breaststroke competition. This provides swimmers with the opportunity to increase their speed.

The third type of resistance is frictional drag. Because of viscosity, water molecules attached to the body will slow the swimmer down. Frictional drag is produced by internal friction among these water molecules. Many swimmers shave their body hair to reduce frictional drag.

The three types of resistance are constantly at play as you swim. With increased speed there's more frictional resistance linearly, the form drag increases squarely and the wave turbulence increases cubically. Form drag is the main force to block propulsion forward so that the square of the speed is generally proportionate to total resistance. But it is wrong to think that the weaker the resistance, the better. Without resistance, there's no momentum. The swimmer's arms will come up empty-handed and her two legs will slip without resistance. The goal is to take advantage of resistance to push the body forward and to reduce drag that slows the body down. The fastest stroke is the freestyle because the body is flat and straight, the speed is even, and water turbulence is in an S form. The breaststroke is the lowest because the shape of the body is on an incline, the speed is uneven. However, the breaststroke is usually the most popular and practical.

Dating back to the beginning of the Olympic Games, swimsuits were made of cotton, either weaved or in a ribbed pattern, which increased the drag. Later swimsuits were made with wool and silk and became tighter to the skin. Ethelda Bleibtrey, an American swimmer called the "female flying fish" won three gold medals in the 7th Olympic Games in Antwerp. She was later arrested for removing her stockings at a pool and charged with "indecent exposure". In 1975, Dutch scholars through an experiment discovered that swimsuits reduce drag by 7% over swimming naked. The body would be smoother and closer to streamline form if it's covered. Thereafter, the argument of wearing a suit vs. wearing no suit was ended. At the 1988 Seoul Olympic Games, American athletes gained attention by wearing "strongman swimsuits" which were made of polyurethane textile fiber and superfine nylon fiber. These suits not only reduced drag but were also a perfect combination of bidirectional elasticity and overall smoothness. By the 1990s, swimsuits entered a new period of development with companies shifting their focus from materials to design and manufacturing.

The 2000 Sydney Olympic Games set the stage for the full bodysuit. Australian swimming sensation Ian Thorpe donned a black, tight-fitting body length suit, called a jet-concept suit. This type of suit was made possible using 3-D design technology that allowed the manufacturer to measure the swimmer's body with a laser. They were able to seal the swimmer in the suit from the nape of the neck to the ankles. The suit reduces form drag through millions of riblets on the suit's surface. The "riblets" channel water as it flows over the swimmer's body and this results in a shift in turbulence that reduces the amount of water a swimmer carries on his back. Similar to a golf ball, a ball with a smooth surface can only be hit several meters away, while a ball with facets could be hit 200 meters away. The small riblets on the swimsuit play the same role as the facets on a golf ball.

While arguments continue over high tech swimsuits, athletic companies continue to invest millions in developing the next generation of swimsuits. The goal is to gain a 1/10th of a second advantage, the difference between winning or losing.

劈波斩浪走蛟龙(英)
扫一扫,看英文视频

横杆下"钻"过去的跳高 The High Jump: Flop and Roll

High jump has been long known as the "loser's sport", since a failure to clear the bar can instantly end an athlete's interest in competition. But as in any sport, along with the losers, there are always winners. The real winners are those who perform better than anyone in history.

The men's world record in the high jump stands at 2.45 meters. Back in 1896, at the first modern Olympics, it was only 1.81 meters. The tremendous increase reflects not only an improvement in athletes' physical conditioning, but also a better understanding of the principles of mechanics, which has brought about an improvement in jumping techniques.

The earliest high jumpers adopted a freestyle approach. They ran straight at the bar and attempted to clear it, the best way they could. The first world record was 1.69 meters, achieved by a Canadian athlete in 1839.

In 1864, the British jumper Robert Kirch developed a new technique of approaching the bar diagonally. He would throw first his inside leg and then his outer one over the bar, in a scissors-like motion. Using this new technique, the world record was improved to 1.70 meters. Later, Irish-American M.F. Sweeney developed a technique called the Eastern cut-off. By taking off as if using the scissors technique, but then extending his back and flattening out over the bar, Sweeney achieved a more economical clearance and raised the world record to 1.97 metres in 1895. This record stood for 17 years, until another American, M.F. Horine, developed an even more efficient technique, the 'Western roll', with which he increased the world record to 2.01 metres in 1912.This technique dominated the high jump for almost 20 years.

At the Berlin Olympics in 1936, American Dave Albritton won the silver medal using a straddle technique. By rotating his torso over the bar, he succeeded in clearing 2 meters. Using the same style, another American, Les Steers, cleared 2.11 metres in 1941 and thus established the dominance of the straddle technique in the high jump. The greatest high jumpers of the era, including American prodigy John Thomas, Soviet athlete Valeriy Brumel who broke the world record six times, and Iolanda Balas, the "Carpathian Eagle", used this style. Chinese athlete Ni-chi Chin, who broke the men's record in 1970 with a clearance of 2.29 meters, and East German athlete Rosemarie Ackermann who broke the women's record with a clearance of 2 meters in 1977, were the last great practitioners of the straddle jump.

With the introduction of raised, softer landing areas, Dick Fosbury, from Oregon State University, developed a new technique. He directed himself over the bar head and shoulders first, sliding over on his back and landing in a fashion that would likely have broken his neck in the days of the sand landing pits. With his Fosbury flop, he won the 1968 Olympic gold medal with a clearance of 2.24 meters.

For a period of time, opinion was divided over which was more effective—the straddle or the Fosbury flop. At the 1972 Munich Olympics, 16-year-old Ulrika Meyfarth from West Germany used the Fosbury flop to win the women's gold medal, with a height of 1.92 metres. At the 1980 Moscow Olympics, Gerd Wessig? from East Germany won the gold medal, with a clearance of 2.36 meters, also using the Fosbury flop. In doing so, he broke the world record set by Vladimir Yashchenko? from the Soviet Union, who had used the straddle technique. Subsequently, little was seen of the straddle in international competitions. It's fair to say that the Fosbury flop virtually reinvented the high jump: the technique is still used today by athletes all over the world.

From the Eastern cut-off to the 'Western roll', from the straddle to the Fosbury flop, high jumpers have been searching for the most efficient way to realize their physical potential.

Any study of how an athlete moves often regards them as an object without any consideration of size, their shape or inner structure. The height a jumper can reach is associated with three factors: the height of the athlete's centre of gravity when he takes off: the distance between this height and the height of the jumper's centre of gravity when he reaches the highest point of his jump: and the distance between the highest point of the jumper's centre of gravity and the bar.

The first height is dependent on the jumper's own height, so most high jump athletes are tall and have long legs. The take-off posture and arm and leg swing help raise the height of the body's centre of gravity. In the evolution from the straddle to the roll and Fosbury flop, the jumper's centre of gravity came closer to the bar. This obtains the most economical clearance and the least loss of energy.

Once the jumper leaves the ground, the position of his centre of gravity cannot be changed. The revolutionary aspect of the Fosbury flop is that the athlete bends his body to form a kind of arc. The head, shoulders, back, waist, hips and legs pass over the bar in succession, while other styles required the whole body to pass over the bar at one time. With the Fosbury flop, the body's centre of gravity is lower than the bar, because there are always parts of the body at a height below that of the bar. Hence one description of the Fosbury flop is a jump style that "clears the bar underneath".

The approach run is also highly important. From 1900 to 1912, a high jump was taken from a standing position. There was no run-up. American athlete Ray Ewry, known as the "Rubber Man", won 3 Olympic gold medals with a best height of 1.65 metres. The best-ever standing high jump is believed to be the 1.90 metres, achieved by the Swedish athlete Rune Almen. The difficulty with the standing high jump is achieving both elevation and the horizontal impetus to take the body over the bar. An approach run provides the necessary horizontal displacement. The selection of take-off point and approach angle is vital, since they determine where the athlete's centre of gravity is projected: in front of the bar, and the jumper will hit the bar in the falling phase: behind the bar, and the body will touch the bar in the rising phase.

Another advantage of the Fosbury flop is the J-arc run-up. The Curvature Radius gets smaller and smaller in the last three or four steps. As a result, when the jumper takes off, he flies off at a tangent and gains the angular momentum towards the bar that helps him to clear it horizontally.

The shorter the approach run arch radius and the faster the speed, the greater the inclination angle, and the lower the jumper's centre of gravity. Research shows that if the inclination angle reaches 30 degrees, the centre of gravity will be reduced by 13 centimetres. This helps increase the distance the centre of gravity can rise, and the acceleration.

In the Fosbury flop, even before the jumper extends his take-off leg, the centre of gravity is rising with the swing leg. Therefore, the take-off leg doesn't start from zero, but adds to the accumulated vertical velocity created by the swing leg. Some athletes treat the last step by the swing leg as the start of the take-off phase. They call it the first dynamic, and they take the extension of the take-off leg as the continuation and end of the take-off phase, namely the second dynamic. No other high jump technique, apart from the Fosbury Flop, benefits from this "Double Dynamic".

In the past century, there have been significant developments, too, in the high jump equipment. At the 1924 Paris Olympics, American athlete Harold Marion Osborn held the bar in place with his fingers while he jumped over it. To prevent such cheating, the rule was established, that the bar supports should face each other, so that any touch on the bar would dislodge it. The most dramatic change, however, was the introduction of the cushioned landing mattress. The 80 cm foam rubber enables the jumper to land on his shoulders and back. Without this improvement, Dick Fosbury would never have been able to use his Fosbury Flop style.

Today, the high jump is in a period of relative inactivity. The men's world record of 2.45 meters set by Cuban athlete Javier Sotomayor in 1993, has yet to be challenged. The women's record of 2.09 meters by Bulgarian athlete Stefka Kostadinova remains unbroken, despite being set way back in 1987. It's hard to say whether some new technique will emerge in the future, to help challenge these records. At the 1996 Atlanta Paralympics, Chinese athlete Hou Bin set a world record of 1.92 metres, using a technique based on a character from a battle scene in Peking Opera. The innovation was widely admired, with many sports analysts describing it as the most efficient high jump technique ever. However, only time and history can tell, what new heights human beings may yet scale.

横杆下“钻”过去的跳高(英)
扫一扫，看英文视频

“软硬兼施”的护身术
Protective Equipment: Hard Blows and Soft Landings

Much of the appeal of any sport lies in the fierce rivalry that is often generated. High speed, powerful blows and physical collisions are a common sight on the sports field. Often, protecting the athletes has to be a major concern. Ice hockey players, for instance, resemble astronauts, due to the amount of protective clothing they wear. With the black rubber puck travelling across the ice at speeds in excess of 160 kilometres an hour, the players, who weigh over 80 kilos on average, cannot avoid the occasional injury, despite wearing a helmet, chest protector, elbow pads, shin pads and athletic cup. In fact, there are many sports today that would not survive, were it not for the protective gear.

Athletes are most concerned about protecting their head. Although the skull and spinal fluid do protect the brain, a fierce impact can cause a skull fracture, concussion, brain contusion and subdural hemorrhaging. In 2005, in an American Major League Baseball game, the pitcher Matt Clement from the Boston Red Sox was hit on the head and collapsed instantly. Gordon Brown, who succeeded Tony Blair as British Prime Minister in 2007, when at high school suffered a severe head injury in a rugby match. He was left blind for a while, and permanently lost the sight in one eye. The football goalkeeper Petr Cech was once kicked in the temple by an opposition forward and suffered a serious skull fracture. A rough estimate suggests that around 1.6 million people a year in the United States suffer from head trauma as a result of taking part in sports.

The punches in a boxing contest are mainly targeted at the head. At the beginning of 2008, the South Korean reigning world boxing champion Yo-Sam Choi collapsed shortly after winning a bout, and died later in hospital. Constant punches to the head can result in chronic brain damage, intra cranial pressure and changes of cerebral blood flow. The neurogenic problems suffered by Muhammad Ali are believed to be the result of the many years of receiving blows to the head.

When a billiard ball is involved in a collision, whether direct or oblique, the momentum and speed will be transferred and exchanged, while the total momentum is maintained. In boxing; a blow to the head is generally an inelastic “oblique collision”. As such, it produces not only linear motion of the skull and brain and tangential motion surrounding the neck, but also structural changes of the head. Momentum equals the product of the mass and speed. The greater the mass and the higher the speed, the shorter the braking time and the greater the impact will be. In high-speed sports such as ball games, cycling and ice hockey, the "hard" way of protecting the head is to wear a helmet with a shell made of fiberglass and carbon fiber, which will absorb part of the momentum through deformation. At the same time, sponge padding with a similar radius of curvature as the brain, along with a suspended structure, can turn sharp "point contact" into mild "surface contact". This effectively reduces the pressure and extends the collision time, which produces a kind of "buffering effect" that can dispel the impact force.

In the early years of professional boxing, fighters did not wear gloves. In 1853, John Sullivan and Shane Mosley, the then heroes of American boxing, were imprisoned after the court ruled their frenetic bare-knuckle duel to be barbaric. The biggest difference between Olympic boxing and professional boxing is that in Olympic boxing, fighters must wear protective headgear. Another "soft" measure adopted for the Olympics is the use of large, thick boxing gloves to "soften" the blows of the boxers. Compared with the small and comparatively thin gloves used in professional boxing, which weigh only 226 grams, the 284-gram gloves used in Olympic boxing have a larger contact area when they strike an opponent. Since the soft layer of the glove is pressed further, the braking time is extended, resulting in a smaller impact force.

Boxers and American football players do something similar during breaks: they remove their mouth guards. In America alone, an amazing five million teeth are knocked out every year in sporting contests. Mouth guards are used in a number of sports to protect against such "injuries". Human teeth are surprisingly strong. Acrobats can hang in the air, held there solely by gripping a rope with their teeth. However, a single tooth cannot withstand a single blow. Mouth guards made of elastic plastics act to "unify" the isolated teeth. So when the wearer clenches his teeth, they are like the bricks in the "Great Wall". The unified teeth are better equipped to withstand an impact together. Besides, mouth guards also alter the nature of the "hard contact" between the lips and teeth when receiving an external blow, and thus reduce the impact on the cervical spine. The mass-produced mouth guards of today cannot fit everyone's mouth. So a kind of mouth guard has been developed that becomes pliable after heating in hot water. Placed in the mouth, it cools, and is shaped to the teeth. Ideally, mouth guards should be "custom-made", just like false teeth, in order to ensure that they are the proper thickness, and a snug fit.

In sport, serious injury can be suffered even on grass, where a fierce tackle can cause a fracture of the leg or foot. Many world-class sports teams have suffered major setbacks as a result of too many of their players being injured. Human bone tissue can withstand numerous forces: compressive, tensile, bending, and twisting, for example. Subjected to an appropriate load, bones can experience elastic deformation and recover to their original state once the stress is removed. However, if the load on the bone tissue exceeds the elastic range and reaches the "yield point", the deformation induced will cause structural damage, in other words, a fracture. Bones, despite having enormous compressive and tensile resistance, are easily damaged when subjected to certain types of blow. The kicking, running and tackling that feature in football, subject the players' legs to enormous tangential forces. Because of this, the shin guard is a key part of a footballer's protective gear. Made of light and firm composite materials, they act as a sort of "shell" covering the player's calf. When subjected to a blow, the shin guard not only expands the area of impact over the shinbone and reduces the pressure but also alters the angle of the force, thus reducing the bending moment in the bone and reducing the possibility of a fracture.

Human evolution from walking on all fours to walking on two legs, uncovered a major defect. The "soft ribs" and "soft belly" were revealed, and became potential points of attack. In many antagonistic sports, the women competitors wear tailor-made chest protectors while the men wear fitted protective cups. The chest protectors and protective cups are designed not only to reduce the impact force but also to disperse the impact point, thus moving the force away from the more "delicate" parts of the body.

The benefits of the weightlifting belt is attributable to another principle. Studies have shown that when a heavy barbell is lifted above the head, the bone structure and soft tissue of the intervertebral discs will be compressed, such that the height of the lifter will be reduced by an average of 3.59 millimetres. A broad belt not only protects the lifter's muscles and soft tissues but also shares some of the load on the vertebral bones with the abdomen, so that the height of the lifter is only reduced by 2.87 millimetres.

Baseball player Nolan Ryan was measured as throwing pitches at a speed of 164.1 kikometres an hour. That's why catchers wear such thick gloves. The gloves have sponge pads that make them much thicker than any other type of gloves, so as to cushion the massive impact force of the baseball.

An old saying goes "the higher you jump, the harder you fall." The world record for the pole vault today stands at 6.14 meters. From that height, the speed of a "free falling body" is 10 metres a second. If there's no cushion, it'll be like jumping off a building. In the high jump, athletes originally took off and landed on grass. With the introduction of the scissors technique and Western roll, a sand pit, similar to that used in the long jump, was adopted. But the pit design was later abandoned, in favour of a "shelf" design with a thickened layer of sand 20 to 30 centimetres above the ground. Sawdust was sometimes added to make the sand softer. Eventually, a sponge mat was adopted, but the early models often became entangled around the jumper. The invention of the modern sponge bag finally guaranteed the safety of the high jumpers, and gave rise to the Fosbury flop. In jumps, the change of momentum results from an impulse, which equals the product of the force and time of action. When a body falls off a building onto hard ground, all the momentum is reduced to zero within one hundredth of a second. The body is thus subjected to a massive impact force. A thick layer of sand enables the momentum to alter within a longer period of time, and thus reduces the impact force. It takes about one second, from the time a jumper lands on a sponge bag, for the bag to be compressed to the greatest extent. Therefore, the impact force received is almost a hundred times smaller. Besides, the extended contact surface reduces the pressure. The sponge bag, being 80 centimetres above the ground, serves to reduce the time of action and distance of the weight and thus ensure high jumpers a safe and comfortable "soft landing". The principle is the same as with the air bags that deploy in a car accident.

Archers wear a brace to protect the inside of the bow arm and prevent the skin from catching the bow string: gymnasts use hand guards made of leather to prevent blisters from forming during swings and the outer layer of skin from tearing away, which effectively enhances the strength of the grip: kneepads, wrist guards, finger protectors, ankle guards, shoulder protectors and elbow supports are all items of protective equipment. Some prevent direct injury while others enhance the efficiency of movement.

The ultimate objective for most sports people is to build up their body and improve their health. The safety of sport has become a major focus in society today. The function of science and technology in sport lies not only in improving the performance but also in ensuring the safety of athletes by "soft-and-hard" measures. Safety is, ultimately, a key factor in better performances.

"软硬兼施"的护身术(英)
扫一扫,看英文视频

美丽的"溅落" The Beauty of Diving

Although diving is an aquatic sport in the Olympics and is administered by FINA, it's more closely related to gymnastics. Gymnasts jump and twist in the air and land on the ground, while the divers jump and twist in the air and land in the water. In the 1900 Paris Olympic Games, a Swedish diver jumped from the platform constructed on the Seine and displayed his extraordinary diving skills when he landed the river. In the 1904 St Louis

Olympic Games, the 10m platform diving event was officially listed in the Olympics. At that time, there weren't many requirements for diving. The one who jumped the farthest would win. George Sheldon, an American, won the first medal in diving.

Diving is an art form displaying physical strength and grace. Dexterity, flexibility, balance, and timing are essential skills required of a superior diver. A perfect dive requires three elements-: an elegant take-off, a beautiful jump, and a graceful entrance into the water The judges value and give a score for each element equally.

The difference between springboard and platform diving is that the springboard is a more flexible board. Kinetic energy transforms into potential energy when the springboard is jumped on. The energy is released to push the diver upward when jumping off. A springboard is made of aluminum alloy and is more flexible than a wooden one so that a diver has more time to react in the air, even in the 1m springboard event. However, it's difficult to master.

The vibration is called a simple harmonic oscillation. A diver must be in the same rhythm or frequency as the springboard for the vibration to become a resonance vibration to gather energy. If the speed of the diver is different from the board's vibration, the forces will counteract each other and the vibrating force will stop. The diver and the board form a combined system. Divers of different weights moving on the same board have different vibration times. The board length needed for the diver depends on the frequency. Generally, divers who are thinner with less legs strength need more board length to make the board more flexible. Heavier divers with stronger legs need less and a stiffer board. The speed is fastest when the board vibrates back to the equilibrium position. If the diver takes off at this time, he or she will get the most height.

But it is more complex in reality. The springboard has one fixed side. That's the monolateral constraint. Divers touch the center support when jumping on the board, and hit the support when bouncing. This non-linear structure brings uncertainty so divers need to master science and technique. In the 1988 Seoul Olympic Games, American diver Gregory Louganis hit the board cutting his head doing two consecutive backturns. In 2004 Athens Olympic Games, Chinese diver Wang Ke'nan slipped.

Anything thrown in the air without supporting, the angle of gravity won't change even if it turns. No matter if a diver jumps from the 3m springboard or the 10m platform, he has the same amount of time, little more than a second in the air. All the divers difficult or breathtaking moves are the result of movements around a centroid. But it's puzzling that when a diver takes off from the board and turns forward and then backward, he can make his body turn around a vertical axis, which seems to violate the physics of angular momentum. Without external force, where is the energy for angular momentum coming from? In 1979, 59 experienced American scientists tried to answer this question, and most of them got the answer wrong, stating that the twists and turns were impossible. Yet, we can't explain this mystery with just theory.

Some think that the way a diver turns in a dive is similar to when a cat is thrown in the air and lands on its feet. It might be useful to research this, but it won't help us solve this mystery.

The interaction between the ground and a gymnast's feet produces momentum that can turn the body in the air. But this type of turning doesn't work in diving. Divers can only turn after take-off and then turn on a vertical axis using their arms, which is called momentum transfer. As the diver swings one arm overhead and then swings the other to his hip, the momentum is transferred to the rest of the body. In order to preserve angular momentum, some of its used in turning on a vertical axis. The momentum first comes from leaning.

Controlling the splash from a dive is an art. Decreasing splash is a complex skill. Stretching the body open increases inertia and stops it from continuing to turn. The diver has to keep himself or herself straight before landing in the water. The "rip entry" is used by most divers. Previously, it was thought that keeping the hands close and landing in a streamlined position would decrease friction and splash. It was later discovered that landing with your feet flat was better than with pointed toes. This became known as the "rip entry". In an experiment, when a wedge fell into the pool, the water shot up along the sides because they had the least resistance. However, when a square fell into the pool, the water went in a horizontal direction and couldn't spray because of the pressure from the surface. That's why the spray is smaller when the diver's feet are flat, and not pointed.

When a diver dives into the water from the 10m platform, the force from the water can reach 15m/s and the hands have to withstand great pressure. Divers have different hand positions to adjust to different situations. A turn in the air can't be stopped completely so the palm shouldn't be parallel with the water surface but in the direction of the fall. This is called kneading the water.

Synchronized diving made its Olympic debut in the 2000 Sydney Olympic Games. It was also one of the most watched and exciting events at the Games. Two divers leap at the same time, and do the same dive in synch. They enter the water in the same position. Any slight difference between the two divers will result in a lack of synchronicity. It's a beautiful sight to watch two different athletes in synch.

Seeing divers practicing on the trampoline, harks back to the relationship between diving and gymnastics. No matter the different styles and types of divers, any dive is based on the laws of physics whether it is comedic or thrill seeking in nature. Diving has continued to increase in difficulty.

美丽的"溅落"(英)
扫一扫,看英文视频

从香蕉球说开去 The Banana Kick and Other Twists

Classic free kicks taken on the football pitch are some of the most often-repeated clips in televised sports programmes. With a powerful kick, the player sends the ball flying past the opposition wall, and seemingly off the field of play. But then it takes a magical turn and veers straight at the goal.

Ever since Pele managed the first graceful curve of a ball in the 1966 World Cup in England, the banana kick has become a favourite weapon in the armoury of many football players. England's David Beckham, known as "Golden Balls", time and again won the world's admiration by "bending it like Beckham". Roberto Carlos, with his "Golden Left Boot", created a legend in football history with two successful swerving free kicks in a single match. As for Michel Platini, known as "Napoleon" in his home country, his feat of achieving a 5-meter horizontal deviation with a banana kick, has never been repeated.

Medical studies have shown that there exists a delay coefficient in the acceptance and processing of visual signals in the human brain. We judge an object's flight from its parabolic trajectory, something we have been accustomed to doing since we were young. Thus, when a ball takes a turn in the air, it can defy the judgment of even the most experienced goalkeeper. In a study, researchers from the University of Sheffield once wrote: "By the time the goalkeeper sees the ball flying over the wall, it may already be in the goal."

How is it that a ball can change direction in mid-air? The place to start an investigation is, in water. If we plunge our hands into water and then remove them, we can see a coating of water still adhering to them. Similarly, a ball has a layer of thin air around it. When the ball is spinning through the air, this layer of air around it, is also spinning. On one side, the linear velocity of the spinning accelerates the advance velocity of the ball and increases its resistance to the air in front. On the other side, the opposite occurs: the linear velocity of the spinning detracts from the advance velocity. This creates different air speeds on the two sides. According to Bernoulli's Principle: "as the velocity of a fluid increases, the pressure exerted by that fluid decreases". In the case of a spinning ball, it is influenced by a side force, known as the Magnus force, which alters its trajectory. This can be seen by the naked eye, if you point in the direction a ball is flying with your forefinger, and trace the spinning direction by bending the other three other fingers. The thumb, pointed vertically to your forefinger, is indicating the direction of the Magnus force.

Gustav Magnus was a German physicist who, in 1852, began studying the influence of side forces on spinning bombs and bullets. Later, the great physicist J.J. Thomson, conducted his famous experiment. He allowed air to flow past a series of spheres spinning at different speeds, while applying the two ends of a U-shaped glass tube near the two sides of each sphere. Then he observed the changes on the surfaces in the two ends of the U-shaped glass tube. This allowed him to assess the pressure differences between the two sides of the spheres.

In fact, as early as the 1954 World Cup, the Brazilian player Didi made a ball curve in flight. At the time the kick was called folha seca or dry leaves. The University of Sheffield conducted a study, one aim of which was to determine why the banana kick had been achieved first by a South American, and not a European. One theory was that, as footballs in the past were made of leather, which absorbed water easily and thus became heavier, the curve effect produced by spinning was considerably reduced in wetter climates. In South America, with its drier climate than Europe, the curve of the banana kick was more pronounced. The research proved the theory to be correct. Later, a water-resistant synthetic material full of tiny bubbles replaced leather, and footballs made up of 14 sections stuck together using thermal bonding technology replaced the footballs formed of 26 to 32 hexagons sewn together by hand. As a result, it became easier to produce a banana kick, and the curve effect became more pronounced. When new footballs such as the Fevernova and Teamgeist appeared, they were variously called the killer, and the goalkeeper's nightmare.

Something like the banana kick can be seen in table tennis. The loop table-tennis players achieve is in effect a downward banana kick. Imagine the ball falling as it approaches: the player swings his bat with all his might. The instant it comes into contact with the ball, the player uses the strength in his wrist to make the ball spin, as if drawing the ball onto the rubber to create friction that negates the impact force. The rapid topspin generated by such a return produces the Magnus effect. The first trajectory or first curve is downward. The second curve, after the bounce, is low and steady. And the ball gathers pace off the table, making it difficult to return.

The topspin loop was developed by Japanese player Giji Nakasei. In the 1950s, Europe, and especially Hungary, dominated table-tennis with the powerful smash technique. However, by the 1960s, the topspin loop employed by Japanese players was regularly defeating the previously unconquerable Europeans. After years of evolution and development, the loop has become a highly effective weapon in international table tennis competitions.

The influence of the Magnus force is also apparent in baseball, tennis and golf, where spin inevitably causes a curve in a ball's trajectory. The coexistence of spin and curve is a common rule in ball games. However, in the case of golf balls, the smooth surface is sacrificed in the interests of a rough one with more than 500 small dimples. There are many reasons for such a choice. When a ball is in flight, the boundary layer of air slips away at the tail and produces a swirling region of low pressure. The pressure drag between the front and back of the ball severely impedes its advance. However, the dimpled surface helps this layer of air adhere to the ball better and delay its separation, thus reducing the pressure drag. In addition, the usual backspin generated by a golf swing can, according to the Magnus effect, impart a lifting force to the ball and increase its time of flight in the air. Experiments have show that a dimpled golf ball can fly over 200 metres, while smooth ones can manage little more than a few dozen metres.

Even volleyball has its own mysterious ball effect. It's the so-called over-float, invented by the famous Japanese coach Hirobumi Daimatsu in the 1960s. Under his guidance, and using this magical skill, his girls won the world championships.

Contrary to the rapid spin of the ball in a banana kick or loop, the over float features a total absence of spin. This is achieved by linear arm movements and sudden strikes and blocks, which send the force through the ball's center of gravity. The trajectory of the float is indeterminate, even mysterious. The ball can diverge from its anticipated parabolic trajectory by as much as half a meter, and this divergence, coupled with an element of unpredictability, makes the ball difficult to return.

Before talking about the mechanics of the over-float, it's helpful to consider an apparently unrelated phenomenon: the effect of strong wind on making tall chimneys sway and electricity wires produce whistling. Then there are the heat exchange tubes at power stations, which create a loud thundering sound in rapid air flows: the long, thin tubes of the periscopes on submarines, which can bend when navigating through waves, thus affecting observation: and the round piers that suffer serious damage in torrential rivers. Professor Von Karman, the famous Hungarian-born US physicist, conducted advanced studies on this phenomenon. He found that when a fluid flows by a cylinder, there appear at the tail alternately two paired vortices, swirling in opposite directions, which exert horizontal pressure on the object. This is the phenomenon that gives rise to the

Karman Vortex Street.

Although a three-dimensional volleyball is obviously different from a two-dimensional cylinder, the wake turbulence at the tail can still produce liquid-solid coupling vibration. This is the source of the unpredictability of over float. From another perspective, when the speed of over float falls to a critical value, the increasing possibility of a sudden change in resistance can also lead to a sudden loss of speed and a rapid fall.

The banana kick, the loop, the dimpled golf ball and over float: put together they make up only a tiny part of the mysterious kaleidoscope of aerodynamics. So long as humans continue to play sport not in a vacuum but in air, they will continue to observe and make use of these magical effects.

从香蕉球说开去(英)
扫一扫，看英文视频

明察秋毫谈测距
Distance Measurement: Fair Play for Everyone

There's little doubt who the true hero of the 1968 Mexico Olympics was: Bob Beamon, the American long-jumper whose "immortal leap" of 8.90 metres smashed the existing world record by an incredible 55 centimeters. The jump was so long that he landed outside the range of the optical measuring equipment. The judges had to bring out a traditional steel tape to measure the distance, which they confirmed after repeated checking. When the amazing result appeared on the board, Beamon, who didn't understand the metric system, was unaware of its enormous significance. But after discovering that 8.9 meters equaled 29 feet 25 inches, Beamon knelt down and kissed the ground. His world record lasted for 23 years, until Mike Powell achieved a leap of 8.95 meters in Tokyo.

The optical length measuring equipment was not up to the job of measuring Beamon's jump in Mexico. And Beamon didn't understand the result, even when it was announced. Such are the problems facing the science of distance measuring in sports.

The measurement of distance is like timing, in that it is the lifeline of sports. All sporting events rely on accurate measurement in three-dimensions. The outcome of many events relies on the accurate measurement of distance. As the old Chinese saying goes: "A tiny error can lead to a mistake of a thousand miles."

In the early years of the modern Olympics, leather tape measures were used in sports measurement. But the accuracy was often compromised, because the tape could be easily stretched, blown out of line by the wind, or twisted. The introduction of steel tapes made measurement more reliable. But they were difficult to handle. Moreover, the climate could affect the measurement, and still the distance that could be measured was limited. At the 1948 London Olympics, "mechanical measurement" made its first appearance. A tape was fixed along the side of the long jump sand pit. A rail, which could be both turned and slid, was fixed on the tape. As soon as the athlete completed his jump, this rail would be moved so that it aligned with the mark left by the athlete in the sand, and measure the distance. It was at the Mexico Olympics in 1968 that the first optical length measuring equipment was used. It consisted of a long steel ruler, just like a sliding track, which was suspended, parallel to the sand pit. An optical device resembling a telescope would slide along the steel tape, like a weight on a balance. When this "telescope" was positioned at 90 degrees to the landing point in the bunker, the mark on the steel tape would be recorded as the jump distance. However, Beamon's jump exceeded the length of the track, which was why the optical equipment was unable to measure it.

The standardization of measurement was another important milestone. In the 1908 London Olympics, the metric system was established as the mandatory system. This was a major breakthrough. Consequently, people around the world used the same system and understood each other. Yet, even in 1968, a sports veteran like Beamon was still unfamiliar with the metric system, which testified to the difficulty of measuring the "distance" between cultures.

Errors in measuring distances can have serious consequences in sport. At the 1932 Los Angeles Olympics, American sprinter Ralph Metcalfe missed out on the gold medal in the 200 metres sprint because the track he was running on was 2 meters longer than the standard. At the same Olympics, in the 3000 meter steeplechase, all the athletes ran an extra lap. The American Joseph McCluske was overtaken and instead of a silver medal, went home with the bronze. At the 1956 Melbourne Olympics, Canadian shooter Gerald Ouellette set a world record of 600 points in the Small-bore Rifle, prone. Only afterwards was it discovered that the shooting distance was 1.5 meters shorter than the Olympic standard. So the record couldn't be recognized. Even at the 2000 Sydney Olympics, in the gymnastics events, because of installation and adjustment errors, the vault was 5 centimeters lower than the standard. One after another, the world's finest gymnasts, including Svetlana Khorkina, fell during the vault. In 1965, at China's second national games, the 10,000 meters runners finished a lap too early. As a result, the event was declared void.

Faster and more accurate: this is the aim of distance measurement in sports. The development of modern technology is improving measurement almost on a daily basis. Today, when athletes throw the javelin or discus, an umpire runs out and marks the landing point. Then laser measuring equipment will report an immediate and highly accurate result.

The basic principle of such equipment is to have light cover the distance, instead of a human eye. Infrared light is invisible, and with a wavelength of 900 nanometers, harmless to the human eyes. It can also be reflected back from the landing mark, so that it can be registered twice. A comparison between the outgoing and incoming beams of light can generate an accurate measurement of the distance the light has traveled.

The latest laser distance measuring equipment ejects continuous short laser pulses, and then receives the light reflected from the landing mark. Light travels at a speed of 300, 000 kilometers a second, and the equipment, by measuring in nanoseconds, can accurately read the time it takes the light to travel to the mark and back again. The rest is just a simple calculation.

The mark that is placed at the point of landing is specially designed. The top is a sort of prism, which is a reflecting device. No matter from which direction the light comes, the mark reflects it straight back. For the highly sensitive measuring equipment, this signal is more than enough to process.

The distance measuring equipment must never be positioned directly behind the athletes. So the laser light must actually follow a slightly different course to the landing point. However, the equipment adjusts the result, using trigonometry. .

When a long jumper fouls at the take-off, a board will immediately show by how much he stepped over the line. The information is gathered from a row of infrared lights positioned close to the ground, which sweep across the take-off board. When the athlete's foot hits the board, it will block the light, and a receiver will pinpoint the exact location.

In long-distance running, before the start the athletes will pin a button containing a microchip on themselves. Each chip contains information specific to that athlete. Every time a runner passes the lap counter, a signal from the chip will be received and processed, and a board will display how many laps he or she has left to run.

In an International Marathon held in Hungary on April the 15th, 2007, a Kenyan runner named Philips won in a remarkable time of two hours ten minutes and forty-six seconds. However, it was later discovered that, because of a measurement error, the course was 2200 meters too short. Hungarian sports officials offered a written apology. A special process is involved in measuring the courses for marathons and other long-distance road races. The measurement has to be taken by an official certified by the International Association of Athletics Federations. The measurer rides a calibrated bicycle equipped with a counter. The counter is always fixed on the left side of the front wheel shaft. For every revolution of the wheel, it counts 20 points. As the perimeter of the wheel is a fixed length, it' s easy to determine the whole distance of the course, once the number of revolutions is known.

The IAAF has officially mandated the distance for the Marathon as 42.195 kilometers since 1924. However, in view of the minor errors that can occur in measuring by cycling, one meter is added for every kilometer counted, so the counter will indicate 42.237 kilometers. The basic principle is always to count loose rather than tight. Another important consideration is that in Marathons and other road races, where there are inevitably turns on the course, the runners will always choose the shortest possible route, and run at a tangent between left and right turns. So the course measurer of sheer professionalism have to ride a bicycle in advance to identify the shortest possible route.

From the distance of a marathon course to the height of a vault, and the distance a javelin is thrown: the accuracy and constant improvement of measurement technology is the guarantee of fair play at any sports event.

明察秋毫谈测距(英)
扫一扫,看英文视频

中流击水看飞舟 Rowing

The boats speed through the water. The six lanes are marked off by colorful buoys. As the oars come in and out of the water, they act like extensions of the rowers' arms. In 1892, the first college rowing competition took place between Oxford University and Cambridge University on the River Thames in England. Pierre de Coubertin, the Father of the modern Olympics, was also a master of rowing. He arranged for rowing to be an official event in the 1896 Athens Olympics, but the race was cancelled due to bad weather off the Aegean Sea. In the 1900 Paris Olympics, rowing finally made its debut on the Seine River and has been in every Olympic Games since. There are eight rowing boat classes that are based on the number of the rowers, the type of oars, and if there' s a Coxswain. Europeans are considered the best rowers in the world. Steven Redgrave of Great Britain is the only rower to earn gold medals in five consecutive Olympics as well as nine world championships. He returned to the Olympics in 2000 after being diagnosed with diabetes and earned a fifth gold medal, successfully defending his title.

In the 1964 Tokyo Olympics, during a fierce competition with East German's Achim Hill, Vyacheslav Ivanov, the Russian rower rowed so strenuously that he briefly lost consciousness fifty meters before the finish line. He regained consciousness to find he was still in the lead, and went on to win by 3.73 seconds. A boat accelerates through the action/reaction principle. When a rower moves water away with her oar, the boat moves in the opposite direction. The momentum you put into the water will be equal and opposite the momentum acquired by the boat. The boat is slowed down by drag. A rowing boat is not a solid body: it contains three components. The crew makes up 70% to 80% of the total mass: the boat between 20% ~ 30% and the oars represent under 5%. These three components are critical to the boat's speed, particularly the crew who accounts for up to 80% of the total speed. This is why the bows of a boat appear to surge after the finish of a stroke: although the blades have been extracted and are no longer accelerating the center of mass of the whole system, the crew's movement accelerates the hull forwards by an equal and opposite reaction.

The speed of the boat is closely related to two variables: rowing frequency and stroke. The distance of each stroke, which is equal to the whole course divided by stroke times, shows the efficiency of the rower. The time ratio of a stroke's catch, drive, finish and recovery is called the stroke rhythm. Although it may seem simple, it's a major part of a team's success.

An eight-sweep oar boat is 20 meters long and 60 centimeters wide. Thanks to the outriggers that extend on both sides, the boat's width no longer limits the size of the oars. The rowers use their oars to propel the boat forward: this is a result of the reaction force produced by their strokes. The boat's momentum is the product of the quantity of the pushed water and the stroke speed. More energy is saved when broader oars are used to push against water versus narrower ones. Oars are classified as a Class 2 lever. The oar tips act like they are on a fulcrum and the boat is moved forward when the rower pushes on the handles.

Thwarts are installed on the slide parallel to the vertical axis so that rowing is not just left to arm strength. In fact, the entire body is used to propel the boat forward.

At the 2004 Athens Olympics, during the women's eights rowing final, Australian rower Sally Robbins suddenly dropped her oar 650 meters away from the finish line. As a result, the team finished lost. The loss of one rower will result in an imbalance of power. Rowers race with their backs toward the finish line. To ensure that they go straight, rowers need to calibrate the direction using landmarks, consisting of two poles. The poles are similar to a sight found in a firearm. A 2.5-meter mark is at the bow, while a 5-meter high mark is at the stern. There is about 30 meters distance between them. By observing how the black lines align, the rowers can judge whether their boat is on course.

Coxed boats rely on the coxswain to adjust the rudder to control direction. The Coxswain is the soul of the boat. In addition to steering the boat, he also needs to keep the crew in synch and encourage them. In order to prepare for the 2008 Beijing Olympic Games, China had an open call for coxswains in the Eights rowing event, which gained international attention. This was seen as a way to not only promote rowing, but to also create a new Olympic tradition akin to the torch relay.

Coxswains have played an important role throughout rowing history. In 1879, the Yale University Rowing Team's coxswain was a Chinese student Zhong Wenyao. They won the annual rowing contest against Harvard that year. At the 1900 Paris Olympic Games, Dutch rowers Antoine Brandt and Roelof Klein substituted the 132-pound coxswain Hermanus Brockmann with a seven-year old French boy and won the lightweight scull race.At the 1952 Helsinki Olympics, French rowers Raymond Salles and Gaston Mercier used a 14-year old coxswain Bernard Malivore and won the gold: at the 1960 Roman Olympics, a 13-year old coxswain Klaus Zerta help the famous German rowers Bernard Knubel and Heinz Renneberg grab the gold. Stamina and skills are necessary to be an excellent rower, but intelligence is even more important. After some professional training, even a "laymen" could compete.

Canoeing has become more widely know in China since Meng Guanliang and Yang Wenjun— won China's first gold medal in the two-man 500 meter canoe race in the 2004 Athens Olympics. The boats used in canoeing can be traced back to the Native Americans. This vessel has no seats, no coxswain or racks. The rower usually bends down on one knee. The feet and the knee form an obtuse triangle at the geometric center of the boat. Canadian single rowers use only one oar so that the unilateral driving force and the resistance center produce a couple of forces to move the boat forward. The oar must be paddled close to the boat using a J stroke to keep the boat straight.

Internationally, canoeing is often used as a collective term for both canoeing and kayaking. A canoe is an open boat while a kayak is a closed boat, in which a rower sits, not kneels. 4000 years ago, Eskimos covered whalebone and wood boat frames with sea lion skin. They then covered the skin with whale oil to make it waterproof: this is the origin of modern day kayaks.

In team kayaking, the rowers alternate sides as they paddle: as soon as one stroke is completed, another is begun on the other side. It looks like a windmill from afar. Rowers sit in a closed seat: the boat and the rowers act in unison.

Canoe/Kayak Slaloms are some of the most challenging water events at the Olympics. The slalom is designed to replicate paddling in natural river rapids, with competitors being knocked about by waves and rocks as they make their way through the course. Slalom canoeing made its Olympic debut in 1972 in Augsburg, West Germany. It was not seen again until 1992 as part of the Barcelona Summer games. Since then, the slalom has been a regular event at the Olympics. The course design is a combination of creativity and difficulty. The curved river way is 300 meters long and drops about 6 meters. The pumping station pumps water to the upper reaches at a rate of 20 tons per second. The water then falls down to the trough of the rugged riverbed, which is installed with several portable obstacles, creating a turbulent and treacherous waterfall. Competitors and their boats are returned to the starting line by a conveyor belt when the course is finished.

No two slalom courses are the same in the world. To be able to assess and then prepare for the course depends on the athlete's own talent and skills. The water is rough and fast in the narrow channels but slows down in wider channels. The riverbed and air resistance cause the water to flow much faster. The course includes a maximum of 25 gates, of which at least six must be upstream. Red and white striped gates are negotiated upstream and green and white striped gates are negotiated downstream. In the slalom, paddlers use a variety of strokes to maneuver their boats as quickly as possible down the course, while trying to avoid hitting or missing the gates.

A boat's speed is affected by many factors in the water. The shape of the boat, its material and its draft area have been well researched. After hundred years of development, canoes and kayaks have been thoroughly reshaped and re-designed. They are now lighter, stronger and more flexible, reducing much of the wave resistance and drag.

中流击水看飞舟(英)
扫一扫，看英文视频

大力士运动 Herculean Sports: Weightlifting & Wrestling

Who's the world's strongest person? In the 2004 Athens Olympics, Iranian athlete Hossein Reza Zadeh lifted 263.5 kilograms, and was then nicknamed the Iranian Hercules. In a tug-of-war with gravity, we are constantly trying to break through its limitations.

Almost every culture in the world has tales and legends about great weightlifters.

Lifting a heavy things over head is absolutely the most fair, just and simple way to test who is the real Hercules. In the first modern Olympics held in 1896, weightlifting became an official event. Back then, weightlifting was divided into two events: the all-around dumbbell and the two-hand lift. Early weightlifting equipment was also quite simple and had a fixed weight. Later, the barbell was invented. It consisted of a bar and two hollow metal balls, which were placed on the bar. This made it possible to adjust in the weight of the iron by adding or taking out iron sand from the hollow balls. The modern day disc-type barbell made its first appearance at the 1910 Frankfurt games exhibition and was an important milestone in the history of weightlifting.

In the 1928 Amsterdam Olympic Games, weightlifting was divided into 3 events: the snatch, clean and jerk, and clean and press. In the 47th World Weightlifting Championships in 1973, the clean and press event was eliminated. In today's weightlifting contests, plates of various weights are marked with different colors to shorten the process of weighing and allow for faster competitions. The metal plates are wrapped up with flexible rubber to minimize the noise from the weights hitting each other or when they hit the ground. The sleeves, collars and bar help make the barbell a seamless piece of equipment.

Don't think that weightlifting is only a display of muscle power. In fact, it requires strong knowledge of physics and biology.

The key to a successful lift is known as the "Close, Fast, and Low" Concept. When a barbell is raised by a weightlifter, it should be as close as possible to the longitudinal axis of his body. Otherwise, the moment of force caused by the barbell's gravity and inertia will make him lose balance. The gravitational force line of the barbell should pass or approach the center of his feet's support surface. This can help him exert his greatest force. It can also help him fully exert his body's leverage. The ascending S-shaped curve of the gravity center of the barbell should be as close as possible to the vertical line at the center of his feet's support surface. The smaller the arc is, the better.

"Fast" refers to a lifter's explosive power in which he lifts the barbell with enough speed and height. When an outstanding lifter lifts a barbell, the vertically ascending speed of the barbell is about 1.6 m/s. The peak of his explosive force can reach over 1.5 times his total weight plus the barbell. Slow lifting will inevitably lead to a failed lift and is generally a taboo in weightlifting.

"Low" refers to how the lifter should position his body after he exerts his strength. He should quickly lower his body. Since he can't raise the barbell to his shoulders in one movement, he has to lower his body fast to get his chest below the barbell and hold it steadily before the barbell falls down. Why does the lifter's center of gravity fall so fast? This is because when both hands are lifting a heavy weight, the counterforce enables him to quickly lower his body. The lifter has to rely on his leg and torso strength to stand up straight. The lower his center of gravity, the lower the barbell needs to be raised. In the 1960s, Chinese weightlifters invented the "squat jerk". It can lower the body's center of gravity faster and more effectively than a "split jerk" and thus helps lifters heave heavier barbells. It's now used by most weightlifters. The peak of the barbell's "downward force" can be equal to 1.6 times the lifter's total bodyweight and the weight of the barbell. A superior lifter knows how to appropriately lift the barbell up and minimize the fall of the barbell before he lifts it.

As the barbell is jerked, its center of gravity rises. A squat jerk is simple to do, but after the lifter makes a deep squat, his or her body's support surface becomes smaller, and thus his or her body becomes less stable. At the same time, the barbell's downward inertia becomes greater, making it likely to fall. The split jerk allows the lifter to separate his or her legs wider to form a greater angle, so that he can stand up easier by gathering his or her body's overall strength. A lifter can use either of these two techniques in weightlifting contests.

A weightlifter's most amazing move is when he heaves the barbell over his head. At this moment, his arms form a V-shape. The V is for Victory. A wide grip helps reduce the height the barbell has to be raised.

Why are every lifter's clean and jerk scores better than their snatch scores? The reason is that the snatch requires the lifter to lift the weight from the floor to over his head in one continuous movement. But the clean and jerk is done in two moves. This means that the lifter can lift the weight in two discrete moves. The two moves allow the lifter to rest and readjust his or her body. When he heaves the barbell on his chest or shoulders, he does a quick hop and then pushes the barbell overhead. He can then fully flex his body.

Weightlifting is a high-intensity anaerobic sport that relies on instantaneous explosive force to win. It requires a lifter to mobilize all of his or her muscular strength in the legs, waist, back, shoulders and arms. When the lifter exerts his strength, he holds his breath, and his blood pressure jumps to over 300 mm Hg. Research has shown that after an athlete completes weightlifting training exercises, his body's height may be reduced by 3.6 mm due to vertebrae soft tissue being compressed. The clean and press event was eliminated from the Games in 1972 because athletes were highly susceptible to spinal injuries.

It is often said that the ant is the natural world's weightlifting champion, because it can lift 10 to 20 times its bodyweight. In fact, if a human was shrunk to the size of an ant, he could lift as much weight as the ant. In modern weightlifting, male lifters are divided into 7-8 classes and females into 4 classes according to their bodyweight. Although bigger and heavier lifters have greater force, their weightlifting scores aren't related to their own weights. The 56 kg Men's world champion Halil Mutlu lifted 168 kg, three times his own bodyweight. The world's number one weightlifter, Hossein Reza Zadeh has established a world record. He lifted 263.5 kg, but that's only 1.62 times his own weight. The weight of human muscle is related to its cubic volume, but its strength is decided by its cross-sectional area. The Sinclair Coefficient (S. C.) is a standard assessment method for weightlifters of different classes. It is based on the world's top Olympic athletes' bodyweights and weightlifting scores. It's used to calculate their physical efficiency and rank them. The heavier an athlete, the lower his or her Sinclair Coefficient is.

We'd like to introduce another modern day Hercules. He's the Russian Olympic wrestler Alexander Karelin. He is well known for lifting his opponents over his head and then throwing them to the ground. In a sense, wrestling is a sport in which a wrester could regard his opponent as a heavy object to be lifted and moved, much like a weightlifter.

There are 6 types of wrestling made up of different weight classes. But no matter the type of wrestling or its weight class, all wrestlers have the same objective: they must maintain their own balance while trying to throw their opponent off balance.

In Greco-Roman wrestling, an Olympic sport, wrestlers use only their arms and upper bodies to attack. In a competition, wrestlers strive for favorable positions and push, pull, press and twist their opponents to make them lose stability and fall. At the same time, they're constantly adjusting their own stance and expanding their support angles to keep their center of gravity steady. Wrestlers try to throw or grab their opponents on their chests or backs. The wrestlers use their bodies as levers to grab onto their opponents and then throw them down onto the ground.

In Greco-Roman wrestling, a classic move is "bridge rolling", a move used to escape an opponent by rolling from a "bridge" onto the stomach. Wrestlers try to prostrate themselves on the ground to minimize their center of gravity and increase their support surfaces to ensure balances. Exceptional wrestlers will grab onto their opponents' backs and lift them in the air and then throw them on the ground. This is known as the Karelin lift. The Russian wrestler Alexander Karelin used this move to dominate wrestling for over 10 years.

In freestyle wrestling, wrestlers try to bend their waists and backs to lower their center of gravity and separate and move their feet to change their support surfaces to keep their bodies stable. As a major means of attack, "holding legs" is the most direct way to undermine an opponent's stability.

Chinese wrestling(Shuai Jiao) is known for its flexibility and agility. It emphasizes the strategic use of force. In Shuai Jiao, a wrestler shouldn't confront his opponent's force but attack his weak spots. He should exert his force in the direction of his opponent's or exert a small amount of force to lift his opponent. Strikes, blocks, and kicks are used to counteract attacks and to throw off the opponent's center of gravity. Shuai Jiao incorporates concepts such as leverage, torque and angular momentum beautifully.

Watching the world's strongest people compete in the Olympic Games will be very exciting. The winner won't be determined by strength alone but by how each of his or her moves work with the laws of gravity.

大力士运动（英）

扫一扫，看英文视频

靶场风姿 Shooting with Grace and Precision

The first event at every Olympic Games is shooting. The shooters will be the first to receive a gold medal. Many Chinese will never forget that it was the sound of gun fire that signaled China's first gold medal at the 1984 Los Angles Olympic Games.

The founder of modern Olympic Games, Pierre de Coubertin was an excellent marksman. In the 1896 Athens Olympic Games, shooting included 5 events. Weariness and fear brought about by World War I resulted in the Olympic Committee canceling the shooting event at the 1928 Amsterdam Olympic Games. When it was re-introduced in the 1932 Los Angeles Olympic Games, only two events remained. By the 1950s, enthusiasm for more shooting events increased. The guns used in the early shooting competition were all military weapons. These guns gradually disappeared with advance of civilization. The man-shaped target was also replaced by a target with concentric circles. Additionally, animal targets were also removed from competition. The present shooting competition consists of 57 events, being an favored contest at the Olympic Games.

Ralph Schumann from Germany is known as a "shooting robot. He is considered the best marksman of his generation. He has dominated the rapid-fire pistol championship for the past ten years. In order to excel at this event, you have to be as stable as a robot to ensure accuracy in your shoot. Shooters may be able to hold breath as they take aim, but they can't stop their hearts from beating or the blood from circulating. Even when a competitor is supposedly still, his body is still in motion. That's what makes Schumann's accomplishments so incredible. A taller person has a higher body weight center, and requires the shooter to concentrate even more on keeping stable and not swaying. A well-trained shooters' body sway is relatively minor.

A gun brings an "X deviation" caused by horizontal swaying and a "Y deviation" caused by vertical swaying. Through an infrared tester it becomes clear that the sway usually follows a circular or an oval trajectory. The amount of body sways in the best shooters is within the 9 zone. Thus the secret to good shooting is stability. Learning how to gently bend the index finger is an important skill in shooting. This finger must act independent of the other four to ensure stability. They are also able to take full advantage of automatic shooting. The International Shooting Federation has strict rules that shooters' clothing shouldn't be too thick or too stiff. The reason is to prevent them from gaining an advantage by improving their stability with their clothing.

Using three points to create a straight line to the target is a common method in shooting. When the target, front sight, and the gap in the middle of the gun overlap in the shooter's eyes, the axis of the bore is seen as pointing to the target. But the shooter can't see the target and front sight at the same time. It's similar to a camera lens. You can focus on the object nearest to you but objects further away will be out of focus and fuzzy. Our eyes are similar as we have depth of field. The shooters have to make a choice between the target and the front sight. They have to make the front sight lie in the middle of the gap, and let the upper side of the front sight and that of the gap remain flush. Because the shooting distance from the muzzle to the target is farther than the length of the aiming baseline of the gap and front sight, a flush error is more serious than an error in aim. In a shooting competition, it is the basic principle of aiming technique that the shooters shall focus their attention on the gap and front sight after they see clearly the location of the target.

In the 2004 Athens Olympic Games, American shooter, Matt Emmons shot another shooter's target in the final phase of the men's 50-meter rifle. The Bulgarian shooter, Vesela Letcheva, who had broke the world record for the past 15 years, but missed the gold medal in the four successive Olympic Games. Many well-trained shooters left regrets in the Olympics. It came down to their mental states not their skills. The Australian runner, Ron Clarke broke the world record 19 times, but never won at the Olympics. And his such nervous mental state in competition has been called "Clarke Phenomenon". But in shooting, the athlete's psychological state plays a major role. There are many factors that can influence the shooter. Any tension, stress, or anxiety will lead to raised epinephrine or cortisol levels. This will result in a faster heartbeat and breathing which will limit the shooter's ability to keep the body stable. Even holding your breath when aiming will influence your mental state. Therefore, the shooting competitions are considered a psychological competition.

The U.S. General George Patton participated in the 1912 Stockholm Olympic Games. The 26-year-old graduate of West Point excelled at fencing, 300-meter freestyle swimming, 800-meter equestrianism, 4 kilometer long distance running. But he came in fifth place in the pentathlon. Patton insisted that his bullets were shot into the holes that the former shooter made. In the years following, there was always someone in the trenches keeping score. This was not only dangerous, but made the competition incredibly slow and unreliable. It wasn't until the 1968 Mexico Olympic Games that an automatic target-scoring device was introduced. Today, an electronic target-scoring system is used to immediately calculate scores of highly accuracy and represent it to audience visually which provides a reliable guarantee for the development of shooting. The Sius Ascor electronic target scoring system combines electronic technology and acoustic technology. The system includes a double-sealed "sound-measuring chamber" several centimeters thick. Under it, there are three microphones. When the bullets pierce the rubber skin of the target, using the differences in distance between the bullets and the microphones, the computer calculates the rings according to the time difference. It can also recognize another shooter's shots. The target paper will change automatically after each round of shooting.

A famous English artist in the 19th century drew running deer targets for shooting events. They were hung on the track and had to be manually moved by someone. Now the moving target is machine operated. The skeets were originally live pigeons. Now, it's a breakable target composed of asphalt, gypsum and other materials. The targets are thrown from different directions, heights, and angles. The colorful targets in the modern match are sealed with red powder in the front groove. When the target is shot, the orange dust will be seen in the air, making it easier to see for spectators and TV viewers.

In the 1992 Barcelona Olympic Games, Chinese female shooter, Zhang Shan won the gold medal in the skeet mixed competition. A skeet can reach 20 meters per second. It can fly 75 meters within 4 to 5 seconds. The shooter must finish their shot within 0.5 seconds. The choke, which looks like an inverted bell shape is located in the bore of the shotgun. In each shotgun, there are over 200 spherical lead pills with a diameter of 2 millimeters which are called shot. Because the specific gravity of lead pills overwhelms that of the choke, the lead pills will separate from the chock after leaving the bore, forming a barrage with a diameter of 60 centimeters at 35 meters. This is the best distance to shoot a target. Once beyond this distance, the barrage will be too large and loose to shoot the target.

Another outstanding figure in shooting history is the Swedish shooter , Oscar Swahn. 61-year-old Swahn participated in the 1908 London Olympic Games and won a gold medal in the running deer single-shot event. When he was 73 years old, he earned a silver medal at the Antwerp Olympic Games in the running deer double-shot team event. Swahn proved that an athlete's mental state and experience are more important than his physical ability. The Chinese shooter, Wang Yifu also proved that older athletes can also win championships. It's a waste of talent to have gifted athletes leave teams too soon.

The Song Dynasty poet Xin Qiji once stated: Heroes can't solely be measured by their age but also by their contributions to the society.

靶场风姿（英）

扫一扫，看英文视频

运动在"空气海洋"底部 Sports under an "Air Wave"

American sprinter Jim Hines was the first to break the 10-second barrier with a time of 9.95 seconds at the 1968 Mexico Olympic Games. Many athletes felt that Mexico City's high altitude, 2,240 m above the sea level, hindered some athletes. In response to the complaint, Avery Brundage, the IOC president, stated, "The Olympic Games belongs to the world, not just the part of the world that's at sea level."

The air density in Mexico City is indeed about 30% lower, than it is at the sea level. It is believed that since the air is very light its weight can be ignored. Actually, it can be felt if one stretches his or her hand outside of a moving vehicle. The air weighs 1,293 grams per cubic meter at sea level and the air density declines, as the altitude gets higher. Therefore, all sports are under an "Air wave".

You'll get wet if you dive into the water. The same is true if you dive into an "Air wave". The only difference is that you'll be covered with a thin layer of air. When athletes push the air in front of them, they'll be surrounded by a low-pressure vortex. This "differential pressure resistance" is directly proportional to the square of the speed. In addition, the athlete has to run against air friction.

In the 1896 Athens Olympic Games, athletes from all over the world wore various types of clothing, causing more air friction. In 1904 St. Louis Olympic Games, assistants to the Cuban athlete Felix Carvajal cut off his sleeves and the lower parts of his pants. This explains why earlier athletes didn't get very fast speeds.

From then on heavy clothes were a rare sight at the Olympics. The streamlined suit is tighter and more comfortable, smoothing the joints of athletes. The seamless vest with thermal bonding technology eliminates the drapes and reduces air friction. In the 2000 Sydney Olympic Games, the Australian runner Cathy Freeman was wrapped from head to toe in a full body running suit, which allowed her to "cut through the air." She went on to win the gold medal in the women's 400m event.

From cotton, linen, silk to synthetic fiber, the material and texture of athletic clothing has changed dramatically. Lycra, a man-made elastic fiber, has a unique stretch and recovery quality. It's used in all types of athletic clothing to reduce friction and to support the muscles. The uniqueness of new athletic clothing lies in its fine texture and dent to reduce air friction just like a golf ball. Athletic clothing for bicycles, skis and skates are made of aluminum and titanium materials that shine like a newly painted sedan. Hundreds of millions of dollars are invested in researching ways to give athletes faster speeds, even if it amounts to just a 1/10th a second difference.

The cycling helmet has two functions. Its first function is to protect the head in case of an accident. It's second is to reduce air friction. The waterdrop-shaped helmet minimizes the vortex affect when riding. In fact, it reduces more air friction than if the cyclist shaved his head and rode without a helmet.

Because of air friction, humans aren't as aerodynamic as birds or other flying creatures. When we walk upright, the air friction is directly proportional to the cross-sectional area. Yet, in some sports, athletes can combat air friction by positioning their body to reduce air friction. In sports such as cycling, skating and skiing, an athlete bends to 90°, making his or her body parallel to the ground.

The wind tunnel has been around for over 130 years. The Wright brothers, who invented the first airplane in 1903, used a wind tunnel in their flying experiments. In a wind tunnel, an object is fixed in place, while air passes over it. The airflow is the same as when the object would experience moving through still air. Thus closed circuit wind tunnels are powered by fans to simulate the airflow and people use sensors to collect its data of friction, pressure and flow. The wind tunnel test in the field of aviation is widely used in research institutes and athletic companies' R&D departments to produce more technologically advanced clothing and shoes.

The luge, officially introduced in the 1964 winter Olympic Games, is one of the fastest sports. The athletes lie their backs on the luge made of metal and fiberglass with their feet pointed in front of them and slide down along the 1.5-kilometers track from 120-meters high. The American athlete Tony Benshoof, who won 25 medals in world competitions, set a Guinness World record for fastest luge speed at 140 kilometers per hour. On a curve, the luge racer has to bear as much as 7 times the acceleration of gravity as normal. The streamlined luge, clothing, helmet, and boots which were made according to the aerodynamic principle help the racer to achieve amazing speeds.

Of all Olympic event, Ski jumping is the most close to flying. Ski jumping was made an official event in the 1924 Winter Olympic Games. Ski jumpers took their place at the top of a giant ski jump, going down the 100-meter and 40-degree angle track at speeds as fast as 100 kilometers per hour. As they head downhill, they're pulled by gravity towards the bottom of the slide. At the 2002 Salt Lake City Winter Olympic Games, the Swedish athlete Simon Ammann "flew" 130 meters in the sky. In 2005, in Planica, Slovenia, Bjoern Einar Romoeren made the longest jump at 239 meters, 5 times the Wright brothers' record.

This is an example of perfect body posture in a ski jump. In the early years of ski jumping, the jumpers' bodies were required to be parallel to the board with their arms stretching backward. In order to reduce air resistance, they were told to put their arms adjacent to their hips. The air flow at the bottom of the board is faster than on the top, which pushes the athlete further. In 1985, the Swedish athlete Jan Bokloev was the first to hold his skis in a V-shape. The V-shape gave him much more lift than the traditional approach, thus having been the standard action of ski jumping. The correct drag ratio is needed to get the right speed and height.

Invisible, colorless and odorless, air and its impacts in different sports is a critical area of research. Millions of dollars and great efforts have been invested to find out ways to make full use of air for athletes to win. To improve an athletes' performance, we need to learn how to use it to our advantage.

运动在"空气海洋"底部(英)
扫一扫,看英文视频

漫长的奔跑 Marathon

The marathon is a test of endurance and speed. When a sea of people cheer runners along the course, the entire city will be engulfed in the beauty of the competition. Marathons are increasingly popular throughout the world, as more and more cities are hosting them.

The Marathon, as a venerable sport, not only connotes history, culture and philosophy, but also represents the Olympic spirit. In marathon's history, runners such as

Spyridon Louis, Emil Zatopek and Abebe Bikila who ran barefoot, are familiar names. Paavo Johannes Nurmi, the famous runner from Finland, was honored with a bronze statue in his homeland and had a planet named after him.

The marathon is also a dangerous sport. We should not only give our applause to runners who finished the competition, but also show our respect to those strugglers who fell down before the finish line. At the 1912 Stockholm Olympic Games, 21-year-old Portuguese runner Francisco Lazaro collapsed and died, becoming the first runner to have died after the lendary Greek runner Pheidippides. At the 1948 London Olympic Games, the Belgian athlete Etienne Gailly, collapsed and won the bronze medal after crossing the line. At the 1954 Commonwealth Games, in Vancouver Jim Peters collapsed less than 200 meters to the finish line and lost the gold medal. At the 1984 Los Angeles Olympic Games, the Swiss runner Gabriela Andersen-Scheiss struggled for 5 minutes as she made her way into the stadium, but she finally collapsed across the finish line.

The marathon is a challenge to runners' strength, endurance, and will. Compared to anaerobic exercise, like sprinting, jumping or throwing, the marathon is an aerobic exercise. Let's take a look at the difference between the two.

The stored energy in food can't be directly used without a mediator. It is adenosine triphosphate, or ATP that acts as the mediator for energy flow existing in all lives on earth. It is second in importance to DNA. Starch, fat and protein, which are found in food, are digested by the chondriosome to produce energy. Some is used to sustain the body's temperature and some is used to generate ATP where chemical energy is stored in phosphate bond of high-level. While you exercise, ATP is broke down into adenosine diphosphate and creatine and to help your muscles contract. But the muscles can only store a little ATP, which means more energy is needed if you continue to move.

The phosphagens are energy storage compounds chiefly found in muscular tissue. The phosphagen system can sustain exercise for only 10 seconds after which the stored energy is exhausted. Muscle glycogen will produce more ATP. Exercises can be performed only at submaximal efforts. A 90% effort can only be sustained for a maximum of 2 to 3 minutes. The ATP-CP energy system uses creatine phosphate as the main energy source in the absence of oxygen: this is one type of anaerobic energy system. To get sufficient ATP, the respiratory system and circulation system must be activated. Some sports like lifting and sprinting are anaerobic because the processes are done with an absence of oxygen. But the marathon is an example of a typical aerobic exercise because it requires an athlete to run over 30 thousand steps and to consume over 2500 calories in 2 hours. Therefore, the facilitation of oxygen, circulation, and red blood cell generation are keys to success in a marathon or long distance run. In addition, the muscle fibers are divided into "white muscle" and "red muscle". Their ratio is determined by your genes. The "white muscle" stores more enzymes and the neurons are more sensitive. However, in "red muscle" the oxidizing enzymes are more active, with more capillaries and chondriosomes. This is why some athletes are good at anaerobic events while others are good at aerobic events like marathon.

The 19th Olympiad in 1968 held in Mexico, which was located at the highest altitude. They took place 2240 meters above the sea level where the air contains only 30% oxygen. This high altitude didn't hurt anaerobic events, but gave the sprinters, jumpers and lifters a huge advantage, as 34 world records and 38 Olympic records were broken. With less air resistance and gravity, Wyomia Tyus finished the 100-meters race in less than 10 seconds and Bob Beamon set a long-standing world record in the long jump. However, the thin air was disastrous for the aerobic events. The 10,000-meters race fell to its slowest time in 20 years. The Australian runner Ron Clarke who had set the world record for 18 times collapsed and nearly died from altitude sickness at the finish line. No wonder some runners now train at high altitudes.

An engine can't function well due to the high temperature if a car's fan and water tank fail. For athletes, 75% of their output energy is useless heat, which raises their physical temperature and can cause their organs to malfunction. Although an athlete's body temperature won't increase dramatically after one jump or throw, in marathons, the conditions are more severe, especially during a hot and humid summer. Marathon runners' temperatures can reach to 42℃ or above. These "high fever" athletes have to cool themselves with water. Yet, this is just a "drop in the bucket". So, it is a serious limitation for marathon runners. Dehydration will occur when there's an electrolyte imbalance. Marathon runners lose 3 kilograms after each race: most of which is water. Therefore, hydration is critical.

The Marathon is no longer an extreme sport. Crossing the Sahara desert and going from east-to-west by sea in America illustrate human ambition and potential.

Marathon meant to overcome distance obstacle for information transformation. The Marathon is named for the fabled run of the Greek soldier Pheidippides, a messenger who ran from the Battle of Marathon to Athens. In 490 BC, Pheidippides delivered the message proclaiming "We have won!" and then died from exhaustion. However, marathon fell into the confusion of information because of distance obstacle in the past decades. At the 1900 Paris Olympic Games, Arthur Newton of the United States finished fifth but stated he hadn't been passed by any other runner during the race. At the 1904 St. Louis Olympic

Games, Fred Lorz, an American runner suffered from cramps and hitched a ride to the finish line, and was given the gold medal by President Roosevelt's daughter. He later admitted he had cheated. At the 1912 Stockholm Olympic Games, a Japanese runner named Kanikuri disappeared. He had stopped for a drink and a rest and was too embarrassed by what he had done, so he hopped on a tram and went home without telling anyone. No one knew where he went until 54 years later when he admitted what he had done.

In order to follow what was happening during the marathon, they used to use horses, bicycles, motorcycles and vehicles to track the race. But modern science and technology has solved this problem.

A small, thin chip is attached to the athlete's shoelace. When a runner cross the starting line the micro-coil on the chip will cut the magnetic waves around a mat, producing electricity and triggering the chip to work. The chip functions as a "bar code", which stores their personal information. A device in the mat will capture the waves and send them to monitors and computers to read. The entire process is completed within a few seconds. When the athletes cross the finish line, the signals sent by the chip will be captured. Therefore, the start and end times are easy to find out.

A radio frequency mat is placed at every kilometer to track the athletes. The timing and organization would've been too complicated if there was no radio frequency technology.

However, marathon organizers use both radio frequency timing and gunshot timing. But the athletes' reactions to a gunshot vary from each other. Therefore there might be a 10-minute gap between one's gunshot time and chip time. Obviously, the chip time is more accurate, though the gunshot time is regarded as the official standard. Some athletes have complained, but others defend it saying that if fans can't cheer for the athlete who crosses the finish line but instead have to wait for the results from the chip time, the marathon will lose its excitement.

Faced with the marathon, we need to compromise and strike a balance between tradition and technology.

漫长的奔跑(英)

扫一扫,看英文视频

泳池哪得清如许 The Secrets of the Swimming Pool

Swimming and diving are some of the most thrilling events at the Olympics. Each event has their fans glued to their seat in anticipation of who will dive the best or who will swim the fastest. A common thread between these two events is the water. Although swimming and diving are quite different, the water is their battlefield.

Any form of water was used for swimming in ancient times--rivers, lakes, or seas. At the first Olympiad, contestants swam in the Aegean Sea. They had to be transported to the starting line by boat. A string of pumpkins was used to mark the route. The end point was simply the shore. The first swimming champion was Hajos Alfred, also known as the "Hungarian porpoise." He recalled what it was like to swim in waters of 13 Degrees Celsius and waves of 12 feet high and simply stated, "My will to live completely overrode my desire to win".

In the 1900 Paris Olympic Games, swimming was still held outside. This time the River Seine was the site of competition. Swimming in natural bodies of water made the events inconsistent with each other. The buoyancy of the sea water is larger than fresh water, and the river has its own velocity and current. At the 1908 London Olympic Games, a 100-meter-long swimming pool was dug in the middle of the London White City Stadium. Although it shared the same space with other events, this was the first time swimming was held in an indoor swimming pool.

Over the next decades, swimming pools served multiple purposes. In the 1948 London Olympic Games, the boxing ring was placed on a bridge across the pool. The boxers were forced to inhale the chlorine fumes coming from the water. In the 1964 Tokyo Olympic Games, the swimming pool was transformed into a judo sports arena after the swimming events were finished.

As countries developed, the swimming pool became more standardized and specialized for the water events at the Olympics. Swimming pools became easier and faster to build. Within a few decades, cities all over the world as well as universities, hotels, residences had swimming pools. They were diverse and included outdoor and indoor, seawater and fresh water pools. The open-air swimming pool in Kansas was almost half the city. The Nemo 33 pool in Brussels is 33 meters deep and is considered a diving paradise. The San Alfonso del Mar, located in Chile, is over 1,000 m long and has an area of over 80,000 m^2. It was listed in the Guinness Book of World Records. Yet, all of these pools are for recreational use and aren't suitable for competitions.

The standard Olympic swimming pool is 50 meters long (such an accurate measurement is guaranteed by laser range finders with only the error of less than +3millimeters allowed), 25 meters wide, and 2 meters deep, which weighs about 2500 tons.

In the 1920 Antwerp Olympic Games, Australian swimmers accused the Americans of blocking them. This type of problem was later solved, as ropes with corks marked off the lanes in the 1924 Paris Olympic Games. Today, competition level pools have 10 swimming lanes. The divider ropes are made of small plastic impellers. The rotatable impellers can ensure there's less disturbance and wave turbulence between swimmers.

Lighting is also critical to a swimming pool competition. The best light includes good horizontal and vertical luminance as well as a standard color temperature. This means there won't be shadows on the wall of the pool. The touch screen on the walls is precise to the millisecond. The starting platform is equipped with pressure sensors that can tell if a swimmer left too soon. The large video screen and results board display scores and times very quickly. That's the convenience of modern science and technology for athletes, audience and reporters.

The modern swimming pool is a complex structure. Its bottom is suspended and full of criss-cross pipes. On the walls, there are rows of hydraulic steel frames. The swimming pool is like a huge glass liner of a flask.

Water in swimming pool is not stagnant. It is circulated through water pumps and filters. This helps keep the pool clean and eliminates bacteria and oxidizes organic matter in the water by decomposing the free chlorine in ozone composed of 3 oxygen atoms. The oxidizing capacity of this oxygen-isomer structure is much better than chlorine and won't result in secondary pollution. This is much better than only using ultraviolet rays and it has additional functions of deodorization and de-coloration. The filters are composed of quartz sand, activated charcoal and diatomaceous earth to ensure the best transparency and quality of water.

In a natatorium, it should be spring all year round. The temperature of the water should be between 25-28 Degree Celsius. The heat used to maintain temperature comes from high temperature steam. The constant temperature makes the swimmers comfortable without any disturbance. Shen Kuo, a scientist in the Song Dynasty, discovered the viscosity of a fluid is reduced as its temperature rises. Research has found that for every 5℃ rise in temperature, its viscosity is reduced by 10%. This means results will differ under the influence of different friction drag caused by the water's temperature. A swimmer could break the world record in 30℃ water because of the lower viscosity, but he / she might get heat-stroke.

The pool is controlled and monitored by an automated system. Water in the pipes is analyzed to check for things such as impurity, PH level, and temperature. This information is sent to a central control system that makes the necessary adjustments to the water.

Although the water is limpid, splash and refraction hinder people seeing what happens under water. To solve this problem, huge glass windows were installed. The underwater camera allows spectators and judges to see more clearly. If the camera could've been used earlier, it could've prevented a fight between the former Soviet Union and Hungary water polo teams during the Melbourne Olympic Games in 1956.

Synchronized swimming a special event set only for women at the Olympics. Their movements are in synch with the music. Interestingly, they can't hear sound under water because the sound waves in the air are deflected by the water's surface. This is how the underwater loudspeaker helps. But sound is not passed through the women's ears. Their heads feel the vibration of the water's sound waves. The vibration goes directly to the cochlea in the internal ear, and then to the brain.

Our vision becomes worse in the water. The refractive index of the water and the cornea are similar. When we open our eyes in the water, the cornea doesn't receive light as it normally does, and we become nearsighted. Therefore, swimmers wear goggles to protect their eyes. The goggles also allow the swimmers to see more clearly under water.

The distance between the diving platform and the swimming pool must be over 5m. It is a three-dimensional space. The biggest improvement in the diving equipment is the springboard over the past 100 years. In 1948, springboards were made with aluminum tubes, leftover from World War II. They had a higher bounce than previous boards. Later, the discovery of aluminum alloy made the 1m springboard a reality. Nowadays, the springboard is a combination of wood, alloy, glass fiber and carbon fiber, having a better nonslip surface. The materials are lighter and its elasticity is better. It protects the athletes' head and lets them jump higher, which gives divers more time to complete complex dives.

If we look down from the diving platform, we can see ripples on the surface of the water. They are formed by the continuous bubbles in the water or tiny jet flow on the surface. This allows the divers to judge the distance.

The National Aquatics Center at the Beijing 2008 Olympic Games is nicknamed the Water Cube. It's a stunning combination of art and science. Over 3,000 air cushions used to construct the center were inspired by the Kelvin air bubble structure. They are made of tetrafluoroethylene membrane. The intelligent facility illustrates the critical role that science plays in sports. IOC President Jacques Rogge praised the Water Cube as the opera house of the sports world. And the people of China voted it the best structures in the Olympic Village.

The science and technology that have helped sports to further develop are amazing. The modern day aquatics center is equipped with the most advanced equipment and technology that allow it to automatically adjust to ever-changing situations. This allows for everyone to have the best experience, whether you are a swimmer or a diver, or simply an ordinary spectator.

泳池哪得清如许（英）
扫一扫，看英文视频

运动鞋的功勋 Sports Shoes：Science Stepping Forward

The classic match between Hungary and West Germany in the 1954 World Cup in Switzerland, is one of the greatest "battles" in football history. The German team came back from two-nil down, to win the match 3：2. This "near-impossible" victory marked a significant milestone in Germany' s revival since returning to the international sports family after the Second World War. A key factor in their win was the new football boots the team were wearing. The match was played at the Wankdorf Stadium in heavy rain. The grass was muddy, and the Hungarian players, in their wet and heavy boots, were sapped of much of their energy. Moreover, at a crucial moment, the Hungarian goalkeeper slipped. By contrast, the German players were wearing light, comfortable boots with longer studs, which increased their grip on the slippery surface. For the team photograph after their victory, the German coach, Sepp Herberger, invited a representative of Adidas to stand beside him. This is thought to have been the only time in sporting history when the shoe manufacturer was asked to take part in the victory celebration so publicly.

There are numerous stories about boots and shoes in the sporting world. The early plimsolls；the metal-capped football boots that were so cumbersome they restricted the player's movements；the Dassler running shoes worn by Jesse Owens at the Berlin 1936 Olympic Games；Air Jordan；the Stan Smith tennis shoes；Carl Lewis's Mizuno running shoes；Marion Jones's "crystal shoes"；Michael Johnson's "golden shoes"；and Liu Xiang's "red magic shoes"；these are just a few of countless legends illustrating how the history of sports shoes has been marked by the footprints of advancing science.

26 bones, 33 joints, 20 muscles, over 100 ligaments, thousands of nerve endings and blood vessels… As Leonardo Da Vinci put it： "The human foot is a masterpiece of engineering and a work of art." Ever since our earliest ancestors began walking upright on the grasslands of Africa, we have allowed our feet to bear the full force of our body weight, a weight twice that borne by a quadruped. Despite the vast amount of research done on the subject, we still have not fully figured out the subtle and complex interrelationship between the legs, feet, shoes and ground under different conditions

Sports shoes, although they vary in their appearance and texture, serve the same primary function: that is, to absorb the impact from the foot hitting the ground. When a human is running at a speed of 6 metres a second, his feet bear a load equal to four times his body weight. In the high jump and long jump, the load the feet are subjected to is seven times greater than the body weight. In the triple jump, the athlete's feet touch the hard ground twice, with a maximum impact force over 20 times greater than the body weight. The concussive force will spread to the ankles, knees, hips and spine, as well as to the brain. We have natural protection from injury, in the form of the fat pad of the heel and the "spring system" of the arch. This protective function is enhanced by the heelpiece in modern sports shoes, which is made of a kind of "elastic" material that can absorb the kinetic energy through maximum deformation. Some sports shoes have mid-soles in the shape of a waffle biscuit. Some have rubber studs and air cushions in the soles, which function like the damper springs under an automobile chassis.

When a basketball player leaps into the air or when a sprinter starts off, his specially-designed shoes are like two small "motors". This is the second function of sports shoes: that is, to return energy. The micro-cellular plastics that form the shoe sole, such as polyurethane, are highly elastic. When the shoe sole recovers from being deformed, it releases the stored energy and sends it back to the foot. The shoe sole acts like a mini-spring during the repeated planting and pushing off of the foot. The basis of the technology is to achieve a balance between elasticity and stability in the shoes, that is, to generate the ideal recoil force without losing an accurate sense of space or support.

Tennis and badminton players chasing balls and shuttlecocks around a court: table-tennis players frequently extending themselves to the side: discus throwers constantly rotating their bodies: fencers moving backwards and forwards all the time… A third function of sports shoes is to prevent slipping. The friction force is determined by the normal force acting between the sole of the shoes and the ground, the friction coefficient, and the contact area. Seen from a micro perspective, the contact between rough ground and the sole of the shoe, is only a few limited "points of contact". The shoe sole that has a large friction coefficient and high ductility can cause elastic deformation on the rough ground and thus increase the contact area. This is so-called "grip". In the past, metal spikes were used, but digging them in and pulling them out of the ground consumed energy. Modern spikes made of composite materials such as nylon and polyurethane are conical, rectangular or slanted. The number and location of the spikes varies from person to person and place to place. In most sports shoes, however, the spikes have been replaced with convex designs. The patterns on the sole are varied, resulting in friction forces that act in different directions to meet the specific needs of different kinds of sport. However, it's important to remember that during the "braking" process, the dynamic friction turns into static friction. After the athlete's foot lands on the ground, there may be a short "glide". So, if the friction between the shoe and the ground is so great as to prevent the "glide", the result may easily be a twisted ankle.

Among the other features that sports shoes incorporate are: a torsion system that can adjust the form and action of the foot: an upper that can support and protect the ankle: and breathing air holes that allow air to permeate and absorb moisture. Depending on the sport, these features become more or less important.

However, football boots are worth special attention. A football player, naturally, relies a great deal on his feet. So the boots are very important. A football player runs on average some 10 kilometres in the course of a match. At times, for instance when going into a tackle, he has to move at extremely high speed. And his boots are also his rackets or bats. The power involved in accepting a pass, dribbling, passing the ball and shooting, is released through the football boot. This is the case also when it comes to the skills of pushing, flicking, lifting, dragging and chipping the ball. Accuracy and a sense of "boots and feet working in harmony" are crucially important. Inspired by the pimples on the table tennis bats, football boot manufacturers added specially-designed rubber "toes" around the edges. Wearing Adidas Predator boots, Zinedine Zidane and David Beckham can produce a banana shot that completes eight rotations per second.

A century ago, sprinters were improving their time for the 100 metres by fifteen thousandths of a second every year on average. Today, times are being reduced by just six thousandths of a second a year. Increasingly, the focus has turned to the running shoes, as a potential source of extra speed. Test results show that a 100g-increase in the weight of a pair of running shoes results in a 1% increase in energy consumption. At the 1991 IAAF World Athletics Championships held in Tokyo, the great American Carl Lewis broke the world record wearing running shoes that weighed just 115 grams. At the Sydney Olympics in 2000, Michael Johnson wore a pair of "golden shoes" that weighed only 116 grams. Marion Jones's "crystal shoes" weighed just 99 grams. The Canadian Donovan Bailey wore running shoes that were compared to "spiked socks". The strange thing is, athletes who can be so particular about their running shoes often race with a heavy gold necklace around their necks. This apparent anomaly can be explained by examining the way a 100-meter sprinter's feet move. The athletes raise their heels almost to the level of their hips. Folding the calves shortens the radius of gyration around the hip joint and thus reduces the moment of inertia and increases the angular speed. As the feet are at the farthermost point from the knees and the radius of gyration of the hip joint, a slight decrease in the weight of the shoes can significantly reduce the moment of inertia. This is a great "relief" for the feet, which take turns to draw arcs at a rate of 20 metres per second.

In Poland, the "Janusz Kusociński Memorial" day is held every year, to commemorate the outstanding athlete, who was killed by the Nazis in a prison camp during the Second World War. Kusociński won the 10,000-meter gold medal at the 1932 Los Angeles Olympics, but after the race his feet were so badly injured that he couldn't remove his shoes. There's a well-known saying in sports circles: "Only the toes know if the shoes are comfortable." And another goes: "Wearing the wrong shoes causes disaster." Before the Mexico Olympic in 1968 Dick Fosbury, inventor of the "Fosbury Flop", was given a pair of sports shoes by Adidas. However, he returned them, after trying them on just once. Adidas subsequently made a series of modifications to the shoes, and Fosbury finally accepted the fourth pair. The sports stars of today are fortunate. Shoe manufacturers compete to make "customized" shoes for them. A group of experts first spend many months tracking the athlete and studying his features and then acquire an accurate model of his feet. After inputting various statistics into a computer, such as 3D motion capture, the results of pressure transmission tests, infrared imaging and laser scanning, they complete the shoe design, discuss it with the athlete and carry out tests to further improve it. This kind of "symbiosis" between sports stars and major manufacturers ultimately promotes the athlete's performance and the development of the shoe manufacturing industry.

In part thanks to the rising profile of the Olympic Games throughout centuries, sport has become part of ordinary people's lives. Sports shoes are no longer exclusive to the sports world and its stars. The top brands are a common sight in the street. Thus they allow everyone to dream of being a sports star.

运动鞋的功勋（英）
扫一扫，看英文视频

射箭的弦外之音 Archery

These five-color concentric circles of white, black, blue, red and yellow make up the target in archery. It has a diameter of 122 cm, but its center, the "bull's eye", is only 12.2 centimeters in diameter. An archer shooting a "bull's eye" from 90 meters away is like a football player hitting an apple with a football from the opposing team's goal line. In other words, it isn't easy to shoot an arrow at the bull's eye.

In history, almost every nation in the world has used the bow and arrow. In both the East and West, there are legends and myths about them. For example, in Western culture, Cupid's arrow represents love, and Robin Hood used his bows and arrows to take fortune from the rich and give it to the poor. In ancient China, Houyi was said to change the world by shooting arrows at the sun. Before the invention of firepower, the bow and arrow was the most powerful weapon. From hunting to battles to sports equipment, the role of the bow and arrow in human civilization has changed fundamentally.

In the 1900 Paris Olympics, archery became an official Olympic event. The elegant longbows attracted women to the sport and brought them into the modern Olympic Games. Because not every host country had a set of uniform competition rules for archery, in the 1920 Antwerp Olympics, archery was eliminated. Thanks to efforts of Ms. Inger K. Frith, the International Archery Federation (FITA) finally allowed archery to return to the Olympics in 1972. The U.S. men's team won the individual and team events in the 1996 Atlanta Olympics. American star archer Rick McKinney was called the "evergreen" of archery. South Korea's "dream team" also grabbed gold medals in archery events. Kim Soo-Nyung dominated the women's world archery competitions. China's female archer He Ying and her team won the women's team champion in the 41st world championships in 2001.

In archery, the athlete provides the momentum and force. The Recurve bow used in today's Olympic Games is a direct descendent of the traditional bow. It consists of a rigid handle, 2 flexible limbs and a firm bowstring. When an athlete holds the handle and draws the bowstring backward, the tension of the bowstring bends the limbs and propels the arrow into the air. The bow is an energy converter. It converts the human physical energy into the arrow's kinetic energy. As the bow is bent, the momentum that every cross-section of the limbs bears is different. The farther the cross-section of the limb is from the handle, the less stress it suffers. This is why the limbs of the Recurve bow curve forward.

In the archery competition, the average force a male athlete exerts is about 50 pounds per shot, and the average force a female athlete exerts is about 35 pounds per shot. At a conventional world archery tournament, an athlete needs to shoot 288 arrows in 4 days, so a male athlete will exert nearly 8 tons of force in total, and a female archer will exert more than 5 tons of force in total. In contrast a weightlifter in a competition lifts no more than 1.5 tons of weight in total. Archery indeed taxes athletes' strength. And at archery competitions, an archer spends most of his time aiming at the target. He has to hold the bow and arrow in a horizontal direction while supporting his body weight in a vertical direction at the same time.

Why is it more difficult to aim at the target in archery than in shooting? This is because the bow has only a front sight but no rear sight. A sight radius can't be found on the bow. Suppose the bull's eye is the origin. We draw an X-axis in a horizontal direction and a Y-axis in a vertical direction through it. When the bull's eye, the front sight, the midpoint of the bowstring and the archer's eye are in a straight line, the vertical direction of the arrow's trajectory should be consistent with the Y-axis. How can the archer get his horizontal direction close to the X-axis?

Every time an archer uses his fingers to draw the bowstring, he always places the fingers at a certain location on the right side of his mandible. Some archers install a small device, called a kisser, on the bowstring each. When an archer aims at the target, he lets his lips touch the kisser so that the bowstring can get close to the tip of his nose, philtrum and the midpoint of his chin. This way ensures a fixed "base point" from the arrow nock to the sight window. Thus, the "base point" becomes the second "benchmark". This can help control the vertical angle of the arrow.

Ensuring a straight-line is one of the essential techniques of archery. The bow-holding point, the bowstring-drawing point and the center of the bowstring-pulling arm's elbow joint should be in a straight line. When an athlete holds a bow, he shouldn't hold it with his whole palm but with the part of his hand between his thumb and his index finger. This can ensure that the contact between his hand and the bow is a "point contact" rather than a "surface contact".

A small part called a "clicker" has made a strong impact on archery. It is a steel piece on the handle used to pin the arrow shaft. When the bowstring is pulled at full draw, the arrowhead may slide out. At this moment, the clicker will rebound and click the handle. The clicker accurately monitors the amplitude of every draw of the bowstring to signal the best time to release the bowstring. This helps the archer standardize his shooting and enables him to repeat these moves accurately later.

Arrows can reach incredible speeds. The initial speed of an arrow launched with a recurve bow is about 240 kilometers per hour, faster than a "bullet train". The speed of the arrow depends on the power and efficiency of the bow and the shape, weight and surface area of the arrow. Fletchings attached to the arrow can make the arrow rotate and ensure its stability in flight. The arrow has a large ratio of length to its diameter, the force coming from the bowstring makes its shaft bend and vibrate. This reduces the stability of its flight. But the flight speed of an arrow is only one-tenth of a bullet. It takes about 1 second for an arrow to fly 70 meters. If an arrow makes a horizontal projectile motion, when it gets to the target, it will drop 5 meters due to gravity. So the arrow must travel in more of a trajectory. And the target should be placed at a 15 degree angle vertical with the ground.

The bow can convert 70% to 80% of its elastic potential energy into the arrow's kinetic energy. The "residual" energy is turned into dampening. The invention of early string instruments was inspired by the sound the bowstring makes when it vibrates. These clubs installed on the recurve bow are called "shock absorbers", which can increase the static inertia and rotating inertia of the bow and reduce displacement and vibration. They can also help move its center of gravity close to the holding point to maintain balance.

At the 38th Archery World Championships held in Jakarta in 1995, the compound bow was finally made into an official event by FITA. It is a modern bow invented by Holless Wilbur Allen, an American, in 1969. Its "innovation" is that it brings together two of the most "ancient" inventions, the wheel and the arrow. On the ends of upper and lower limbs of the compound bow is an eccentric wheel. It makes use of the lever principle of moving pulleys. It can save up to 70% of force at full draw. This not only makes it easier for athletes to use the bow to launch arrows, but also allows women to overcome their physical limitations.

Let's have a look at the tension curve of the compound bow. For a recurve bow, the tension of its bowstring is in direct proportion to the draw length. When the bowstring is released, the force it adds onto the arrow is sudden and then drops gradually. But for a compound bow, the force its bowstring adds onto the arrow increases and reaches its peak gradually, so the arrow can fly longer, faster and at a flatter trajectory. In addition, it doesn't need the archer to use three fingers to draw and release the bowstring. Instead, it uses a releaser to release the bowstring. It also has an optical sight and a bubble level, which improve accuracy. It has quickly gained popularity across the world. It makes up over 90% of sales in the world's bow market. Although the Olympic Games have not made the compound bow part of an official event yet, it will be introduced at the 2008 Paralympics Games in Beijing.

Every year, a variety of archery competitions are held around the world. In the flight archery competition, every archer is asked to shoot 6 arrows. His score is the maximum flight range of the 6 arrows. The world record for the hand-held bow is 1,220 meters. In clout archery, the target is a 15-meter-wide circle centered with a pole planted on the ground. Archers are asked to shoot 36 arrows at the target from 100 meters away. Horseback archery is still a favorite traditional contest event of nomadic peoples. Ski archery is now an official event at the Winter Olympics. Today, various types of archery are developing rapidly.

From ancient workshops to modern high-tech factories, from bamboo, horn and wood to aluminum alloys, steel and carbon fiber glass, the making technology of bows and arrows has been constantly developing for thousands of years.

射箭的弦外之音(英)

扫一扫,看英文视频

跑道春秋 The Race Track: Science and Speed

In 1996, the Olympic movement celebrated its centenary in Atlanta. In the men's 100 metre race, the gold medal winner, Donovan Bailey, broke the world record with a time of 9.84 seconds. Back in the first modern Olympics in Athens in 1896, the best time was only 12 seconds, set by Tom Burke from the USA. The significant improvement in athletes' performances in the track and field events is the product of improved techniques, and better sportswear - particularly shoes. Another key factor is the innovations introduced in the race track.

In 1896, the U-shaped track at the Panathinaiko Stadium in Athens was a dirt track. The uneven surface hampered the athletes' performance. The race track used in the 1900 Paris Olympics was a stretch of grassland, which was soft and slippery. This also prevented the athletes from performing the best of their abilities. At the 1904 St. Louis Olympics, a cinder track was used for the first time. With its greater ability to absorb water and its improved grip, the track—at the Washington University gymnasium - helped the athletes achieve vastly improved performances. By the 1960s, tracks were a combination of cinder, sand and lime. But the surface was loose and offered unreliable grip. Moreover, after a race, it would be badly disfigured. In rainy conditions, the athletes would be covered with mud. Under the circumstances, track maintenance became a highly demanding job.

The 10-second barrier for the 100 metres was broken at the 1968 Mexico Olympics by Jim Hines. His time, of 9.95 seconds, can be attributed in part to the new PU track, which would subsequently play a key role in an overall improvement in athletes' performances. PU track, also known as Tartan track, is made of polyurethane, which was discovered by German chemist Otto Bayer in 1937. He demonstrated it was better than other synthetic materials, such as caoutchouc and plastic, in several ways, notably its rigidity and flexibility. Polyurethane was soon being widely used by the construction industry. In 1961, the 3M Company of Minnesota laid the first 200-metre PU track, but it was for horse racing. In 1963, PU tracks began to be used in track and field events. The International Olympic Committee soon became interested, and from the 1968 Mexico Olympics onwards, PU race tracks were the standard for international track and field competitions.

A PU track is 13 centimetres thick. Its structure is similar to a pimpled sponge table-tennis bat. The hard and even groundsill can be likened to the hard blade. The PU sandwiched in the track is like the sponge layer, and the friction surface is like the pimples on the bat. The track significantly reduces the physical shock to the athlete during running. Moreover, when he thrusts a leg backwards, the track gives him forward impetus because of the elastic potential energy, which greatly increases the efficiency of his running. A PU track is firm, even and smooth, and this helps the athlete perform at his best. All this explains why, in addition to the sprints, hurdles and middle- and long-distance running, the world records in other athletic events involving a run-up, such as the high jump, long jump and javelin, have been drastically improved. In virtually every aspect—durability, water and heat-proofing, colour, safety, and all-weather reliability, PU is incomparable to other race tracks. In recent times, constant improvements have been made to the manufacture and paving techniques of PU tracks. In various forms, PU tracks are now found everywhere, from large gymnasiums to primary school playgrounds.

When Jesse Owens won the 100 metres at the 1936 Berlin Olympics, in a time of 10.3 seconds, he started from a kind of "starting hole" that he had dug himself. Athletes at the time used to dig two holes in the cinder track, to brace their feet. When the athlete placed his feet in these starting holes, the soles were below the ground level. Because of this, at the start it was quite common for the athlete to catch a foot on the edge of the hole. In 1927, American coach George T. Bresnahan invented the starting block. It was finally accepted by the IAAF in 1937. The starting blocks used today are deep-set and comfortable. Athletes can adjust the length and angle to fit their feet and running style. The athlete crouches like a compressed spring at the start, which allows him to generate the maximum forward velocity in the least amount of time. The time between the firing of the starting pistol and the first push against the starting block, is measured electronically, via sensors built into the pistol and the blocks. A reaction time of less than one tenth of a second is considered a false start.

Ever since the 400 metre track was first used at the 1920 Antwerp Olympics, the track has been shaped like a sort of paper clip. On a straight section, each step taken by the athlete adds to his forward momentum. In this way, the athlete reaches maximum speed. On a curved track, the direction of the forward momentum is changing constantly. In fact, every time the athlete takes a step, he is moving in a tangential direction, with the change in direction achieved every time his swing leg hits the ground. Thus he is subjected to a centripetal force, which is generated when he runs around a curved track, by a combination of gravity and the supporting force when he inclines his body. The acceleration centripetal moves vertically in comparison with the forward momentum, and inclines to the centre of the circle, acting as a balance to the inertial centrifugal force. The centripetal force is in direct ratio with the speed, and in inverse ratio with the radius of the curvature. Therefore, the faster the speed and the more abrupt the curve, the bigger the inclination angle and the more it affects the performance of the athlete. The curve of the U-shaped track used at the first modern Olympics in Athens was too abrupt, and greatly affected the athletes' performance. Today, as the running athlete enters the track's curvature, he must also lean his body slightly to the left. The standard circuit track of today has a 1/1000 inclination inward. The most advanced indoor tracks have a hydraulic pressure device to adjust the curve gradient. All these factors are designed to help the athlete enhance his performance on a curved track.

In the course of a century, experts from all over the world have created race tracks of various shapes. The most popular has proved to be the semicircular track. A standard 400 metre track can come in one of three specifications, as measured by the inner radius, which may be 36 metres, 36.5 metres or 37.898 metres.. The smaller the radius, the bigger the curvature, but the track with a smaller radius has a longer straight. It's a case of gaining on the one hand, and losing on the other. When starting from the curved section of track, the starting blocks are placed towards the right of the lane, with the middle part of the block placed at a tangent to the curve. This gives the athlete the longest possible straight distance.

In the women's 4 by 100 metres relay at the 2004 Athens Olympics, the powerful American team lost because the runner on the third leg, Lauryn Williams, set off so fast that the second leg runner, Marion Jones, couldn't catch up with her and hand her the baton before she ran out of track. This was a demonstration of how the relay relies on teamwork and technique.

When two cars are driving in parallel at the same speed, the people inside can pass things from one to the other quite easily. Even two spacecraft moving at a speed in excess of 10 kilometres a second, as long as their relative speed is zero, can dock with each other. On an athletics track, a changeover zone is marked in each lane for relay races. The rules of the relay competition require the baton to be exchanged inside this 20-metre changeover zone. In order for the outgoing runner to achieve maximum acceleration at the time of the baton exchange, he is permitted to begin his run 10 metres before the changeover zone.

The exchange of baton requires the incoming and outgoing athletes to be running at a similar speed towards the end of the changeover zone. This means the outgoing runner must commence his run when the incoming runner reaches a certain check mark. Another key factor is the optimum distance over which the baton transfer takes place. Ideally, there should be at least 1.5 to 2 metres horizontal distance from the center of gravity of the incoming athlete to the baton and thence to that of the outgoing athlete. This may save up to a total of 5 to 6 metres of transfers in a single race, which is of vital significance to the world competitions that are decided by hundredths of a second.

Another interesting fact that we all accept, but probably don't know why, is that athletes run anticlockwise. The one undisputed reason why, is that it's the IAAF rule. However, studies have shown that running anticlockwise comes more naturally to human beings, and produces better performances than running clockwise. One theory is that it's because of the position of the human heart, on the left side of the body. Others say it's because the right leg is more powerful than the left. Then again, other theories link it to the habit of most of us of reading from left to right, and even to the Coriolis effect. But none of these arguments is entirely convincing. In sport, skating, cycling and NASCAR races go anti-clockwise, as do even such everyday objects as revolving doors. Even millstones, and playing Mahjong turn counterclockwise. But when we use a pencil sharpener or an eggbeater, we turn it clockwise. Motion, either clockwise or anti-clockwise, is also widely observed in Nature, in the development of amino acids, the growth of morning glory, the spinning of tornadoes, and the rotation of the planets around the sun. However, as to why athletes run anticlockwise, the simple answer is, we don't know. Modern science may be embarrassed by being unable to answer such a simple question, but pretending to know is not a scientific approach. Maybe there is no explanation of this phenomenon. Maybe there is a reason for it. Maybe the true reason is hidden deep in our evolutionary process. Only more research and investigation can tell.

跑道春秋(英)

扫一扫,看英文视频

羽球穿梭 Badminton: The Story of the Shuttlecock

Badminton was first included as an official Olympic event in Barcelona in 1992. This was virtually a century after the Badminton Association of England was founded in 1893. In the Olympic competitions, players from Asia quickly established their dominance. Susi

Susanti and her fiancé Alan Budi Kusumaher from Indonesia, where badminton is the national sport, won the first singles titles, at the Barcelona 1992 Olympics. In Jakarta, a two-hour parade was held to welcome the Olympic heroes home. This was the first time Indonesia had won an Olympic gold medal since the country first competed in the Olympics in 1952. Today, China, Indonesia and South Korea are the leading countries in the international badminton arena, followed by Denmark, Britain and Sweden. In fact, badminton is popular all around the world, and is played by a huge number of amateurs.

Badminton is played with a shuttlecock, which is completely unlike any ball. It's neither round nor capable of bouncing. Light in weight, the shuttlecock is spirited between the two sides of a net. Sometimes reaching heights of over 9 meters, the shuttlecock operates in a three dimensional space of 750 cubic meters above the court.

Remarkably, the badminton shuttlecock travels at speeds far higher than those of the balls used in other sports. In the Sudirman Cup held in Beijing in May 2005, Fu Haifeng from China was recorded as hitting a shuttlecock at a speed of 332 kilometres per hour, faster than a Formula One racing car. Tennis and baseball appear like "slow motion" versions of badminton. However, just imagine the impossibility of playing a game on a court 13.4 metres long, with a projectile traveling at 90 meters per second. The fact is, the conical shape and light weight of a shuttlecock make it lose speed quickly when it meets air resistance. Hence the difficulty of achieving an ace in badminton, compared to tennis. Moreover, a badminton shuttlecock cannot achieve a full parabola: it never follows a symmetrical arc. The peak of the curve is always nearer to the drop point, and the descending arc is always steeper than the ascending one. In the case of a deep high serve, the parabola is approximately a half. When the horizontal speed of the shuttlecock falls to zero, it will drop, spinning at a constant speed. So the badminton shuttlecock may be the fastest projectile, but it also loses its speed the fastest.

In any space mission, ensuring the safe landing of the craft is one of the biggest challenges. In 2005, a private American company successfully made the first commercial spacecraft airbus, capable of carrying passengers 100 kilometres into outer space. The airbus' s designer claimed that his inspiration for its landing mechanism came from badminton. The craft has folding wings, which opens during its return. Like a shuttlecock, this allows a steady and effective deceleration and so ensures a safe landing.

Because a badminton shuttlecock is extremely sensitive to aerodynamic forces, it's often described as "delicate". The speed of the airflow beneath 9 meters height on a badminton court may not exceed 0.2 meters per second. In professional tournaments, the temperature and altitude are taken into account. A shuttlecock travels at lower speeds in cold areas and at low altitudes, where the air density is high and the resistance consequently greater. On the other hand, it travels at higher speed in hot areas and at high altitudes. Shuttlecocks are universally classified into five categories: faster ones are used at lower altitudes, and slower ones at higher altitudes. For example, shuttlecocks used in official competitions in Shanghai, weigh 5.2 g, while those used in Kunming weigh 4.7 g.

It's been known for badminton players, if they are unable to find a suitable shuttlecock, to insert a drawing pin into the base to increase the weight and speed. A more popular method is to fold four or eight out of the sixteen feathers either inward or outward, thus changing the opening angle of the cone and adjusting its speed.

Another unique feature of the shuttlecock, is that when it's in flight, it always presents its head towards the front. This means the centre of gravity is far away from the centre of air pressure, and since the long axis is always tangential to the track of motion, this produces a stabilizing moment. The "horn mouth" facing the front also induces maximum "profile drag". Experiments testing the sensitivity and reaction of a high-quality shuttlecock, have shown that after leaving a racquet at 300 km per hour, it can turn around within 0.02 seconds.

The development of modern badminton is closely related to the technological revolution in racquet manufacturing. Originally, badminton racquets were made of wood and were therefore inflexible and fragile. The introduction of aluminium alloy transformed the overall quality of racquets. Subsequently, the adoption of titanium alloy further reduced the weight of racquets and increased their resilience. Later, carbon fiber, which was even lighter and more flexible, monopolized the racquet manufacturing industry. The development of nano-technology has seen nano-scale "fullerene" used to fill the gaps between the carbon atoms, further improving the elasticity, shock resistance and tolerance of badminton racquets. The adoption of a T-shaped joint to link the frame of the racquet to the handle, has increased the resilience and controllability of the racquet. The strings are now made of composite materials, which are more balanced and elastic.

The Olympic shuttlecock is the only piece of equipment used in an Olympic competition that is made of feathers. Over the past half century, the shuttlecock has experienced great changes and become much lighter. A shuttlecock is a delicate work of art. In the choice, cleaning, drying and processing of the feathers, several processes are involved. The embedding, gluing and weighing of the feathers are all subject to computer control. All shuttlecocks, after their manufacture, are tested and classified according to their speed.

The feathers used to make shuttlecocks come from geese. The best are the fourth to tenth feathers, counting from the outside in. However, the feathers must be plucked when the goose is still alive, as this ensures that the necessary animal protein structure is still present. Several years ago, during the bird-flu outbreak when poultry was being slaughtered on a massive scale, the price of feathers for shuttlecocks skyrocketed. Such is the popularity of badminton today, that there are not enough birds' feathers available to satisfy the increasing demand for shuttlecocks.

The answer has been to replace the feathers with nylon and plastic. Many leading sports equipment manufacturers are developing high-quality "nylon shuttlecocks", some of which are already very close to the standard of "natural" shuttlecocks. But problems still exist. A "skirt" made of nylon, when subjected to air resistance, "closes" slightly, which affects the deceleration. A nylon shuttlecock also rotates a few thousandths of a second slower than a "natural" shuttlecock, and is also not as controllable. However, the emergence of new materials and technologies in the future will greatly improve the situation, although "nylon shuttlecocks" have their advantages. They are cheaper to produce and more durable. In a training session for professional players, hundreds of shuttlecocks will be used, leaving numerous feathers scattered all over the court. Some badminton teams find the feather shuttlecocks too expensive. This has been a major constraint on the development of badminton in some African countries. Without doubt, the adoption of good, cheap "nylon shuttlecocks" is the way forward, not least because they save energy and are therefore good for the environment. Nylon shuttlecocks were first used in an international competition in the Asian Under-16 Championships in December 2005.

The word shuttlecock derives from the shuttle that moves backwards and forwards in weaving, and a male bird's plume of tail feathers. The adoption of nylon is a sign of an old sport adapting to the modern era.

羽球穿梭(英)

扫一扫,看英文视频

球场变革始于足下
Courts and Pitches: Underfoot Revolutions

In October 2007, two preseason NBA games were played in Shanghai and Macao, to the delight of Chinese basketball fans. The two American teams brought with them not only their own cheerleaders, but also their own court floors. This caused quite a stir in China, where there is a popular saying: "No need to transport large pieces a hundred miles away." So, what special floor did the NBA players need? Was it really worth bringing it all those thousands of miles?

To understand the court, it's necessary first to understand the special features of basketball. In certain sports, such as weight lifting, boxing and wrestling, athletes are categorized according to their weight. But in basketball, the hoop is set at a standard 3.05 meters above the ground. This makes it a "game for giants". A team's success is often decided by its aerial advantage. With this aerial advantage, a team can send the ball above the heads, and so out of reach, of the opposition. When it comes to scoring, the 45-centimeter-diameter hoop is an inviting round circle when the 25-centimetre diameter ball comes from directly above

But the hoop effectively becomes narrower as the angle at which the ball enters it declines, thus reducing the chance of scoring. When the angle is less than 33 degrees 45 seconds, the diameter of the ellipse is less than the diameter of the ball. At this point, the ball will only hit the hoop's edge and bounce away. Increasing the height from which the ball is thrown and decreasing the angle at which the ball approaches the hoop, will not only effectively make the hoop bigger, but also make it more difficult for the opposition to block. Thus, the "jump shot" has always been a key skill of basketball players. The jump effectively increases the player's height. Michael Jordan had the ability to jump 120 centimeters into the air and hang there for as long as a second. Apart from his natural talent and the shoes he wore, the floor played a crucial role, too.

In the NBA, hard maple wood is used as the court floor. It's firm. It is not prone to altering its shape, provides adequate friction, and is resilient. The density of the fibres also means it does not splinter. A court is composed of more than 240 floor pieces, which are fixed neatly together through a system of sliding grooves, pivots and tightening. A rubber buffer is inserted between the top wooden boards and a waterproof layer underneath, to achieve better resilience and shock-absorbance. So, the NBA players believed they would be able to put on a better performance on a floor specially transported from the U.S.

Gymnasts also seek an "aerial advantage". But this does not necessarily mean greater height, since it may translate into a fatal disadvantage when making a turn, because of the greater momentum. The principles of gymnastics require athletes of smaller height to achieve a higher leap, as the complicated twists and turns take time, and only a high jump can guarantee sufficient time in the air to complete them. Some top gymnasts, when they attempt particularly difficult moves, have been known to raise their centre of gravity above that achieved by world-record breaking high jumpers.

Gymnasts, however, cannot wear special shoes such as those worn by basketball players, as they will give them too much momentum to perform their turns. Instead they rely more on the floor's resilience. Floors for gymnastics adopt a similar "suspense structure" to basketball courts. The face boards are firm hardwood, underneath which is a phalanx formed of springs and small rubber pillars. This structure not only guarantees the floor's resilience, but also allows the feet to achieve a firm grip. Floors for other sports, such as table-tennis and badminton, all need to meet specific requirements. Volleyball courts, for example, must be designed to accommodate the players' spike and block jumps.

A major exception is beach volleyball. In most sports, the jumping surface effectively serves as a buffer, transforming "movements" into "inaction". But beach volleyball is different. Played on sand 45 centimeters deep, the lack of responsiveness from the surface gives it a unique appeal.

Soft sand and firm floors each have their own character when working as a conductor of forces. If we call a firm floor a good conductor of force, then sand can be called a semi-conductor of force. When the players' feet act on the sand, it moves and becomes more dense. This prolongs the time of the force, reduces the force on the surface and, at the same time, reduces the force from the surface on the foot. When force is applied to the sand, there is no "resilient transformation" but only "reshaping transformation", which produces no energy to return to the feet. Thus, in beach volleyball, the players are unable to make the most of their explosive force. This produces major compromises in their jumping height, running speed, and response time. Test results show that when a beach volleyball player jumps to spike, his or her centre of gravity rises vertically at a speed of 2.72 metres a second, compared to 3.52 metres a second for indoor volleyball players.

The sand used for beach volleyball is not ordinary sand. Under strict requirements set by the International Volleyball Federation, the court cannot be too soft, as this will make it difficult to play on: on the other hand, it may not be too compact, as it may hurt the players when they fall. So the sand must go through special processing to ensure its proper shape. As for the colour, it cannot be too white or too yellow, as this will affect TV broadcasting. Tiny dust particles must be removed, as they will either lump together after it's rained, or create sand storms when it's windy. For the 2008 Beijing Olympics, 17, 000 tons of sand has been brought in specially from Dongfabasuo, in Hainan province. Before the sand was transported to Beijing, samples were first tested in a laboratory in Canada.

People often call a football pitch a "green court". The soft, neat lawn can provide players with both energy and comfort. The grass is just high enough to lift the ball a little bit above the ground, giving the players greater scope to display their skills. When a player falls onto the grass, the slide will cut some of the blades of grass, releasing sap that will serve as a healing lubricant. The grass also protects players when they make a sudden turn or stop. For spectators, whether they are present at the match or in front of the TV, the green pitch is the "face" of the game. The green background soothes the eyes. As for the neat patterns on a pitch, these are achieved by the grass cutting machines, moving in different directions. As a result of being mown in this way, the grass grows in different directions, and thus reflects the light in different ways.

In most cases where sport is played on grass, the grass will be a mixture of three or more varieties: ryegrass, Korean lawn grass, tall fescue, Bermuda… Each species is different in terms of its level of springiness, dryness, temperature, and pest resistance. A good mixture, by creating a healthy complimentary relationship, guarantees the overall quality. In the watering, fertilizing, and applying of pesticides, the maintenance of grass involves a whole system of agricultural technology. When it's raining, an efficient drainage system is necessary, while grass in cold regions requires an underground heating system.

The Millennium Stadium, opened in 1999 in Cardiff in the UK, incorporates many unique innovations in its design. One outstanding feature is the pitch, made up of 7400 pieces all fitted together. Every piece can easily be removed and replaced. Since the areas of the pitch around the goals and in the middle are more prone to wearing, the pieces there need to be replaced more often. The entire pitch can be removed when the stadium is hosting a large exhibition or performance.

At the 2002 World Cup, the England team, captained by David Beckham, beat Argentina in a historic encounter at the Sapporo Dome in Japan. The pitch in this "gigantic egg" is unique, in that it can slide out of the stadium like a drawer. Grass needs light, air and water. As an organic entity, it can't survive if isolated from nature. Grass will wither if it's imprisoned year round in a modern stadium, kept in shadow except for a narrow window of light in the dome's center, and suffering due to poor ventilation. Today, many stadiums have adopted this "drawer" technology. It takes less than an hour for the colossal steel plate, containing both soil and grass, to roll out along a track. When the pitch is not in use, the grass can thus absorb what it needs from the sun and wind. Returned to the stadium, it gives an appearance of freshness and vitality.

In recent decades, natural grass has faced a challenge from artificial turf. In 1966, Houston Stadium, considered by many to be the eighth wonder of the world, took the bold step of getting get rid of its 14,000 square meters of natural grass, and replacing it with the newly-developed artificial turf. The move was prompted by the difficulty the stadium's management had encountered in maintaining grass that was shielded from the elements under the huge dome. Artificial turf was invented by an American company named Astro. In 1981, Queens Park Rangers, in London, became the first English football club to replace its grass pitch with Astro turf. However, the initial appeal of artificial turf soon dimmed. The artificial blades of grass turned out to be not as resilient as natural grass, and the high temperatures generated by the friction when players fell often caused burns. Moreover, players started complaining of a condition that became known as "Astro foot", caused by constant abnormal pressure. Before long, natural grass had regained the upper hand, and a number of stadiums ripped up their artificial turf and re-sowed grass.

In 1988, the Football Association banned the use of artificial turf in official matches and FIFA soon followed suit. At the time, nobody could have imagined that artificial turf would be making a comeback.

Today, the "sixth generation" Polythene and Polypropylene grasses can fool people into thinking they are real, even under the closest scrutiny and being touched by hand. The artificial soil is solid, firm and resilient. Composed of tens of thousands of tons of silicon sand and a granulated layer of rubber, the artificial soil provides comprehensive support for the grass stems. The rubber layer made from recycled Nike shoes has been widely hailed in the industry. The unique advantages of artificial turf lie in low cost, easy maintenance, anti ultraviolet, and all-weather used for at least 20 years. In cold areas and places at high altitude, high latitude, and where the soil is barren, artificial turf is virtually the only option. Today, top football clubs such as Real Madrid, AC Milan, and AJAX all have their own artificial turf pitches. Starting in the 2005-2006 season, UEFA approved the use of artificial turf. FIFA has also licensed certain artificial turf producers.

At the same time, improvements in natural grass pitches are being introduced. Genetic engineering is focusing on the development of grass that is better resistant to the cold, dryness and pressure. No matter how closely artificial turf comes to resemble real grass, it will never be able to lower its own temperature under the scorching sun through a metabolic process, as natural grass does. It also can't absorb the sweat of players, nor emit such a delightful fragrance. By all accounts, practical, cultural, and emotional, the "green court" is irreplaceable.

球场变革始于足下(英)
扫一扫,看英文视频

体操 ABCDE The ABCs of Gymnastics

While famous scientists such as Archimedes or Isaac Newton have their theorems, gymnastics has a similar tradition of naming particular moves and landings. Gymnastics enthusiasts are quite familiar with the Thomas, the Tkatchev release, the Tsukahara somersault, and the Chengfei jump. There are no other sports that can have the longer list moves that are named after athletes. Even the vault has at least 100 registered standard moves. Each class of gymnasts pushes the sport further by contributing more difficult moves. Their contributions are at the heart of gymnastics.

Gymnastics has been an official event since the first Olympic Games in 1896. Early judging and scoring of gymnastics was confusing. It included events such as the high-jump, long-jump, and rope climbing. Even the handstand and pull-ups became important moves in gymnastics. The judging wasn't objective. Gymnastic skills were classified into three levels, A, B, C and were given specific scores in 1954.

In the 1972 Munich Olympic Games, Japanese gymnast Tsukahara Mitsuo completed the first "moon somersault," two full backward somersaults on the high bar. This move pushed gymnastics to the next level. In 1976, the 14-year-old Romanian gymnast Nadia Comaneci scored the first 10 at the Montreal Olympic Games. From then on, the gymnastics developed rapidly. A score of a perfect 10 became more common. Level D was added to the competition in 1985, then level E, and Super-E level. Still, the judging couldn't adapt to the change in gymnastics. The newer, more difficult moves were classified into level F and G. The International Gymnastics Federation boldly decided to discontinue required moves to give gymnasts more opportunities for innovation.

Flips and turns are the crux of gymnastics, but they're also dangerous.

A common rotation in gymnastics is similar to a rotation around an axis. The high bar, parallel bars, and uneven bars are axes. The gripping point in a gymnast's overhang swing or circular motion is the supporting point. A 720 degree leg positioned sideways and 1080 degree vertical pivot are rotations around a supporting point with no axis. It's very common in ice-sports. Standing on tiptoe reduces the friction torque, which is similar to a spinning thumbtack. It can only stand steadily when its head is facing upward.

Whether it's a forward or backward somersault or a vertical rotation, all of these moves rotate around three non-axial lines in a three-dimensional coordinate system. The origin is the centroid of the body.

Any complex moves can be divided into independent translation motions and rotations. A gymnast's moves are also the same. At the 2004 Athens Olympic Games, Spanish gymnast Patricia Moreno finished level E moves in the free exercise, completing a beautiful flying backward roll with a 1440 degree twist. This is a combination of an oblique parabolic motion, one full back somersault, and a 1440 degree twist. The "high parabola" of the centroid gave her enough time in the air to finish this double-axis combined rotation.

It's easy to see why a gymnast has to tuck in her body if she wants to complete a 720 degree somersault. A straight body would be difficult to turn. This is a demonstration of the conservation of angular momentum. Angular momentum of any object is equal to the product of the moment of inertia and angular velocity. The moment of inertia is the inertia of the rotating object. A gymnast's "straight body" is farthest from the axis, so the moment of inertia is greatest. When a gymnast tucks in her body, the distribution of the body is nearest to the axis, and the moment of inertia is reduced. Tucking in the body allows the body to be close to the axis so that it can become its smallest. A gymnast makes use of the moment of inertia to control their moves by changing their moves and the axis. This is also the reason that they have to open their body before landing so that they can stop rotating through increasing the moment of inertia.

The body needs force to turn and rotate. Take the free exercise event, for example, by using the reaction force of a gymnast's legs when she takes off, the eccentric moment allows the body to tumble to the side or laterally. The friction torque between the ground and feet as well as the torque caused by the twisting of the arms, results in a lengthwise rotation. Elastic deformation and the reaction force of the high bar, parallel bars, and uneven bars also provide the eccentric moment for the body. The "pushing off" motion from a horse vault and the body's mass center as the gymnast moves forward become the force couple. It allows the body to rotate around the brake point after takeoff. This kind of system is similar to being tumbled. The trampoline acts like a big tennis racket.

Moves on the balance beam, a handstand in the rings or on the parallel bars all require new torque to stop the gymnast from turning. The beautiful rectangular support, crossing overhang, crossing-level support require great control and stillness to keep the balance. Such stillness complements the fast paced gymnastic moves in a program.

How a gymnast lands his or her final move is a critical moment. When complex and fast moves are finished in a 1 second dismount with the gymnast landing on the ground, the impact produced by gravity and tumbling can be 10 times the gymnast's body weight. To stand steadily, the energy of resultant external moment must be less than the restored energy of the feet. An excellent move requires a big apex angle. If the rotating angular momentum hasn' t been consumed in the stretched body, a gymnast can' t nail their landing, and will fall or stumble. More importantly, the body's natural impulse to fall down is the product of force and time. Only by extending the time of the force, can the impulse to fall be reduced. In addition to introducing cushions, letting the arms land first, then the hip, knee, and ankle, reduces the impact. This can effectively prolong the action time between the feet and the ground. An excellent gymnast can rotate and twist beautifully as well as stick a great landing.

Look at these amazing Olympic gymnasts. You can't be too tall or too big. A larger body will increase the moment of inertia. In addition, body weight and force don't have a linear relationship. Muscle is increased according to a cubic relationship, but the output function is increased according to a square relationship. The force is determined by the cross sectional area of the muscle fiber. So the short and slim gymnasts have a higher muscle contribution rate and more physical efficiency.

In 2006, at the World Gymnastics Championships in Aarhus, Denmark, the old 10-point evaluation system was replaced with a new points system. The new rules split a routine into two categories, each graded by a separate panel of judges. This was a bold reform for the international gymnastics federation. A gymnast' s win will be based on the innovation and the difficulty within the routine.

体操 ABCDE(英)

扫一扫,看英文视频

话说网球 Tennis: Racquet and Ball Technology

The 1988 Seoul Olympic Games marked the return of tennis after a 64-year absence. Miloslav Me? í ? from Czechoslovakia? and Steffi Graf from West Germany won the men' s and women's singles gold medals. Since then, tennis has once again been one of the main dishes at the Olympic feast of sport. In fact, tennis featured in the first Olympics of the modern era, at Athens in 1896. Among the first women to make their appearance in the Olympic arena were the tennis players in Paris in 1900. However, a dispute between the International Olympic Committee and the International Tennis Federation over the definition and eligibility of professional players, led to tennis leaving the Olympic family in 1924. In the course of the next half a century, tennis developed into one of the most prominent, competitive and richest sports in the world. Wimbledon, the French Open, the

US Open and the Australian Open produced an endless stream of world-class tennis stars. Now, having been reunited with the Olympics, tennis is again exhibiting its appeal on the broadest sports stage and is more popular than ever before.

Voiceover: Tennis is at the same time one of the most athletic and the most fiercely contested sports. The serve of American player Andy Roddick has been recorded at a speed of 246.2 kilometres per hour. Players, in moving over the 100-square-meter court, make use of 640 muscles in every part of the body. A male player on average runs 6 km in the course of a match and makes over 1,000 independent decisions. Moving with the speed of lightening, delivering blows with the power of heavy artillery, and caressing the ball to create various spins and points of fall: all these skills constitute the charm of tennis. The intricate mechanical relations between racquet, court and ball have long been the subject of debate and study.

The first tennis balls were made of leather stuffed with horsehair, human hair or rags. Later, a rubber core was wrapped tightly in strips of wool. Modern tennis balls are formed of two rubber hemispheres covered by two glued pieces of woolen cloth. The size, weight and elasticity of the tennis ball have to comply with rigid standards. The mechanism of the ball bouncing on the ground is easily understood. The force of the ball impacting the ground will cause a deformation of its shape. The ball will naturally restore itself to its original shape, and in the course of doing so will release the elastic potential energy and push itself up from the ground. A tennis ball hits the ground obliquely, and because of the inertial force, it will lose only a little of its horizontal velocity. It will also acquire a vertical velocity component from the resilience force. The moment formed by the spinning of the ball and ground friction will also influence the angle of bounce. After the bounce, the ball loses around 40% of its kinetic energy, which is emitted as heat and sound. The rough texture on the surface of the ball is not merely decoration. By increasing the air resistance it reduces the speed of the ball. The roughness can also enhance the ball' s rotation. According to their elasticity, tennis balls are categorized into various standards, for use at different altitudes and on different surfaces.

Voiceover: Racquet technology is obviously key to a tennis player's performance. In the early days, the frame and handle of the racquet were made of solid wood. Later, laminated wood was adopted. In 1965, the first metal-frame racquets appeared. Aluminium, magnesium, zinc and copper were all used to produce various light-weight alloys. Since 1980, glass fiber, carbon fiber, ceramic fiber and Kevlar have been used. The regular changes of materials have made tennis racquets lighter and stronger. A racquet frame made of these composite materials can bear a stronger tensile force than one made of wood, and can thus support a larger head. This in turn enhances the power that can be generated by the racquet.

Voiceover: As for the strings, originally, they were made of goat's gut. However, as the gut was typically less than 8 meters in length while a racquet generally required 12 meters of string, cow gut was adopted instead. Subsequently, a variety of synthetic fibers such as Nylon, polyester and Kevlar were tried. However, in terms of their elasticity and feel, these materials are all inferior to natural gut. The top modern tennis players prefer to use racquets with natural gut strings. But there is a drawback: while high in cost, natural gut is not very durable. The solution is to use nylon fiber for the vertical strings and natural gut for the horizontal strings, as this achieves a complimentary effect that increases both the toughness and the elasticity of the racquet.

The strings need to be tight. However, the effect known as "creep deformation" loosens the strings with time, so that they need regular readjustment. The ideal tensile force of a racquet's strings varies from player to player. But there are certain fundamental principles all players must observe. The tighter the strings, the less forgiving the racquet face and the smaller the deformation will be. The reduced contact time with the ball and weaker impact generated, allows the player to exert better control over the ball. On the other hand, if the strings are looser, the deformation will be greater. There will be more contact time with the ball, and greater impact. But the player will have less control over the ball, and the racquet will act rather like a catapult, with the consequent loss of accuracy. In addition, during the contact between the ball and racquet, both will undergo elastic deformation. However, the ball will always lose more energy than the racquet. So, it's more energy-efficient to use a "looser" racquet, since this produces smaller deformation of the ball. Roughly speaking, the speed of the ball is equal to the combined speed of the racquet swing and elastic recoil.

The real secret of the tennis racquet is the "sweet spot". A ball that impacts with the "sweet spot" rebounds with the greatest force and yet has little effect on the player's arm. A ball that is struck by a part of the racquet head that is far from the "sweet spot" will not only be returned with much reduced force but also jar the player's arm. No one has succeeded in fully explaining why the "sweet spot" is so "sweet". But there are some areas of agreement: for instance, the larger the "sweet spot", the less the risk of the player suffering from "tennis elbow".

A baseball bat serves to illustrate the effects of the sweet spot. First, the gravitational centre of the bat is found, and then it is hung up, handle upwards. Now, the bat is struck with a hammer. A blow at the gravitational centre moves the whole bat with an equal acceleration：but if it's struck at the bottom or top, the two ends will move in opposite directions. By varying the point of the blow, the spot is eventually found where the rotational axis of the bat and handle are the same. This spot is called the center of percussion. A ball hit from this "center" will hardly be felt by the hitter. In the same way, a ball hit from a certain "spot" on the vertical strings of a tennis racquet will not cause jarring or stinging to the player's hand. Strings around this "spot" also have the highest deformation recovery coefficient. A tennis racquet also has something called a "vibration node"：a ball hit from here will produce the smallest shock. The "sweet spot" lies somewhere near the center of percussion and the vibration node. The area of the "sweet spot" has expanded with improvements to the manufacturing technology of tennis racquets and the increase in the size of the head. The reason why serves are becoming faster these days, is not just that players are becoming stronger：it's also got a lot to do with the expansion of the sweet spot.

The court is another decisive factor in the performance of tennis players. The quality of the tennis court determines how the ball bounces and how the players move. The Wimbledon Championships is the only tennis major that is played on grass. A grass court produces a limited friction force, so that balls travel at higher speeds off it and have a lower bounce. Players tend to spend more of their time in the front court. Grass courts are termed "fast", and matches played on them tend to be shorter. The French Open is played on a unique red clay court made of crushed brick covered with additional crushed particles. Players can glide across the court. The clay court has a high friction coefficient, which means that balls come off it slower and bounce higher. Players therefore tend to launch "long-range attacks" from the back court, and use a lot of spin. A clay court is commonly referred to as slow, since players have plenty of time to respond to shots, even serves. As a result, matches tend to be seesaw battles. The US Open and the Australian Open use hard courts made of cement and asphalt which are covered with paint or rubber. A hard court is a "moderate-speed court". Players tend to perform better on one surface than on another. Roger Federer, for example, is best on a grass court：Andre Agassi was the King of the Australian Open：and Rafael Nadal is the superstar of the clay court.

Today, more technology is making its way onto the tennis court, in the form of advanced underground irrigation systems and laser technology for judging line calls. But it's not only the famous players and their sophisticated equipment that are making tennis one of the greatest sports today：it's also the ordinary players, on courts from schools in the remotest corners of the planet to the roof gardens of Dubai's

话说网球（英）

扫一扫，看英文视频

seven-star hotels, who are spreading its popularity to every corner of the world.

格斗的艺术 Fencing and Boxing: Fighting to Win

Fencing is described by some as "combat in ballet": others call it "physical chess". Sword in hand and clad in white, two combatants face each other and fight at close quarters. Fencing is a combination of motion and stillness, firmness and tenderness, wit and bravery. The light foil, the fierce epee, the sabre combining slash and thrust: these are the three forms of Olympic fencing.

Around the world, people are fascinated by the legendary story of the swordsman Zorro. In China, the sword is hailed as the "king of knives". In history, Xiang Zhuang and Lady Gongsun were both masters of the sword. The medieaval knights of Europe, for whom the sword was the embodiment of honour and godliness, were for a time considered invincible. The first book on swordsmanship was published in Spain, the cradle of fencing. At one time, fencing was a simple and honourable way for members of high society to resolve disputes. In their vanity, aristocrats would fight each other with swords, often over some trifling matter. During the 20 years from 1588 to 1608, it is recorded that 8,000 nobles were killed in duels in Paris alone. Subsequently, laws were introduced across Europe, aimed at preventing such a waste of life. Eventually, fencing became a sport. The creator of the Modern Olympic Games, Pierre de Coubertin, was himself a fine fencer. The foil and sabre were included as formal events in the first modern Olympics, in 1896.

Ideally, a sword should act as an extension of the arm. However, if the sword is too long, the moment of inertia is increased, and thus the fencer's movement is impaired. Generally, a sword that is 90-centimetres long is considered most suitable. From the straight lunge, disengagement, change of engagement and whip-over: to the press, coulé, counter-beat? and counter-attack: and the thrown thrust, cut, forehand cut, backhand cut - swordsmanship has developed a great deal in the course of several centuries. However, whatever the style or technique, the objective remains the same: to strike one's opponent without being struck oneself. In attack, the sword should accelerate along the shortest route towards the target: in defence, a parry with the sword or glove can change the course of the opponent's sword, or the fencer can simply retreat from the attack radius. The tip of the sword moves in a straight line, along an arc, or in a spiral movement. The blades of the swords, in constantly joining, crossing and parting, form different kinds of levers. It is almost impossible to carry out an attack that is both fast and accurate. All in all, fencers need a subtle sense of timing, distance and space, combined with a delicate "sword" sense. Because of this, height and strength are not necessarily an advantage for a fencer.

The invention of the fencing mask by the Frenchman La Boessiere in 1776 was a milestone in the history of fencing. At the 1982 Fencing World Championships, however, Soviet foil champion Vladimir Smirnov died after his opponent's sword penetrated his mask. This accident gave rise to a close examination of the safety of protective masks. Today, fencing masks are made of high-intensity lightweight wire. A mask weighs no more than 2 kilograms, has mesh with a size no greater than 2.1 millimetres, and is able to withstand 160 kilograms of pressure. As such, it is able to guarantee the safety of the fencer's head and face. The problem is that the fencer feels like he is looking through some sort of screen, and spectators find the fencers "impersonal". Moreover, the fencer is unable to see the eyes and expression of his opponent. Experienced soldiers know that an enemy's eyes and expression can reveal and transmit their intentions. However, the fencing mask blocks this "window on the soul". Recently, a transparent plastic mask has been developed, which has already been adopted in official competitions. It allows the fencers and audience to observe the eye expression, which used to be hidden behind the "iron curtain".

At the Paris Olympics of 1924, a Hungarian referee and a member of the Italian fencing team settled a scoring dispute with a duel. In those years, being a fencing referee was considered a "high-risk" profession. The thin tip and high speed of the blade, the variety of movements and small scale of the scoring area made it very difficult to judge, using the naked eye. At the 1934 European Fencing Championships held in Budapest, electronic scoring was first introduced in the epee competition. At the 1955 Fencing World Championships held in Rome, and the Melbourne 1956 Olympic Games, electronic scoring was officially introduced in the foil event. It wasn't until the 1985 Fencing World Championships in France, that electronic scoring was adopted for the sabre event. In all, it had taken 50 years for electronic scoring to be used for all three fencing events.

The foil, epee and sabre employ different equipment and different rules. The design of the electronic scoring systems for the three is also different, although the principle is essentially the same. There are three cables in a fencer's sword: the equivalent of a live wire, a neutral wire and an earth. These three wires, which are connected to a body wire and hence to long tractable cables and a wire drum, eventually lead to a "box", forming an electric circuit. The "electronic tip" of the foil is a cylindrical spring "button", requiring 0.5 kilograms of pressure to depress. When the tip touches a valid target on the opponent's lamé, or jacket, and the "button" is pressed, the circuit is broken, and the touch is thus registered. Since in the epee, the valid target is the entire body, the starting pressure of the "button" is 0.75 kilograms. When a touch is scored, the disconnected circuit is switched on. Any touch on the metal piste, which is connected to the ground wire in the sword, will not register any score in the "box". At the Montreal Olympics in 1976, Boris Onischenko from the Soviet Union, competing in the epee event, secretly tampered with the circuit so that he could "remote control" the box by pressing the "engine" on the sword with his little finger. This was one of the biggest scandals in the whole history of the Olympic Games. Today, the automatic scoring system in fencing has been vastly improved, with the design of the circuits becoming simpler and more delicate.

However, the cables, by following the fencer as he advanced and retreated, left a long "tail", which was always considered an encumbrance, or at least a distraction. At the Athens Olympics in 2004, this "tail" was finally got rid of. The fencers instead wore a "transmitter" the size of a cigarette packet, which transmitted a wireless signal to the officials. The fencers were thus liberated. The introduction of instant replays further reduced the chances of an error of judgment. However, there are some people who complain that the adoption of electronic scoring will result in the "degradation" of fencing. They argue that the fencers' focus is shifting from the quality of their movement to the need to score: and that the emphasis is now not so much on "hitting an opponent without being hit", but rather on "hitting an opponent first, regardless of being hit later".

Fencing is not the only Olympic sport that is a face-to-face duel. If fencing is "hand talk with weapons", boxing is "talk with the fists". The ancient sport of boxing has a long tradition in Europe, and Central and North America. However, boxing was excluded from the first and second modern Olympic Games. Although it was admitted into the third games, in Saint Louis, it was more like an "American national competition". At the Stockholm Games in 1912, boxing was again excluded, for being "barbaric" and "cruel". Subsequently, with the division into professional and amateur boxing, the sport gradually secured its place in the Olympics. Teofilo Stevenson, the Cuban heavyweight and three-time Olympic champion, resisted the temptation of million-dollar payouts on offer if he turned professional, and remained an amateur so that he could continue to compete in the Olympics and win honour for his country. Many of the greatest professional boxers have been former Olympic champions. The lure of money is strong in boxing, as is the promise of the gold belt on offer to a world champion.

In boxing, some "vital statistics" are essential. These include the size of the fist, the circumference of the wrist and the circumference of the arm. The great Sonny Liston was famous for the size of his fists—37 centimetres around. However, there is more to the boxer's mass than just his fist. When he throws a punch, with his feet planted on the ground, his waist rotating, his shoulders moving and his body leaning forward, the "valid mass" includes the arm and the body weight. The fist is only the tip of the iceberg. The momentum of the fist equals the product of the mass and its speed, which is determined by the explosive power of the boxer's muscles as well as the bottom-up whipping effect. The straight punch, jab, swing and hook are all governed by a complex "kinematic chain". The boxer should strike his opponent at high speed and release the momentum within the shortest possible time. A blow to the head is more "destructive" than one to the body, which has a buffering effect. A top boxer can move his fist at a speed of 40 meters per second, and maintain contact with his opponent's body for as little as 100 milliseconds. Meanwhile, his glides, sidesteps, turns and advances provide him with the ideal angle and distance for attack and defense.

At the Seoul Olympic Games in 1988, Bulgarian boxer Aleksandar Hristov defeated Byun Jong-Il from South Korea on a points decision. This provoked a protest from the South Korean coaches and officials, directed against the New Zealand referee. The scandal saw the protesters later disciplined. It also led to measures being adopted, aimed at eliminating inconsistencies in judging bouts. The following year, an electronic scoring system was introduced in official boxing competitions. During the course of a fight, five judges would score points for the boxers, using keyboards connected to a screen. A point would be scored if at least three of the judges acknowledged it, by pressing their button within a second. The introduction of electronic scoring not only improved the objectivity, fairness and reliability of judgments, but also subjected the judges' professionalism and fairness to public scrutiny. Today, as a result of constant improvement, the electronic scoring system can also display the profiles of the boxers and coaches, and the progress of a bout.

An interesting aspect of dueling sports is the obvious advantage enjoyed by "southpaw", or left-handed, fighters. Between 1979 and 1993, half of the male and one third of the women fencers who reached the quarterfinals of the Fencing World Championship were left-handed. Edoardo Mangiarotti from Italy, Laura Flessel-Colovic from France and Luan Jujie from China, some of the most famous fencers of all time, are left-handed. In boxing, there are also a number of renowned southpaws. The left-handed Mike Mollo became world heavyweight champion in 1994. In table tennis and tennis, too, a disproportionate number of leading players are left-handed, compared to the 7 to 10% of the world's population. Why is this so?

One obvious reason is that right-handed athletes are not used to competing against left-handed opponents. However, researchers have discovered a more important factor, which is related to the function of the brain. Roger Sperry, winner of the Nobel Prize in Medicine, once did a "split-brain" experiment in which he severed the corpus callosum connecting the two hemispheres of the brain. He discovered that the two hemispheres of the human brain not only worked closely together but also worked independently sometimes. The left hemisphere is in charge of language, reading, writing and calculation while the right hemisphere is in charge of vision, imaging, space and direction. The two hemispheres also direct the movement of the opposite side of the body. As a result, in right-handed athletes, when seeing or moving, the neural signals are transmitted from the right to the left hemisphere of the brain and then to the right hand; while in left-handed athletes, the neural transmissions travel only from the right hemisphere of the brain to the left hand. So the reaction speed of a left-handed athlete is more than 10 milliseconds faster than that of a right-handed athlete, which can make the difference when two top athletes are competing.

Human beings are by nature aggressive. But in the course of evolution, and with the development of science and technology and the improvement in the rules of competition, the originally cruel and barbaric duels have been turned into a refined and athletic sport.

格斗的艺术(英)

扫一扫,看英文视频

体育场馆拾零 Secrets hiding in the stadium

The Jamaican sprinter, Asafa Powell, who doesn't even consider the 100 meters his best race, set the world record with a time of 9.77 seconds, at the 37th IAAF Grand Prix meeting in Rieti on September 9, 2007. He thought he could run faster because the wind speed was more suitable that day. When wind-assisted time reaches 2 meters per second, an athlete can run 0.15 seconds faster. Powell was fortunate to have a wind-assisted time of 1.7 meters per second. In June 2007, American sprinter, Tyson Gay set a new world record with a time of 9.76 seconds. But the wind reading during the race was 2.2 meters per second, well over the allowable time of 2 meters persecond, so it wasn't eligible for a record.

Long jumpers also face a similar situation. On October 18, 1968 at the Summer Olympics in Mexico City, Bob Beamon set a world record for the long jump with a jump of 8.90 m. Actually, Beamon benefited from a trailing wind of 2 meters per second on his jump, the maximum allowable for record purposes. 23 years later, in the World

Championships, held in Tokyo, Japan, Carl Lewis made the best jump of 8.91 meters, only to be beaten by Mike Powell, whose 8.95 m jump broke Bob Beamon's epic world record set at the 1968 Summer Olympics. Lewis was unlucky because he had a wind-assisted time of 2.90 meters per second, which was unallowable for the records. The wind is a major factor in the track and field competition. Many world records have been set with the help of tail winds. But if the wind speed is over 2 meters per second, the achievements will be invalid. But nobody complains about this rule.

Ball games are more sensitive to the wind. In the Olympics, the wind speed of a "big ball" during a competition is controlled within 0.5 meters per second, while that of a "small ball" can't be over than 0.2 meter per second. In the 2005 World Badminton Championships, many top badminton players were afraid of the wind. Some players comically described the air conditioning system in Anaheim Stadium as a "tornado". The newly built badminton stadium for the 2008 Beijing Olympic Games, has changed the way air is circulated: air is transported through 9, 100 separate ventilation openings under the auditorium to make sure the wind speed meets Olympic standards.

It's very important to measure wind velocity fast and accurately. Dr. John Robinson's anemometer was invented in the mid-19th century. Four "cups" were placed vertical to the ground with the cup-mouth down, and mounted at equal angles to each other on a vertical shaft. The air flow in a horizontal direction turned the cups in a manner that was proportional to the wind speed. Therefore, counting the turns of the cups over a set time period produced the average wind speed. The speed of the center of the cup was exactly one third of the wind speed. In 1926, Canadian John Patterson improved on the 3-cup and increased the rotating torque of Robinson's anemometer. Later, the hot-wire anemometer was invented that worked completely different. The resistance wire was heated above the ambient temperature by electricity. It could make use of the cooling effect that different wind speeds imposed on the electrically heated wire to measure wind velocity.

The sonic anemometer that is often used now in races was invented in the 1970s. It uses ultrasonic sound waves to measure wind speed and direction. It measures wind velocity based on the time of flight of sonic pulses between pairs of transducers. So the wind velocity can be measured by counting the time difference. To measure the average wind speed that directly impacts the long jump and 100-meter sprint events it has to be placed near the runway.

The screen displays his serve speed when American tennis player Andy Roddick hits an ace. Spectators can watch Chinese badminton player, Fu Haifeng, set a world record of 322 kilometers per hour with his smash. Providing timely and an accurate report about velocity player' s speed, doesn' t only make an athlete feel excited, but also allows spectators to get more involved in the competition. What kind of system is responsible for this task?

This is a ball velocimeter in the corner at the back of the court. The sound we hear when a car is coming is different from the sound we hear when a car is leaving. The change of tone is a result of the motion of the sound source. The vibration of a sound generating body can make the air produce longitudinal acoustic waves with different densities. The coming car makes the frequency higher by compressing the density. The leaving car lowers the frequency by pulling the density. This results in different tones. This is called the Doppler Effect. Electromagnetic waves move much faster than sound waves, but they also experience the Doppler Effect. A policeman aims his radar gun at the vehicle going down the road and gets back reflected microwaves. By comparing their frequencies, the driving speed of the car is calculated. The working principle of the velocimeter is similar to that of a "radar gun". But the velocimeter shoots the flying ball, and counts its flying speed by a "Doppler frequency shift" which receives the reflected wave. Whether it's a "radar gun" or a velocimeter, it needs to be put in front of the object or at the back of the object. The bigger the deviation angle, the weaker the Doppler effect, and the greater the error will be.

In the 2004 U. S. Open Tennis Championships, Serena Williams lost to Jennifer Capriati because the umpire Mariana Alves mistakenly called her shot out even though the line judge proved it was inside the line. This event promoted the use of the instant replay. A third eye of technology could help umpires make better calls.

Another name for the instant replay system is the "Hawk eye". The "Hawk eye" can display the flight of the ball in a three-dimensional space and the exact point where it lands on the screen within 10 seconds. The "Hawk eye" was first used at the 2006 NASDAQ-100 Open, the players had two opportunities to use it.

The "Hawk eye" system is made up of 10 high speed cameras, several computers, and a big screen. The computers divide the cubic space of the court into several units of millimeters. The high speed cameras collect the data. Then through computer imaging, rebuild and synthesize a three-dimensional image. The result will be shown on the screen. The International Tennis Federation has approved the use of the "Hawk eye". US Tennis great Andre Agassi said that, the "Hawk eye" system was the most exciting event for players and spectators during his 20-year-career.

When football players are hurt on the soccer field, doctors will quickly bring a can to the field. What's in the can? It's actually chloroethane under pressure. The boiling point of this liquid is 13℃. It numbs the player's injury once it's sprayed on his skin. This can reduce the transmission speed of the nerve and act as an anesthetic. It also stimulates blood vessel to shrink and reduces bleeding.

Magnesium powder is a necessity for gymnastics, weightlifting, throwing, and rock climbing. Actually, this white powder is magnesium carbonate. Magnesium powder helps absorb sweat, keeps the hands dry, and increases friction. However, there is also some research that points out that the friction of a wet hand is much higher. For example, it's difficult to put just washed feet into shoes and people usually spit on their hands when they use a hammer. They think that the magnesium powder reduces friction to protect the athlete's skin.

Which is more reasonable to believe? The experiment shows that friction will increase after using magnesium powder when an object is dragged on glass, but the friction will be reduced on rubber. There isn't a definite conclusion about the function of magnesium powder.

Nobody doubts magnesium powder is a good moisture absorber. But researchers argue whether the absorption of magnesium carbonate reflects the absorption of the particle void or forms "crystal water" in the crystal lattice of magnesium carbonate. In the end, the diffraction test of an X-ray crystal structure shows that moisture absorption of magnesium powder is the absorption of small particles. During this process, the crystal structure doesn't change.

A reasonable explanation for how magnesium powder works is that the friction between the hands and the equipment will increase because sweaty palms can absorb more powder. The magnesium powder acts as a gasket when the hands move around the equipment. At the same time, it allows the hands' folds and ridges to widen their contact. The magnesium powder improves the hands' grip so that friction can be controlled easier.

As long as you're curious, you may find many interesting things in the stadium.

体育场馆拾零（英）
扫一扫，看英文视频

五环旗下的马蹄声（上）Equestrian: Part A

The Equestrian events are the only Olympic events that bring humans and animals together in pursuit of a medal. The world's best horses will compete for three days in events such as jumping, dressage, and eventing. Both riders and horses will be tested on their strength, grace, and speed. The elegant and graceful dressage event is akin to a "horse ballet": the horse and rider must be in synch. And the "three-day event" (eventing) is the all-round equestrian event and tests the overall strength and power of the horse and rider. Modern horse racing originated in the United Kingdom. Equestrian events debuted in the 1900 Paris Olympic Games. But back then, only career military officers were allowed to participate in the Olympic equestrian competitions. It wasn't until the 1952 Helsinki Olympics that civilians could participate in equestrian competitions regardless of gender. For over 100 years, the equestrian events have been a part of the Olympic Games. Within 32 years, the famous American equestrian J. Michael Plumb participated in 8 Olympic Games and won gold or silver medals each time. At age 52, German dressage rider Reiner Klimke participated in the Olympic Games for the 6th time and won a gold medal. French equestrian Christian Doriola won gold medals in the past two Olympic Games.

In the world, no animal has so profoundly changed human civilization as the horse. Because horses have the ability to run very fast, they've allowed us to speed up the pace of development. Horses allowed Alexander the Great to leave Macedonia and establish a vast empire across Europe and Asia. They also allowed Genghis Khan to lead his army across West Asia and Europe. Throughout the world, bronze statues of a local hero on horseback can be seen in many cities. In ancient times, an ideal hero in a young girl's mind was a young man riding a white horse. The legends of ancient horses such as Chitu, Wuzhui and Dilu are well-known in China. The ancient bronze sculpture, "Galloping Horse Treading on a Flying Swallow", has become a symbol of Chinese tourism. But with the rapid development of modern industry, mankind has created various machines with great "horsepower", so horses have gradually withdrawn from society. Today, horses are no longer a symbol of national strength, and they are no longer used to pull wagons and other things. They are now a part of sports and entertainment. Is the switch luck or misfortune for the horses?

The horse is a large odd-toed ungulate mammal and belongs to the Equidae family. The horse originated in North American 60 million years ago. Its ancestor is called Hyracotherium, which was the same size as a fox. After migrating from forests to plains, the horse has evolved to a modern equine. In order to adapt to the environment and run fast, the horse's body has changed from small to large, and its originally short and bendable body has transformed into a streamline shape. Its front feet have evolved from four-toed into one-toed: its rear feet have changed from three-toed into one-toed, and its original "soft meat" sole has turned into a single "cornified" hoof. About 2 million years ago, the horse was completely extinct in North America. Its descendants had crossed the Bering Strait and migrated to Europe, Asia and Africa and settled there. The horse has a much longer history than even mankind.

On December 7, 2006, at the 15th Doha Asian Games, everyone stood in silence to commemorate South Korean equestrian Kim Hyung Chil, who fell from his racehorse and died during an attempted jump. And on July 4, 2005, a famous British jockey fell from his racehorse and died during a jump attempt. In steeplechase events, accidents often happen. The fundamental reason for these accidents is that the horse's vision constricts its judgment of the space between the railings and the ground. Let's learn more about a horse's eyes.

In the wild, in the face of danger, animals normally have two responses, fight or flight. But a horse has only one choice, that is, to flee. Predators' eyes are on the same level on their faces in order to move forward to hunt prey. As prey, the horse's facial structure is linked to its survival strategy of fleeing. Its eyes are on the both sides of its face: it has a very broad vision. Even when it stands still, it can see everything at an almost 360 degrees scope to prevent attacks from any direction. But the horse can't see objects just in front of its forehead or behind it. And the wider the horse's inter-pupillary distance is, the larger its forehead blind spot is. So it's no wonder that the horse needs to raise or lower its head to clearly see an object just in front of it.

Among mammals, a horse's eyes are the largest, but its vision is only about 0.6 and its eyes aren't sensitive to color. More interestingly, a horse's vision switches between monocular and binocular. Under normal circumstances, when a horse uses its monocular vision, each of both eyes see an independent image each. Only when it needs to judge distance does it watch a target with both its eyes, but only 30% of their vision overlaps. We know that this "three-dimensional sense" comes from the difference in vision from its eyes. By integrating and comparing both eyes' images, the brain gauges the distance. This is why carnivorous animals can hunt prey with such accuracy. A horse's binocular vision is relatively weak, so it can't accurately judge the distance. Therefore, it's difficult for the horse to jump across double fences and land in deep ditches. Herbivores generally don't have a strong three-dimensional sense. For example, rabbits sometimes hit trees and die. In addition, a horse's eyes are sensitive to faint light, but when it suddenly goes from bright to dark, its eyes can't adjust quickly enough, and it'll panic. A rider makes up for his horse's inefficiency of vision through commands.

In dressage competitions, the audience often can't see how riders use subtle movements to communicate with their horses. They are surprised at how obedient the horses are and how accurate and synchronized their moves are. Horses have amazing memories. They remember how a rope is tied and know how to untie the rope. Because they have such excellent memories, they'll remember commands. Horses are fast learners. Once a horse learns a bad habit, it should be corrected as quickly as possible.

Another reason why the horse has "maneuverability" is that it's extremely sensitive and is able to clearly distinguish subtle differences in its master's moves. Every part of the horse's body seems like a different "button". Its legs are like the steering wheel, its feet are like the accelerator, and the rein is like the brake. For well-trained horses, a rider's body language is almost universal. Therefore, anyone can ride and control unfamiliar but well-trained horses.

In addition, a horse stands when it sleeps in order to be ready to escape at any time. It also has an especially keen sense of smell and can smell scents from far away. They have excellent hearing, far better than human beings. Their ears also express their emotions: erect ears mean they're happy, while floppy ears mean they're sad. The horse has no gallbladder, and its esophagus and intestines are too long and narrow, so it's prone to gastrointestinal disorders. When a horse runs, its large spleen releases enough red blood cells to improve its oxygen-supply capacity. Its life expectancy is about 30 years. Any horse participating in the Olympic Games or the International Equestrian Federation (FEI) world championships must be at least 7 years old. A horse's teeth become worn down with age. Its tail protects its back side and helps it to maintain balance when it runs. All that is known about horses could fill a large volume. An in-depth understanding of horses sets a firm foundation for top riders.

五环旗下的马蹄声(上)(英)
扫一扫，看英文视频

五环旗下的马蹄声(下) Equestrian: Part B

In the flower bed beside the Aintree Grand National Race Course, Liverpool, "Red Rum," a champion horse, is buried. He won the British Grand National Horse Race in 1973, 1974 and 1977 and came in second in 1975 and 1976. The Grand National is the world's most difficult horse race. In an interview with the horse's trainer Ginger McCain, China Central Television reporter Cai Meng stated: "I hear that after Red Rum died, you felt as though you lost your wife." The 70-year-old man answered in tears: "In the United Kingdom, there are 25 million women but there's only one Red Rum". Although this remark may seem controversial, it shows the trainer's deep affection for Red Rum. Prior to the 1979 Grand National, Bob Champion was suffering from cancer, and his racehorse Aldaniti was injured and "sentenced to death". But they worked together closely and won the 1981 Grand National. History has left a number of beautiful and moving stories about the close relationship between humans beings and horses. As the most intelligent animal, a horse is extremely loyal to its master's orders even under extreme circumstances. Good riders regard their horses as their children, close friends and lovers.

The 16th Olympic Games held in Melbourne, Australia in 1956, encountered an unprecedented problem. According to Australian law, all livestock must go through a six-month quarantine before entering its territory. This forced the equestrian events to be moved to Stockholm and held 5 months in advance. In order to protect the host country's livestock and prevent racehorses from cross-infection, the quarantining of Olympic racehorses is a regulated and complex undertaking.

A horse's passport is much thicker than a person's. It's a detailed archive attached with an authoritative health certificate. When the horses are transported to the host country, their air routes have to be chosen carefully, their cabins have to be disinfected, and they must be escorted by veterinarians. The ground vehicles used to carry them have to be disinfected and installed with "black boxes". After the racehorses get to the venue, they have to be segregated, examined and vaccinated. This set of procedures must be done meticulously. At the 2008 Olympic Games, the racing events will be held in Hong Kong. Now, Hong Kong has not only made all the preparations but also set up the most advanced horse hospital. An expert medical team is ready to treat various diseases and injuries during the competition period as well as carry out long-distance consultations with international experts through the Internet.

In the 2004 Athens Olympic Games, the famous Irish rider Cian O'Connor won a gold medal in individual show jumping. But after drug testing, the urine sample of his racehorse Waterford Crystal tested positive for drugs. The backup urine sample of the racehorse was lost en route from Paris to a London-based laboratory. Finally, through blood tests, the racehorse was proven to have taken fluphenazine and chlorinated biphenyl drugs by a New York-based lab. Although the Zurich court finally ruled that the racehorse took the drugs for the treatment of his traumas, the International Olympic Committee still decided to deprive O'Connor of the champion title, so Ireland lost the only gold medal it won in the 2004 Athens Olympic Games. Olympic doping tests on the horses are as strict as on athletes. Hong Kong has the most advanced anti-doping testing center. The accuracy and authority of its technology and equipment are universally acknowledged. Even if a grain of salt was dissolved in the swimming pool, this center could still accurately test its concentration.

At the 2006 Hong Kong international horse auction, a red male horse was sold at the price of 7.5 million Hong Kong dollars. In the Doha Asian Games, seven Arab princes brought their precious horses to participate in equestrian events. Each horse was worth over 20 million yuan. They were all from prominent, noble descent, the result of centuries of careful breeding. Arabian horses are "living works of art." In the world, many of the top species of horses have Arabian bloodlines. The pure-blood horse is actually the greatest "hybrid" horse. Almost all the world's speed champions are pure-blood horses and can run 1,000 meters in 54 seconds. In the 17th century, the British royal family introduced, from the Middle East, three male Arabian horses called Darley Arabian, Godolphin Arabian and Byerley Turk to mate with local mares. Today, all the world's pure-blood horses are descendants of these 3 stallions. A key to successful breeding is to let the most outstanding individual horse reproduce through artificial screening. Another major reason for their success is the strict, closed registry management system. Since the publication of the first "pure-blood registry book" in 1791, for over 200 years the pedigree archives of the pure-blood horse family has been carefully maintained. When a horse is born, his birthplace, physical characteristics, blood samples, parents' racing results and owners are recorded in detail. Starting in 2001, DNA paternity testing was used on pure-blood horses to ensure their pure bred and genetic stability. Warm-blood horses also excel at racing. German Hanover and Holsteiner horses are experts at jumping and dressage. French Selle Francais, American Appaloosas, Danish Frederiksborgs, Spanish Andaluciae and Russian Orlov trotters are proud breeds. And the Akhal-Teke is Turkmenistan's national treasure. Today, every famous species of horse has a complete set of systematic and scientific breeding as well as management regulations. This has ensured the sustainability of horse racing.

In November 2006, Austin-based ViaGen, Inc., a livestock cloning company, announced that they had successfully cloned the world horseracing champion Charmayne James' racehorse Scamper. From 1984 to 1993, this racehorse won 10 consecutive championships, but unfortunately couldn't reproduce. In August 8, 2006, Ms. James spent $150,000 U.S. dollars getting Scamper's cloned foal Clayton. The world's first cloned horse Prometea was born in a Cremona-based laboratory in Italy in 2003.

Since the cloned sheep Dolly was born in 1996, cloning technology has been widely used. The cloning of a horse is very simple. DNA from a stallion's living cells is taken out and transplanted into eggs whose nucleuses have been removed. Then, the eggs are cultivated into embryonic cells, and then the embryonic cells are transplanted into a mare's womb until the cloned horse is born. Debates on cloned horses continue. Most horseracing organizations only recognize naturally born racehorses. They believe that cloned horses will make pedigrees of famous horses collapse and fall into chaos. But supporters think that because 50% of champion horses were castrated and have lost reproductive ability, it's unfortunate that their genes can't be passed down. They believe that the cloned horse is the equivalent to a twin sibling of the original horse.

But the horseracing community's attitude toward modern medicine has become increasingly tolerant. It's no longer news that stem cells taken out from a horse at childhood are used to repair his joints and tendon injuries. The American Barrel Race has allowed artificially inseminated and bred horses to participate in the race. Biotech companies worldwide have now cloned over 20 exceptional racehorses. On June 5, 2006, thousands of spectators watched the world's first cloned mule competition in Nevada in the United States.

The British Princess Anne, Spanish Princess S.A.R. l'Infante de Borbon Dona Pilar, Jordanian Princess Haya Bint Al Hussein have been successive presidents of the International Equestrian Federation. Queen Elizabeth, Prince Charles, Monaco's Prince Andrew and Princess Charlotte are expert equestrians. 25-year-old Princess Zara Phillips has become a world champion. Horse racing still has ties to royalty. Many politicians are horse lovers. This illustrates the aristocratic color of horseracing.

Prior to the 2008 Beijing Olympics, six Chinese equestrians have been qualified to participate in the Olympics. They are considered pioneers. Chinese athletes will participate in all 28 Olympic events. 100 years from now, equestrians will still exist. But the relationship between horses and humans will continue to develop. Perhaps horses will no longer be luxury pets and more people will be able to watch horseracing competitions under the Five-ring Flag.

五环旗下的马蹄声(下)(英)
扫一扫,看英文视频

冰雪盛会 Wonderful Winter Games

The Winter Olympic Games is made up of exciting events that take place in snow and ice. The skaters display their grace and athleticism. The speed skaters amaze us with their world records on ice. Figure skating debuted in the 1908 London Olympic Games. The timing of these events soon changed as it was difficult to hold winter events in summer time. In the 1924 Paris Olympic Games, winter sporting events were held during the last half of the year in Chamonix, and were called 8th Olympiad International Sports Week. Later, it was named the first Winter Olympic Games with the approval of the International Olympic Committee. The Olympics became even more attractive and exciting with the division of summer and winter Olympics.

The Winter Olympics could also be called water sports, because the ice and snow are just different states of water. Most people only have a superficial understanding of the relationship between water and ice, including its impact on ice sports, even though 71% of the earth's surface is covered by water.

Canadian athlete, Jeremy Wotherspoon set a record of 34.03 seconds in the 500-meter speed skating event at the World Cup held at Salt Lake City in 2007. His average speed reached 14.69 m/s. Jamaica runner, Asafa Powell set a record of 9.74 seconds in the100-meter sprint on Sep. 9th, 2007. His average speed reached 10.27 m/s. Skating is the fastest way for people to move on the ground.

Skating can be traced back 4,000 years ago to the Scandinavian region. The earliest skates were made up of deer and cattle tibia and ribs. Partial metal skates first appeared in Holland in 1250. The first all metal skates were invented by the Scottish in 1572, which signaled the birth of modern skates.

Why can we skate on ice and not on cement, glass or steel plates? The reason is that the skates lower the ice's melting point. The ice at the point of contact quickly melts due to frictional heat. Then, a thin water film is produced and acts as a lubrication between the skates and the ice surface. However, some scientists doubt this explanation. They think that it depends on the skates' heat and friction alone is not enough to make the ice melt. In recent studies, it's been proven that even when the air temperature is lower than the melting point, the ice can still form a liquid layer with a thickness of several water molecules to thousands of water molecules on the surface. The reason is that every water molecule in the ice layer is "fixed" by other water molecules around it. So the surface water molecules can only connect with the molecules in the lower layer, and the vertical vibrating velocity becomes faster. The stable crystal structure is lost. The ice may become semi-liquid when the temperature is lower than the melting point. This discovery proves that the smoothness of the ice is a natural attribute, not affected by external forces.

There is no doubt that skating is one of the most beautiful sports. The skater bends his body, leaps and jumps, and spins all while keeping his balance on the ice. Normally athletes try to achieve the least resistance, but they need the greatest resistance in skating. The skate's long axis of the foot, on which the body weight center lies, must be consistent with the direction. The exertion direction of the foot that pushes from the edge must be vertical with the skate's long axis. The edge needs to cut into the ice. The edge of the skate is an arched groove. The skates used in medium and long distance skating must be kept straight, so the skate's body is relatively longer. The skate's body for short track speed skating is shorter and higher to prevent the skates from touching the ice when the skater moves in an arch or with a big incline. Ice hockey players move around on the ice, while the figure skaters jump or spin, so they need flexibility more than linear velocity. The skates have a short body and deep blade flute: the saw tooth in front helps them to stop.

Almost all speed skating records were broken at the 1998 Winter Olympic Games in Nagano, Japan. Later, those records were broken in the 2002 Winter Olympic Games in Salt Lake City, Utah. The Clap skate led to this revolution on ice.

When you jump or run, your muscles in your legs around the hip, knees, and ankle work together. But in the traditional skating movements, the front and back sides of the skates are fixed, so when you push from the edge, if you extend your ankle joint, the skate's edge can easily chip the ice, increasing resistance, or you may lose your balance. The skater has to control the ankle's plantar flexion and learn to master the "locked ankle". The muscles around the knees and hips act as substitutes for the ankle joints to skate. The special feature of the Clap skate is that the front is connected with a hinge between the blade and the skate. The back is separated from the skate. The ankle is freed. When the skater propels forward, the back automatically separates. The ankle joints can extend freely and the skater can make full use of his or her knee strength. Actually Clap skate transfers the rotating point of the feet from the skate edge to the sole. The body becomes shorter and the center of gravity moves forward instead moving left and right. Statistics show that Clap skate can improve skating speeds in middle and long track skating by 5%, meaning a difference of 1 second to 1.5 seconds every 400 meters.

Snow inspires poets and artists and also stands for the spirit of the Winter Olympics. Skis are the essential in some winter sports. Standing on the ground is equal to 15,000 Pascal of pressure. Thus it's difficult to step when walking on thick snow. But skis increase the area of snow by 20 times. The feet pressure is reduced to 7500 Pascal.

The surface of snow may be one of the most mysterious surfaces on earth. The water is simultaneously in three states: solid, liquid and gas. They interact to form its complex physical features. Alpine skiing is a display of geopotential energy transforming into kinetic energy. The unit weight of a heavier athlete receives less air resistance, so he can ski faster. Lateral friction and the edge of the ski are vertical, providing the centripetal force. The head and tail of new types of skis are wide: the waist is small, like an hourglass.

The shorter the ski, the finer the sidecut, the smaller the rotating radius. The modern ski can protect the skier by automatically coming off when they fall. Waxing is a necessary skill that the skier must master in order to reduce friction and protect the ski.

Ski jumping is one of the most exhilarating events at the Winter Games. The ski jumper descends the 100-meter-long track at great speeds. The 37 degree slope declines to a gentle 11 degree slope at the end of the track. The jumper takes off at 100 km/h and is in flight about 6 seconds, landing in a telemark position 90 meters or 120 meters. Though the platform is dozens of meters high, the jumper remains only several meters above the ground. The radian of the slope is parallel to the trajectory. When he lands on the ground in a telemark position, with one ski in front of the other, the impact is much lighter than in the triple jump. Also, the snow is 40 centimeters thick, which can be a buffer.

The summer ski jump is made of specially designed tile. The landing area of the slope is made of foaming plastic. This is not only suitable for training, but also attracts many tourists.

The Lake Placid Winter Olympic Games in 1932, faced a major crisis because high temperatures were melting the snow. Many events had to be held with little snow. Some athletes were badly injured. The 1964 Winter Olympics in Innsbruck were also almost threatened by a lack of snow. The Austrian army rushed to the rescue, carrying 20,000 cubic meters of ice from a mountain and transporting it back. Rain caused further havoc ten days before the Opening Ceremony: an Australian skater and an English bobsleigher lost their lives during training. The weather is a critical factor to the success of the Winter Games. For the first time the winter Olympics were extended to 16 days, during the 1988 Calgary Winter Olympic Games. Many events were shelved due to an 18 degree warm southerly wind. But thanks to a snowmaking machine, the skiing events continued. The decisive role of the weather plays has ended since the use of artificial snow in the 1980 Lake Placid Olympic Games.

Artificial snowfall simulates natural snowfall. The water is sprayed into the cold air by a high-pressure pump, and a ventilator, and quickly crystallizes. The scientists put hydrophilic proteins, produced through bacterial fermentation, into the water because they're considered the perfect condensation agent. Not only does the water become snow more quickly, it also increases the crystallization temperature to 2 or 3 degrees centigrade. The first "snow" sprayed by a snow gun was actually ice particles. But with advances in science and technology, artificial snow has become more natural.

The use of artificial ice occurred early in the Olympics. Figure skating at the 1908 London Olympic Games was held in an artificial ice rink. An enclosed indoor speed skating arena was first built for the 1988 Calgary Winter Olympic Games in Canada. Various types of artificial ice rinks can be seen all over the world. The refrigeration principle of an artificial ice rink is similar to that of a refrigerator. The water will boil at 100 degrees centigrade and absorb heat. Freon with a boiling point of 29.8 degrees centigrade below zero can also absorb heat in the evaporator of a refrigerator when it boils to achieve refrigeration. Then the compressor transforms gaseous Freon with a low temperature and low pressure into steam with a high temperature and high pressure, then puts them into the radiator. Then the steam releases heat and becomes a high temperature-high pressure liquid Freon and so begins the next cycle. An artificial ice rink is just a big, open refrigerator. The refrigerant that replaces Freon is ammonia with a boiling point of 33.4 degrees centigrade below zero. It carries liquid ammonia under high pressure to the dense calandria of the cement layer of the ice rink to be evaporated. Then it releases the heat to the outside. And that forms the artificial ice rink. Salt has also been found to help melt snow on the road. Tests show that when a sodium chloride solution reaches the eutectic point with a 23% concentration, the freezing point is at it's lowest—21.1 degrees centigrade below zero. The freezing point of sodium chloride with a 30% concentration is 51.6 degrees centigrade below zero. So many modern ice rinks often use hypothermic saline or ethylene glycol as secondary refrigerants to achieve indirect refrigeration.

The actual technology is more complex. Layers of ice are painted. Then 8 to 10 layers of ice form the rink of 4 centimeters thick. Ice hockey needs hard ice. A suitable temperature for an ice surface is 5 degrees centigrade below zero, while speed skating needs temperatures of 2 degrees centigrade to 3 degrees centigrade below zero. Counting the heat load of the ice rink and controlling the heat exchange, as well as daily maintenance and management requires experts.

The bobsledding track could be considered a long, curved artificial ice rink. The 1,600-meter-long track is built with cement, steel, and iron. Thousands of tons of ammonia flow throughout the track and keep the track at a temperature of 11 degrees centigrade below zero. The computer network and sensors constantly monitor the track. Due to the huge construction and maintenance costs, there are only 12 artificial bobsledding tracks in the world.

The Dubai indoor ice arena in United Arab Emirates is the third largest snow park in the world. It's a snow world the size of three football fields where you can ski or skate. The designer built these "Alps" in the desert using the most advanced technologies.

Maybe someday more artificial ice rinks will be built but until that time the Winter

Olympic Games can only be held in the world's cold regions. One of the great things about our planet is the change in seasons. The Winter Games also represent our appreciation of nature.

冰雪盛会(英)
扫一扫，看英文视频

圣火不灭 The Olympic Flame

The opening ceremony is the most exciting part of the Olympic Games, especially when the Olympic Flame is lit. The lit flame signals the start of the Olympic Games.

Ancient people used bonfires to mark celebrations. Humans began using fire over one million years ago, which symbolized the beginning of civilization. The Olympic torch commemorates Prometheus for stealing the fire from Zeus. The story of Suiren Shi, the inventor of fire, was much closer to the reality. In ancient Greek Games, runners transported the flame to Peloponnese. The Olympic flame was reintroduced into modern times during the 1928 Olympic Games in Amsterdam, Holland. The torch relay became a prelude to the events starting at the 1936 Olympic Games in Berlin. The flame with its spirit of peace, solidarity and friendship is passed from one country to another, traveling all over the world.

The Olympic torch is first lit at the Temple of Hera. The graceful Greek priestess kindles the torch by the light of the sun. It is said that Archimedes taught the Greeks to use mirrors to focus sunlight on their enemy's boats to burn and destroy them. The Yang sui, an ancient Chinese fire starting device, was used to start fires in ancient China. It was invented in the Western Zhou Dynasty, and Cui Bao wrote about it in Gu Jin Zhu. The cauldron currently used to light the Olympic flames may have originated from the Yang sui.

An elliptic paraboloid is obtained by revolving a parabola around its axis. It's the same shape as the cauldron, which makes it easy to light the Olympic flames. The parallel rays of sunlight are reflected and directed to one point where heat collects. Solar radiation comes from 150 million kilometers away. The radiation energy per square meter received on earth is 1,368 watts. The radiation energy is reduced because its rays are blocked by clouds and the atmosphere. Solar radiation is different at different latitudes in different seasons. There has to be enough area in the cauldron to collect sunlight so that it will reach the ignition temperature to light the flame. That's why we can't light the flame on cloudy days. The paraboloid shape is commonly seen in such things as solar cookers, satellite dishes and reflecting telescopes. A searchlight with reflectors projects a powerful beam of light into parallel rays.

Over 90% of energy used in our world comes from combustion. There are three key factors that are needed for burning-- fuel, oxygen and temperature. In 1772, the French chemist Antoine Lavoisier discovered the nature of combustion. He demonstrated that burning is a process that involves the combination of a substance with oxygen. Combustion is a fast chemical reaction that releases heat and light. The substance would burn when the temperature reaches the ignition point. The chemical bonds of the molecules are broken and reorganized among the fuel and oxygen atoms, in which heat is released to keep the reaction going even without a kindler. Fuels such as gunpowder, sulfur, resin naphthalene, olive oil and hexamine have been used for the torch. And magnesium was used for the torch at the Olympic Games at Berlin, London and Melbourne. It makes brighter flames but the sparks hurt the torch bearers' arms. The torch's fuel had to be improved on. At the 1972 Munich Olympic Games, compressed liquid fuel made up of 24% propane and 76% butane was introduced: liquid gas became the first choice for the torches in the Games thereafter. Actually, all substances injected into flames are gaseous. The liquid evaporates first and the solid is burnt to volatile in the reaction. So the flame is usually twinkling in the wind. A flame with complete combustion is almost colorless. The carbon atoms are burnt to release heat and light like the filaments. If there is too much carbon residue, there's a thick smoke when it burns.

Host countries try to distinguish themselves through the torch relay. All types of transport vehicles including bicycles, canoes, cars, trains, steamships, supersonic aircrafts, and parachutes have been used to pass on the torch. What's most important is keeping the fire burning: otherwise the flame will have to go back to Greece to be re-lit. In the 1976 Montreal Olympic Games, heavy rains extinguished the Olympic flame at the stadium. An Olympic official re-lit the flame using a lighter. Organizers quickly extinguished it and re-lit it using a backup of the original flame. It went out because of the rain. The specific heat capacity of water is less than that of ammonia. It requires 1000 calories of heat energy to go up one degree per one kilo water. And it needs 5 times more calories when evaporated. That is why firemen use water to put out fires. In the 2004 Athens Olympic Games torch's flame was blown out by strong winds in the Panathinaiko Stadium because the fuel used in the torch blew away.

The Olympic torch used in the 1996 Atlanta Olympic Games was designed with a dual flame structure. The fuel was circulated to both flames. It fueled the top flame, which was visible: while fuel also went to a second flame underneath, which was the back-up flames. The fuel was warmed up when it passed by the flame underneath. At the 2000 Sydney Olympic Games, the torch's fuel was a mixture of 35% propane and 65% butane. It used the heater circuit to preserve the temperature in the tank, which prevented drops in pressure when the fuel evaporated. And the crust was made of thin sheets of metal that easily released heat, which prevented rain from extinguishing it. Through testing, the torch was able to burn in heavy rain and strong winds of 65 kilometers per hour. The torch is designed with most attention focused on ensuring the flame will burn throughout the Games.

Transporting the Olympic flame underwater was an amazing feat. Wendy Craig-Duncan, a marine biologist, carried the Olympic torch 4 meters underwater at the Great Barrier Reef for 3 minutes. There had to be enough pressure in the tank to push the fuel out. There's no oxygen underwater. The fuel and oxygen had to be pre-mixed. The temperature of this torch reached 2000 Celsius degree and its brightness was equal to 35, 000 candles. Although building this torch was quite complex, it's easy to demonstrate how it works, which China's University of Science and Technology successfully showed.

At the 1976 Montreal Olympic Games, the Olympic flame was passed from the Panathinaiko Stadium in Athens directly to North America. A special transducer was used to collect the signal of the flame ions, save the energy, and then transform it into sound wave codes, which were transmitted to Ottawa via satellite, demodulated by the receiver and then transformed into laser to light the flame. However it was controversial because technology was used instead of humans to transport the flame. In the 1996 Atlanta Olympic Games, the organizers wanted to send the torch up with the space shuttle. However, NASA would only approve it if the flame was extinguished when transported. Even if they could've transport the flame, it would've become a dim weightless ball of fire.

At the 2008 Beijing Olympic Games the torch was carried over the top of Mount Everest which is 8, 844 meters above the sea-level. Temperatures of 40 degree below zero, a strong wind of force 10, and low oxygen levels all made the relay extrerely difficult. The flame continued to burn under such inclement weather conditions because of its unique heater circuit, dual flames structure, and fuel mixture. The relay was more difficult for the runners and broadcasters. Amazingly, the flame was successfully transported over the highest place in the highest peak on earth.

The flame is lit from the sun and transmitted all over the world. Fire is the origin of human civilization. Humans distinguished themselves from animals by using fire in ancient times. That's the reason why we treasure the torch relay now.

圣火不灭(英)

扫一扫，看英文视频

奥运金牌之路 The Road to the Gold Medal

Gold has been used to symbolize immortality since ancient times. Gold is made into medals and awarded to best athletes at the Olympic Games. Those medals celebrate and honor athletes' innate abilities. To win a gold medal is a life-long dream of every athlete. And for the few who accomplish this difficult feat, they are honored as heroes in their respective countries. Where do these champions come from? Who becomes a champion? What sets these people apart from others? Scientists and sports experts have been searching for this answer hoping to decode the secrets to their success.

Many Olympic gold medalists come from championship families. The American track-and-field athlete Carl Lewis, who won 10 Olympic medals including 9 golds, comes from just one such family. In the 2005 Melbourne World Gymnastics Championships, American athlete Anastasia Liukin who won two gold and two silver medals, is the daughter of the famous Soviet gymnast, Olympic gold medalist Valery Liukin. The Japanese gymnast MitsuoTsukahara stepped onto the winner's platform at the 2004 Athens Olympic Games: his father was once a gymnastic star. Laila Ali took boxing gloves from her father Muhammad Ali and became the most successful female boxer in the world. The Williams sisters are twin sisters that once dominated the tennis world. The "little giant" Yao Ming's parents were top players on the China National Basketball Team. In addition, we have Chen Jingkai who comes from a weightlifting family and Mu Xiangxiong from a swimming family. The theory of a genetic link to these athletes is more applicable in the sports field compared to others. One scientist believes that if the parents have remarkable athletic skills the chance that their children will have similar skill is 50%, and they may even surpass their parents in talent.

"Plant melons and you get melons, sow beans and you get beans." is the plainest description of heredity. DNA ensures similarities between parent and offspring, maintaining the stability of species. In humans, the nucleus of each somatic cell contains twenty-three pairs of chromosomes, which are formed by tightly coiled DNA strands. These DNA strands carry genes known as life's codes. The average height of Asians is shorter than westerners. The proportion and oxygen consumption of a Kenyan's muscles is higher than other nations. Therefore, many sports talents are gifted by nature. But not all good athletes come from a sports family. Maybe they are a good genetic abnormality. Or perhaps, it's recessive and the champion on the winner's platform carries the "winning genes" from his or her mother. One scientist believes that 60% of one's athletic ability is inherited, while the rest depends on external influences, which means heredity is the material base. On the other hand, heredity is relative and abnormality is absolute, and records are broken, time and again. Studies in hereditary athleticism have improved significantly.

The goal of scientific selection is to cultivate sports champions. Young children with good talent applicable to certain sports can be chosen for that sport. After a certain number of years training, the child's chances of being a champion are greater. Therefore, choosing the right child is half the battle. If a wrong child is picked, the training will be a waste. The core value of the selection is prediction. Forecasting can't be conducted using an infant. It's based on genetic and physiological factors of children at a certain age. Another method is the "Delphi Method," in which the bone age test is the vital indicator.

As one's bones' grow, a calcified center starts to appear. With the expanse of the calcified center and a series of changes, the bones mature. The bone can objectively and precisely indicate the a child's growth compared to its chronological age. The bones in the x-ray are compared to the bones in a standard atlas, including long bones, short bones and round bones. They are used to evaluate and interpret children's growth pattern. If the bone age is smaller or equals to a child's chronological age, the promising athlete has the potential and room to improve. If the bone age is more than 2 years older than the child's chronological age or the child's epiphysis has closed, the child is limited in training. You can lie about your age but your bones can't, because they are like a fingerprint, specific and unique to you. Bone age corresponds to one's sports potential and can be used as a reference point.

While we're amazed at the heights that many basketball players are, we need to remember height is proportional to flexibility. Gymnasts have slight figures, but they also need to pay attention to the harmony and beauty of their movements. In the high jump, the athlete's slim body shape helps him fight gravity. The weightlifter's body helps him or her to lower the barbell and to grasp it tight. Swimmers have long legs, wide shoulders, narrow torsos, and big hands and feet. When they swim, their streamlined body helps them to accelerate. Shooters with good sight have to also have strong mental stamina. There are 28 major events and 302 smaller events in Olympic Games and they can be divided into different "event groups". Every group requires different talents. What is good is that everyone is blessed but it just needs to be discovered.

However, everyone has different levels of talent. If there is no training, those gifted people won't be stars. The principle of the training is to train them to react to the external stimulus. The workload that's added to athletes breaks their balance, but they can establish a new balance through training and they will improve. Intensive training pushes athletes to their limits-- both physiological and psychological. We are very sensitive to stimulus from 4 to 17 years old, but adept at target training. Their athletic potential can be fostered during this period. They are also easily to be stimulated during that period. Therefore, many top coaches have created different types of training programs. The coaches' all have one common belief: "competition is the best training." That's why worldwide competitions are on the rise now.

Altitude training became popular after the 1968 Mexico City Olympic Games. Its low pressure and less oxygen environment challenges athletes' cardiovascular system, requiring more red blood cells to carry more oxygen. An altitude simulation machine is designed according to the air found at high altitudes. The American marathon runner Alberto Salazar who set the best record of 2h 8m 13s, in the 1981 London Marathon campaign benefited from the this type of training.

We once thought of computers as nothing more than super calculators, but once we realized what they could do, sports were forever changed. Computer programs changed the training model from experimental to scientific and curtailed the period for finding a gifted athlete. In addition, the training is based on precise data instead of perception, making training intensity, length, and cycles more reasonable. An athlete's performance is no longer only judged by his or her coach but through cameras and computers, which capture the athlete's moves in snapshots and analyzes them. This helps athletes learn from their mistakes. Take a discus thrower for example, a scientist analyzed Louis Wilkins' moves and found that the crux of his problem was that he didn't hold onto his knee correctly. He corrected this and eventually broke the world record by 3.86 meters. Iowa State University input Carl Lewis's posture and movements into a computer to help other athletes to imitate him to improve their own factors.

In the 1986 World Men's Volleyball Championship, the United States defeated the Soviet Union for the first time—the key was a computer. The United States watched videotapes of all of the Soviet's games and analyzed their moves. They designed a game model and training software from the computer displays. The computer was regarded as the best trainer before competitions.

New gymnastic or diving moves can first be tested using computers, instead of athletes, to prevent possible injuries. The computer will carry out a "sand table exercise" to learn the force, angle, height and time. The athletes practice according to their abilities. Computer simulation training system can also give athletes actual experience of doing some sports, for example, sledding.

The U.S. Olympic Training Center in Colorado is at an altitude of 1600m. It's the headquarters for the United States Olympic Committee. The losses in the 1976 Montreal Olympic Games urged the American sports establishment to open a sports training base. It is a combination of scientific research and training. Since its opening in 1978, the center has selected experts in kinetics and sports physiology as well the best doctors, psychologists and computer specialists. In addition, it is equipped with the most advanced training equipment. The tracks are installed with electric sensors. The swimming pools have equipment to record the swimmers' moves and speeds. The in-door shooting field has a laser aiming device. The gymnastic and weightlifting gyms are also well equipped. The cycles track and display slopes, friction, the rider's blood pressure, heart rate, output, and energy consumption. The information center gathers video recordings of exceptional athletes from all over the world. Building a huge sports center signaled a shift in US athletics. The facts proved that a combined approach to training is better than separate and individual approaches. The United States' success proved that the multi-discipline and cross-training center is critical. In recent years more multi-functional training centers have opened reflecting the recognition of science in the sports establishment.

The Olympic Games continue to evolve and develop. Under the Olympic flag, people from all over the world, from different cultures and regions, will come together to compete. The Olympic Games continues to prosper and evolve as science shines its light on sports.

奥运金牌之路(英)

扫一扫,看英文视频

参与本书英文编校的有魏珩、毛燕青、潘梅梅、王婵、王佳、张洁,由陈浪教授进行了统稿审订工作,在此一并致谢!

——编者